MYTHOLOGIE

4 livres en 1

Un voyage à travers les mythes et légendes les plus passionnants du monde. De la mythologie grecque à la mythologie égyptienne en passant par la mythologie japonaise et la mythologie nordique.
Livre illustré

GABRIEL LAVENE

Copyright © 2023 Gabriel Lavene

Tous droits réservés.

Ce document vise à fournir des informations précises et fiables sur le sujet et la question traités. La publication est vendue étant entendu que l'éditeur n'est pas tenu de fournir des services comptables officiellement autorisés ou autrement qualifiés. Si des conseils juridiques ou professionnels sont nécessaires, il convient de s'adresser à une personne exerçant cette profession.

Il n'est en aucun cas légal de reproduire, dupliquer ou transmettre toute partie de ce document sous forme électronique ou imprimée. L'enregistrement de cette publication est strictement interdit et le stockage de ce document n'est pas autorisé sans la permission écrite de l'éditeur. Tous droits réservés.

Les informations fournies ici se veulent vraies et cohérentes, toute responsabilité, en termes d'imprudence ou autre, résultant de l'utilisation ou de la mauvaise utilisation d'une politique, d'un processus ou d'une orientation contenue dans le présent document étant de la seule et absolue responsabilité du lecteur destinataire. En aucun cas, l'éditeur ne peut être tenu pour responsable d'une quelconque réparation, d'un quelconque dommage ou d'une quelconque perte financière résultant directement ou indirectement des informations contenues dans le présent document.

Les informations contenues dans le présent document sont fournies à titre indicatif et sont universelles. La présentation des informations se fait sans contrat ni garantie d'aucune sorte. Les marques commerciales utilisées dans le présent ouvrage ne le sont qu'à des fins de clarification et sont la propriété de leurs détenteurs respectifs, qui ne sont pas affiliés au présent document.

RÉSUMÉ

MYTHOLOGIE	1
MYTHOLOGIE GRECQUE	7
INTRODUCTION	8
QU'EST-CE QU'UN MYTHE ?	14
GRECE ANCIENNE	16
LA CRÉATION DE L'UNIVERS ET DES DIEUX	21
LE PANTHÉON GREC	32
LA GUERRE DE TROIE	39
DEUX HÉROS GRECS MORTELS DANS LES RÉCITS MYTHOLOGIQUES	45
TITRES	49
LE SIÈGE DES DIEUX	69
LES TROIS GRANDS	74
LE POUVOIR AUX FEMMES	86
LES DIEUX MASCULINS	97
DERNIER POINT, MAIS NON DES MOINDRES	109
L'AMOUR SOUS TERRE	124
LIEUX DANS LE MONDE SOUTERRAIN	129
LES DEMI-DIEUX : À MI-CHEMIN ENTRE LES DEUX MONDES	137
CENTAURES ET SEMI-HUMAINS	149
L'INFLUENCE DU DRAME GREC	159
ARBRE FAMILIAL	167
MYTHOLOGIE ÉGYPTIENNE	171

INTRODUCTION	172
LA NAISSANCE DE LA MYTHOLOGIE ÉGYPTIENNE	174
LES ORIGINES DU MONDE SELON LES ANCIENS EGYPTIENS	183
RELIGION ÉGYPTIENNE	191
CONTES, MYTHES ET LEGENDES DE L'EGYPTE ANCIENNE	224
L'IMPACT DE LA CULTURE EGYPTIENNE ANCIENNE SUR LE MONDE MODERNE	281
CONCLUSIONS	296
MYTHOLOGIE JAPONAISE	298
LES ORIGINES DE LA MYTHOLOGIE JAPONAISE	299
LE SOLEIL, LA LUNE ET LE VENT	306
DIVINITÉS MYTHOLOGIQUES	313
LES ESPRITS DANS LA MYTHOLOGIE JAPONAISE	343
HÉROS JAPONAIS	365
MYTHES ET LÉGENDES	383
LA TRADITION AUJOURD'HUI	413
CONCLUSIONS	418
MYTHOLOGIE NORDIQUE	421
INTRODUCTION	422
LA COSMOGONIE ET LA COSMOLOGIE DES NEUF MONDES EN MOINS DE CINQ MINUTES	429

LA NAISSANCE DU MONDE - L'*AVANT* ET L'*APRÈS* DANS LA MYTHOLOGIE SCANDINAVE	446
L'ORIGINE DES HOMMES ET DE MIDGARD	451
LA SOURCE, LE GARDIEN DE LA MÉMOIRE ET L'ŒIL GAUCHE D'ODIN	460
LA GUERRE POUR LE POUVOIR ENTRE ASI ET VANI	473
MAGIE, HYDROMEL ET DONS DES DIEUX	478
LOKI, LA JEUNE FILLE ET LE GRAND HIVER	487
LES CHEVEUX DE SIF ET LE RÔLE DE LA MAGIE DANS LE MONDE SCANDINAVE	495
LES MURS S'ÉLÈVENT	503
LE VOL DE MJÖLLNIR, LE MARTEAU DE THOR	506
LE CHAUDRON ET LE VOYAGE DE THOR VERS LE GÉANT HYMIR	512
LA MORT DU JEUNE BALDR	519
LE MOULIN, L'ABONDANCE ET LE FILS D'ODIN	528
LE CRÉPUSCULE DES DIEUX	532
LES DIEUX ET LES FIGURES MYTHOLOGIQUES	540
GLOSSAIRE DE LA MYTHOLOGIE GRECQUE	543
GLOSSAIRE DE LA MYTHOLOGIE ÉGYPTIENNE	547
GLOSSAIRE DE LA MYTHOLOGIE JAPONAISE	550
GLOSSAIRE DE LA MYTHOLOGIE NORDIQUE	555

MYTHOLOGIE GRECQUE

Introduction

De toutes les caractéristiques remarquables et surprenantes qui font de nous des êtres humains, la plus impressionnante est notre capacité à expliquer le monde qui nous entoure à travers l'histoire et à transmettre ces informations à travers les générations successives.

Les fables et les contes populaires contribuent à un corpus de connaissances sans cesse croissant qui nous relie à travers le temps et l'espace en tant que peuple désuni mais uni. C'est à travers les éléments communs de l'histoire que nous construisons une culture, une religion et une société, et personne n'a eu un impact plus important sur le monde occidental que les Grecs de l'Antiquité.

En outre, rien n'a eu une influence plus importante sur la narration et la codification que l'écriture, dont les Grecs revendiquent la plus ancienne langue conservée dans le monde occidental. La langue sumérienne de l'ancienne Mésopotamie, pour être clair, revendique le titre de langue alphabétique écrite la plus « ancienne », mais elle est tombée en désuétude peu après le troisième millénaire avant Jésus-Christ. En organisant leur alphabet en syllabes et en mots, les Grecs de l'Antiquité ont créé une série d'explications sur le monde qui sont encore bien vivantes aujourd'hui. Elles sont encore pleines d'émerveillement et de puissance et nous permettent, à nous lecteurs, d'avoir un aperçu de l'esprit, du cœur et des peurs d'un peuple entier, séparé de nous par le temps, mais pas par les émotions ou l'intelligence.

Les Grecs anciens et leur mythologie occupent indéniablement une place fondamentale dans la littérature occidentale. Ses personnages et ses événements ont été repris et personnifiés de plus en plus par chaque génération d'écrivains. Le cheval de Troie, par exemple, est passé de la nature sauvage de l'Iliade à l'austère forteresse de pierre de l'euphémisme anglais moderne, où il s'est installé dans un usage typiquement beaucoup moins dramatique.

Nous devons donc conclure que la principale raison de la survie de ces textes est due à leur diffusion écrite et, par conséquent, nous devons utiliser ce fait pour établir « quand » nous parlons de la Grèce antique et de ses mythes.

Cela nous amène à un point intéressant: nous devons notamment établir le contexte factuel lorsqu'il s'agit d'œuvres de fiction. La « Grèce antique » peut être considérée comme une zone nébuleuse, essentiellement géographique, qui s'étend de l'île de Crète, au sud des « doigts » de la Grèce continentale, jusqu'à la côte turque. Ces frontières sont restées inchangées jusqu'à la conquête romaine de la Grèce et, d'après les preuves archéologiques, très probablement encore plus loin, jusqu'à 7000 av. Entre ces deux points, les chefs se sont disputé les terres et les titres, les gens ont échangé des biens et des cultures, et les armées ont engagé des corps et du sang, de sorte qu'il est devenu de plus en plus difficile de dresser une carte sans aucune méthode de documentation. C'est pourquoi, pour les besoins de cet ouvrage, nous situerons notre version de la « Grèce antique » quelque part entre les deux points historiques les plus éloignés: entre le huitième et le septième siècle avant J.-C., c'est-à-dire autour de la première apparition connue des écrits d'Homère, le grand poète grec.

Pourquoi commencer par Homère ? Pourquoi ne pas remonter aux sources de la mythologie, en essayant de retrouver son essence, ses origines, sa « vérité » ? Ce sont des questions justes et des approches intéressantes du sujet, mais elles n'appartiennent pas au domaine de l'histoire au sens strict; ces questions sont plus à l'aise dans le domaine de l'archéologie. Nous ne nous intéressons pas aux raisons pour lesquelles les mythes sont apparus, mais simplement au fait qu'ils sont déjà arrivés emballés et prêts pour notre plaisir et notre admiration. Par essence, notre approche n'est pas celle du botaniste, qui s'intéresse à la manière dont chaque partie de la plante la compose et la soutient, mais plutôt celle du jardinier qui, avec le même niveau de soin, maintient les plantes en vie pour le bien de la fleur.

Nous avons donc choisi Homère comme point de départ parce que son œuvre marque les premiers cas, dans l'histoire de la Grèce antique, où les domaines éthérés et cultuels de la mythologie grecque et de ses écrits se mêlent au domaine des affaires humaines. C'est à cette époque que l'on assiste à la codification des mythes des demi-dieux, témoignage par les Grecs à la fois du pouvoir des êtres humains et de l'attention que le mont Olympe pouvait porter à leurs créations. L'œuvre d'Homère a équilibré le pouvoir entre l'humanité et ces êtres autrefois tout-puissants et pleins de grâce qui se trouvaient au-dessus et au-dessous de la terre. En donnant un raisonnement et des émotions humaines au panthéon grec, les divinités sont devenues plus compréhensibles, moins craintes et donc plus respectées. Les mythes et la religion des Grecs de l'Antiquité n'étaient plus séparés comme ils imaginaient les cieux séparés de la terre, mais à l'époque des siècles d'Homère, ils avaient fusionné, pour ne plus jamais être divisés dans les écrits.

Comment était donc notre Grèce antique ? Nous connaissons ses frontières, mais comme pour toute civilisation, où que ce soit dans l'espace et le temps, il est toujours plus sophistiqué et plus complexe de délimiter un territoire sur une carte, surtout dans le cas de la Grèce antique.

À l'époque d'Homère, la Grèce était divisée en de nombreuses petites colonies autonomes, principalement en raison de la géographie de la région. Composée de montagnes et de vallées sur le continent et de chaînes d'îles dans le sud, les transports de masse et la communication étaient incroyablement difficiles. Chaque communauté était essentiellement coupée de ses homologues, que ce soit par le haut ou par la mer, et devait donc compter sur l'autosuffisance pour survivre.

Il existait cependant plusieurs cités-États « dominantes » dans les affaires grecques : Athènes, Sparte, Thèbes et Corinthe, qui, en raison de leur population et de leurs avantages géographiques, exerçaient toutes un contrôle souple sur les États plus petits et, grâce à une série d'alliances et de traités complexes, pouvaient faire appel à elles pour leur défense ou en cas de conflit. Nous connaissons Athènes pour son importance culturelle et politique en tant que berceau de la pensée démocratique, et Sparte pour sa domination militaire et son austérité, d'où le mot « spartiate », qui a ouvert la voie à l'expansion des frontières de la Grèce et, par conséquent, de sa population. Avec l'explosion démographique et la surpopulation des cités-États établies au septième siècle, de nouvelles colonies ont été fondées sur l'ensemble du territoire méditerranéen grec nouvellement conquis. Les colons fondèrent ces villes avec les noms des divinités des cités-états dont ils étaient originaires, priant et sacrifiant pour la prospérité et la protection ; c'est une petite preuve que l'un des liens de la Grèce antique était une religion universelle.

À l'époque d'Homère, cette religion était un réseau complexe de significations, d'interprétations et de représentations entremêlées ; les divinités n'étaient plus représentatives d'événements ou de concepts uniques, mais partageaient plutôt le fardeau de leurs pairs. Une colonie d'une cité-État consacrée à Déméter, pour prendre un exemple hypothétique, peut partager la même divinité que sa cité-État, même si les besoins des colonies peuvent différer de manière significative, d'où la responsabilité de Déméter pour les récoltes et la loi sacrée.

Lorsque le Parthénon fut achevé au milieu du cinquième siècle avant J.-C., le panthéon des divinités grecques ressemblait de plus en plus aux colonnes individuelles du palais d'Athéna. Bien que chacune ait un rôle individuel, elles devaient fonctionner ensemble, soutenant un toit pour protéger leurs patrons de l'inconnu.

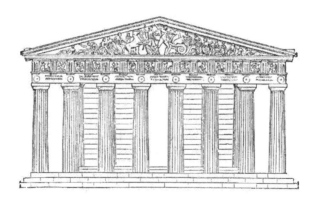

C'est là que ce livre intervient. Il existe d'innombrables sources sur la mythologie grecque ; en fait, un livre entier pourrait être consacré à la manière dont ces mythes sont passés de main en main et ont été lus au fil des siècles, et je suis presque sûr que cela a été fait. Ce livre vise à démêler les fils qui composent ce réseau de piliers divins et à les considérer comme autonomes. En termes plus simples, il s'agit de présenter ces divinités, demi-dieux et créatures tels qu'ils ont été compris et appréciés à travers les récits tissés autour d'eux et de leurs royaumes. Il ne s'agit pas de compliquer à l'excès les mythes par des citations et des contre-citations, mais de les clarifier et de les comprimer grâce à la simplicité de leur organisation et à l'articulation de conceptions communes. Idéalement, le lecteur repartira avec ses propres questions et approfondira sa lecture des mythologies et de leur impact sur le monde occidental.

C'est pourquoi ce livre se veut une base de connaissances sur les mythes et les personnages de la Grèce antique et n'a pas l'intention d'épuiser toutes les sources et toutes les questions. Il s'agit d'une introduction au monde des mythes grecs. En fin de compte, il s'agit d'une appréciation de l'histoire de la narration, de la dissipation de la peur de l'inconnu à travers les conflits humains et divins, la coopération et le compromis.

Il s'agit d'éclairer la profondeur et l'ampleur des comédies et des tragédies universelles qui, à travers l'espace et le temps, résonnent en nous parce que, d'une certaine manière, nous les avons vécues nous-mêmes. Ce sont des histoires que nous devons aborder sans chercher une « vérité » objective, scientifique ou même religieuse, mais en laissant la place aux vérités qui se communiquent d'homme à homme. Bien que le polythéisme ait depuis longtemps disparu de la pensée et de la pratique religieuse occidentale, je crois que lorsque nous sommes confrontés à ces mythes, nous devons avoir une certaine révérence pour ces créations autrefois omnipotentes et omniprésentes; elles ont été déclenchées par l'esprit humain, qui est en soi la force créatrice la plus puissante jamais connue.

CHAPITRE 1

Qu'est-ce qu'un mythe ?

Selon les spécialistes, il existe de nombreuses définitions : Selon Walter Burkert, « un mythe est un récit traditionnel avec une référence secondaire et partielle à quelque chose d'importance collective » Selon Stephen Kershaw, « un mythe est un récit socialement traditionnel » Il est à noter qu'aucun des deux chercheurs ne mentionne la « vérité » Cependant, c'est une erreur d'assimiler un mythe à un « mensonge » ou à une non-vérité. Dans l'Antiquité, nous considérons les mythes comme des histoires ou des croyances, mais à l'époque de nos ancêtres, le « mythe » était leur réalité. Alors pourquoi les mythes ont-ils été créés ?

L'idée générale est que nous avons créé des mythes pour nous expliquer notre environnement et donner un sens à nos expériences, pour répondre à la question de savoir d'où nous venons, qui nous sommes et comment nous pouvons être heureux. On peut considérer la mythologie comme le précurseur de ce que nous appelons la philosophie, ce qui explique pourquoi les mythes sont si étroitement liés à la religion et à l'existentialisme - et pourquoi ils sont si importants. Les mythes nous permettent également de nous souvenir des événements historiques. Il est incroyable de penser à toute l'histoire du monde antique enfermée dans un contenant aussi fragile que l'esprit humain !

CHAPITRE 2

Grèce Ancienne

La Grèce est située dans le sud de l'Europe et se compose d'une péninsule et d'un archipel entourés sur trois côtés par la mer Ionienne, la mer Égée et la mer Méditerranée. Les peuples indo-européens, minoens et mycéniens, ont migré dans la région vers 2000 avant J.-C., s'installant avec succès sur le continent et les îles éparses. Le roi légendaire Minos fit construire un magnifique palais à Knossos, en Crète, qui devint le centre de l'empire minoen.

Les colons étaient principalement des agriculteurs et des cultivateurs organisés en groupes familiaux extrêmement indépendants et ingénieux. La progression de ces groupes familiaux a été interrompue par une invasion dorienne, qui plongea la région dans un âge sombre pendant près de 500 ans, jusqu'à la naissance de ce qui allait devenir une ère célèbre de cités-États hautement civilisées, connue sous le nom de période classique, qui s'acheva vers 336 av. Les exploits d'Alexandre le Grand à la conquête du monde bouleversèrent la Grèce et Thèbes tomba en son pouvoir en 335 av. J.-C., marquant le début de la période hellénistique qui dura jusqu'en 146 av. J.-C.

Il est pratiquement impossible d'estimer la population grecque durant cette période historique. Les meilleures estimations pour le Ve siècle avant J.-C. vont de 800 000 à 3 millions de personnes. Ce qui est certain, c'est que la Grèce antique est considérée comme le berceau de l'humanité en termes d'art, de culture et de démocratie, raison pour laquelle la mythologie de cette époque suscite toujours un vif intérêt.

« Enterrez mon corps et ne construisez aucun monument.
Laissez sortir mes mains tendues pour que les gens sachent que celui qui a conquis
le monde
Part les mains vide
Alexandre le Grand 356-323 avant J.-C.

2.1 Les sources de la mythologie grecque

Les Grecs étaient polythéistes et, en raison de la nature géographique étendue et variée de la civilisation naissante, les mythes qui se sont développés comprenaient de nombreuses variations, même plus que ce que l'on attend habituellement d'une tradition orale. Il n'y avait pas de texte sacré à suivre, ni de structure religieuse ou sociale formelle: chaque petite agglomération ou village avait ses propres divinités favorites et les mythes populaires faisaient parfois l'objet d'interprétations contradictoires. La mythographie était certainement enseignée dans les écoles et, dès 500 avant J.-C., il existait des « manuels » de mythes rassemblés par diverses personnes. Plusieurs textes anciens sont essentiels à notre compréhension de cette période.

L'un des plus importants, « L'Iliade », est un poème épique écrit en 750 avant J.-C. par Homère. Il raconte la fin de la guerre de Troie et constitue l'une des principales sources pour notre compréhension de l'époque.

L'autre grande œuvre d'Homère, « L'Odyssée », se déroule après la chute de Troie et raconte le fantastique voyage d'Ulysse auprès de son épouse Pénélope. Ces sources magnifiques nous sont parvenues dans leur intégralité, ce qui est incroyable. Hésiode, contemporain et compagnon de poésie d'Homère, présente une généalogie incroyablement détaillée des dieux, de Khaos à Polydore, dans la « Théogonie », qui contient une description vivante de la création de l'univers et des événements de la guerre contre les Titans. Un deuxième ouvrage d'Hésiode, « Les travaux et les jours », traite de la vie humaine et des valeurs morales à travers les histoires de personnages mythiques bien connus tels que Prométhée et Pandore, donne des conseils sur l'agriculture et explique les jours de chance et de malchance.

La poésie lyrique était également abondante à cette époque. Un poème comme *Il est plus qu'un héros* de Sappho (c610-c570 av. J.-C.) saisit la nature personnelle des « mythes » et la sexualité ambivalente qui faisait partie de la vie grecque.

« Il me paraît égal aux dieux
L'homme qui devant toi
S'assied; qui, de près, lorsqu'agréablement
Tu chantes, t'écoute
Et lorsque tu souris en faisant naître le désir, ce qui
Fait battre avec violence mon cœur dans ma poitrine.
Quand, en effet, je te vois, vite, des paroles,
Je n'en ai plus aucune
Toute ma langue est brisée; subtil,
Un feu bientôt après court sous ma peau,

Mes yeux ne voient rien,

Mes oreilles bourdonnent. »

— *Ode dans la traduction d'André Lebey (XIXe siècle)*

Pindare (vers 522-438 av. J.-C.) est probablement le plus grand poète lyrique. Il s'est spécialisé dans les grandes odes chorales, qui célèbrent souvent les victoires athlétiques sur l'Olympe. Il était également connu pour avoir « corrigé » des copies écrites de la mythologie traditionnelle.

Apollonios de Rhodes est probablement né dans la première moitié du IIIe siècle avant J.-C. et fournit une excellente source sur le mythe de Jason et de la Toison d'or dans son ouvrage *Les Argonautiques*. Il est parfois confondu avec l'érudit grec Apollodore, né vers 130 avant J.-C. et surtout connu pour sa *Chronique de l'histoire grecque*.

Les philosophes de l'époque classique donnent également un aperçu de la mythographie grecque, bien qu'ils soient plus négatifs que positifs. Socrate (vers 469-399 av. J.-C.) est considéré comme le père de la philosophie, une figure controversée de l'histoire grecque, mais un enseignant doué. Son style pédagogique consistait à poser des questions à ses élèves et à utiliser leurs réponses pour améliorer leur raisonnement: un style encore utilisé aujourd'hui qui porte son nom, communément appelé la méthode socratique. Il critiquait les dieux et allait jusqu'à suggérer qu'il ne pouvait y avoir qu'un seul dieu.

Lorsqu'il a appris que l'oracle de Delphes l'avait qualifié d'homme le plus sage du monde, Socrate s'est mis en colère. L'une des citations qui lui sont attribuées est la suivante : « Je ne peux rien enseigner à personne, je peux seulement les faire réfléchir » Le plus grand élève de Socrate, Platon (429-347 av. J.-C.), critiquait ouvertement Homère et Hésiode: « Ceux-ci, à mon avis, ont composé des histoires fausses qu'ils ont racontées et racontent encore aux hommes »

Aristote (384-322 av. J.-C.) méprisait également l'école d'Hésiode, déclarant que « sur ceux qui ont inventé des mythologies ingénieuses, il ne vaut pas la peine d'écrire un livre sérieux » Il est donc plutôt déconcertant de découvrir qu'il a écrit un livre entier sur le sujet, intitulé *Métaphysique*, dans lequel il exprime son appréciation du fait que les grands mythes ont souvent servi de base à des formulations philosophiques sur la nature de l'être. « C'est le signe d'un esprit instruit être capable d'entretenir une pensée sans l'accepter », dit Aristote.

Cependant, la source d'information la plus importante sur la nature et la place des mythes grecs est l'œuvre des grands dramaturges de l'âge classique: Eschyle, Sophocle, Euripide et Aristophane. Ces derniers méritent une analyse beaucoup plus approfondie - nous y reviendrons.

CHAPITRE 3

La création de l'univers et des dieux

Le début des temps est très obscur dans la mythologie grecque, avec de nombreuses variations sur ce qui est censé s'être passé, notamment en ce qui concerne l'ordre des événements. Plutôt que de me perdre dans les détails, j'ai choisi d'emprunter une voie médiane, éclairée par des heures de lecture sur le sujet. Au commencement était Khaos, un dieu en soi ou un ensemble de circonstances. C'est de ce dieu que vient notre mot « chaos » Mais dans la mythologie grecque primitive, il a une signification très différente: un état de confusion ou de désordre total; un manque total d'organisation ou d'ordre.

Dans la mythologie grecque, il s'agit d'un état « sans forme ou vide » qui n'a rien à voir avec beaucoup de bruit et de confusion. Il s'agissait en fait d'un vide ou d'un espace qui existait, peut-être à la suite de la séparation du ciel et de la terre. Des profondeurs de Khaos est née Gaïa, c'est-à-dire la terre elle-même. Gaïa était belle; elle séparait le ciel de la terre, l'eau de la terre et l'air de l'espace. Elle donna naissance à Uranus (le ciel) qui, à son tour, créa la pluie pour donner naissance aux montagnes, aux rivières, aux animaux et aux plantes. Gaïa a également donné naissance à Nyx (la nuit), Pontus (la mer), Tartare (le monde souterrain) et Erebus, les ténèbres qui recouvrent le monde souterrain. Dans certaines versions, Gaïa donne également naissance à la déesse Aphrodite, qui apporte l'amour et la beauté dans le monde.

Gaïa et Uranus s'accouplent pour donner naissance à la première de leurs nombreuses progénitures, les 12 Titans - des divinités immenses et puissantes, comme Océan, qui a des milliers de descendants, c'est-à-dire tous les fleuves du monde. Un autre Titan, Hypérion, serait à l'origine de la création de l'Aurore, du Soleil et de la Lune.

Kronos, qui jouera bientôt un rôle crucial et douloureux dans cette histoire épique, est un descendant important. La deuxième série de divinités nées de Gaïa et d'Uranus sont les Cyclopes; eux aussi sont immenses et puissants et furent les premiers forgerons. Les trois cyclopes étaient connus sous les noms de Stéropès, Brontès et Argès. Chacun d'eux avait un œil effrayant au milieu du front et était responsable des éclairs, des foudres et du tonnerre. Le monde devenait de plus en plus bruyant. Uranus et Gaïa ont eu trois autres enfants redoutables, les Hécatonchires: chacun d'eux avait cent mains et cinquante têtes et était assez gigantesque pour projeter des montagnes entières. Ils étaient également responsables des tremblements de terre.

Uranus était en fait un chef raisonnable et tous les dieux étaient heureux sous son règne. Cependant, Uranus lui-même développa une intense antipathie envers sa propre progéniture, qui n'est nullement expliquée. Il décida d'empêcher ses enfants de naître et les poussa sans cérémonie dans l'utérus de Gaïa, interprété comme « caché dans les parties secrètes de la terre » Cela la rendit furieuse et, comme ses supplications pour la soulager de cette douleur et de ce fardeau restaient sans effet, elle complota avec Kronos, l'un de ses fils, pour punir Uranus de cette cruauté.

Le plan était diabolique. Lorsqu'Uranus vint s'accoupler avec elle, Kronos, probablement depuis l'intérieur de sa mère, coupa les parties génitales de son père avec une faux et les jeta, ensanglantées, sur la terre. « Ce n'est pas en vain qu'ils tombèrent de sa main, car Gaïa les reçut avec toutes les gouttes de sang qui en jaillissaient et, au fil des saisons, elle amena les fortes Erinyes et les grands Géants… à l'armure étincelante, tenant de longues lances à la main, et les Nymphes qu'ils appelaient Meliai sur toute la terre sans limites. (Les Érinyes étaient les Parques ou Furies, qui comprenaient des divinités telles que Poinai, Aroi et Praxidikai, dont les trois tâches respectives étaient les représailles, les malédictions et la justice. Les Géants étaient une tribu de géants très forts, à l'origine de l'activité thermique et des volcans.

Ils comprenaient des dieux tels qu'Encelade et Porphyre. Les Meliai étaient les nymphes nourricières du dieu Zeus et peut-être aussi les nourricières de l'humanité. Dans certaines versions, les organes génitaux sont jetés à la mer et Aphrodite, la déesse de l'amour, naît de l'écume qui se forme à partir de la semence.

Ce ne sera pas la seule fois où un fils usurpe la place de son père. Kronos triomphant devient roi des dieux, libère tous ses frères et épouse Rhéa, sa sœur. Tous deux ont six enfants: les dieux Aestia, Déméter, Héra, Hadès, Poséidon et Zeus. D'une manière ou d'une autre, Kronos apprend une prophétie selon laquelle il sera évincé par l'un de ses enfants, et chaque fois qu'un enfant naît, il l'avale vivant. Rhéa est prête à tout pour sauver au moins l'un de ses fils et, à la naissance de Zeus, elle l'envoie secrètement en Crète pour qu'il soit élevé par les nymphes. Au lieu de cela, elle enveloppe une grosse pierre dans des langes et la donne à Kronos, qui l'avale aussitôt.

Zeus devient un formidable guerrier et amant et retourne sur l'Olympe en tant qu'échanson de Kronos. Cela lui permet d'administrer à Kronos une potion magique qui lui fait régurgiter les frères de Zeus (ainsi que la pierre représentant Zeus lui-même). Cette pierre, connue sous le nom de pierre d'Omphalos, est toujours conservée dans le sanctuaire de Delphes; bien qu'il y ait plusieurs explications à la présence de cette pierre à Delphes, ce n'est que l'une d'entre elles.

En remerciement, ses frères s'allient à Zeus contre leur père. Cela déclencha une rivalité entre les dieux de l'Olympe, menés par Zeus, et les Titans, menés par Cronos. Le conflit qui en résulte est connu sous le nom de Titanomachie, et dure dix ans. À la fin, Zeus l'emporta et les Titans vaincus furent bannis dans le Tartare, à quelques exceptions près. Le Titan Atlas fut chargé de tenir la terre sur ses épaules ; les frères Titans Epiméthée et Prométhée, qui s'étaient rangés du côté de Zeus, furent chargés de créer les premiers hommes mortels au lieu d'être bannis.

Les Olympiens victorieux se retirèrent sur le mont Olympe et attendirent avec impatience une période de plus grande civilisation. C'est à cette époque que se déroulèrent les premiers Jeux olympiques. Seuls les hommes pouvaient y participer. Zeus épousa sa sœur Héra et engendra avec elle de nombreux autres dieux dans de nombreuses unions: les Grâces, les Saisons et les Muses, pour n'en citer que quelques-uns.

La paix relative ne dura pas longtemps, car les Géants se moquaient des Olympiens en s'immisçant dans les rouages de la terre, en détournant des rivières, en déplaçant des montagnes et en semant le désordre, jusqu'à ce qu'une grande bataille soit déclenchée: la Gigantomachie. Zeus réaffirma son pouvoir de roi des dieux et rétablit l'ordre dans l'univers. Zeus sera une fois de plus défié par le dieu le plus redouté de tous, le monstre hideux Typhon, aussi grand que les étoiles et capable de tenir le monde entier dans ses mains. Cent dragons sortaient de son cou, ses yeux brillaient de feu et il était couvert d'ailes. Il était le fruit du dernier accouplement entre Gaïa et le Tartare et était déterminé à conquérir le mont Olympe. Zeus finit par l'acculer en utilisant 100 éclairs à la fois et plaça l'Etna au-dessus de lui pour le contenir. Aujourd'hui encore, l'humanité est menacée par Typhon, car la grande bête tente de se libérer de sa prison.

> *« Comme les dieux ont ri quand ils ont ajouté l'Espoir aux maux avec lesquels*
> *ils ont rempli la boîte de Pandore*
> *parce qu'ils savaient très bien*
> *que c'était le mal le plus cruel de tous, car c'est la*
> *Espérance qui attire l'humanité à supporter sa misère jusqu'au but »*
> *W. Somerset Maugham (auteur britannique 1874-1965)*

3.1 Qu'en est-il de l'homme ? Qu'en est-il de la femme ?

Vous avez peut-être été frappé par le fait que tous les dieux ont pris une forme humaine. C'est l'une des anomalies de la mythologie grecque: l'homme mortel semble avoir été pensé après coup.

Peut-être ont-ils été créés parce que les dieux en avaient assez de se débrouiller seuls pour se nourrir- peut-être ont-ils été créés simplement pour faire pousser des cultures qui fournissaient de la nourriture, du vin et du combustible pour le feu aux dieux. Certains érudits suggèrent qu'ils ont été créés simplement pour divertir les dieux.

Il est possible qu'ils aient fourni aux dieux des corps de combat supplémentaires dans leurs batailles incessantes. Lorsque Zeus a demandé à Prométhée et à son frère Epiméthée de créer des hommes, sa seule condition était qu'ils ne soient pas immortels.

Il est intéressant de noter que Prométhée signifie « quelqu'un qui évalue avant d'agir » et Epiméthée « quelqu'un qui agit spontanément et évalue ensuite » Prométhée chargea Epiméthée de créer de nombreuses autres créatures pour peupler la terre et de les doter des diverses qualités et capacités nécessaires pour prospérer et se protéger: rapidité, force, ailes, griffes, carapaces, ruse, fourrure, etc. Entre-temps, Prométhée a laborieusement modelé l'homme dans l'argile et à la ressemblance des dieux.

Lorsqu'il eut terminé, Epiméthée avait épuisé toutes les qualités spéciales et n'avait plus rien de spécial à offrir à l'homme. Prométhée s'était pris d'affection pour la créature qu'il créait et décida que le mieux qu'il pouvait faire était de permettre à l'homme de marcher debout, afin qu'il puisse lever les yeux au ciel pour louer les dieux. Il donna également à l'homme le don du feu. Il demanda ensuite à Athéna de donner la vie à l'homme: c'est ainsi que les hommes virent le jour. Zeus, cependant, était très mécontent que l'homme ait acquis le don du feu.

Furieux, il condamna Prométhée à être enchaîné à une montagne pour l'éternité. Chaque jour, un aigle féroce venait lui arracher le foie et le manger. Prométhée étant immortel, son foie repoussait chaque nuit, le condamnant à renouveler l'expérience. Finalement, il fut sauvé par le demi-dieu Héraclès.

Non content d'avoir puni Prométhée et de vouloir punir aussi l'homme, Zeus ordonna à Héphaïstos de créer une femme si belle qu'elle «tourmenterait à jamais le cœur des hommes » Bien qu'il soit le forgeron des dieux, Héphaïstos est également un habile artisan et réalise souvent des œuvres décoratives d'une grande beauté pour les déesses. La mortelle enchanteresse, une créature féminine qu'il a façonnée à partir d'argile comme l'homme, a été nommée Pandore, ce qui signifie « celle qui porte tous les cadeaux » Zeus ordonna à tous les dieux de lui offrir un cadeau, ce qui semble très aimable, mais il chargea Hermès de lui apprendre à être « trompeuse, têtue et curieuse ».

Finalement, le récipient, qui pouvait être une boîte ou plus probablement une jarre, fut rempli de tous les maux et de toutes les misères qu'ils pouvaient imaginer, y compris la peste et d'autres maladies contagieuses, la famine, la pauvreté, etc. Il est clair que Zeus la voulait comme punition pour l'humanité. Elle reçut l'ordre de n'ouvrir la boîte sous aucun prétexte et fut envoyée en cadeau pour épouser Epiméthée. Dans un premier temps, Pandore obéit à l'injonction du dieu, mais sa curiosité finit par prendre le dessus et elle ouvrit le vase. Elle fut submergée par des créatures hideuses qui s'enfuirent immédiatement et se répandirent dans le monde entier, causant d'importants dégâts. Paniquée, elle referma le couvercle et, par l'une des ironies les plus insondables de l'univers, la dernière créature, Espoir, se retrouva piégée dans la boîte.

Ovide et Hésiode parlent tous deux des âges de l'homme. Ovide énumère quatre âges et Hésiode cinq. Aucune de ces listes ne s'inscrit parfaitement dans la chronologie généralisée de la création de l'univers. Il ne faut pas oublier que toutes les sources de cette histoire ancienne ont été mises par écrit des centaines d'années après qu'elle ait été supposée avoir eu lieu et par différents écrivains ayant des objectifs différents à différentes époques; c'est donc comme l'exégèse des écritures chrétiennes. Selon Hésiode, le premier âge de l'homme est connu sous le nom d'âge d'or et c'était une époque où tout le monde vivait dans l'harmonie et le bonheur. Les animaux pouvaient converser en utilisant le langage humain. C'était un âge d'abondance et même si la mort arrivait, elle arrivait doucement et la nuit, pendant que l'on dormait. C'était sous le règne de Kronos.

Kronos mangea ses enfants, provoquant la Titanomachie, et dix ans de guerre mirent fin à cette ère.

Les dieux créèrent donc l'Âge d'Argent de l'homme. Ces mortels mirent beaucoup de temps à grandir et ne mûrirent jamais vraiment. Ils sont restés très enfantins et désobéissants et n'ont jamais prêté l'attention voulue à l'honneur des dieux. Zeus s'impatienta à cause de leur folie et les détruisit, envoyant leurs esprits vivre en Hadès.

Zeus s'ennuya vite sans l'humanité pour s'amuser, et il créa une race effrontée de mortels forts et belliqueux. Ils étaient obsédés par les armes qu'ils fabriquaient en bronze; ils construisaient même leurs maisons en bronze - d'où l'âge de bronze de l'homme. Cependant, leur agressivité était telle qu'ils ne mangeaient pas de pain et se détruisaient les uns les autres, mangeant à la place le cœur de leurs victimes. Zeus fut si contrarié par ce cannibalisme qu'il envoya le Grand Déluge pour les détruire. Leurs esprits ont été bannis dans le monde souterrain. À titre de curiosité, l'orthodoxie chrétienne fixe souvent l'année du déluge aux alentours de 2348 av. Dans la mythographie grecque, la date du grand déluge est généralement fixée à environ 1456 av.

Au cours de l'âge des héros qui suit, Zeus semble avoir touché le jackpot, juste à temps pour les guerres de Troie et la guerre contre Thèbes. Ces mortels étaient pourtant très nobles et respectés par les dieux, certains au point de devenir des demi-dieux. La plupart d'entre eux ont été tués pendant les guerres, mais leurs esprits sont allés dans les champs élyséens, où ils ont reçu leur récompense et vécu dans la paix et le bonheur.

Enfin, Zeus a créé l'homme de l'âge de fer, l'âge qui perdure encore aujourd'hui. Hésiode n'avait rien de bon à dire sur cet âge: « Il n'y aura pas de faveur pour l'homme qui tient son serment, ni pour le juste, ni pour le bon; au contraire, les hommes loueront le malfaiteur et son comportement violent. La force sera juste et le respect cessera ; les méchants feront du mal à l'homme digne, diront contre lui des paroles fausses et jureront par elles » Il s'agit d'une perspective sombre, d'une période de stress et d'un effondrement de la moralité. Les hommes se trompent les uns les autres, mentent et n'ont plus honte de le faire.

Nous vieillissons vite et de plus en plus, le mal triomphe et nos dieux nous abandonnent, jusqu'à ce que Zeus revienne en destructeur. La plupart de ces informations proviennent des *Travaux et jours* d'Hésiode, traduits par Hugh G. Evelyn-White.

Il existe une autre version de la fin de l'âge de bronze, appelée le mythe de Deucalion. Deucalion était l'un des fils de Prométhée. Dans cette version, Lycaon, roi de Pélasgie, sacrifia un enfant à Zeus, ce qui mit le dieu dans une grande colère. Zeus transforma le roi en loup et décida de détruire la race humaine impie par un grand déluge. Prométhée avertit son fils et lui dit, ainsi qu'à sa femme, de construire une sorte de grand coffre qui survivrait à l'inondation. Ce coffre était assez grand pour les contenir, ainsi que quelques provisions vitales, ce qui leur permit de survivre au déluge. Après neuf jours et neuf nuits, les eaux du déluge commencèrent à se retirer et leur bateau se posa sur le mont Otri en Thessalie (ou sur le mont Parnasse dans certaines versions). Deucalion et sa femme Pyrrha pleurèrent en voyant la désolation et consultèrent l'oracle Thémis, demandant comment ils pourraient créer une nouvelle race humaine, qu'ils espéraient meilleure. Selon Ovide, dans ses Métamorphoses, la réponse qu'ils reçurent fut la suivante : « Avec des têtes voilées et des vêtements amples, jetez derrière vous, au fur et à mesure que vous avancez, les os de votre grande mère »

La réponse les laisse perplexes. Pyrrha était contrariée à l'idée de déranger les os de sa mère et se demandait pourquoi on leur avait donné un conseil qui déplairait certainement aux dieux. Après réflexion, ils prirent tous deux des pierres, représentant les « os » de la terre (leur « grande mère ») et les lancèrent derrière eux en marchant. Les pierres dures commencèrent à se ramollir, à changer de forme et à prendre vie: les pierres de Deucalion devinrent des hommes et celles de Pyrrha des femmes, rétablissant ainsi la race humaine.

Zeus n'était pas mécontent, car il considérait ce couple comme pieux, respectueux et passionné par l'humanité. La Terre elle-même régénérait toutes les autres formes de vie, y compris les animaux, par la rencontre entre les rayons du soleil et l'humidité de la terre desséchée. C'était le peuple de l'âge des héros, si l'on suit les cinq âges d'Hésiode ou, si l'on suit Ovide, qui ne recense que quatre âges, c'était le début de l'âge de fer, l'âge actuel. Cela explique certainement la dureté d'esprit de l'homme et sa détermination à survivre.

> « *Le saint est-il aimé des dieux parce qu'il est saint, ou est-il saint parce qu'il est aimé des dieux ??* »
> *(Inscrit sur le temple d'Apollon à Delphes)*

CHAPITRE 4

Le panthéon grec

De nombreuses autres divinités composent l'ensemble du panthéon de la mythologie grecque et soutiennent la structure complexe de la façon dont les Grecs concevaient leur monde, mais en ce qui concerne la création, en bref :

- Khaos a produit Gaïa
- Gaïa a donné naissance à Uranus, Nyx, Pontus, Erebus et peut-être Aphrodite.
- Gaïa et Uranus s'accouplent et donnent naissance à de nombreux enfants, dont le plus important est le Titan.
- Uranus est chassé par son fils Titan, Cronus, qui coupe les organes génitaux de son père.
- Le sang des organes génitaux tombe sur la terre et féconde Gaïa, qui engendre d'autres enfants, dont les Géants.
- Le sperme des organes génitaux tombe dans la mer, créant probablement Aphrodite.
- Kronos devient roi et épouse sa sœur Rhéa.
- Cronos est évincé par son fils, Zeus, qui devient le dieu de l'Olympe.

- La rivalité avec les Titans conduit à la Titanomachie.
- Zeus est victorieux et ordonne la création de l'homme.
- Zeus épouse sa sœur Héra.
- La paix est détruite par la rivalité avec les Géants qui conduit à la Gigantomachie.
- Zeus est à nouveau victorieux et les Olympiens règnent pour toujours.

L'essence de l'histoire est épique, violente et motivée par les luttes de pouvoir et la violence.

Les Olympiens les plus importants sont: Zeus, Héra, Poséidon, Déméter, Athéna, Apollon, Artémis, Arès, Aphrodite, Héphaïstos, Hermès, Estia et Dionysos.

Les parents de Poséidon étaient en fait des Titans et le dieu est souvent représenté avec un dauphin, l'un de ses animaux sacrés, ou avec un trident à la main. Il est le dieu des mers, des rivières et des chevaux et est parfois confondu avec Zeus.

Héra était la reine des dieux, l'épouse et la sœur de Zeus. Le moins que l'on puisse dire, c'est que leur mariage fut houleux. Elle était extrêmement jalouse et vindicative, ce qui n'est pas surprenant puisque Zeus était plus infidèle que la plupart des époux. Elle était la déesse des femmes, du mariage et de l'accouchement. Ses animaux sacrés étaient la vache et le paon, et elle est souvent représentée avec une couronne, un bâton de lotus ou un lion.

Apollon est le seul dieu dont le nom est resté inchangé dans la mythologie romaine. C'était un dieu complexe et très charmant, voire beau, mais toujours malchanceux en amour. Très aimé des dieux, il était le dieu de la musique, de la prophétie, de la maladie et de la guérison, du soleil et de l'éducation. Il est souvent représenté avec une lyre en or ou un arc et des flèches en argent. Son histoire d'amour la plus célèbre est celle de Cassandre, la fille du roi Priam, dont il tomba amoureux. Pour la conquérir, il lui conféra le don de prophétie. Lorsqu'elle l'a finalement rejeté, il l'a embrassée et lui a retiré son pouvoir de persuasion. Dès lors, bien que ses prophéties se soient toujours réalisées, personne ne l'a jamais crue.

Artémis, déesse vierge de la chasse et des chasseurs, était la sœur jumelle d'Apollon. Elle était également la déesse de la chasteté, des chœurs et la protectrice des enfants et des animaux sauvages. Elle est souvent représentée avec un arc et des flèches, une lance, une lyre ou accompagnée d'un cerf. Ses animaux sacrés sont le cerf, l'ours, le sanglier, la pintade et la caille. Elle était une chasseuse intrépide.

Déméter était la déesse de l'agriculture, des céréales, du pain et des récoltes. Elle a enseigné à l'homme comment cultiver et utiliser le maïs. Ses animaux sacrés étaient les serpents, les porcs et les geckos, et elle est souvent représentée avec une gerbe de céréales ou une corne d'abondance. Elle eut plusieurs amants et enfants, mais sa préférée était sa fille par Zeus, Perséphone. Perséphone fut enlevée par Hadès et introduite clandestinement dans son domaine, le monde souterrain. Déméter était désemparée et, négligeant tous ses devoirs, cherchait désespérément sa fille. Les récoltes cessèrent de croître et commencèrent à se flétrir et à mourir, et bientôt la menace de la famine plana sur le pays. Finalement, Zeus intervint et conclut un accord avec Hadès pour que Perséphone puisse retourner auprès de sa mère. Lorsqu'elle partit, Hadès lui donna une grenade à manger, ce qui provoqua un sort qui l'obligea à retourner chez Hadès pendant six mois de l'année pour lui rendre visite. Cela nous amène à l'hiver, alors que Déméter pleure une fois de plus la perte de sa fille unique.

4.1 Hymne à Athéna

« Je chante d'abord Pallas Athéna, la glorieuse déesse aux yeux pers, dont l'intelligence est vaste et le cœur indomptable, la vierge vénérée qui protège les cités. »
« De sa tête terrible, le sage Zeus lui-même l'a dépouillée vêtus d'armes de guerriers en or scintillant, et tous les dieux furent saisis de crainte en la regardant ».
-Omero

Athéna est la déesse de la guerre, de l'héroïsme, des bons conseils et des olives. Ses parents étaient Zeus et sa première femme, Métis. Sa naissance fut extraordinaire: un oracle avait prédit que le premier enfant de Zeus serait une fille et le second un garçon, qui l'évincerait, tout comme Zeus avait évincé son père. Lorsque Métis fut enceinte de son premier enfant, Zeus la dévora, espérant ainsi déjouer la prophétie. Au bout d'un certain temps, il fut pris d'un mal de tête très douloureux qui le fit hurler à l'agonie. Les autres dieux se rassemblèrent autour de lui et Hermès demanda à Héphaïstos de fendre le crâne de Zeus, d'où émergea Athéna, toute vêtue et prodigieusement armée. Selon Hésiode, Métis avait plus de cervelle que tous les hommes réunis et ce fait, associé à la façon dont sa fille était née, signifiait qu'Athéna avait une abondance de sagesse et d'intelligence. Elle est restée vierge et est généralement représentée avec une lance, un casque et une égide, un bouclier rond orné de l'image de la Gorgone Méduse et bordé d'images de serpents.

Athéna était inventive et on lui attribue la production du premier olivier et de nombreuses autres inventions utiles, telles que les brides pour les chevaux. Une statue colossale d'Athéna, faite d'or et d'ivoire, trônait sur l'Acropole d'Athènes jusqu'au cinquième siècle après J.-C., date à laquelle elle fut emportée à Constantinople par les Byzantins - et disparut en cours de route. Quel coup dur cela a dû être!

Hermès est l'un des dieux les plus actifs et les plus fascinants. Dieu des voyages, du commerce, des voleurs, de l'élevage, de la chance et du langage, il était aussi le guide des morts et le héraut des dieux. Il était un peu farceur, mais surtout serviteur, et il y a autant d'histoires où il a semé le trouble que d'histoires où il a aidé les gens à se sortir du pétrin. Son père était Zeus et sa mère une nymphe des montagnes. Il ne s'est pas marié, mais la légende veut que Pan soit son fils. Il vola un jour le troupeau sacré d'Apollon et inversa les sabots pour que ses poursuivants aillent dans la direction opposée. Il a inventé la lyre, les dés et l'alphabet. Il est généralement représenté portant un chapeau ailé et des sandales, ainsi qu'un bâton de héraut.

Arès était le dieu de la guerre, tout comme Athéna. Cependant, il représentait la réalité de la guerre qui nécessitait une agression physique et une force écrasante au lieu de la stratégie intellectuelle d'Athéna. Fils de Zeus et d'Héra, il était également le dieu de la bataille et de la virilité. Son animal sacré était le vautour et parfois le chien. Il était représenté avec un casque, un bouclier et une lance. Il était l'amant d'Aphrodite et, dans certaines versions de son histoire, ses filles étaient les Amazones.

Estia était la déesse du foyer, de la famille, de l'âtre, des repas et des offrandes sacrificielles, ainsi que de l'architecture. C'était la plus douce des Olympiennes, une vierge pieuse, généralement représentée avec un voile sur la tête, une branche d'arbre chaste et une bouilloire. Malgré son attitude réservée, chaque repas dans une maison grecque commençait et se terminait par une offrande qui lui était dédiée; dans de nombreuses cités-États, un foyer du temple local restait toujours allumé pour elle. Elle avait un pouvoir d'une autre nature.

Héphaïstos était le seul dieu considéré comme laid et difforme. Dans certaines versions de sa création, il est né boiteux, dans d'autres, il a acquis sa boiterie lorsque l'un de ses parents l'a jeté du mont Olympie parce qu'il était imparfait. Sa mère l'aurait mis au monde seule, sans Zeus. Il devint néanmoins l'un des principaux dieux et fut le dieu de la métallurgie, des forgerons, du feu, de la construction, de la sculpture et des volcans. Il construisait la plupart des armes des dieux, y compris les boucliers de Zeus et d'Athéna. Il était très doux et protecteur des arts. Ses animaux sacrés étaient l'âne et la grue, et il est souvent représenté chevauchant un âne et tenant une enclume, un marteau et des pinces. Son mariage avec Aphrodite avait été arrangé par Zeus; le fils issu de cette union, Erythonius, était mi-homme, mi-serpent.

Ces 12 dieux étaient connus sous le nom d'Olympiens et gouvernaient tous les autres dieux, l'univers et tous les aspects de l'existence humaine. Dionysos, un cas particulier, est présenté plus loin.

4.2 Achille parle à la voyante calchas

« Prophète de malheurs, tu ne m'as jamais rien annoncé qui me fût agréable; tu te plais toujours à nous prédire des infortunes. Jamais tu n'as dit une parole ni l'ait une action qui ne nous ait été funeste » Homère ; Iliade. Livre I

CHAPITRE 5

La guerre de Troie

La guerre de Troie est l'une des plus grandes histoires de tous les temps. Aux XIIe et XIIIe siècles, elle était considérée comme un fait historique et consistait pour l'armée grecque, dirigée par Agamemnon, à traverser les mers jusqu'à Sparte avec plus d'un millier de navires pour exiger, ou se battre pour, le retour d'Hélène, l'épouse de Ménélas, qui s'était enfuie avec le prince Pâris.

Au milieu du XIXe siècle, l'histoire a été reléguée au rang d'événement mythologique. En 1870, un archéologue nommé Heinrich Schliemann a étonné le monde en découvrant l'ancienne ville de Troie, les vestiges incontestés d'un conflit antique et les restes des trésors du roi Priam à Hisarlik, en Turquie. À cette époque, les écrits d'Ératosthène, le bibliothécaire de la Grande Bibliothèque d'Alexandrie, ont été étudiés. Il avait compilé une chronographie des dates des événements les plus importants, relatant la guerre de Troie de 1194 à 184 av. Le site de Schliemann contenait en fait de nombreuses villes construites les unes sur les autres et Wilhelm Dörpfeld, qui avait été le jeune assistant de Schliemann, a confirmé en 1893 que le niveau Vll-a des fouilles correspondait à la Troie homérique.

La lecture de l'Iliade d'Homère permet d'en apprendre beaucoup sur la mythologie grecque, notamment en lisant les histoires des héros.

L'Iliade elle-même ne couvre que 53 jours à la fin de la dixième année de la guerre, mais les ramifications de l'événement s'étendent sur au moins 20 ans.

Tout a commencé par une pomme d'or sur laquelle étaient gravés les mots: « Pour la plus belle » Il s'agissait d'un cadeau de mariage, jeté au sol par Éris, la déesse de la discorde, lorsqu'elle découvrit qu'elle seule parmi les dieux n'avait pas été invitée au mariage de la déesse Thétis avec un mortel digne de ce nom, Pélée.

Héra, Athéna et Aphrodite revendiquent la pomme et le prince troyen Pâris est désigné comme arbitre. Athéna offre à Pâris la sagesse et l'habileté d'un grand guerrier s'il la choisit comme vainqueur; Héra lui offre le pouvoir politique et le contrôle de toute l'Asie en guise de récompens; Aphrodite lui offre la main de la plus belle femme du monde, Hélène de Sparte, s'il la choisit. Pâris choisit Aphrodite et se rendit à Sparte en « mission diplomatique » pour réclamer son prix, Hélène, qui était mariée au roi de Sparte, Ménélas. Tout au long de cette épopée de 20 ans, les ramifications sont plus nombreuses que celles d'un feuilleton télévisé; il y a toutes les trahisons, les tensions, les moments de tension, les choix impossibles, les décisions désastreuses et les dilemmes les plus monumentaux que l'on puisse imaginer, le tout entrecoupé d'interférences constantes de la part des dieux (littéralement des « deus ex machina »), pour faciliter les développements et les résultats qu'ils désirent.

Expliquons cela à l'aide de quelques exemples.

Aphrodite fait tomber Hélène amoureuse de Pâris dès qu'elle le voit. Lorsque Ménélas doit assister à des funérailles nationales loin de chez lui, Pâris lui fait la cour, l'enlève et part chez lui à Troie. La question de savoir si Hélène est partie de son plein gré ou non et si elle a emporté avec elle les biens de l'État fait l'objet de nombreux débats.

Le devin Chalcis a fait plusieurs prophéties sur la guerre de Troie; l'une des premières était que Troie ne tomberait que si l'expédition comprenait les deux grands guerriers Achille et Ulysse. Cela a entraîné un retard, principalement parce qu'Ulysse, un héros rusé, éloquent et habile, bien qu'atypique, ne voulait pas y aller. Il a fait semblant d'être fou pour éviter d'être enrôlé. Lorsque le messager arriva, il était en train d'ensemencer ses champs avec du sel au lieu de semences pour feindre la folie. Malheureusement, le conscrit plaça le jeune fils d'Ulysse sur le chemin de la charrue, et lorsqu'Ulysse s'esquiva, son stratagème fut révélé. Ulysse quitta sa maison à contrecœur, sachant qu'il ne reviendrait pas avant vingt ans. Achille avait quinze ans lorsqu'il partit à la guerre, portant l'armure de son père créée pour lui par Héphaïstos. Il ne reviendra pas.

Une deuxième terrible déclaration fut qu'Agamemnon, qui dirigeait l'expédition, avait offensé la déesse Artémis et qu'il devait lui sacrifier sa fille Iphigénie avant que les vents de douceur ne puissent faire partir la flotte. Tandis que le père souffrant levait le poignard pour porter le coup fatal, un épais brouillard descendit sur l'autel. Quand il s'est éclairci, le petit corps d'Iphigénie avait été remplacé par un faon, probablement par Artémis. Hésiode dit qu'Iphigénie est devenue la déesse Hécate.

Lorsque les Grecs campèrent hors des murs impénétrables de Troie, Pâris refusa de rendre Hélène et commença le siège. C'est devenu un mode de vie pour les participants. À un moment donné, afin de surmonter l'impasse, un duel a été organisé entre Ménélas et Pâris.

Les Achéens s'arrêtent tout à coup, et deviennent silencieux. Hector, prenant la parole, s'adresse ainsi aux dent armées :

« *Troyens, et vous, Grecs aux belles cnémides, écoutez ce que vous propose Pâris, l'auteur de cette guerre. Il demande que tous vous déposiez sur la terre fertile vos armes brillantes, et qu'au milieu des camps, lui et l'intrépide Ménélas combattent pour Hélène et pour ses trésors. Le vainqueur, celui qui aura conquis honorablement cette femme et ses richesses, les emmènera dans ses foyers; nous immolerons, nous, des victimes pour cimenter une alliance et conclure des traités fidèles.* »

A ces mots, tous gardent un profond silence. Alors le brave Ménélas leur dit :

« *Maintenant, écoutez-moi : une vive douleur pénètre mon âme. Je désire que les Grecs et les Troyens se séparent; ils ont souffert assez de maux à cause de ma querelle et de l'attentat de Pâris. Qu'il meure celui de nous deux à qui le destin réserve le trépas; mais que les autres se séparent aussitôt. Troyens, apportez, pour être offerts en sacrifice, un agneau blanc pour le soleil, une brebis noire pour la terre et une autre brebis pour Jupiter. Que Priam lui-même vienne en personne ratifier nos traités ; car ses fils sont infidèles et parjures : nul alors n'osera violer les serments prêtés au maître des dieux. L'esprit des jeunes gens est toujours prompt à changer; mais, quand survient un vieillard, il regarde à la fois dans le passé et dans l'avenir ce qui peut être également avantageux aux deux partis.* »

Ainsi parle Ménélas. Les Troyens et les Grecs se réjouissent, espérant terminer bientôt cette guerre funeste; ils retiennent les coursiers dans les rangs, descendent de leurs chars, se dépouillent de leurs armes, et les déposent à terre tout près les unes des autres : un étroit espace séparait les deux armées.

Hector envoie aussitôt dans la ville deux hérauts pour conduire les agneaux et prévenir Priam. Le puissant Agamemnon ordonne à Talthybius d'aller vers les creux navires, et d'amener une victime : le héraut s'empresse d'obéir aux ordres de l'illustre Agamemnon.

-Homère ; Iliade. Livre III

« *Un grand duel s'engagea entre eux. Vers la fin, alors qu'ils avaient tous deux perdu leurs armes, Ménélas se jeta sur Pâris, le saisit par l'épaisse crête de crin de son casque, le fit tourner sur lui-même et le traîna vers les lignes achéennes. Pâris était étouffée par la sangle du casque richement incrustée, serrée sous son menton, pressant sa gorge tendre. Ménélas l'aurait entraîné et aurait gagné une gloire infinie si Aphrodite, fille de Zeus, n'avait pas brisé la courroie en peau de bœuf, laissant ainsi le casque vide dans la poigne puissante de Ménélas* » *[Homère ; Iliade, Livre III].*

Les dieux ont même contribué à la terrible mort du favori de la guerre de Troie, Achille. Lors d'une des nombreuses tentatives d'assaut des murs de Troie, une flèche de Pâris, guidée par Apollon, transperça le talon d'Achille, causant sa mort.

C'est Ulysse qui organise la fin de la guerre par la tromperie du cheval de Troie. Faisant mine de se rendre et de rentrer chez eux, les Grecs laissent « en cadeau » à leurs ennemis un colossal cheval de bois et se retirent à l'abri des regards. Le cheval est traîné dans la ville et Troie célèbre la fin du siège. Au petit matin, les guerriers choisis qui se cachent dans le cheval ouvrent les portes impénétrables et Agamemnon conduit enfin l'armée grecque vers la ville et la victoire. À de nombreux moments de l'histoire, notamment lorsqu'un dieu intervient, les sources indiquent que « l'heure n'est pas encore venue » pour l'événement en question: le chronométreur était peut-être le grand dieu de l'Olympe, Zeus, qui observait avec amusement les événements en contrebas.

Electre reçoit l'urne contenant les cendres de son frère.

« Mais aujourd'hui, exilé de votre maison et de votre patrie, vous êtes mort misérablement,
De votre sœur ; malheur à moi si ces mains aimantes n'ont pas lavé ou
Elles n'ont pas non plus recueilli, comme il se doit, leur triste fardeau sur le bûcher en flammes.
Non ! Par les mains d'étrangers, malheureux, tu as subi ces rites et tu es venu jusqu'à nous, un peu de poussière dans une urne étroite...
Ah moi, ah moi ! Pauvre poussière ! Hélas, mon cher, envoyé dans un voyage effrayant, comme tu m'as défait, vraiment défait, ô mon frère ! ».
- Sophocle ; Electre.

CHAPITRE 6

Deux héros grecs mortels dans les récits mythologiques

Thésée et la mise à mort du Minotaure. Dans l'Iliade, Nestor déclare que de tous les héros de la guerre de Troie, aucun n'était plus grand que Thésée.

Thésée était un mortel célèbre pour ses nombreux exploits, notamment pour avoir tué le Centaure de Minos en Crète. Cette créature mi-homme mi-taureau était née de la reine Pasiphaé après que Zeus lui eut rendu visite sous la forme d'un taureau. Il existe de nombreuses variantes de ce mythe particulier et, dans certaines versions, le taureau était en fait un cadeau du dieu Poséidon à Minos.

Le roi Minos de Crète a estimé qu'il ne pouvait pas tuer la créature et l'a emprisonnée dans un labyrinthe élaboré, conçu par le célèbre architecte Dédale. Ce labyrinthe était un moyen pratique d'éliminer ses ennemis et de nourrir le centaure, qui ne se nourrissait que de chair humaine. Malheureusement, lorsque le fils de Minos, Androgée, se rendit aux jeux d'Athènes, il fut tué par le même taureau qui avait rendu visite à sa mère. En colère et affligé, le roi Minos exigea d'Athènes un tribut annuel sous la forme de 7 jeunes hommes et 7 jeunes femmes à sacrifier au Minotaure. Le roi d'Athènes, effrayé par la puissance redoutée de Minos, s'y plie les deux premières années. La troisième année, son fils Thésée s'engagea à mettre fin à cette terrible situation et, contre la volonté de son père, le roi Égée, il s'offrit en sacrifice et prit la mer. Le roi lui fit promettre que, s'il survivait, il repartirait avec des voiles blanches à son retour.

Thésée annonce au roi Minos son intention de tuer le Minotaure et sa fille, Ariane, se rend compte que même si Thésée réussit à tuer la redoutable bête, il périra en essayant de sortir du labyrinthe. Elle lui donne une pelote de laine qu'il devra démêler pendant qu'il cherche l'antre du monstre et qu'il devra suivre à son retour. Elle lui demande également de l'emporter avec lui lorsqu'il rentrera chez lui. Thésée parvient à vaincre le monstre et à retrouver le chemin de la maison, emmenant Ariane avec lui. Le voyage de retour est difficile, le temps étant très mauvais et les tempêtes violentes, il faut réparer et remplacer de nombreuses voiles, en utilisant le jeu de voiles noires de réserve. Le roi Égée, qui observe la scène du haut d'une falaise, aperçoit les voiles noires à l'horizon et, pensant que son fils est perdu, se jette dans la mer déchaînée. Depuis ce jour, la mer s'appelle Égée en l'honneur de son chagrin.

Jason et la Toison d'or. Jason est devenu un héros célèbre avant la guerre de Troie. Pélias a usurpé le trône de Iolcos (aujourd'hui Volos) en emprisonnant son frère Aeson, l'héritier légitime. Ayant été averti par un oracle qu'un descendant d'Aeson se vengerait de lui, il envoya Jason, le fils d'Aeson, à la recherche de la Toison d'or. La Toison d'or était la peau d'un bélier sacré pour Zeus, conservée dans le temple d'Arès, le dieu de la guerre, et gardée par un imposant dragon dans le pays de Colchide. Aeson pensait que Jason trouverait la mort au cours du voyage, car cette mission était considérée comme impossible. Jason, intelligent et intrépide, réunit autour de lui un groupe de 50 guerriers, dont, dans certaines versions de l'histoire, de grands héros tels qu'Héraclès. Un magnifique navire fut construit et baptisé

Argo en l'honneur de son concepteur, Argo, et après avoir demandé les bénédictions appropriées, les hommes se mirent en route. Cette mission est connue sous le nom d'Argonautiques.

Après un voyage aventureux, qui les amena à naviguer pour la première fois les eaux de la mer Noire, ils arrivèrent en Colchide et demandèrent le prix au roi Aeetes, au nom de la déesse Héra. Ne voulant pas renoncer au prix mais hésitant à mécontenter les dieux, le roi Aeetes soumit Jason à une épreuve prohibitive: harnacher deux taureaux cracheurs de feu aux pattes métalliques, labourer un grand champ et l'ensemencer avec des dents de dragon. Il ne lui a pas dit qu'une armée de guerriers sortirait de terre pour l'affronter, lui et son groupe de malheureux.

Heureusement, la fille du roi, Médée, s'impressionna par Jason et, en tant que magicienne et nièce du dieu soleil Hélios (très mauvaise nouvelle si seulement il l'avait su!), lui donna une potion protectrice qui le rendit imperméable au feu et au fer pendant 24 heures. Il lui expliqua également le plan de son père et ce qu'il devait faire. Lorsque l'armée se releva, Jason jeta une grosse pierre au milieu d'eux; pensant qu'il s'agissait d'une attaque, les hommes se retournèrent les uns contre les autres et se battèrent jusqu'à la mort, s'éliminant complètement les uns les autres.

Aétès dut donner à Jason la permission de récupérer la Toison d'or, en espérant que cette fois le dragon le tuerait. Médée intervint à nouveau et fit un sort sur le dragon afin que Jason puisse récupérer le prix sacré avec facilité. Tandis que Jason et les Argonautes montaient à bord de l'Argo et se préparaient à partir, Médée enleva son frère et les rejoignit. Alors qu'ils naviguaient, Médée tua son frère et le déchiqueta, dispersant ses parties du corps sur le chemin du navire en navigation. Cela ralentit Aétès, qui essaya de récupérer toutes les pièces de son fils. Bien des années plus tard, dans un autre grand mythe, Médée aurait tué ses enfants eus avec Jason.

Mais cette histoire appartient au courageux Jason et à ses Argonautes. Après bien d'autres épreuves et tribulations, Jason déposa la précieuse Toison d'or aux pieds du roi Pélias.

CHAPITRE 7

Les Titans

Lorsque l'on se plonge dans l'univers de la mythologie grecque, comme dans celui de toute religion et de ses textes, il est essentiel de commencer par le commencement du monde. Qui l'a créé ? Comment est-il né? Pourquoi a-t-il l'aspect qu'il a aujourd'hui ? A-t-il toujours été ainsi ? Ces questions sont particulièrement importantes dans la mythologie grecque, car leurs réponses servent de base aux réactions émotionnelles et aux raisons de toutes les grandes divinités grecques au cours de leur histoire.

Un concept que nous devons accepter en évaluant ces histoires est que l'omnipotence n'est jamais synonyme de satisfaction ou de sécurité. En effet, le panthéon grec fonctionne de la même manière que la cour aristocratique de Louis XIV, c'est-à-dire que ses acteurs agissent de manière dissimulée, gracieuse, manipulatrice et surtout jalouse. Nous, lecteurs, ou peut-être simples mortels, ne pouvons échapper à la pensée qui nous assaille lorsque nous regardons ces histoires: les dieux s'ennuient-ils simplement de la vie éternelle? Peut-être, mais comme nous le verrons en évaluant les débuts du panthéon olympien, la seule chose plus difficile que de prendre le contrôle du cosmos est de le conserver.

7.1 Chaos, Uranus et Gaïa

Le cosmos grec a commencé avec Gaïa, la « Terre mère », un concept que nous perpétuons encore aujourd'hui, et Uranus. Avant ces deux-là, les philosophes grecs ont supposé qu'il y avait le Chaos, traduit par gouffre ou abîme, qui n'était ni un dieu ni un démon, bien qu'il possédât des qualités de l'un et de l'autre. Un penseur, Ferecides de Syrus, a déclaré que le Chaos ressemblait le plus à l'eau en ce sens qu'il est « quelque chose d'informe qui peut être différencié » Il était défini comme l'espace unifié du ciel et de la terre avant qu'ils ne se séparent, donnant naissance à nos deux entités divines. Il est intéressant de noter que les Grecs de l'Antiquité ont renvoyé le débat sur la précréation du monde au domaine de la philosophie, et non de la religion, et qu'ils ont appelé ce domaine « cosmogonie »

Certaines sources, comme la Théogonie d'Hésiode et la Bibliotheca d'Apollodore, font état d'une conception immaculée d'Uranus par Gaïa; d'autres, des poètes spartiates à Cicéron de la Rome antique dans son De Natura Deorum, désignent l'Éther comme le père d'Uranus, qui était le dieu de « l'air supérieur », ou de l'air respiré par les dieux. Bien que la paternité puisse être contestée, l'idée importante à retenir est que ces deux divinités existaient pour les anciens Grecs dans un temps et un espace antérieurs à la forme et qu'elles étaient responsables, par l'expérimentation et la descendance, de donner une forme à un monde par ailleurs informe. Ce n'est que dans les générations ultérieures de divinités que l'on voit apparaître des divinités ressemblant à l'homme, un Titan allant jusqu'à créer l'humanité de ses propres mains.

Bien qu'ils n'aient pas donné à ces divinités originelles une forme spécifique et reconnaissable, il est néanmoins important de noter que les Grecs anciens leur ont donné une personnalité; ces divinités étaient gouvernées, comme nous le verrons, par quelque chose de très proche des émotions humaines. Les premiers dieux et leurs descendants nous donnent un aperçu extraordinaire de la logique grecque: quelle que soit l'omniprésence de l'énergie et de la nature divines, elles sont toujours sous le contrôle imparfait de la domination humaine. Malgré les nombreux mystères qui entouraient le monde antique, les Grecs se plaçaient au centre de celui-ci et étaient convaincus que leur mode de pensée était le plus proche possible du divin.

Uranus, de l'avis général et malgré son origine contestée, est universellement reconnu, écrit Apollodore, comme « le premier à gouverner le monde » Les Grecs privilégient ici pour la première fois le ciel, puisqu'Uranus est le royaume de l'air céleste. Il est possible que ce poids ait été donné au ciel en raison de son intangibilité. Il se peut aussi que les Grecs anciens aient structuré leur environnement physique selon une hiérarchie simple; bien sûr, le ciel existe au-dessus de la terre et de la mer, et la terre et la mer au-dessus du monde souterrain.

C'est un thème qui s'articulera et deviendra plus évident tout au long de notre étude de la mythologie grecque: les maîtres, et donc les dieux, du ciel et de la mer dominent perpétuellement le royaume de la terre en raison, en partie, de leurs immenses qualités inconnaissables et donc effrayantes.

Quelle que soit leur origine, Uranus et Gaïa ont engendré douze fils, les Titans, qui ont subdivisé le cosmos en plusieurs royaumes, allant du vaste et concret, comme les océans, à l'insondable et complexe, comme le temps. Ils avaient d'autres enfants qui marchaient sur la terre et portaient les premiers signes grotesques de la forme humaine: il s'agissait des cinq cyclopes, des créatures massives à un œil, et des trois « Hécatonchires » ou « Cent-mains » Ces derniers, comme on peut le deviner, étaient des géants, inégalés en termes de « taille et de force», couverts de cent mains et de cinquante têtes. Le lecteur peut facilement trouver les noms de ces créatures ; ils ne sont pas suffisamment importants pour que nous nous y attardions dans le cadre de notre exploration des mythologies. Parmi les différents groupes, ceux qui requièrent notre attention la plus pressante et la plus scrupuleuse sont les douze Titans, bien qu'il soit important de préparer le terrain pour leur ascension à travers les Cyclopes et leurs frères aux cent mains.

Les descendants humains des deux dieux originels furent méprisés par Uranus qui, plantant le décor thématique de nombreux mythes à venir, lia et chassa les cinq Cyclopes et les trois « Cent-Mains » dans le Tartare, le vide sous la terre, un endroit « aussi éloigné de la terre que la terre du ciel », d'après notre vieil ami Apollodore. La cosmogonie grecque indique que le Tartare se trouve sous le Chaos dans l'ancienne structure en couches du monde, tandis que le Chaos se trouve sous la terre.

Les douze Titans sont donc les seuls héritiers possibles de la terre et du cosmos, même si, comme nous le verrons, rien n'est aussi simple, même pour les divins.

7.2 Kronos et Rhea

Bien qu'il y ait eu douze Titans, treize selon certains, ceux qui nous intéressent sont Kronos, le plus jeune Titan et maître du temps, et Rhéa, sa sœur aînée et plus tard son épouse, la « mère des dieux » De ces deux personnages sont nées les figures les plus reconnaissables et les plus immortelles de la religion grecque antique: les dieux et les déesses de l'Olympe, qui vivent aujourd'hui comme de nobles sujets de la littérature et de l'art.

Chronos, tout comme sa mère Gaïa, a survécu en tant que concept à travers les siècles. Il est dépeint et interprété de diverses manières; du bienveillant Père Temps, parfois appelé Père Noël à certaines périodes de l'année, au spectre de la mort encapuchonné et brandissant une faux que nous appelons la Faucheuse, Kronos est, en un sens, le seul véritable maître qui reste de son ancien domaine.

Le fait qu'il soit le plus jeune des douze Titans est également important à noter. Le cosmos aurait été divisé en fonction des espaces et des objets divins; les océans, la lune et le soleil avaient tous leur chef Titan respectif, mais jusqu'à la naissance de Kronos, tout était statique. Étant le plus jeune des Titans, il représente l'action, l'énergie de la jeunesse, le changement et le remaniement constants. Selon de nombreuses sources grecques et modernes, il est le symbole du franchissement des distances, de l'éloignement et du rapprochement simultanés des objets et des objectifs. Il n'est donc pas étonnant que, dans la mythologie grecque, son apparence et ses objectifs changent considérablement, de même que les objectifs de son culte.

Rhéa, en revanche, occupe une place beaucoup moins concrète dans ces histoires. Outre son rôle de mère des Olympiens, elle a été exclue du mont Olympe lui-même; pour une raison quelconque, les Grecs anciens ne la considéraient pas comme faisant partie des Olympiens à part entière. Dans les débats antiques sur l'origine des Olympiens, elle était peut-être mentionnée comme un fleuve et, dans les textes plus tardifs, elle était désignée comme la « Grande Mère », dont dépendent, selon Apollodore, « les vents, l'océan [et] toute la terre sous le siège enneigé de l'Olympe » Il n'est donc pas exagéré d'imaginer que Rhéa occupe le monde en perpétuel changement au sein du temps, les changements manifestes dont nous sommes témoins au fur et à mesure que le temps passe; chaque Père du Temps a besoin de sa Mère Nature.

Mais en quoi Rhéa est-elle différente de Gaïa ? La question est légitime. Toutes deux sont des représentations féminines de la planète ou du monde qui les entoure; n'est-il pas ténu de les séparer selon des lignes purement héréditaires ? Il est vrai que les deux déesses se ressemblent dans leurs domaines et que cela peut prêter à confusion dans leurs rôles, mais une distinction importante doit être faite: c'est dans les manifestations du changement dans le monde physique que Rhéa diffère de Gaïa. Cette dernière reste la représentation divine de la terre statique et solide, dénuée de tout changement.

Une différence intéressante apparaît entre les parents des divinités de l'Olympe: leurs formes de culte et d'appréciation. On peut sans aucun doute affirmer que le panthéon grec était patriarcal; le plus puissant de tous les dieux était un homme, de même que presque tous les demi-dieux.

Cependant, en ce qui concerne le culte des divinités les plus anciennes et les plus primordiales, nous trouvons des preuves déconcertantes que Rhéa a bénéficié d'un niveau d'activité cultuelle que son homologue masculin n'a pas eu. Dans tout le monde méditerranéen antique, on trouve des ruines de temples vraisemblablement dédiés à Rhéa, alors que les monuments et les dévotions à Kronos se limitent à un seul jour de fête. Peut-être est-ce dû au rôle individuel que chacun a joué dans l'histoire de la mythologie grecque; Kronos, comme nous le verrons, est certainement à la hauteur de sa figure squelettique et vêtue. Cependant, il faut tenir compte du concept de tangibilité dans l'appréciation et le culte de Rhéa.

Le monde grec antique, comme nous l'avons constaté, était rempli d'inconnu. Ce qui se trouvait au-delà, ou même en dessous de l'océan, était laissé aux terribles jeux de l'imagination. Il en allait de même pour l'air: c'était un espace infini et insondable. Il est important de noter que les deux domaines étaient dominés par les hommes en termes de mythologie; non seulement la terre et sa personnification étaient féminines, mais c'était aussi le royaume du vu, de l'entendu et du ressenti, où les Grecs vivaient et respiraient, se battaient et mouraient.

Ce que nous voyons avec l'introduction de la première génération de dieux, c'est l'émergence d'un thème unique: le changement. Avant Chronos, Rhéa et les autres paires, le monde était simplement immobile, deux caractéristiques distinctes très éloignées de l'expérience humaine. Ainsi, nous sommes à nouveau confrontés à l'idée que les Grecs ont insufflé des éléments humains dans leur religion et n'ont pas laissé les éléments et pratiques religieux gouverner ou justifier leurs contreparties humaines.

7.3 L'aube de l'âge d'or

Malgré la myriade de divergences entre les sources mythologiques concernant les premiers dieux grecs, une chose est sûre: à un moment donné, Kronos a violemment usurpé le trône de son père Uranus dans les cieux. Ce premier acte de destruction a ouvert la porte à toutes les conspirations divines ultérieures.

Comme nous le savons, Uranus avait jeté plusieurs groupes de ses enfants dans les profondeurs de la terre: les Cyclopes et les Hécatonchires, qui provoquaient la colère et la rancune de Gaïa et, selon certains récits, la blessaient même physiquement. Selon la Théogonie d'Hésiode, Uranus descendait sur terre chaque nuit, recouvrant le monde de ténèbres pour s'accoupler avec Gaïa. On nous dit qu'il a banni ses enfants dans le Tartare parce qu'il les trouvait hideux et souhaitait qu'ils ne voient jamais la lumière du jour.

Après avoir donné naissance aux Titans, Gaïa, manifestement furieuse contre Uranus pour avoir maltraité ses fils aînés, recrute, selon Hésiode, « le plus rusé, le plus jeune et le plus terrible de ses fils » pour se venger de l'impitoyable Uranus.

Kronos n'est pas tout à fait innocent dans cette affaire: dans de nombreuses sources, il est mentionné comme cruel, haineux envers son père ou souvent les deux à la fois. Alors que Gaïa avait initialement convoqué tous ses fils pour venger son exil, seul Kronos répondit à l'appel en raison de sa jalousie irréductible du pouvoir d'Uranus. L'équipant d'une faux ou, dans certaines versions, d'une faux en silex, elle ordonna au jeune Kronos de se cacher dans une embuscade et d'attendre la descente de son père pendant la nuit. Muni de son arme et la nuit tombant, Kronos saisit l'occasion et castre son père, jetant ses organes génitaux à la mer.

La castration d'Uranus a donné lieu à deux résultats intéressants. Le premier est que le sang de la blessure d'Uranus, en touchant le sol, a donné naissance à la race des géants, des créatures telles que les Cyclopes et les Hécatonchires qui avaient les caractéristiques physiques des humains, bien que les géants étaient considérablement plus semblables en apparence. Le sang d'Uranus a également donné naissance aux trois Erinyes. Nous pouvons interpréter cela de différentes manières. Une interprétation, peut-être trop sombre, est que la violence engendre l'humanité; les actes de grande violence physique nous rapprochent de notre vrai moi plus que n'importe quelle expérience agréable. Une autre façon de voir les choses est de lire que le changement est inévitable et que si l'on reste complaisant et trop satisfait, le temps rendra la personne impuissante, pour ainsi dire.

Le second événement dû au malheur d'Uranus fut la naissance du premier Olympe. Après que Kronos eut dispersé les parties dans l'océan, celles-ci se déversèrent dans l'eau, créant une immense écume blanche.

De cette écume est née la déesse Aphrodite, représentant la beauté, l'amour, la passion et la procréation. En séparant en quelque sorte le divin de lui-même, le mythe grec se rapproche de plus en plus de l'humanité. D'un côté, le corps asexué d'Uranus, dont le sang produit les multitudes de géants durcis par le roc; de l'autre, les morceaux sensuels avalés par la mer sensuelle qui évoquent une seule présence, celle de la passion impérissable.

L'expulsion d'Uranus a conduit à ce que les érudits, les poètes et les mythographes de la Grèce antique appellent « l'âge d'or » Cronos régnait en maître sur l'ensemble du cosmos, l'immoralité était inconnue et, par conséquent, il n'y avait pas besoin de coutumes légales; les habitants de l'époque étaient insouciants et la nourriture était abondante. L'âge d'or apparaît pour la première fois dans l'œuvre d'Hésiode, que nous avons évoquée plus haut, et semble dépasser le domaine de la religion ou de la mythologie pour plonger légèrement dans la pseudo-histoire.

Nous ne pouvons évidemment pas considérer ces récits comme ayant une valeur historique, mais il est intéressant de noter que l'on croyait qu'une version de l'humanité existait à l'âge d'or de Kronos. D'un point de vue conceptuel, ce qui se rapproche le plus de cette croyance mythologique est peut-être le jardin d'Eden, où, selon la Bible, se trouvaient des êtres humains, même s'ils se comportaient avec des instincts d'animaux.

7.4 Iapetus et Climene

Il est important de noter, lorsqu'on aborde les généalogies mythologiques, ces paires importantes mais périphériques dont la mention en premier lieu évitera une confusion excessive et trop d'explications plus tard, lorsqu'on abordera les mythes de leurs enfants. Les Titans Iapetus et Climène, apparentés à Cronus et Rhea, ont donné naissance à la deuxième génération de Titans, notamment Atlas et Prométhée.

Iapetus, frère de Kronos, serait responsable de la croissance et de la multiplication de l'humanité et ses fils, les futurs Titans, porteraient le poids des traits les plus mauvais de l'humanité. En effet, cela semble être le cas; nous pouvons considérer la chute de Prométhée et d'Atlas comme une folie humaine et non comme une interférence ou une colère divine. Selon certains érudits, Iapetus a survécu jusqu'à l'époque de la Bible, où des parallèles ont été établis entre lui et Japetus, le fils de Noé dans l'Ancien Testament. Nous pouvons voir les similitudes en observant les deux personnalités: Iapetus, comme Japetus, est considéré dans les deux contextes religieux comme le « géniteur de l'humanité »

Alors que Iapetus était un Titan de première génération, sa femme Climène était une Océanide, une nymphe des mers, fille des Titans Océan et

Thétis. Les Océanides étaient chargées de s'occuper des jeunes et, étonnamment, n'étaient pas étroitement associées à l'eau.

Dans les mythes grecs, les Océanides apparaissent sous la forme de rochers, d'arbres et même de continents entiers. Bien qu'ils aient souvent été tenus en haute estime, ils n'ont jamais été élevés au niveau de la déification.

Il semble donc approprié que la progéniture d'un Titan, d'un imposant immortel et d'une nymphe décidément impie engendre des enfants aussi puissants qu'imparfaits. Atlas, que nous voyons encore et toujours représenté comme l'homme qui porte la terre sur ses épaules, est puni pour sa transgression trop humaine, que nous aborderons plus en détail dans les chapitres suivants. Avec Prométhée, son frère, ils forment ce qui sera considéré comme la première preuve de punition physique dans les mythes grecs et, en tant que tel, se prête bien à un semblant de boussole morale.

7.5 Hypérion Et Théia

Hypérion et Théia, le troisième couple de Titans, doivent leur importance, tout comme Iapetus et Climène, à leur progéniture. Hypérion a tendance à rester relativement obscur par rapport à ses frères et sœurs et, en effet, en ce qui concerne les histoires, on sait très peu de choses sur lui. Ce que nous savons, grâce à diverses sources antiques, c'est qu'il était vigilant et observateur, diligent dans son attention et, à ce titre, devint la première entité à comprendre pleinement le changement des saisons et le mouvement du temps. Il était vénéré comme le dieu de la lumière, de la vigilance et du temps, bien que sous une forme différente de celle de Cronus, qui était le maître du temps lui-même. L'intersection du divin et de l'humain se poursuit avec les propriétés attribuées à Hypérion: observer, comprendre et analyser sont trois traits humains distincts.

La place de Théia dans le panthéon semble malheureusement aussi opaque que celle de nombreuses autres déesses primordiales et Titans. Selon certains récits, elle occupe une position similaire à celle de la mère de la terre, puisque Pindare, dans l'une de ses nombreuses odes, l'appelle « Théia aux multiples noms » Elle est censée être la raison pour laquelle l'humanité est fascinée par l'or; puisqu'il brille et scintille grâce à sa bénédiction, elle est considérée comme une déesse du « scintillement », et non de la richesse ou de la prospérité. Elle semble correspondre parfaitement à Hypérion, car l'une des plus grandes qualités que la lumière confère à toute chose est son éclat.

Entre eux ils ont donné naissance à trois enfants: Eion, Séléné et Eos, respectivement le soleil, la lune et l'aube. Selon le mythe, dans tout le cosmos, personne n'était plus admiré pour sa beauté et sa chasteté que ces trois-là, ce qui, compte tenu de leur position cosmologique, est logique. Le soleil et la lune, isolés non seulement l'un de l'autre mais aussi de la terre, suscitent encore en nous un sentiment d'émerveillement et de crainte.

Selon un récit, Hélios et Séléné ne sont pas nés comme le soleil et la lune immortels, mais le sont devenus, comme c'est souvent le cas dans les mythologies grecques anciennes, à la suite d'actes de violence jalouse. Théia aurait gagné le titre de « Grande Mère » en étant la femelle la plus âgée des douze Titans et aurait ensuite élevé ses frères et sœurs comme l'aurait fait une mère. Cependant, elle finit par éprouver le désir d'avoir ses propres enfants et d'être ainsi l'héritière du trône cosmique. Elle prit donc Hypérion pour époux et lui donna trois enfants.

Naturellement, cela déclencha la jalousie des autres Titans, qui conspirèrent contre leur frère en l'exécutant, en enlevant Hélios et en le noyant dans l'Eridanus. Lorsque Séléné découvrit ce qui était arrivé à son frère, elle se jeta du haut d'un toit, tandis que Théia, hébétée, errait sur les rives de l'Eridanus à la recherche du corps de son fils. Au cours de son errance, elle eut une vision de son fils. Il lui dit de ne pas pleurer la mort d'un de ses enfants car, dans le futur, la vengeance sera rapide et terrible pour les Titans coupables et ses enfants seront transformés en Soleil et Lune immortels. Bien que nous ne puissions pas affirmer avec certitude que ses enfants sont effectivement ces deux corps célestes, nous savons que la première partie de la prophétie d'Hélios est incroyablement exacte.

7.6 L'aube des olympiens

Remonter des mythologies grecques à leurs mythes de création est un processus complexe et alambiqué. La difficulté vient du fait qu'aucune des premières divinités primordiales n'avait de forme spécifique, ou plutôt qu'elles étaient représentatives de toutes choses. En examinant les sources, les premiers érudits, poètes et philosophes grecs, il semble que la seule récompense insatisfaisante soit un haussement d'épaules rhétorique. Les récits qui nous sont parvenus semblent diverger; les accords mythologiques mentionnés dans les documents sont, pour la plupart, inexistants et donc extrêmement difficiles à vérifier. La création de l'univers n'a rien de certain, malgré l'assurance avec laquelle ces penseurs prenaient la mythologie pour des faits; l'univers avant les Olympiens était vague et difficile à enfermer dans une série d'événements.

Au fur et à mesure que le monde antique était divisé entre les divinités, les éléments du monde physique étaient codifiés et plus faciles à expliquer et à développer au cours de l'histoire. Dans ce chapitre, nous verrons la poursuite de la division du monde naturel et l'abandon des divinités primordiales au profit du panthéon olympien familier qui est encore célébré aujourd'hui.

7.7 Kronos Et Rhéa

Nous reprenons notre série sur les Titans indispensables: Kronos et Rhéa. Dans les mythes précédents, nous avons vu que Kronos a conspiré avec sa mère contre Uranus, son père, le castrant et l'écartant du pouvoir, initiant ce que les mythographes et les poètes considéraient comme « l'âge d'or » Pour ce faire, Kronos a emprisonné ses frères et sœurs, les Cyclopes et les « Cent-Mains », prenant ainsi possession des royaumes de l'univers.

En ces temps de paix et de règne monarchique, Kronos et Rhéa, tout comme leur père et leur mère avant eux, ont donné naissance et élevé plusieurs fils et filles. Leurs enfants deviendront les principales divinités du panthéon grec antique: Zeus, Déméter, Héra, Hestia, Poséidon et Hadès. Ces divinités allaient diviser le monde de manière plus concrète que leurs ancêtres, ouvrant la voie à d'autres mythes et à d'autres morales, mais nous allons un peu vite en besogne.

Pour en revenir à l'âge d'or, bien que Kronos et Rhéa aient contrôlé l'univers connu à une époque de paix inégalée, Gaïa a prophétisé que Kronos serait renversé par ses enfants, comme il l'avait fait pour son père. La prophétie joue un rôle immense dans la mythologie et la pratique grecques; dès les premiers mythes, le destin des divinités est prédit. C'est pourquoi les Grecs ont pris très au sérieux les paroles des oracles tout au long de l'Antiquité méditerranéenne.

Kronos, à sa manière rusée et terrible, était déterminé à nier son destin. Dans un spectacle cannibale, face à l'inconnu, il en vient à dévorer ses enfants à la naissance, à les consommer et à les garder dans son corps. On assiste à une évolution sensible des valeurs et des représentations de Kronos: aux premiers temps primordiaux, il est libérateur et géniteur de sa famille de dieux, alors qu'à la fin de son âge d'or, il en est venu à représenter la stagnation, le ralentissement du temps et la mort finale. Ici, il est à la hauteur de son image de grande facheuse toujours armé de sa faux, il représente la marche intemporelle vers la fin, consumant les années et les multitudes de la jeunesse.

Rhéa, conspiratrice comme sa mère, ne put assister à la destruction de ses enfants par son père et emmena secrètement son plus jeune fils sur l'île de Crète, au sud de la Grèce continentale, loin de Kronos par d'anciennes mesures. Ayant vu Kronos dévorer ses cinq premiers fils, elle refusa de laisser Zeus subir le même sort. Sachant qu'elle ne pourrait pas cacher la naissance de Zeus à Kronos, elle enveloppa une pierre dans des langes et la donna à Kronos pour qu'il la consomme comme elle l'avait fait avec ses autres fils. Cette pierre est devenue Omphalos, le centre ou « nombril » du monde, dont le symbolisme mythologique et littéraire est encore évoqué aujourd'hui.

Selon certains récits, il aurait confié la garde de son plus jeune fils à une chèvre nommée Amalthée et à un groupe de danseurs en armure qui, par leurs cris et leurs acclamations, empêchaient Kronos de découvrir les pleurs du jeune Zeus. D'autres contes affirment que Zeus fut confié à Adamanthea, une nymphe qui suspendit Zeus avec une corde entre les royaumes du ciel, de la terre et de la mer pour le cacher aux yeux de Kronos.

Peu importe comment et sous qui, Zeus devint un être puissant et divin et, après avoir atteint la maturité, il reçut un poison de Métis, l'une des nombreuses nymphes marines, filles de l'Océan et représentantes de la ruse magique. Il l'imposa à son père, qui vomit toute la jeunesse qu'il avait consommée, mais dans l'ordre inverse: la pierre tomba d'abord de sa bouche, suivie par ses enfants, du plus jeune au plus âgé, de Poséidon à Déméter, en passant par Hestia, Hadès et Héra. Kronos, bien sûr, étant divin et cruel, ne voulait ni mourir ni abdiquer, et l'assaut contre son trône a donné lieu à une guerre apocalyptique à grande échelle connue sous le nom de Titanomachie, que nous analyserons dans la section suivante.

En observant la première partie de ce mythe, nous constatons l'émergence de nouveaux thèmes et de certains thèmes déjà vus auparavant. Le premier, et le plus important, est l'oppression de la jeunesse et sa vengeance éventuelle et inévitable. Uranus a emprisonné plusieurs groupes de fils sous la terre; Kronos a emprisonné tous ses fils, sauf un, dans son corps.

Tous deux ont été vengés par leurs fils cadets avec l'aide de leurs mères, ce qui nous amène à un deuxième thème. Une fois de plus, nous constatons que, bien que le panthéon grec soit avant tout un patriarcat, la sagesse féminine et l'apport divin sont essentiels dans ces récits. Cette notion se retrouve dans le culte religieux pratique des Grecs, puisque les oracles et les devins de toute la Méditerranée antique étaient résolument des jeunes femmes.

Un nouveau thème apparaît dans l'ascension de Zeus: celui du don divin. Dans toute la mythologie grecque, les dons venus d'en haut sont essentiels à la réussite des héros, en particulier des demi-dieux. C'est grâce à ces dons, qui vont du simple poison de Métis au cheval ailé de Persée, que les justes triomphent des misérables, en dépit de toute prédiction divine. Grâce au concept du don divin, les Grecs rapprochent de plus en plus les divinités de leurs histoires du monde des humains. Comme nous le verrons, il sert également de thème pour justifier les exploits des demi-dieux en tant que tels: si un être humain reçoit un objet du mont Olympe, comment ne ressemblerait-il pas davantage à Zeus qu'un homme qui n'a rien reçu ?

Enfin, ce qui émerge de cette histoire, ce sont des lieux spécifiques. Dans les éons primordiaux d'Uranus, il n'y avait pas de « lieux » tels que nous les imaginons ou les connaissons; le monde était aussi nébuleux que la nuit elle-même, avec des événements qui se déroulaient rapidement en son sein et sans contexte. Avec l'avènement des Olympiens, les Grecs ont donné à leurs mythes un sens de leur monde construit; alors que la rivière qui a noyé le jeune Hélium était fictive, l'île où Zeus a été élevé est enracinée dans le domaine des faits, même si son histoire est symbolique.

7.8 La Titanomachie

La bataille entre les dieux, la Titanomachie, dura, selon Hésiode, dix ans et opposa Kronos et son ancien régime à ses fils et filles, connus sous le nom d'Olympiens. Après avoir forcé son père à libérer ses frères et sœurs, Zeus se mit au travail pour libérer les Cyclopes et les Cent-Mains du Tartare afin de l'aider à renverser Kronos. Kronos convoqua ses frères et sœurs Titans, autrefois si réticents au conflit, et les lignes de bataille de la guerre pour le destin du cosmos furent tracées.

Il est important de noter qu'au cours de cette guerre, les loyautés se sont exprimées en fonction des générations, mais que les Titans Thémis et Prométhée ont rompu les rangs et se sont rangés du côté des Olympiens. Thémis, pour sa part, était la représentation primordiale de l'ordre, de l'équité et de la loi naturelle. Prométhée, comme nous le savons, est un Titan avec des traits et des défauts humains et l'un des quatre fils de Iapetus. Une fois encore, la combinaison de ces deux éléments jette un pont entre l'humain et le divin pour les Grecs de l'Antiquité. Nous pouvons interpréter ce choix des deux Titans comme un choix dogmatique: les humains doivent soit se ranger du côté du nouvel ordre naturel, soit ne pas s'opposer au changement cosmique.

En libérant les Cyclopes, Zeus a gagné une série d'alliés qui allaient lui donner son plus grand symbole et la source de son pouvoir. De leurs forges, les Cyclopes ont forgé pour Zeus ses symboles éternels: le tonnerre et la foudre, des armes qui allaient l'aider à renverser le cours de la guerre contre les Titans. Il est intéressant de noter que le tonnerre et la foudre avaient été cachés au monde par Gaïa, la mère primordiale. Ses oncles aux cent mains, bien que liés à la terre par une forme corporelle grotesque, lançaient des rochers géants vers le ciel pour repousser Kronos et ses frères.

Avec le tonnerre et la foudre en main et des alliés sur terre, Zeus a éliminé Kronos et les autres Titans, les emprisonnant dans les profondeurs du Tartare dans une punition appropriée et poétiquement juste. Pour mieux répartir la justice, il a fait en sorte que ses oncles aux cent mains gardent la prison des Titans pour l'éternité. L'un des principaux chefs de Kronos, Atlas, frère de Prométhée, a reçu une punition spéciale. Pour l'éternité, il sera chargé de porter le monde sur ses épaules et c'est ainsi que nous voyons toujours son image.

7.9 La division de la terre

L'ordre a été rétabli dans le cosmos après dix ans de lutte incessante, et il ne restait plus qu'à répartir le butin de guerre entre les vainqueurs. Tous les Olympiens étaient d'accord : Zeus aurait pris le contrôle des cieux en tant que chef suprême, tandis que ses frères Poséidon et Hadès auraient revendiqué respectivement la mer et le monde souterrain. La terre, que nous allons voir de plus près, devait rester un terrain neutre, libre pour tous et hors de toute interférence divine, sauf si les Olympiens le jugeaient nécessaire.

La terre a été divisée après la lutte décennale, nous le voyons, en trois parties et toutes sont contrôlées par des entités masculines. Et les sœurs de l'Olympe? Dans la partition du monde connu, elles semblent avoir été complètement négligées et exclues du partage de tout pouvoir potentiel. Bien que cela soit vrai dans un sens, les femmes de l'Olympe ont, à d'autres égards, un pouvoir plus précieux et plus puissant que leurs trois frères masculins réunis.

Les trois sœurs originelles de l'Olympe, Héra, Estia et Déméter, se sont vu attribuer des royaumes qui n'étaient pas tant concrets ou presque quantifiables, mais plutôt des mondes entiers chargés d'assurer la croissance, le bonheur et la prospérité du cosmos nouvellement créé. Alors que la Terre devait rester une arène essentiellement neutre, simplement observée par les divinités, les domaines nuancés des trois sœurs de l'Olympe garantissaient presque un contrôle direct sur son destin. Leurs mondes étaient les nécessités intangibles de la vie des mortels: l'abondance des récoltes, la séduction des cœurs et la propagation des espèces mortelles. Ce qui saute aux yeux du lecteur moderne concernant la division du monde par les Olympiens, c'est que les domaines « féminins » susmentionnés semblent être directement liés à la survie de l'homme, que, bien qu'il n'y ait pas « d'interférence » divine directe sur la terre, il y a une douceur qui la guide. Sans ces éléments cruciaux, la terre reste stagnante, tout comme, si ce n'est pire, les temps précédant l'âge d'or de Cronos.

CHAPITRE 8

Le siège des dieux

Les Olympiens tirent leur nom de leur résidence dans les nuages, le légendaire mont Olympe. Le siège des dieux se distingue par sa position géographique concrète: il est situé au centre-est de la Grèce continentale. Techniquement, il ne s'agit pas d'une montagne unique, mais d'une chaîne de pics, et il doit sa distinction géologique à son aspect lisse, presque circulaire, et à ses sommets relativement plats.

Ces montagnes peuvent être escaladées et conquises, et d'innombrables photos et cartes postales à leur effigie sont disséminées dans le monde moderne. Le cours de la nature qui a formé cette imposante chaîne de montagnes n'a rien de mythologique, même si l'ancienne Méditerranée l'aurait vu différemment.

Du point de vue des Grecs de l'Antiquité, nous pouvons supposer que le monde était délimité par quatre côtés: au sud, les déserts inhospitaliers de l'Égypte; à l'ouest, l'océan insondable et les confins de la terre; à l'est, les étendues sauvages inconnues de la Perse; et au nord, les hauteurs imposantes du mont Olympe. Les Grecs supposaient qu'entre ces quatre frontières se trouvait leur pays et, au-delà, le bout du monde. La similitude remarquable entre trois de ces quatre frontières est qu'elles sont plate ; il n'y a pas de montagnes au sommet de l'océan, la chose la plus proche d'un sommet en Égypte serait les pyramides construites par l'homme, et l'ancienne Perse était perchée sur un plateau qui, bien qu'élevé, est essentiellement une plaine.

C'est pourquoi il nous reste la frontière septentrionale de la Grèce, la légendaire chaîne de montagnes qui la sépare de ses contemporains du nord, les Macédoniens. Nous avons déjà vu que les petits États du monde grec antique devaient leur indépendance et leur autosuffisance à leur relatif isolement géographique. Est-il si difficile d'imaginer que ces idées sur les frontières géographiques puissent s'étendre à une culture entière partageant une même religion ? Qui mieux que les devins eux-mêmes pouvait protéger les Grecs de la menace de leurs voisins du nord ? Quoi de plus intimidant pour un ennemi et de plus réconfortant pour un Grec que de savoir que Zeus et ses frères et sœurs observent directement les mouvements du pays et empêchent simultanément toute intrusion sur le sol grec ?

Si nous avons la « frontière nord » physique du mont Olympe, il semble que dans la mythologie et l'histoire de la Grèce antique, le mont Olympe occupe également un espace largement symbolique. Conformément à la pensée grecque autosuffisante et géographiquement isolée, il semble que dans de nombreux cas, le « mont Olympe » ait été un point de référence pour toutes les premières cités-États. La Thessalie, par exemple, avait son propre Olympe et l'Olympe existait jusqu'à Chypre. Les îles d'Ionie et de Lesbos revendiquaient également un mont Olympe. Il semble que, pour ces premiers États, le mont Olympe était simplement le point le plus élevé et le plus visible de leur environnement.

D'autre part, une culture vouée aux représentations physiques et à l'hébergement de divinités comme espaces de culte et de protection aurait pu considérer ses sommets comme une sorte de temple. Bien que chaque cité-

État ait eu sa propre divinité protectrice et un temple qui lui était dédié, il est compréhensible que la population d'un lieu puisse jouir de la sécurité de l'œil vigilant des douze Olympiens.

Ce concept de « ensemble mais séparés » apparaît et réapparaît également dans les histoires au sommet du mont Olympe: souvent, le domaine d'une divinité, bien que clairement délimité et isolé, partage certaines activités conceptuelles lourdes avec une autre divinité.

8.1 Le décor est planté

Nous disposons maintenant, dans une présentation que j'espère concise, précise et sans confusion, de toutes les informations de base dont nous avons besoin pour commencer à analyser les principales figures de la mythologie grecque. Toutefois, avant de poursuivre, je pense qu'il est important de faire quelques évaluations philosophiques simples de ces histoires.

Bien sûr, nous savons qu'aucun de ces mythes ou personnages n'a d'influence religieuse au siècle présent, mais ils sont certainement des symboles littéraires précieux. Les croyants ont disparu depuis longtemps et il ne reste que les colonnes et les temples construits par le vent. En analysant ces histoires anciennes, le lecteur commet souvent l'erreur de chercher une conclusion morale, ou une aiguille de boussole qui l'orienterait vers le « bien » et l'éloignerait du « mal » Le panthéon de la Grèce antique et ses praticiens ne fonctionnaient pas de cette manière ; ces histoires et ces figures étaient explicatives et considérées comme des faits évidents; la boussole morale et les racines de l'univers étaient laissées au domaine de la philosophie.

La mythologie, si nous pouvons l'imaginer, existait donc là où la science existe aujourd'hui; elle était une méthode pour comprendre le monde physique et la place de l'humanité en son sein. C'est une erreur d'essayer de comprendre l'éthique de la Grèce antique à travers ces récits; ils ne contiennent pas les mêmes éléments textuels ou structurels que les textes ultérieurs que nous assimilons à la religion. « Mais, demanderez-vous à juste titre, n'avons-nous pas déjà analysé un grand nombre de ces premiers mythes de la création pour en tirer des principes directeurs ?

Je ne peux nier ce fait; il suffit de feuilleter trois pages pour s'en rendre compte. Bien que j'aie mené et que je continue à mener une analyse rudimentaire de bon nombre de ces principaux mythes, je ne pense pas qu'ils relèvent du domaine de la moralité. De nombreux textes philosophiques grecs concernant la moralité ont été conservés et même l'un des plus grands écrivains grecs, Ésope, a consacré ses Fables aux principes moraux de base. Cependant, nous remarquons que le sujet de l'œuvre d'Ésope n'est pas les divins Olympiens qui planent sur le plan terrestre, mais plutôt les animaux qui l'habitent, ce qui démontre qu'aux yeux des Grecs anciens, le sens moral était une préoccupation purement mortelle.

Ainsi, les dieux agissent le plus fidèlement possible à leur serment originel; ils laissent la terre et ses habitants se gouverner eux-mêmes et établissent un code moral adapté à leur époque. S'ils n'interviennent pas forcément, comme nous le verrons, on ne compte plus les cas où ils se mêlent de tout, prennent l'apparence de bêtes et manipulent les hommes entre autres stratagèmes, jusqu'à transformer les individus en toutes sortes de choses. Ce n'est que dans les poèmes épiques des demi-dieux que l'on assiste à une véritable intervention, mais les cas où l'on y assiste sont généralement caractérisés par l'hésitation des puissances.

Pour conclure, commençons par découvrir l'histoire de la création du monde grec antique, les royaumes fondamentaux habités par les Olympiens mâles et femelles, comment ils sont liés les uns aux autres, et le fait que ces histoires ont pour principal objectif d'expliquer le monde naturel. Nous voyons, en termes simples, comment les Grecs percevaient ce monde et comment leur environnement contribuait à la notion de sécurité au sein de la structure du temple. Nous savons que plus les devins divisaient leur monde, plus ils se rapprochaient de l'humanisation et, par conséquent, plus l'homme se rapprochait de la divinité. Nous verrons cet écart se réduire davantage avec l'apparition des demi-dieux dans les chapitres suivants. Nous espérons avoir établi une chronologie des événements relativement cohérente pour la création du cosmos et l'ascension des Olympiens, malgré les différentes sources dispersées dans le temps. Nous devrions disposer d'un cadre de référence de base pour les mythes et les personnages de la Grèce antique, et il ne nous reste plus qu'à nous plonger dans les histoires elles-mêmes.

CHAPITRE 9

Les trois grands

Maintenant que nous avons une esquisse des racines du fonctionnement mythologique plus large des Grecs anciens, nous allons passer d'une approche narrative à une perspective plus encyclopédique. Nous analyserons les divinités individuellement et par groupes, non pas tant sur la base de leur interconnexion à travers l'histoire, mais plutôt sur la base de leur importance et de leur prévalence dans les mythologies, même si, bien sûr, les chevauchements sont inévitables. J'espère éviter autant que possible de revenir sur des informations déjà établies; bien que la plupart des mythes de la tradition grecque aient plus d'une divinité primaire comme personnages, j'essaierai de consacrer chaque compte-rendu à la divinité qui occupe le premier plan. Nous commencerons par les divinités les plus visibles et les plus « légendaires » et nous nous déplacerons dans le panthéon pour acquérir une compréhension de base du fonctionnement des divinités grecques.

Nous avons choisi les trois premières en raison de leur omniprésence: dans presque tous les mythes accessibles au lecteur moderne, au moins l'une de ces trois divinités s'impose aux personnages de l'histoire et au lecteur. Il s'agit des trois principaux Olympiens: Zeus, brièvement mentionné dans la création du monde grec, Héra, son épouse et sa sœur, et Poséidon, le seigneur des profondeurs marines. C'est de ces trois personnages que dérivent presque tous les dieux et demi-dieux ultérieurs; ce sont eux qui sont responsables de la propagation des Olympiens et des héros grecs mortels.

9.1 Zeus

L'immortel Zeus, après avoir banni ses prédécesseurs titans dans les profondeurs du Tartare, présidait le monde grec antique en tant que chef suprême depuis son siège sur le mont Olympe. Avec son emblématique foudre, il était le seigneur des cieux et le roi de tous les Olympiens. Pour les Grecs, il était la manifestation du ciel, de la foudre, de la loi et de l'ordre. Il présente une ressemblance frappante avec d'autres divinités européennes: le Thor nordique et le Jupiter romain, en particulier. Il existe de nombreuses autres associations avec Zeus dans l'iconographie et la tradition religieuse et les évoquer toutes nous éloignerait de notre idée principale, mais si le lecteur est curieux, il existe de nombreux textes consacrés à ce sujet.

Comme nous le savons, il était le plus jeune de tous les Olympiens, ou en quelque sorte le plus ancien, puisque ses frères avaient passé leur vie dans le ventre de Kronos. Il finit par épouser sa sœur Héra; selon certains récits, cependant, les deux dieux avaient commencé leur relation en secret. À eux deux, le panthéon passa des six petits dieux qui avaient pris le contrôle du monde à pas moins de 18 dieux, sans compter les innombrables demi-dieux que Zeus avait engendrés. Parmi ses enfants, on compte Arès, Héphaïstos, Artémis, Apollon et Athéna, pour n'en citer que quelques-uns. Sa virilité lui a valu le titre de « Tout-Père » et il a été célébré dans toute la Méditerranée antique comme la représentation unique de la force, de la puissance et de la pensée religieuse grecques. Son royaume étant le ciel infini et expansif, tout événement ou fait apparemment aléatoire qui ne pouvait être attribué à une divinité spécifique tombait automatiquement entre les mains de Zeus. C'est ainsi que son image et son royaume sont devenus encore plus vastes.

Tout comme chaque région du monde grec possédait son propre mont Olympe, les temples dédiés à Zeus n'étaient pas moins répandus. Compte tenu de sa position de roi de toutes les divinités, presque tous les centres urbains grecs avaient un temple qui lui était dédié, certains, bien sûr, plus grands que d'autres.

Comme il se doit, le centre du culte de Zeus et de l'Olympe en général se trouvait dans une ville appelée Olympie, qui s'enorgueillissait d'abriter les légendaires Jeux olympiques. Tous les quatre ans, la ville accueillait ces jeux au nom du roi des dieux, avec des sacrifices d'animaux et des banquets. Une histoire prétend que l'autel sacrificiel de Zeus à Olympie a été sculpté dans la cendre plutôt que dans la pierre en raison des milliers d'animaux qui y étaient sacrifiés.

Mythes

L'une des choses que l'on peut lire sur la personnalité de Zeus à travers ses mythes est son obsession pour la jeunesse et la beauté, allant jusqu'à détruire la vie des mortels qu'il trouve attirants. Nous voyons que beaucoup de ses mythes se concentrent sur la possession de la jeunesse et des idéaux par la manipulation, la force ou la coercition. Par exemple, dans le mythe d'Europe, Zeus s'est tellement entiché de la fille du roi phénicien du même nom, qui était la représentation idéale de la beauté mortelle, qu'il s'est déguisé en taureau blanc et vierge au milieu des troupeaux. Selon Hésiode, le taureau émettait un « crocus de safran » par la bouche. Europa fut enchantée par le taureau et finit par monter sur son dos. Le taureau, déguisé en Zeus, sauta dans l'océan et emporta Europe sur l'île de Crète. Zeus se révéla et « séduisit » Europe, pour ne pas dire plus, sous un arbre à feuilles persistantes. Le résultat de leur retraite crétoise fut la naissance de Minos, un roi puissant qui allait donner son nom à la grande bête de la légende: le Minotaure.

Le mythe de Ganymède est un autre exemple de l'obsession de Zeus pour la jeunesse et la beauté. Ganymède était un Troyen et, selon Homère, un autre être humain d'une beauté dévastatrice. « Le plus beau né », dit Homère dans l'Iliade, « de la race des mortels » et, naturellement, Zeus remarqua le jeune homme et il en fut fasciné. Tout comme pour Europe, Zeus trouve le jeune homme parmi les troupeaux d'animaux et se transforme à nouveau en animal, mais cette fois en un aigle géant et fier. Il enlève le garçon et l'emmène au ciel, où il deviendra l'échanson immortel de tous les dieux sur le mont Olympe. Ganymède se transforme en constellation du Verseau et se manifeste visuellement sous la forme d'un nuage: celui qui transporte l'eau et qui est le plus proche du ciel.

Notre Titan humain, Prométhée, joue un rôle important dans la mythologie de Zeus. Un jour, l'humanité a offert à Zeus un sacrifice composé d'os d'animaux enveloppés de graisse au lieu de viande enveloppée de tissu.

Furieux de cette tromperie, le seigneur des cieux décida de priver l'humanité du feu, entravant ainsi son développement. Par la ruse et l'astuce, le sympathique Prométhée fit sortir clandestinement le feu de l'Olympe dans une tige de fenouil et le donna à l'humanité.

Bien entendu, Zeus, qui sait tout, découvrit également cette trahison et, pour punir Prométhée, l'enchaîna à un rocher où un aigle descendait chaque jour sur son corps pour dévorer son foie, qui se régénérait pendant la nuit et sur lequel l'aigle redescendait le lendemain. La raison pour laquelle Zeus a choisi de dévorer le foie est intrigant ; selon de nombreuses sources, les Grecs de l'Antiquité pensaient que le foie était le siège de toutes les émotions humaines. Peut-être Prométhée devait-il être puni pour s'être trop approché de l'humanité.

En ce qui concerne le mythe du déluge, nous avons également une parité entre Zeus et d'autres textes religieux indo-européens; il semble que toutes les grandes divinités doivent, à un moment ou à un autre, décider de faire table rase du passé. Dans le cas de Zeus, comme beaucoup d'autres êtres suprêmes, il s'est lassé de la décadence de l'humanité et a demandé à son frère Poséidon de l'aider à détruire l'espèce par un déluge.

Il accorda sa clémence à un couple: Deucalion, fils du Titan Prométhée, perpétuellement à moitié dévoré, et sa femme, Pyrrha. Comme le raconte l'histoire, ils construisirent une arche et finirent par trouver la terre ferme au pied du mont Parnasse, au nord de Corinthe, près de Delphes. Offrant des sacrifices à Zeus, ils jetèrent sur leurs épaules « les os de la terre», c'est-à-dire des rochers, que Zeus transforma en êtres humains.

9,2 Héra

Héra, sœur aînée et épouse de Zeus, est probablement le personnage le plus ancien de la mythologie grecque; selon de nombreux témoignages, sa présence et son image dans la Grèce antique sont antérieures à Zeus. Elle est la déesse du mariage, de l'accouchement, des femmes et de la famille et, surtout, elle s'entoure d'animaux nobles et gracieux. Le lion et le paon, pour n'en citer que deux, sont des symboles souvent associés à Héra dans la tradition grecque.

Les images d'Héra sont omniprésentes dans les ruines des temples antiques et dans la littérature contemporaine. Avec Zeus, elle était presque omniprésente dans les centres de culte des cités grecques; plus qu'une figure représentative, elle était devenue, par son mariage avec Zeus, la reine des dieux. En effet, les traces de la valeur d'Héra dans le culte grec antique sont visibles dans certaines des ruines les plus anciennes et les plus importantes disséminées autour de la Méditerranée; de tous les temples encore debout, ceux d'Héra sont les plus impressionnants. Bien qu'elle ait été très présente dans la ville patronne de son mari, Olympie, le principal temple d'Héra se trouvait sur l'île de Samos, loin à l'est de la Grèce continentale, dont les ruines subsistent encore aujourd'hui. Hérodote l'a décrit comme « le plus grand temple que nous connaissions » et l'on peut imaginer qu'il en était ainsi rien qu'en regardant les vestiges. Bien que le temple se trouve loin de la masse de la Grèce, il est resté un élément important de la culture religieuse grecque en tant que site mythologique de la naissance d'Héra.

Mythes

Nous voyons que le trait le plus souvent associé à Héra dans ses mythes est la jalousie. Il est facile de rejeter ses réactions contre Zeus, ses maîtresses mortelles et ses enfants illégitimes pour cette seule raison, mais nous devons garder à l'esprit qu'Héra, en tant que divinité symbolisant le mariage et la famille, est avant tout une représentation de la stabilité. Lorsqu'une structure telle que la famille et le mariage est menacée ou, comme dans le cas de la pauvre Héra, violée, la réaction naturelle est la vengeance, surtout pour ceux qui ont l'esprit divin, comme nous l'avons vu dans les générations précédentes.

Une disparité intéressante entre le roi et la reine de l'Olympe concerne la transformation, sans jeu de mots.

Alors que Zeus a l'impulsion et la capacité de se transformer en n'importe quelle créature qu'il désire, les capacités d'Héra sont inversées: son pouvoir consiste à transformer les autres en ce qu'elle désire. L'une des raisons pourrait être qu'en tant que déesse, la forme d'Héra doit nécessairement être parfaite ou idéale; elle ne peut devenir rien de moins que ce qui lui convient. Cela se manifeste à de nombreuses reprises dans la mythologie grecque: Héra tourne sa colère vers l'extérieur, maudissant et détruisant la vie de ceux qui s'opposent à son mariage. Prenons par exemple le mythe de la nymphe Echo. Dans l'une de ses nombreuses transgressions conjugales, Zeus insiste pour couvrir ses traces en recrutant Echo pour occuper Héra en parlant sans cesse. La conversation s'envenime, bien sûr, lorsqu'Héra apprend son véritable but et maudit Echo: pour l'éternité, la nymphe sera condamnée à ne prêter sa voix que pour imiter les voix et les mots des autres.

Nous voyons Héra protéger sa maison et sa couronne une fois de plus dans le mythe d'Io, une autre des amantes mortelles de Zeus. Pour protéger Io de la colère de sa femme, Zeus l'a transformée en vache, bien qu'Héra, sage et intelligente comme elle l'était, ait supplié Zeus de lui donner la vache en cadeau. Ce qui frappe le lecteur, c'est que dans tous ces mythes impliquant Héra, bien que Zeus semble déchaîner une autorité incontrôlée sur le monde des mortels, il ne peut jamais renier sa reine. C'est pourquoi il confie la vache Io à son épouse, qui l'enferme avec des chaînes en or et charge Argos, avec ses cent yeux, de veiller sur elle vingt-quatre heures sur vingt-quatre. Argos, avec tous ses yeux, n'en fermait que cinquante à la fois et était donc un excellent gardien. Selon l'histoire, Zeus, pris d'un désir de voir Io, recrute Hermès pour distraire ou, selon certains récits, tuer Argos et libérer Io. Dans un cas, Hermès y parvient en endormant les cent yeux avec des pipes à poêles, dans d'autres cas, en aveuglant et en tuant le gardien aux cent yeux, mais en libérant la génisse blanche Io. Héra, en réponse, envoya un taon sur terre pour piquer Io pour l'éternité, ne lui permettant jamais de se reposer, et ainsi Io erre sur terre pour toujours.

Ce qui est frappant, c'est que malgré toutes les vengeances qu'Héra exerce sur les consorts de son mari, malgré toute la jalousie qu'elle éprouve, elle ne se venge pas une seule fois de son mari. Peut-être parce que cela violerait l'un de ses principes: son intention est toujours de rechercher la stabilité et la sécurité au sein du cercle familial ; saper ou renverser le roi des dieux, on peut facilement l'imaginer, irait certainement à l'encontre de cet objectif.

9.3 Poséidon

Nous avons déjà évoqué brièvement le troisième grand Olympien dans l'une des histoires de Zeus: Poséidon, le seigneur des fonds marins, maître des chevaux et des tempêtes. Dans ses représentations, on le voit le plus souvent s'avancer fièrement, son incontournable trident à la main. Des bifurcations de ce trident jaillissent les sources de la terre et les fleuves se frayent un chemin à travers les terres. Ses autres symboles sont un cheval, un dauphin et un poisson.

Outre sa maîtrise du monde aquatique, il a également reçu le titre d' « ébranleur de terre » dans plusieurs récits grecs et, à ce titre, était également connu comme annonciateur de tremblements de terre. Il doit peut-être cet honneur à son association avec les chevaux, car les troupeaux de ces créatures sont connus pour faire trembler la terre lorsqu'ils se déplacent.

Les Grecs de l'Antiquité pensaient également que le phénomène des tremblements de terre était le résultat de l'érosion des roches terrestres par l'eau, ce qui contribue au titre de Poséidon. En tant que roi de la mer, Poséidon est également responsable du bien-être des marins et des gens de mer, même si, comme nous le verrons dans certaines de ses histoires, il peut être tout sauf bienveillant.

Étant donné que la plupart des territoires de la Grèce antique étaient des chaînes d'îles et que ses habitants étaient des marins hors pair, il n'est pas surprenant que Poséidon ait été la divinité principale d'un plus grand nombre de villes que Zeus. Bien qu'il ait une présence importante à Olympie, comme son frère et sa sœur, Poséidon possédait de magnifiques temples à Corinthe, en Grande-Grèce, en Italie du Sud, et disputait même à Athéna la domination de la ville qui porte son nom, Athènes.

Poséidon a engendré de nombreux fils avec de nombreuses amantes, pas toutes humaines. C'est de lui que sont issus le cheval ailé Pégase, le cyclope Polyphème, le héros et roi Thésée et le chasseur Orion, pour n'en citer que quelques-uns. Une fois de plus, nous voyons l'importance de Poséidon dans la culture grecque; parce qu'il était si prolifique dans la reproduction, on pourrait dire que les Grecs comprenaient la valeur de l'eau comme une corrélation directe entre la vie et la mort. De tous les Olympiens, Poséidon, peut-être en raison de la proximité de son domaine, est celui qui est le plus souvent tenté de violer l'accord divin sur l'autonomie de la terre.

Dans nombre de ses récits, nous voyons son désir de se venger sur le monde des mortels pour les péchés commis contre lui ou ses enfants.

Mythes

L'un des mythes les plus emblématiques concernant Poséidon se trouve dans l'Odyssée d'Homère. Lors de la légendaire guerre de Troie, Poséidon a choisi de se ranger du côté des Grecs, finalement victorieux, contre les Troyens. Au cours de son voyage de retour, Ulysse croise Polyphème, dont on sait qu'il est le fils de Poséidon, et finit par l'aveugler, suscitant la colère débridée du dieu de la mer.

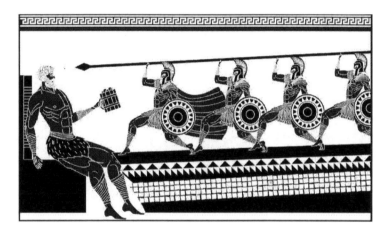

Poséidon supplie son frère et sa sœur de lui permettre de punir la transgression du mortel Ulysse, ce qui lui est refusé. Cependant, Poséidon, Zeus et Héra acceptent un compromis. Poséidon peut retarder le voyage de retour d'Ulysse, punir ceux qui l'entourent, mais il ne doit pas nuire à Ulysse lui-même. Le résultat est l'Odyssée, une œuvre magnifique sur la lutte de l'homme contre lui-même et contre le monde, une histoire qui mérite d'être lue et dans laquelle le comportement et les actions de Poséidon sont expliqués de manière incroyablement détaillée.

Comme nous l'avons déjà mentionné, Poséidon était en concurrence directe avec Athéna pour la ville du même nom, où les prêtres et prêtresses des deux cultes maintenaient une présence extrêmement saine. Le mythe raconte qu'à une date festive convenue, pour décider de la divinité patronne de la ville, les deux cortèges cultuels érigèrent des autels à leurs divinités respectives. Voyant cela, Poséidon et Athéna se mirent d'accord pour faire chacun un don à la ville et laisser le peuple décider de la divinité qui tiendrait l'autel dans le temple principal. Athéna offrit au peuple d'Athènes un olivier, un cadeau qui fournissait aux Athéniens du bois, de la nourriture, de l'ombre et de la beauté. Poséidon, quant à lui, frappa le sol de son trident et fit jaillir de la terre une source, mais l'eau était celle de l'océan, salée et saumâtre, totalement impropre à tout autre usage que la navigation.

Naturellement, les Athéniens choisirent le cadeau gracieux et pratique d'Athéna, et Poséidon, furieux et éconduit, blessé dans son orgueil, frappa à nouveau avec une telle force et une telle colère qu'il inonda toute la plaine de l'Attique pour punir les Athéniens. L'inondation atteignit les salles de l'Erechthéion, un temple entièrement en marbre situé au sommet de l'acropole athénienne et dédié à la fois à Athéna et à Poséidon, qui subsiste encore aujourd'hui. Depuis le portique nord du temple, seul endroit d'Athènes à ne pas avoir été touché par le déluge mythique, on aperçoit au loin l'endroit où Poséidon aurait battu son trident: les bassins rocheux connus sous le nom de « mer salée »

Nous constatons que Poséidon est vindicatif, violent et jaloux, tout comme ses deux frères, même si, comme en témoignent ses histoires, sa colère se manifeste d'une manière unique. Le frère et la sœur, le roi et la reine de l'Olympe, ont tendance à exercer leur pouvoir en transformant et en dominant les individus, en modifiant leur propre forme physique et celle des autres pour atteindre le résultat souhaité, en les contraignant par la tromperie et le mensonge.

Poséidon, quant à lui, n'a pas cette capacité; en tant qu' « ébranleur de la terre », il préfère infliger son châtiment par la seule force de la nature. Il n'hésite pas à détruire des peuples entiers pour les transgressions d'une seule personne. Contrairement à tous les autres Olympiens, il manipule le temps et le monde naturel avec une férocité implacable, ce qui, combiné à ses instincts protecteurs et paternels, fait de lui la divinité la plus crainte et la plus vénérée de tout le panthéon de la Grèce antique.

CHAPITRE 10

Le pouvoir aux femmes

Passons maintenant des trois divinités les plus en vue à trois déesses un peu moins visibles, mais non moins puissantes: Athéna, que nous avons brièvement évoquée dans notre conflit avec Poséidon, la déesse de la sagesse; Artémis, la chaste et indomptable chasseresse; et Aphrodite, la plus sensuelle et la plus passionnée de toutes les divinités. Nous avons placé ces trois figures dans le même chapitre non pas selon des critères généalogiques ou générationnels, mais parce qu'elles occupent des positions résolument féminines dans la culture grecque antique et que, comme nous le verrons, ces positions sont souvent infiniment plus puissantes et influentes que les dominations masculines fondées sur la place.

On peut dire que la triade des divinités féminines détient beaucoup plus de pouvoir parce que leurs domaines sont d'abord intérieurs: c'est le cœur et l'esprit, qui produisent la magie cosmique des émotions et du langage, qui domine le monde des mortels et imprègne le domaine du divin. Nous verrons que malgré leur infaillibilité et leur colère, leur jalousie et leur omnipotence, même les Olympiens les plus féroces et les plus puissants doivent tôt ou tard succomber aux intangibles éternellement dominants que sont l'amour et la logique.

10.1 Athéna

À ce stade, nous avons fait une brève présentation d'Athéna; nous connaissons sa ville patronne et la manière dont elle est entrée en sa possession. Elle était la déesse de la sagesse, de la guerre, de la stratégie et de l'artisanat, trois domaines dans lesquels sa ville natale, Athènes, excellait dans le monde antique. Elle est souvent représentée portant le casque traditionnel du guerrier grec et tenant une lance, et est l'une des déesses grecques, sinon la seule, à être représentée exclusivement vêtue. De son cadeau aux Athéniens, on peut déduire que l'un de ses symboles est l'olivier, symbole de la prospérité grecque; elle revendique également la chouette comme oiseau, le serpent comme animal et un pendentif représentant la tête d'une Gorgone, appelé Gorgonie.

De tout le panthéon grec, aucune divinité n'est aussi prête à aider un mortel vertueux qu'Athéna. Tout au long de ses histoires, elle apparaît sans cesse sous diverses formes pour soutenir un héros ou contrer une main divine malveillante. Selon les mythes, elle a aidé presque tous les héros grecs les plus importants: Jason, Héraclès, Persée et Bellérophon, entre autres. Athéna est la lumière qui guide les mortels dans les ténèbres de l'inconnu et il n'est donc pas surprenant que son image dans le monde de l'art occidental soit devenue synonyme des principes démocratiques et de l'idée de liberté. Selon Platon, le nom d'Athéna peut être décomposé comme signifiant « intelligence divine», ce qui, compte tenu de ses mythes qui guident les héros vers leurs objectifs et neutralisent les plans malveillants des dieux, lui donne un air qui flotte vers le concept de « destin »; elle opère en dépit et au-dessus du niveau divin de ses frères.

Mythes

On dit qu'Athéna est née dans des circonstances uniques. Elle était la fille de Zeus et de Métis, l'une des premières épouses de Zeus. Selon une prophétie très répandue dans le monde antique, Métis aurait donné naissance à deux enfants plus puissants que Zeus lui-même: un fils et une fille qui, bien sûr, renverseraient Zeus. Suivant les traces de son père, Zeus transforma sa femme enceinte en mouche et l'avala avant qu'elle ne puisse donner naissance aux enfants. Métis, dans le ventre de Zeus, pour protéger son premier enfant, commença à forger le casque grec emblématique d'Athéna et sa robe omniprésente, réalisant qu'avec le temps son fils naîtrait. Le martèlement constant pour la construction du casque donna à Zeus un grand mal de tête, et il demanda à Héphaïstos, ou selon certains, à Prométhée, de se procurer une hache à deux têtes et de lui fendre le crâne en deux. De la blessure, Athéna se leva, adulte et coiffée de son casque. Parce qu'elle est sortie de la tête de Zeus, on lui a attribué le domaine de l'intelligence divine et elle est souvent considérée comme la fille préférée de Zeus.

Ce qui est intéressant, c'est qu'elle utilise cette intelligence divine non pas pour contrôler le domaine du divin, mais plutôt, comme nous l'avons dit, pour aider à accomplir les tâches des mortels. D'innombrables images d'Athéna ont été rassemblées, la représentant aux côtés d'Héraclès, et plusieurs sources poétiques la montrent en train de prêter main forte au héros presque vaincu. Elle est autorisée à régner sur les cœurs et les esprits de l'humanité d'une manière unique par rapport à toutes les autres divinités; il ne fait aucun doute que le fait d'être la fille préférée du roi des dieux implique certains privilèges et peut-être plus d'un problème. Ce que nous voyons se manifester dans son « intelligence divine», c'est le fait qu'elle prête son pouvoir à ceux qui préfèrent la ruse et la stratégie à ceux qui se lancent tête baissée dans le combat.

Par exemple, dans l'Odyssée d'Homère, Athéna favorise les mortels doués d'ingéniosité. Ulysse, qui est un maître de la ruse et un combattant très intelligent et pratique, devient un protégé d'Athéna. Elle se révèle à lui à de nombreuses occasions et parle en son nom au sommet de l'Olympe, suppliant son père de permettre à Ulysse de rentrer chez lui après ses dix années passées en mer. Il parle aux amis et aux parents d'Ulysse, leur faisant part de découvertes et de nouvelles concernant l'endroit où se trouve Ulysse et son état de santé. Ulysse, quant à lui, est tombé dans d'innombrables pièges et prises, tous dus à sa folie humaine, mais grâce à son intelligence et à son sens pratique, il s'en sort relativement indemne, ce qui n'est pas le cas de ses compatriotes. Nous sommes en présence d'une version grecque de l'expression « créer sa propre chance »; c'est la similitude et la créativité intellectuelle d'Ulysse et d'Athéna qui les rapprochent.

Bien qu'Athéna semble se mêler avec bienveillance des affaires de l'humanité, en tant que déesse et descendante directe de Zeus, elle n'est pas dépourvue d'un côté colérique. De nombreux mythes montrent une facette de la sage Athéna tout aussi jalouse et vengeresse que son père.

L'une des histoires les plus intéressantes est celle de la gorgone Méduse. Méduse était prêtresse dans l'un des nombreux temples d'Athéna et, selon le mythe, elle était d'une beauté exceptionnelle. Poséidon, à l'appétit insatiable, convoita la prêtresse, ignorant le vœu de chasteté qu'elle avait fait, et la séduisit sur le sol du temple d'Athéna. Lorsqu'elle apprit cette profanation, Athéna transforma la belle Méduse en un monstre à la chevelure de serpent que nous imaginons aujourd'hui, avec un regard qui transformerait n'importe quel mortel en pierre.

10.2 Artémis

Notre deuxième divinité féminine puissante prend la forme de la rusée et insaisissable Artémis. Déesse de la chasse, Artémis est souvent représentée brandissant un arc et un carquois, symboles de son efficacité dans la nature. À ses côtés, dans la plupart des cas, se trouvent des cerfs, son animal sacré, et comme son homologue Athéna, elle revendique également un arbre comme symbole divin: le cyprès.

Elle est la chasseresse divine, la déesse de la nature sauvage, la protectrice des jeunes femmes et la gardienne de la lune; en effet, parmi toutes les autres divinités du panthéon grec, aucune n'est plus éthérée et gracieuse. Comme c'est typiquement le cas pour les chasseresses divines, les mythes et les récits de ses exploits sont difficiles à retracer; peu de textes sur son histoire ont survécu.

Une autre fille de Zeus était la jumelle d'Apollon, selon l'histoire. Selon certains récits, elle est plus âgée et a même assisté à la naissance d'Apollon, tandis que selon d'autres, les deux sont nés en même temps.

Sa mère était Leto, fille des deux titans Phoebe et Ceos. Malgré l'absence d'écrits sur Artémis, il existe une myriade de représentations physiques qui ont traversé les siècles, ce qui prouve que même si elle n'a pas été aussi importante dans la codification des mythologies religieuses ou culturelles, elle a pu jouer un rôle immense dans la vie quotidienne et le culte des Grecs. Sa domination est adjacente et parallèle à celle de beaucoup de ses sœurs, car elle contribue à assurer la survie de l'humanité par la prospérité de la chasse et la protection des femmes. L'aspect intéressant de la personnalité d'Artémis est que non seulement elle semble insister sur sa chasteté pour l'éternité, mais aussi qu'elle semble rester une petite fille pour toujours, comme un Peter Pan de la Grèce antique.

Comme il était l'une des divinités les plus vénérées de la Méditerranée antique, il est logique que ses temples portent ce titre. Sa ville patronne était Éphèse, dans l'actuelle Turquie, où un temple a été construit en son nom et est devenu l'une des sept merveilles du monde antique. Malheureusement, en raison de siècles de conquête et de négligence humaine, il ne reste que des ruines sur le site de ce temple autrefois imposant. Néanmoins, sa présence renforce l'importance divine d'Artémis en tant que déesse dans la vie pratique et quotidienne, comme si son existence était un port dans les tempêtes et la colère divine de l'inconnu.

Mythes
On nous dit, et nous pouvons probablement en déduire, compte tenu de notre expérience du panthéon hyperbolique, qu'Artémis est une jeune femme d'une beauté choquante. Elle est si belle qu'elle attire non seulement le regard de Zeus et des autres devins, mais aussi celui d'Héra. Héra, cependant, est extrêmement jalouse de la beauté d'Artémis et de l'attention que lui portent ses homologues masculins et, comme à son habitude, la condamne à rester sous l'apparence d'une jeune fille. Dans l'Iliade d'Homère, nous avons l'occasion de voir Artémis après sa transformation: elle est représentée comme une petite fille pleurant sur les genoux de Zeus et, dans un poème de Callimaque, l'enfant pleurant Artémis se voit accorder dix souhaits par son père, qui établissent effectivement sa domination. Parmi ses dix souhaits, elle demande qu'une ville, que nous savons être Éphèse, reste chaste à jamais, un arc et des flèches forgés par les Cyclopes, un chœur de nymphes composé des filles d'Océanus, et une tunique jusqu'aux genoux pour ne pas être gênée à la chasse.

Elle a également demandé à être soulagée des douleurs de l'accouchement, car elle en avait été témoin lors de la naissance de son frère Apollon.

Un autre mythe entourant l'insaisissable Artémis concerne la protection de sa chasteté, un thème récurrent dans tous les récits qui subsistent à son sujet. Dans ce cas, au cours d'une partie de chasse, Artémis s'arrête pour se reposer et se baigner dans un ruisseau. À travers les bois arrive Actéon, un chasseur extrêmement habile, presque aussi silencieux et prudent qu'Artémis elle-même. Il tombe par hasard sur la déesse en train de se baigner, ce qui signifie qu'il l'a vue nue et qu'il est pris en flagrant délit par Artémis elle-même. Pour le punir de l'avoir observée, la déesse transforme le chasseur en cerf, qui est alors traqué avec acharnement et sans pitié par sa propre meute de chiens de chasse, qui ne peuvent distinguer l'animal de leur maître.

Bien qu'Artémis ait été poursuivie par de nombreux prétendants, un seul homme a conquis son cœur: le grand et gigantesque chasseur Orion, l'un des nombreux fils de Poséidon. Selon le mythe, Artémis et Orion étaient compagnons de chasse et il la fascinait par son habileté à manier l'arc. Il se vantait de pouvoir chasser avec succès toutes les créatures de la terre et, pendant son séjour chez Artémis, il menaçait de les tuer toutes. Gaïa, la mère de la terre, entendant ces paroles, décida de créer une créature dont la peau pourrait non seulement résister aux flèches de l'arc d'Orion, mais aussi égaler le talent mortel du chasseur à la dague. C'est ainsi que naquit le scorpion.

Selon une version du mythe, Apollon, frère d'Artémis, aurait conspiré avec Gaïa pour créer le scorpion afin de détruire Orion, car il désapprouvait que sa sœur chevauche avec un mâle et protégeait excessivement sa virginité. Selon certains récits, au cours du combat qui s'ensuivit entre les deux chasseurs et le scorpion, Artémis frappa et tua accidentellement Orion avec son arc et ses flèches divines; dans sa douleur, elle immortalisa Orion sous la forme de la constellation que nous connaissons aujourd'hui.

10.3 Aphrodite

Née des vagues et des zones érogènes du premier Père Temps, Aphrodite est de loin la déesse la plus séduisante et la plus irrésistible de tout le panthéon. Son royaume est celui de l'amour, de la passion, de l'érotisme et de la beauté physique. Aucune autre divinité du panthéon n'arrive à la cheville du charme et de la persuasion sensuelle d'Aphrodite; même certains aliments portent son nom en raison de leurs qualités supposées. Les « aphrodisiaques » sont censés accélérer l'appétit et le désir sexuel, ce qui correspond parfaitement au panier de notre déesse de l'amour.

Ses symboles ont traversé les siècles en conservant leurs connotations érotiques et passionnelles: la perle, le coquillage, la rose et le miroir, autant d'attributs qui gravitent autour du monde de la passion charnelle et du plaisir sensuel. Ses animaux étaient la colombe et la tortue, et certaines sources indiquent qu'elle avait également des affinités avec le dauphin.

On sait qu'elle est née de l'union entre la mer et les organes génitaux coupés d'Uranus; le lieu mythologique de cette union est, selon la poétesse Sappho, la baie de Pappho sur l'île de Chypre. D'autres situent sa naissance au large de l'île de Crète, le long d'une importante route commerciale pour les Grecs. Quel que soit son lieu de naissance, nous savons que, selon tous les récits, elle est née adulte, sans enfance, habile dans les voies de la passion et femme très désirable. Parmi ses nombreuses épithètes, l'une des plus révélatrices de sa domination est Aphrodite, « maîtresse des organes génitaux » Étant donné que sa domination est purement sexuelle, on peut facilement imaginer qu'elle est souvent représentée nue ou que, lorsqu'elle est vêtue, le tissu n'est qu'une simple draperie qui ne cache pas grand-chose de sa silhouette assurément féminine. Elle et sa nièce Athéna sont les deux seules Olympiennes à être nées immaculées: Athéna de la tête de Zeus et Aphrodite de la mer.

Aphrodite, avec tous ses charmes, était largement vénérée dans toute la Méditerranée antique, d'Athènes à Chypre, son lieu de naissance, et même jusqu'à Alexandrie en Égypte. Elle avait des temples et des lieux de culte dans toute la Grèce et chaque année, à Athènes, une fête était organisée en son honneur: Aphrodisia. Au cours de cette fête, les prêtres sacrifiaient une colombe à Aphrodite en remerciement de son rôle dans l'unification de la Grèce. La figure d'Aphrodite a inspiré et servi de base à d'innombrables œuvres d'art, qu'il s'agisse de peintures, de sculptures ou d'archétypes de personnages de romans, de pièces de théâtre ou d'histoires, et continue de représenter une certaine forme de sensualité idéale.

Mythes

L'un des thèmes qui ressort de l'histoire mythologique d'Aphrodite est que sa beauté et sa nature amoureuse ont tendance à attirer des ennuis à d'autres personnes. En outre, elle enflamme sans cesse les esprits des Olympiens capricieux, en particulier ses sœurs et ses nièces, qui insistent à leur tour pour punir les mortels qui ne se doutent de rien. Contrairement à ses sœurs, cependant, Aphrodite ne semble jamais s'inquiéter des conséquences de ses actes; c'est la manifestation des moments de passion, et non la culpabilité ou les regrets qui s'ensuivent.

Prenons l'exemple de sa querelle avec Héra et Athéna, deux figures importantes du monde religieux grec. Toutes trois revendiquent la propriété d'une pomme d'or jetée sur terre par Éris, la déesse de la discorde, qui porte l'inscription « à la plus belle » Naturellement, les trois déesses se consideraient comme les plus belles et portèrent leur cause devant Zeus. Ne pouvant, ou peut-être ne voulant pas, décider lui-même, Zeus confia la décision à un prince mortel: Pâris de Troie. La beauté divine n'ayant pas d'égale aux yeux des mortels, Pâris ne put trancher et les trois eurent recours à la corruption. Athéna promit à Pâris la gloire au combat, Héra lui offra le contrôle des continents asiatique et européen, mais Aphrodite, avec son pouvoir unique sur le cœur et les organes des hommes, confia à Pâris que s'il la choisit, il pourra épouser la plus belle femme du monde. Naturellement, compte tenu de ses faiblesses mortelles, Pâris choisit Aphrodite et reçut son prix: Hélène, épouse du roi Ménélas de Sparte. La décision de Pâris rendit furieuses Héra et Athéna, qui se détachèrent du mont Olympe et déclenchèrent la légendaire guerre de Troie aux côtés des Spartiates. Aphrodite, fidèle à sa personnalité de passion passagère, se contenta de sa pomme et de son titre et ne se lança jamais dans la bataille, même si elle entra dans la chambre de nombreux héros.

Aphrodite, bien plus que ses homologues de l'Olympe, préfère les mortels qu'elle trouve physiquement attirants, sans accorder de préférence aux divins. S'il est vrai qu'elle est techniquement mariée, ce n'est pas par son propre choix, comme nous le verrons plus tard lorsque nous nous plongerons dans les histoires d'Héphaïstos. Elle semble obsédée par la manipulation du cœur des hommes, en particulier de ceux qui lui vouent un culte total. En ce sens, elle est sans doute la plus égoïste des Olympiennes, bien que ses actions semblent pour la plupart incohérentes et impulsives.

Le mythe de Pygmalion en est un exemple important. Pygmalion était un brillant sculpteur capable de tailler dans le marbre les figures les plus magnifiques. Il était convaincu que toutes les femmes étaient immorales et essentiellement mauvaises; il refusait donc de se marier ou de sortir avec une femme. Cependant, il adorait Aphrodite, allant même jusqu'à graver son portrait dans la pierre. Au cours du processus artistique, Pygmalion tombe amoureux de la statue et souhaite l'épouser. Aphrodite, impressionnée par sa dévotion à son égard, donna vie à la statue et les souhaits de Pygmalion se réalisèrent.

En conclusion

Nous voyons que ces déesses sont à la fois terrifiantes et belles dans leur pouvoir. Elles occupent l'espace de l'esprit, du corps et du cœur des mortels, mais pas de manière purement physique. Chacun de leurs pouvoirs découle du contrôle indirect et de la direction de ces impulsions internes qui nous éloignent de l'aspect purement animal et nous rapprochent de ce qui est résolument humain. Les pouvoirs d'ingéniosité, de chasse et de procréation sont trois des éléments les plus essentiels à la survie de l'humanité dans le monde antique. Le fait de confier ces éléments nécessaires à trois des divinités les plus vénérées du panthéon illustre un peu l'importance de la présence féminine dans la Grèce antique et le respect discret dont elle faisait l'objet.

CHAPITRE 11

Les dieux masculins

L'une des vérités de l'univers est que tout finit par trouver un équilibre ; le panthéon grec ne fait pas exception à la règle. En raison des pouvoirs subtils dans le domaine de la psyché conférés à la terre par les trois principales divinités féminines, il faut que des frères règnent sur le mont Olympe avec des mains plus lourdes et plus viriles. Cela nous amène à la triade suivante de divinités masculines dans la génération suivante d'Olympiens: Apollon, le faiseur de miracles, Arès, furieux et violent, et le rapide Hermès.

Ce trio est regroupé en tant que tel parce qu'il présente une similitude généalogique avec les trois déesses précédentes: Apollon, on le sait, est le frère d'Artémis, Arès, l'amant d'Aphrodite, et Hermès, le fils préféré de Zeus. Nous verrons que leurs royaumes sont plus concrets que ceux de leurs homologues féminines, bien qu'ils semblent partager l'élévation conceptuelle; on pourrait dire qu'eux et leurs sœurs sont les deux faces d'une même pièce. Nous verrons que tous trois sont, sans aucun doute, des enfants de leur père Zeus, puisqu'ils portent tous, d'une manière ou d'une autre, un trait spécifique de son caractère.

11.1 Apollon

Le jumeau d'Artémis, Apollon, partage beaucoup de ses qualités. Son arme est l'arc et les flèches, tout comme Artémis, bien qu'il revendique le cygne comme oiseau et le python comme animal. Alors que sa sœur est la protectrice des jeunes femmes, Apollon a pour tâche de protéger les jeunes hommes et, à ce titre, est la figure principale de la nation grecque antique. Une distinction s'impose: on pourrait dire que Zeus est le principal représentant des Grecs, mais il est surtout le chef des dieux, au sens religieux du terme. En d'autres termes, il est l'artefact religieux que les Grecs ont transmis au monde occidental; en ce qui concerne les affaires nationales et internationales, c'est Apollon qui représente les villes et le peuple de la Grèce antique. Il est considéré comme une divinité de la guérison et, plus précisément, de la médecine; son python, ainsi que son fils Asclépios, s'enroulent autour du symbole éponyme de la médecine occidentale, le bâton d'Asclépios.

Outre son rôle de guérisseur, Apollon était la manifestation de la musique et de l'art; il est souvent représenté en compagnie des Muses, jouant de la lyre. Au départ, dans la tradition grecque, il était une divinité d'origine rural; il veillait sur les bergers et leurs troupeaux, sans doute dans son rôle de protecteur des jeunes. Plus tard, lorsque la civilisation grecque devint plus urbaine et moins nomade, il fut le protecteur toujours vigilant de la démocratie naissante et de la fondation des nouvelles cités grecques. Compte tenu de son importance et de sa montée en puissance dans la civilisation grecque, il est considéré par diverses sources comme un amalgame de tous les dieux; par essence, il est l'éternel jeune homme parfait, plein de potentiel.

Bien que des temples dédiés à ses multiples visages aient été disséminés dans toute la Méditerranée antique, son lieu de culte le plus important était

Delphes, le site mythique de l'oracle légendaire. Ce site abritait l'oracle éponyme, qui était en fait un adorateur d'Apollon et traditionnellement une jeune femme. Contrairement aux autres divinités et à leurs adeptes, les adorateurs d'Apollon étaient les plus étroitement liés à l'oracle et à la voyance. Si un personnage important souhaitait connaître son destin, il se rendait à Delphes dans l'espoir d'obtenir la bénédiction du gardien de la civilisation grecque.

Mythes

Léto, l'une des nombreuses épouses de Zeus, a donné naissance à ses enfants sur la terre flottante de Délos, Zeus lui ayant interdit d'accoucher sur la terre ferme. Elle donna d'abord naissance à Artémis, qui servit de sage-femme pour la naissance de son frère Apollon. Lorsque Apollon émergea, il brandit une épée d'or et l'histoire raconte que tout à Délos se transforma en or. On dit que les cygnes tournent autour de l'île. Il fut nourri d'ambroisie et vêtu d'une magnifique étoffe blanche maintenue par des bandes d'or. Après avoir mangé le nectar des dieux, l'enfant Apollon arracha les langes de son corps, annonçant qu'il serait le seul à interpréter la volonté de Zeus auprès des hommes. On suppose que c'est la naissance du dieu qui a ancré Délos à la terre et en a fait un lieu important du culte d'Apollon tout au long de l'histoire de la Grèce antique.

Apollon, selon le mythe, est responsable de la mort de Python, l'énorme serpent, sage-femme du géant Typhon et suppliant d'Héra. Sur les ordres d'Héra, Python tenta d'assassiner Léto, enceinte, pour empêcher la naissance d'Artémis et d'Apollon. Python réussit à tourmenter et à attaquer Léto, mais ne parvient pas à la tuer. Après sa naissance, l'enfant Apollon jure de se venger et, muni d'un arc et de flèches, chasse Python et le tue dans la grotte même de Delphes qui aurait abrité son temple et son oracle.

Bien qu'Apollon soit surtout connu comme guérisseur et protecteur, il pouvait aussi dispenser la souffrance et la mort. De nombreux témoignages le montrent comme le porteur de fléaux, en particulier en période de troubles. Par exemple, pendant la guerre de Troie, alors qu'il était aux côtés de Troie pour défendre la ville, il envoya une terrible peste sur le champ envahisseur grec. Au cours de ce conflit, il est responsable de la destruction de nombreux héros grecs, dont Achille.

La couronne de laurier, symbole de triomphe, provient également d'Apollon. Le mythe raconte qu'Apollon, après avoir été frappé par la fabuleuse flèche de Cupidon, tomba amoureux de Daphné, une nymphe des bois. En tant que nymphe des bois dévote, Daphné dédaigna les avances d'Apollon qui, à son tour, se mit à la poursuivre à travers la forêt pour essayer de la faire changer d'avis. Daphné, dont les appels à l'aide furent entendus par Gaïa, fut transformée en laurier. Dans certains récits, Gaïa cache Daphné dans les profondeurs de la forêt et la remplace par le laurier, mais le fait est qu'Apollon aimait l'arbre et portait ses feuilles et ses branches comme symbole de sa victoire. Aujourd'hui encore, nous voyons la connotation de la culture grecque antique et de la feuille de laurier; il semble que lorsque l'iconographie de la Grèce antique émerge, l'une des premières images à apparaître est la couronne de laurier.

11.2 Arès

Tout comme sa sœur Athéna, Arès est la manifestation de la guerre. Contrairement à sa sœur, qui se concentre sur la tactique, la planification et la direction de la guerre, Arès est l'image et la jouissance des horreurs du combat; c'est le royaume de la brutalité, du carnage et du massacre aveugle. Alors qu'Athéna est représentée avec son casque et sa robe emblématiques, Arès est souvent représenté complètement nu, portant un casque similaire et un bouclier. Parmi ses symboles, il compte le bouclier, la lance, le char et la torche enflammée; ses compagnons animaux sont le sanglier, le chien et le plus vil des oiseaux: le vautour.

Bien qu'étant un peuple résolument guerrier, les Grecs de l'Antiquité tenaient étonnamment Arès en piètre estime en tant que divinité puissante et importante. La pensée grecque semble faire une distinction entre la nécessité de la guerre et la destruction insensée qu'elle provoque; en aucun cas ils n'élèvent le carnage au-dessus de son statut de « mal nécessaire » L'influence d'Arès dans le monde des hommes et sur le mont Olympe est considérablement réduite par rapport à celle de sa sœur; Zeus lui-même dit à son fils dans un récit qu'il est, aux yeux de Zeus, le plus méprisé de tous les dieux. À Sparte, en revanche, Arès a été élevé au-delà de son rôle de pourvoyeur de douleur, de mort et de destruction et a été associé au soldat idéal, bien que cette image soit largement considérée comme différente de celle de la plupart des Grecs.

Peu de temples étaient dédiés à Arès dans l'Antiquité, contrairement à son homologue romain Mars, qui était une divinité clé du panthéon de cette culture. En fait, les mythes indiquent que son lieu de naissance était la Thrace, dans l'actuelle Turquie, où vivait un peuple que les Grecs considéraient comme tout à fait barbare. Nous savons cependant que Sparte abritait un temple dédié à Arès, ainsi qu'une immense statue de la divinité enchaînée à l'extérieur de la ville, selon Pausanias.

Sur son char, Arès s'élance dans le maelström de la bataille avec deux des fils qu'il a eus d'Aphrodite: Deimos et Phobos, respectivement « terreur » et « peur » Décimant les rangs des deux camps dans la bataille, Arès ne choisit pas de favoris mais insiste pour récompenser les actes de courage et de bravoure au combat. Son rôle est aussi indifférent au sort des Grecs que les Grecs le sont au sien; il ne se soucie de rien d'autre que du choc des épées et de la chute des corps autour de lui.

Mythes
L'un des mythes les plus représentés impliquant Arès est son combat légendaire contre Héraclès. Il a été gravé sur d'innombrables céramiques antiques et rendu à maintes reprises en pigments par les peintres classiques. On raconte que l'un des fils d'Arès, Cycnus, un puissant roi de Thessalie, retenait les voyageurs et les pèlerins qui se rendaient à l'oracle de Delphes. Dans sa cruauté, il offrait aux voyageurs de la nourriture et de la boisson, puis les tuait sans aucun scrupule. Naturellement, cela suscita la fureur d'Apollon, qui envoya Héraclès se venger de Cycnus. Dans la Bibliotheca, Apollodore écrit que les deux hommes s'affrontèrent en combat singulier et que, grâce à l'intervention d'Athéna, Héraclès planta sa lance dans le cou de Cycnus, le tuant. Arès, furieux non seulement du meurtre de son fils mais aussi de l'intervention de sa sœur en faveur d'Héraclès, se précipita sur terre pour affronter Héraclès.

Les deux belligérants s'affrontèrent et, toujours avec l'aide d'Athéna, Héraclès parvint à infliger une blessure à la cuisse d'Arès. Un coup de foudre de Zeus mit fin à l'affrontement et les deux fils d'Arès, Deimos et Phobos, emportèrent le dieu de la guerre loin de la bataille et le ramenèrent sur le mont Olympe pour qu'il se rétablisse. D'autres récits racontent des événements similaires, mais au lieu d'être tué par Héraclès, Chycnos est simplement transformé en cygne, l'oiseau d'Apollon, en guise de pénitence, et devient la constellation éponyme que nous connaissons aujourd'hui.

Un autre mythe populaire impliquant le dieu de la guerre est celui de son conflit avec les les Aloades: Otos et Éphialtès, deux géants qui étaient des fils de Poséidon. Selon le mythe, les deux géants sont responsables de la civilisation de l'humanité; d'après l'écrivain Hyginus, ils grandissaient de « neuf doigts chaque mois » et leur beauté n'était surpassée que par celle d'Orion.

La traduction littérale des noms du couple est « insatiable » et « cauchemar » Ils ont comploté pour renverser les dieux du mont Olympe en construisant des montagnes rivalisant avec l'Olympe et en prenant Héra et Artémis pour épouses. Dans leur guerre contre les Olympiens, ils parvinrent à capturer le fougueux Arès et le gardèrent captif avec des chaînes dans un vaisseau de bronze pendant treize mois; pendant tout ce temps, Arès hurlait et se déchaînait pour obtenir sa liberté. Cependant, Eribée, la mère des deux géants, commit l'erreur d'annoncer à Hermès la conquête de ses fils, qui, avec l'aide d'Artémis, libéra le dieu de la guerre capturé. Artémis incita alors les géants à s'empaler l'un l'autre avec leurs lances en se transformant en cerf et en sautant entre eux.

Dans les mythes d'Arès, nous constatons à plusieurs reprises que son imprudence et son entêtement le mettent souvent en danger ou à la merci de ceux qu'il cherche à combattre. Il n'est donc pas surprenant que, malgré la peur et la terreur qu'il inspire aux Grecs de l'Antiquité, il soit facilement éliminé et dilué par l'intervention d'autres divinités plus « diplomatiques »

11.3 Hermès

Le troisième fils rusé de Zeus est Hermès, le jeune héraut et messager du mont Olympe. Réputé pour sa ruse et sa rapidité, il était le gardien et le protecteur toujours vigilant des routes, des marchands et des négociants de l'ancienne Méditerranée. Il avait également la réputation d'être un escroc et devint donc une divinité protectrice des voleurs. C'est de lui que nous vient l'image des sandales ailées et ses autres symboles comprennent la lyre aérienne, le coq chantant et le casque ailé, connu sous le nom de pétase. Son arbre est le palmier et dans ses représentations, on trouve généralement une chèvre ou un agneau à proximité.

Son iconographie est l'une des plus intéressantes de tous les Olympiens. Sur les premières images, telles que les pierres tombales et les fragments de pierre, il est représenté comme un adulte barbu de grande taille, ses cheveux bouclants fièrement autour de ses oreilles et de son front. Plus tard, dans la Grèce hellénique et jusqu'à l'époque romaine, il est plus souvent représenté comme un enfant, plus proche de l'Hermès que nous connaissons; il a tendance à être nu, à l'exception de ses sandales ailées, de son manteau et de son casque, tout en serrant son bâton avec deux serpents entrelacés.

Outre sa fonction de gardien des transports et du commerce, Hermès jouait également le rôle de guide divin; c'est lui qui aidait les âmes des défunts récents dans l'au-delà. Il était également reconnu comme un médiateur entre les mondes visible et invisible. En d'autres termes, dans son rôle de messager divin, il lui revient de manifester la volonté de Zeus dans le monde matériel, tandis que c'est son frère Apollon qui l'interprète. Les traces des lieux de culte d'Hermès sont rares dans l'Antiquité, mais il y a lieu de penser qu'il était vénéré avec une extrême dévotion principalement dans les régions rurales de la Grèce, surtout en tant que gardien des troupeaux, des bergers et des agriculteurs. Il ne reste aujourd'hui que trois ruines de ses temples, toutes trois situées dans la partie nord-est de l'Arcadie, la « main » méridionale à trois doigts de la Grèce continentale.

L'absence de temples en l'honneur d'Hermès peut s'expliquer par le fait que ses lieux de culte étaient les rues de la Grèce antique; des panneaux à l'effigie d'Hermès ont été découverts le long des rues grecques supposées.

Bien qu'il soit un trompeur notoire et qu'il confonde les mortels et les dieux, Hermès, selon Pausanias, a été défini par Zeus comme étant totalement amoral. Selon l'hymne d'Homère à Hermès, Zeus décrète que seul Hermès « sera le messager attitré d'Hadès, qui, tout en n'acceptant aucun cadeau, ne lui donnera pas de petite récompense » Il est intéressant de noter que sa présence dans les foyers grecs était censée garantir la bonne fortune, car Hermès était un « donneur de cadeaux » et un dispensateur de bénédictions. Il existe même des preuves que, dans les premières années de son culte, il était une divinité de la prospérité et de la fertilité, ce qui, nous pouvons l'imaginer, pour un homme aussi agile et rapide qu'Hermès, n'est pas un grand pas en avant. Alors que la Grèce antique était de plus en plus connectée au-delà du cercle familial, qui pouvait mieux veiller à sa prospérité et à ses relations que la divinité qui l'avait créée ?

Mythes
Les ruses d'Hermès nous sont révélées presque dès sa naissance. Selon un mythe, alors qu'il n'était âgé que de quelques heures, il se faufila hors de son berceau et s'appropria plusieurs bêtes divines d'Apollon, qu'il cacha dans une grotte de Pylos, sur la côte sud-ouest de la Grèce. Pour dissimuler ses

pas, il a d'abord porté ses désormais célèbres sandales, rendant ainsi ses pieds inidentifiables.

Croyant s'en tirer à bon compte, il abattit plusieurs bœufs en guise de remerciement, réalisant ainsi, selon les Grecs anciens, le premier sacrifice animal. Il prit ensuite la fibre musculaire de l'un des animaux sacrifiés et la fourra dans une carapace de tortue, créant ainsi la lyre. Apollon, constatant la disparition de certaines de ses bêtes, les retrouva dans la grotte d'Hermès, qui nia les avoir vues.

Apollon fit appel à son père Zeus qui, ayant tout vu, exigea que les bœufs soient rendus à Apollon. Mais après avoir entendu le son de la lyre, Apollon tomba amoureux de sa musique et proposa un échange gagnant-gagnant: le reste du troupeau en échange de l'instrument qu'Hermès venait d'inventer. Apollodore écrit, à la fin du mythe, que Zeus fut tellement amusé par l'ingéniosité de son jeune fils qu'il en fit immédiatement un Olympien immortel.

Après avoir aidé Zeus à libérer son amante Io et Arès de sa jarre d'airain, Hermès n'était pas étranger à l'aide apportée aux mortels en période de crise grave. Dans de nombreux récits et œuvres d'art antiques, on voit comment le dieu messager a donné à Persée l'équipement dont il avait besoin pour vaincre Méduse. En prêtant à Persée les sandales ailées, le manteau et l'épée d'or, Hermès a expliqué au héros Persée comment les utiliser: les sandales ailées pour ne pas être entendu par le monstre, le manteau pour ne pas être vu et l'épée pour couper la tête de Méduse.

Dans l'Odyssée d'Homère, Hermès apparaît devant un Ulysse errant avec des paroles d'avertissement qui le châtient de façon comique. Il dit à Ulysse qu'il est dangereux d'errer, car sur l'île vit la magicienne et tentatrice Circé, qui essaiera sans doute d'ensorceler le héros avec une boisson forte et enchanteresse. Hermès offre à Ulysse une herbe, en lui disant de la manger car elle dissipera les effets néfastes que Circé pourrait avoir sur lui. Odysseus fait ce que lui ordonne le messager et, de fait, la magie de Circé ne parvient pas à transformer le héros en porc, lui évitant ainsi le sort de nombre de ses compagnons de voyage.

Nous pouvons voir comment Hermès établit des comparaisons distinctes entre lui-même et Athéna, notre Olympienne la plus sage et la plus mesurée. Les deux divinités considèrent qu'il est important d'aider les êtres humains à progresser; on pourrait même dire que cela fait partie de leur mission. Athéna, en raison de sa sagesse, a souvent été associée à l'éducation et, plus particulièrement, à la croissance humaine par le biais de la technologie; l'avènement du matériel agricole, par exemple, est un cadeau de la déesse. Hermès occupe un espace similaire, bien que ses méthodes d'aide au développement humain proviennent du commerce, de l'échange et de l'intercommunication entre les peuples; ses dons à l'humanité comprennent l'alphabet, la monnaie et la roue.

En conclusion

Entre les trois figures masculines imposantes et les divinités féminines précédemment exaltées, nous pouvons déceler des similitudes remarquables ; au-delà des relations familiales, nombre de ces six divinités partagent les rôles de leurs frères. Comme nous l'avons dit, ces paires de divinités sont essentiellement les deux faces d'une même pièce, adhérant à des modèles de comportement plus ou moins « traditionnels »; les homologues masculins tendent vers le côté vantard, téméraire et agressif dans leurs interactions avec le monde. Cela ne signifie pas nécessairement qu'ils occupent un côté « maléfique » de la pensée religieuse grecque; comme nous l'avons déjà mentionné, il est impossible d'attribuer une étiquette morale à ces histoires ou à ces figures.

Il s'agit de représentations figuratives de concepts mal compris qui offrent, malgré la terreur qu'ils inspirent ou les cadeaux qu'ils accordent, un modèle de travail pour les habitants de la Grèce antique.

CHAPITRE 12

Enfin et surtout

Bien qu'il semble que le panthéon grec ait couvert la partie la plus importante, il y a certainement des parties du monde, à la fois divines et mortelles, qui n'ont pas été définies. Nous avons vu que de nombreux rôles des divinités les plus célèbres se croisent et se chevauchent, mais parmi toutes ces divinités, certaines parties du monde ont certainement échappé à leur vaste filet. Qu'en est-il des récoltes qui poussent dans les sillons de la charrue d'Athéna? Qu'en est-il des célébrations d'une bonne récolte ? Qu'en est-il de la maison derrière le grain qui abrite les festivités ? Qu'en est-il de l'acier qui produit la charrue et de ceux qui produisent l'acier ? Ne sont-ils pas tous aussi importants, sinon plus, pour l'humanité que la sagesse, la guerre ou l'eau ?

Ces questions nous conduisent aux quatre derniers Olympiens: Héphaïstos, Déméter, Dionysos et Hestia. Même s'ils vivent le plus souvent dans l'ombre de leurs frères et sœurs plus bruyants et plus turbulents, les quatre Olympiens sont un élément essentiel de la vie et de la culture de la Grèce antique. Ils représentent avant tout la paix et la sécurité que la civilisation et la famille peuvent offrir. Alors que leurs frères et sœurs sont les piliers de la religion grecque, hissant l'abri divin au-dessus de la tête du peuple grec, nos divinités restantes peuvent être considérées comme les quatre coins des fondations du temple sur lesquelles reposent ces piliers, les maintenant inébranlablement fermes et élevés à travers les siècles.

12.1 Héphaïstos

Seigneur de l'artisanat, de ses outils et du métal lui-même, le travail d'Héphaïstos est renommé dans toute la Grèce et le panthéon. Il revendique l'enclume, la pince et le marteau comme outils et, du haut du mont Olympe, il est le seul responsable de la maîtrise des feux de la terre. Grâce à sa métallurgie exemplaire et quasi miraculeuse, il est le patron des sculpteurs et des artistes et l'ami vigilant du charpentier. Il est connu pour soigner le travail des forgerons, allant jusqu'à infuser son propre métal dans celui des ouvriers mortels choisis.

Pour les Grecs de l'Antiquité, Héphaïstos jouait un rôle important, bien que souvent méconnu, en tant que maître de l'industrie et de l'artisanat. Sa présence était remarquée, à juste titre, dans les centres urbains de l'ancien monde grec, qui étaient, bien entendu, les principaux sites d'ateliers et d'armureries. Selon l'Iliade d'Homère, l'île de Lemno était la demeure d'Héphaïstos lorsqu'il quitta l'Olympe. Aujourd'hui, les preuves de l'activité cultuelle sont visibles dans les ruines de l'île du nord de l'Égée et, en particulier, à travers la qualité exceptionnelle des outils antiques mis au jour.

Fils d'Héra, il a été banni du sommet de l'Olympe et de son siège parmi les divinités à cause d'un pied déformé ou malformé. Il est la seule divinité du panthéon grec à présenter une déviation physique évidente; toutes les autres divinités sont louées à maintes reprises pour leur perfection et dépeintes comme des formes idéales. Ne pouvant être physiquement parfait, il consacre ses talents divins à la création d'objets physiquement parfaits: épées, armures, et même les sandales ailées d'Hermès.

Parmi ses compagnons et assistants, il compte les Cyclopes, les trois mêmes qui ont forgé la foudre de Zeus, ainsi que des automates en métal.

L'iconographie d'Héphaïstos, tout comme sa difformité, est unique dans le panthéon grec. Parce qu'il possédait une habileté inégalée dans le travail du métal et de la pierre, on a écrit d'Héphaïstos qu'il pouvait donner vie à n'importe quel objet inanimé; on en voit un exemple dans ses automates de laboratoire. Les images d'Héphaïstos en pierre ou en métal, sur une pierre tombale ou sur un bâtiment, n'étaient pas simplement des représentations du dieu, mais une manifestation littérale du dieu lui-même. Au vu des œuvres d'art et d'architecture impressionnantes produites par les Grecs anciens et de leur influence sur le monde occidental, il est facile de comprendre que, même à cette époque, les Grecs considéraient la beauté de l'artisanat comme divine.

Mythes

Héphaïstos, maître artisan qu'il est, est recruté par Zeus pour construire tous les trônes du palais de l'Olympe. Et ce, bien sûr, après avoir été chassé de la montagne par sa mère, Héra. Héphaïstos fit ce qu'on lui demandait, construisant des sièges immaculés pour ses onze parents. Lorsqu'elle s'assit sur son trône, Héra s'aperçut que celui-ci se mettait à léviter et à la suspendre entre le ciel et la terre. Lorsqu'elle demanda à son fils et bâtisseur de trône de l'aider à descendre pour des raisons matriarcales, Héphaïstos répondit, de façon célèbre: « Je n'ai pas de mère » Pour se faire pardonner, Héra offrit à son fils la main qu'il souhaitait; Héphaïstos choisit Aphrodite, la déesse de l'amour.

Certains des mythes les plus intéressants concernant Héphaïstos sont liés à son mariage. Sa femme est Aphrodite, l'image de la beauté et du désir.

Il semble incongru qu'un forgeron boudeur et boiteux et la reine de la sexualité s'entendent, et d'une certaine manière, il n'a pas tort de le penser. L'infidélité d'Aphrodite est largement racontée dans la mythologie grecque; ses nombreuses liaisons sont toutes d'un niveau mythologique, même pour une divinité. Une liaison en particulier retient notre attention, tout comme celle d'Héphaïstos: sa transgression avec Arès, le dieu de la guerre.

Nous savons qu'Arès, malgré sa terreur et sa bravade, est irrationnel, myope et franchement pas très malin. Pendant la guerre de Troie, il s'est engagé dans une liaison secrète avec Aphrodite et, à cause de son imprudence, a été pris en flagrant délit par Hélios alors qu'il conduisait son char solaire dans le ciel. Naturellement, en tant que porteur de lumière, Hélios informa Héphaïstos de l'infidélité de sa femme et le forgeron répondit en silence, élaborant des plans pour se venger. Il se mit au travail dans son atelier, fabriquant pour certains un filet, pour d'autres des chaînes, mais pour tous un filet de bronze et de fil de soie fin, assez solide pour piéger même le plus puissant des dieux. Il plaça le piège sur son lit et, avec une grande confiance, il attrapa les deux amants. Héphaïstos convoqua alors tous les dieux de l'Olympe pour qu'ils assistent à la scène et humilient les deux amants.

Voyant l'état dans lequel se trouvaient les deux dieux, Poséidon supplia Héphaïstos de les libérer, jurant que toutes les pénalités seraient payées par Arès et que, s'il échouait, Poséidon lui-même reprendrait les chaînes à Héphaïstos. Satisfait, l'artisan divin les libéra, après quoi Arès, déshonoré, retourna dans sa lointaine patrie, la Thrace, et Aphrodite retourna à la mer d'où elle était venue, se baignant pour restaurer sa virginité. Le châtiment auquel Poséidon fait allusion n'a jamais été payé directement par Arès, bien que l'on nous dise que ses enfants auraient un destin malheureux.

Compte tenu de sa stature d'artisan, il n'est pas surprenant que Zeus ait confié la forge et la fabrication à nul autre qu'Héphaïstos. C'est le divin sculpteur qui fut chargé de façonner la plus belle femme mortelle connue au monde. Fatigué des avances de ses homologues féminines sur le plan mortel et comme prix à payer par l'humanité pour l'acquisition illicite du feu, Zeus ordonna à Héphaïstos de donner vie à Pandore, ce qu'il fit à partir d'argile et d'eau. Zeus ordonna à Héphaïstos de lui donner, selon Hésiode, « un visage semblable à celui des déesses immortelles, [avec] les traits envoûtants d'une jeune fille » Elle devait être si belle, si charmante et si intelligente qu'elle était « une douleur pour les hommes qui mangent du pain » En plus de façonner Pandore, Héphaïstos a également fabriqué le fameux pithos de Pandore, un vase souvent traduit à tort par « boîte », qui, en l'ouvrant par curiosité, libérait tous les maux du monde.

12.2 Déméter

Chez les Grecs, c'est à Déméter que l'on doit l'arrivée de la nourriture sur la table. Elle est la mère des récoltes, l'aboutissement de Gaïa et d'Athéna, celle qui donne la croissance et le grain. Outre son rôle de fondatrice proverbiale de la fête, elle tient entre ses mains le cycle de la vie et de la mort; elle dicte l'ordre naturel des choses. D'un point de vue généalogique, elle est l'une des divinités les plus récentes de l'Olympe, bien qu'il soit possible de retracer son existence sous la forme de la mère de l'agriculture plus loin dans le temps que presque toutes les autres divinités de l'Olympe.

Les symboles de Déméter sont le blé, la torche, la corne d'abondance et le pain. Curieusement, elle n'a pas d'animal comme symbole vivant et n'est pas non plus souvent associée à de nombreux amants masculins. Manifestation de l'abondance de la terre, elle est représentée à côté ou à l'intérieur de diverses fleurs et plantes, notamment le pavot, qui pousse dans les champs de blé de toute la Méditerranée. Si elle n'est pas représentée seule, elle l'est souvent avec sa fille Perséphone, dont l'absence de la terre à la suite de son mariage avec Hadès a entraîné l'avènement de l'hiver.

Déméter jouissait de l'un des cultes les plus importants et les plus célèbres du monde antique. Sa ville patronne était Éleusis, sur la côte sud-est de la Grèce continentale. Chaque année, des pèlerins affluaient à Éleusis pour participer aux Mystères d'Éleusis, un festival dédié à la déesse des moissons et à sa fille Perséphone. Certains éléments remontent à la période mycénienne, plusieurs centaines d'années avant l'épopée d'Homère, et les Romains les ont adaptés à leur culte de Cérès. Les Mystères étaient centrés sur le mythe de la disparition de Perséphone dans le monde souterrain et de son retour sur terre. Ils étaient divisés en plusieurs parties rituelles: la descente, la recherche et la remontée.

La déesse des moissons jouissait également de la splendeur d'une fête universelle et localisée dans toute la Grèce, connue sous le nom de Thesmophoria. Ce rituel se déroulait à la fin du mois d'octobre et, selon diverses sources, était réservé aux femmes adultes. Cette fête était destinée à favoriser la fertilité et la reproduction féminine, ce qui peut expliquer qu'elle se déroulait chaque année en même temps que les moissons.

Mythes

Étant donné l'importance allégorique des fêtes de Déméter, il est logique que le mythe le plus important entourant la Mère des céréales ait trait à la disparition de Perséphone dans les profondeurs du monde souterrain. C'est dans son hymne à Déméter qu'Homère restitue cette histoire de la manière la plus vivante et la plus cohérente.

Homère écrit qu'un jour, dans les champs de Zeus, la fille de Déméter, Perséphone, et quelques nymphes de l'Océan chantaient et cueillaient des fleurs dans un jardin de l'Eden grec, que Gaïa avait « fait pousser sur l'ordre de Zeus et pour plaire à Hadès, pour être un piège pour ce genre de fleur [Perséphone] » Hadès, saisissant l'occasion, monta sur son char et enleva Perséphone de son jardin, l'entraînant dans le monde souterrain. Perséphone appela à l'aide, mais ses cris ne furent pas entendus par Zeus et ses collègues olympiens au sommet de la montagne, à l'exception de sa mère bienveillante.

Ayant entendu les appels au secours de sa fille, Déméter ôta son manteau et descendit précipitamment du mont Olympe. Elle courut sur terre et sur mer, cherchant partout sa Perséphone. Elle demanda à tous les hommes et animaux qu'elle rencontra ce qu'était devenue sa fille, mais aucun ne lui répondit franchement. Homère raconte que cette recherche dura neuf jours. Le dixième jour, peu avant l'aube, Déméter rencontra sur son chemin Héra, qui brandissait une torche et cherchait donc Déméter disparue. La déesse des moissons révéla à Héra pourquoi elle avait fui le mont Olympe, que sa fille avait disparu au milieu des appels à l'aide et qu'il était de son devoir de mère de la secourir. Restant silencieuse, Héra prit Déméter par la main et, à la lumière de sa torche, l'escorta jusqu'au pied du char d'Hélium.

Comme nous le savons, Hélium est chargé de conduire chaque jour le char du soleil dans le ciel. Il est également le gardien éternel des deux royaume : le mortel et le divin. Aucun homme ou animal ne voulant révéler la vérité sur l'endroit où se trouve Perséphone, c'est au franc Hélios qu'il revient d'apaiser la douleur de Déméter. Il l'informa qu'il avait vu Perséphone emportée par le char d'Hadès vers le monde souterrain, où, selon Hadès, il ferait de Perséphone son épouse. Cependant, comme le veut sa nature objective, Hélios fait valoir qu'en ce qui concerne son mari, Perséphone pourrait faire bien pire; après tout, Hadès est le dieu d'un domaine entier et le frère proche du roi de tous les dieux.

Le raisonnement et l'apathie apparente de l'aurige n'ont rien fait pour remonter le moral de Déméter. Elle maudit le soleil, le monde souterrain et

Zeus lui-même, se forçant à l'exil et se résignant au chagrin. Selon Homère, elle prit la forme d'une vieille femme dans la ville d'Éleusis, qui, comme nous le savons, devint le site de ses Mystères annuels.

Recueillie par les filles du roi d'Éleusis, elle devint la confidente et la sage-femme de la reine et se vit confier l'éducation du nouveau-né Démophon. Selon l'hymne, elle ne nourrit l'enfant ni de lait ni de nourriture solide, mais l'oint d'ambroisie, à l'instar d'Apollon. À l'insu de la cour des mortels, elle baigna l'enfant dans le feu la nuit pour le purifier et le mettre sur la voie de l'immortalité. Lorsque cela fut découvert, la reine et sa cour retirèrent le jeune Démophon de la garde de Déméter, ce qui la rendit furieuse. Abandonnant son déguisement, elle maudit l'île par une guerre civile perpétuelle. La déesse des moissons prit congé en promettant de construire un temple en son honneur sur la plus haute colline, où ses rituels seraient étudiés et exécutés chaque année pour apaiser son sa colère. C'est la raison pour laquelle les Mystères d'Éleusis se trouvent à cet endroit.

Seule dans son temple d'Éleusis, sans fille ni fils, Déméter pleure à nouveau. Elle dépouille la terre de ses fruits et de ses céréales, la fait sécher jusqu'à la paille et laisse son bétail dans le dénuement le plus total. Sa famine prive le peuple de nourriture et les divinités du mont Olympe de leurs sacrifices habituels. Ses exploits sur terre étaient parvenus aux oreilles et avaient blessé l'orgueil de Zeus, qui s'était lassé de l'ingérence de Déméter dans le monde des mortels. Il envoya Iris, une petite déesse ailée, au temple d'Éleusis pour demander à Zeus le retour de Déméter sur l'Olympe. Naturellement, Déméter refusa les supplications d'une divinité de moindre importance. Mais cela ne découragea pas les Olympiens qui, agacés que les peuples de la terre ne sacrifient plus en leur honneur, se rendirent un par un au temple de Déméter pour demander son retour. À chaque visiteur, Déméter donne la même réponse: elle ne rendra pas les richesses de la terre ou de l'Olympe tant que sa fille ne lui aura pas été rendue.

L'homme se retrouve sans nourriture et sans sacrifice. En tant que roi de l'Olympe, Zeus avait pour mission de trouver un compromis acceptable entre Hadès et Déméter. Pour satisfaire toutes les parties, il proposa que Perséphone reste l'épouse d'Hadès, mais qu'elle ne soit pas autorisée à la posséder seule dans le monde souterrain et qu'elle soit autorisée à partager son temps entre le royaume d'Hadès et celui de sa mère. Pendant un tiers de l'année, alors que Perséphone était emprisonnée dans le monde souterrain, Déméter accorda à la terre la faim et la sécheresse, donnant naissance à la saison de l'hiver. Lorsque cette saison est passée, Perséphone a apporté avec elle, dans un élan soudain, toute la croissance qui avait été supprimée, avec l'aide de sa mère lors des célébrations. C'est la saison du printemps, lorsque la richesse de la terre reprend vie.

12.3 Dionysos

Conformément au thème de la fête, nous sommes accueillis par le seigneur des réjouissances en personne: Dionysos, la divinité protectrice des festivals, du vin, des divertissements en général et du théâtre. Bien entendu, nous pouvons déduire de ces éléments qu'il a également un certain pouvoir sur la « folie rituelle » de l'ivresse; il est essentiellement le roi des ivrognes. Il est souvent représenté entièrement nu et, contrairement à ses frères de l'Olympe, pas nécessairement dans une forme éblouissante. Son apparence est à la limite de la féminité; il est généralement représenté avec des traits doux et des cheveux qui tombent dans le dos et sur les épaules, mais qui ne sont pas toujours en bataille. On pourrait dire que Dionysos est en fait le plus bienveillant de tous les Olympiens; il est certainement le plus difficile à mettre en colère.

Comparé à ses homologues de l'Olympe, Dionysos semble être un « mouton noir » proverbial. Il ne se préoccupe pas des luttes des hommes, n'est pas vaniteux au point de désirer une position mortelle ou divine, et semble se contenter de passer ses journées au repos avec un verre de vin ou douze. Les Grecs anciens expliquent cet écart marqué par rapport à la norme olympienne en affirmant que Dionysos est en fait un étranger, un Thrace de naissance divine qui s'est introduit par la ruse dans les salles immortelles du mont Olympe.

En tant que dieu de la fête, Dionysos possède un immense domaine qui touche presque tous les aspects de la société grecque. Il est présent lors des mariages, des funérailles, des récoltes et des sacrifices, sans parler de tous les rituels religieux. Lorsque les oracles tombent dans leurs transes divinatoires, on dit que c'est Dionysos qui tire les ficelles.

En tant que vigneron des dieux et distributeur de fruits à l'humanité, les symboles de Dionysos comprennent le raisin et ses vignes, la chèvre, le calice et un bâton de fenouil enveloppé de lierre, appelé tirso. Tout comme Déméter, Dionysos faisait l'objet d'un culte immense et ancien dans toute la Grèce, qui existait déjà avant Homère. On suppose que, compte tenu de la similitude de leurs règnes, les Mystères d'Éleusis étaient dédiés à la fois à Déméter et à Dionysos, ce que confirment les preuves de l'existence d'un grand nombre de fidèles dionysiens sur l'île d'Éleusis.

Outre les Mystères, Dionysos revendiquait également les fêtes de Dionysia et d'Anthesteria. La première était divisée en deux parties: la Dionysia rurale et la Dionysia urbaine ou « majeure » Toutes deux avaient le même objectif: célébrer les vendanges dans toute l'Attique, en remerciement du don de fruits que Dionysos avait fait aux Grecs. En l'honneur du dieu de la fête, des représentations théâtrales et des récitations de poèmes étaient organisées pour célébrer l'événement et, bien sûr, le vin coulait à flots. Anthesteria, quant à elle, était une fête de trois jours qui reprenait certains des concepts de l'Halloween moderne. Bien que célébrée à l'équinoxe de printemps plutôt qu'à l'équinoxe d'automne, elle marquait les jours où le vin de l'année précédente pouvait être bu, provoquant ainsi la « folie rituelle » qui, selon les Grecs, amincissait la barrière entre les vivants et les morts.

Mythes

Contrairement à ses frères et sœurs et à ses homologues stationnaires sur l'Olympe, Dionysos était célèbre pour être un vagabond chronique et compulsif, qui avait apporté avec lui la vigne et la connaissance de la manière de la cultiver. On dit que Sémélé, la mère de Dionysos, l'a plongé dans une crise de folie qui a déclenché sa soif d'errance. Le mythe affirme qu'au cours de ses voyages, il a laissé derrière lui de vastes étendues de végétation et le savoir nécessaire à la culture de la vigne. Certaines versions du mythe affirment que l'obsession de Dionysos pour le raisin provient d'une histoire d'amour avec un jeune homme nommé Ampelo, qui est mort en tombant d'un orme à la suite de la demande de Dionysos de garder les vignes sacrées du dieu. Dans son deuil, Dionysos a transformé son amant en fruit produit par les vignes et l'a semé dans le monde entier dans sa tristesse.

Dans ses interactions avec l'humanité, Dionysos tend vers l'ambivalence, voire la légèreté, contrairement à ses frères et sœurs, dont la principale motivation reste la vengeance et l'égoïsme. L'une des histoires les plus célèbres du canon occidental concerne Dionysos, qui cause à un roi puissant une grande douleur et des regrets pour avoir choisi ses mots de manière imprudente. Le roi à qui Dionysos joue ce tour cruel est le roi Midas, que Dionysos rencontre par hasard alors qu'il sème du raisin et presse du vin. Dionysos, impressionné par la généreuse hospitalité de Midas, se révèle être un dieu de l'Olympe et accorde au roi un vœu, auquel nous savons exactement comment le roi a répondu. Incapable de manger, de boire ou de tenir ses enfants dans ses bras, Midas désespère de sa touche d'or et supplie le dieu des réjouissances de retirer son vœu.

Dionysos accepte volontiers et emmène Midas à une rivière, où il se lave et transforme la rivière en or.

Dionysos, qui n'est pas étranger à la folie, descendit un jour à l'aveuglette dans le monde souterrain pour ramener sa femme et sa mère d'entre les morts. Ne connaissant pas le chemin des enfers, il demanda de l'aide à un vieil homme nommé Hypolypnos. Le vieil homme, qui était amoureux du charmant Dionysos, lui promit de lui montrer l'entrée des Enfers si le dieu, en échange, lui promettait de rester son guide pour toujours. Désireux de sauver sa famille, le jeune Dionysos accepta les exigences du vieil homme. À son retour des Enfers, Dionysos découvre que le vieil homme est mort. De retour sur le mont Olympe avec sa femme et sa mère, Dionysos aurait recueilli Héphaïstos en chemin, aidant l'artisan déformé à retrouver l'Olympe immortel. Le mythe a été interprété comme le triomphe de la joie et de la célébration de la vie mortelle sur la tristesse de la mort, une interprétation ancienne de la phrase « L'amour triomphe de tout »

12.4 Estia

La divinité périphérique la plus importante de toute la religion grecque est probablement Estia, déesse de la maison, du foyer, de la famille et de l'État. La légende grecque veut qu'au moment du baptême de chaque nouveau bâtiment ou de l'achèvement de chaque nouvelle maison, le premier sacrifice offert soit celui d'Estia, afin d'assurer la prospérité, la sécurité et la longévité de la structure et de ses habitants. Au vu de l'état des nombreux vestiges de bâtiments grecs au fil des siècles, on peut penser qu'Estia a bien rempli sa part du contrat divin.

L'omniprésente Estia n'a qu'un seul véritable symbole: le foyer et le feu qu'il renferme. Son monde est simple et sûr, dépourvu d'animaux voraces ou de terreurs du ciel et de l'eau. Son but est d'apporter le confort et la communauté sous un toit et derrière une porte. Son règne était l'aboutissement de tous les royaumes divins précédents ; après avoir terminé la récolte du grain de la terre, Estia restait responsable de la transformation de ce grain en pain par le feu et de s'assurer qu'il y en avait assez pour nourrir et réchauffer la famille. Elle est la plus proche de l'humanité parmi les Olympiens grecs, en ce sens que l'humanité exerce autant de contrôle sur son royaume qu'elle. Estia apporte richesse et chaleur à un foyer, à la hauteur du travail fourni par l'homme.

Curieusement, aussi importante que soit Estia dans la mythologie grecque antique, elle n'a jamais eu de lieux de culte indépendants. D'autres divinités avaient leurs propres temples et monuments, nous le savons, mais les temples d'Estia étaient considérés par les Grecs comme les cheminées de toutes les maisons et de tous les bâtiments publics. Son omniprésence dans la culture et les coutumes grecques a donné naissance à un mode de pensée grec qui la plaçait en dehors des douze Olympiens; en fait, elle aurait cédé sa place parmi ses frères et sœurs à Dionysos afin de maintenir l'harmonie cosmique.

Estia est la plus âgée et la plus jeune de tous les Olympiens, selon le mythe du dégorgement de Kronos. Elle est la première fille de Kronos et de Rhéa. En raison de son ancienneté parmi les Olympiens, elle est souvent représentée d'une manière sobre et mature, ce qui constitue une différence frappante par rapport à la plupart de ses homologues de l'Olympe. Particulièrement parmi les déesses de l'Olympe, elle dégage un air de matrone dans nombre de ses représentations; elle apparaît souvent vêtue d'un manteau et d'une robe, avec une coiffe, et tend un bras avec un doigt qui fait signe. Lorsque les Olympiens érigèrent leur temple au sommet de la montagne du même nom et se partagèrent le monde, Zeus ordonna qu'Estia soit chargée d'entretenir les feux de la salle et de les réchauffer avec les restes des sacrifices d'animaux.

Mythes

Bien qu'Estia ait eu la présence la plus importante et la plus immédiate de tous ses homologues de l'Olympe, il y a étonnamment peu d'histoires la concernant. L'une des raisons est qu'elle n'était peut-être pas considérée comme une « Olympienne » officielle, ou peut-être parce que ses fonctions de déesse du foyer sont essentiellement invisibles.

Elle travaille à l'abondance du foyer, de la famille, de la fête et de la chaleur et, pour cette raison, elle semble ne pas avoir besoin d'intervenir dans la vie des hommes. Cependant, nous connaissons au moins un petit mythe qui raconte comment elle a obtenu la position de gardien du foyer divin.

Comme sa sœur Artémis, Estia souhaitait rester chaste pour l'éternité. On raconte qu'à un moment donné, Poséidon et Apollon ont tous deux tenté de prendre Estia pour épouse. Lorsque Zeus fut prêt à lier sa sœur en mariage, Estia s'engagea à la laisser rester sur l'Olympe, qu'elle aimait par-dessus tout, gardant l'âtre de l'énorme temple chaud et accueillant. Stimulé par sa dévotion, Zeus lui permit de rester, lui donnant non seulement la position de maîtresse de maison divine, mais aussi chaque foyer passé, présent et futur comme autel à son service. Selon l'hymne d'Homère, elle serait placée « au milieu de la maison et recevrait la part la plus riche [de toutes les offrandes] »

En conclusion

Nous constatons que les Olympiens restants ont une présence humble mais élevée par rapport aux autres divinités évoquées jusqu'à présent. Chacun d'entre eux contrôle un monde qui existe principalement dans la matière et, au sein de ces mondes matériels, les souverains divins s'efforcent d'assurer une meilleure qualité de vie à l'humanité. Ces quatre divinités sont avant tout les plus bienveillantes et les plus charitables envers l'humanité, leur donnant la technologie, les outils et la sagesse qui leur permettent de progresser à travers le temps et de dominer le monde naturel rude et souvent mortel.

Nous constatons que ces quatre divinités sont plus intimement liées à la terre que leurs homologues. L'humanité étant née de l'argile de la terre, il n'est pas surprenant que les divinités dont les outils et les espaces sont également liés à la planète jouissent d'un plus grand prestige dans la vie quotidienne des Grecs. Ces quatre divinités constituent la base de la communication interpersonnelle et de la célébration, reliant les chaînes des îles antiques à la nourriture et aux festins.

CHAPITRE 13

Amour souterrain

À ce stade, il semblerait qu'il y ait un petit problème dans l'achèvement de nos puissants Olympiens; il nous reste le proverbial « éléphant dans la pièce», ou peut-être plus approprié, l' « éléphant sous la pièce »

Jusqu'à présent, nous avons omis de parler d'Hadès et de son domaine, le monde souterrain. Il y a plusieurs raisons à cela. La première, la plus conforme à la pensée mythologique et religieuse de la Grèce antique, est qu'Hadès n'est pas techniquement un Olympien; en revendiquant le monde souterrain, il a abdiqué sa place parmi les dieux en faveur d'une souveraineté et d'une autonomie totales sur le royaume des morts. La deuxième raison, dans la lignée de la première, est que le royaume d'Hadès est si vaste et touche à tant de facettes de la vie divine et mortelle dans toute la mythologie grecque, que consacrer un chapitre entièrement séparé à ses lieux, ses personnages et ses histoires semble presque nécessaire pour commencer à le comprendre.

La mort, comme à toutes les époques, revêtait une importance particulière pour les Grecs. Compte tenu des terreurs de l'environnement, de l'expansion des forces hostiles par la conquête et de la technologie médicale quasi inexistante, les anciens peuples méditerranéens étaient entourés par la mort pour des raisons qui leur échappaient. Bien entendu, sur la base de leur pensée religieuse, il est logique que les Grecs anciens aient créé tout un écosystème mythologique pour tenter de répondre à des questions qui semblent incongrues par rapport au comportement de leurs Olympiens plus visibles et bienveillants.

Pour les Grecs de l'Antiquité, comme pour de nombreuses autres cultures, la mort était une sorte de vol: une vie était dérobée au monde visible. C'est alors que se posent les questions suivantes: qui a volé cette vie ? Où l'ont-ils prise ? Ce ne sont pas les nombreux Olympiens qui l'ont enlevée au monde des mortels. S'il est vrai qu'ils étaient vindicatifs et souvent cruels, les Olympiens se contentaient de transformer les êtres humains plutôt que de les tuer purement et simplement. La vie ne pouvait pas non plus être enlevée au mont Olympe, car seuls les dieux pouvaient y mettre les pieds.

Si la vie a indéniablement disparu mais ne s'est pas retirée au sommet de l'Olympe ou dans les profondeurs de Poséidon, alors, mythologiquement, le seul endroit où elle pouvait aller était le plus mystérieux et le plus opaque de tous: sous la terre elle-même. C'était un monde inimaginable pour l'esprit des Anciens; sous la terre, toute vie croissait puis se fanait, il devait donc logiquement y avoir quelque chose. Mais quelle était cette chose, à quoi ressemblait-elle ? Qui la contrôlait et, surtout, avait-elle pour but d'inciter à la violence contre les vivants ? Les réponses sont venues d'une autre forme, certes obscure, du divin: Hadès, ses chevaux noirs et ses étranges créatures abominables, le dieu qui ne se soucie guère des activités des mortels, si ce n'est pour réclamer leurs âmes afin de peupler son lugubre royaume souterrain qui porte désormais son nom.

13.1 Hadès

Jusqu'à présent, nous avons mentionné le seigneur des enfers comme un personnage de passage dans plusieurs mythes précédents; il s'agissait surtout d'un personnage égoïste et rusé, voué à l'enlèvement ou au vol afin d'obtenir des avantages. Nous avons vu que c'est essentiellement sa faute si nous avons l'hiver, en plus d'autres malheurs terrestres. Hadès, parfois appelé le « Zeus des Enfers », occupait une position certes égoïste mais étonnamment apathique. La croyance commune veut que, malgré tout le mal qu'il peut infliger à la terre, son principal désir est de maintenir l'équilibre de la planète en compensant les actions de son frère.

Il n'est pas surprenant que Hadès ait eu peu de lieux de culte dans la Grèce antique. Superstitieux comme ils l'étaient, ils évitaient d'attirer l'attention sur le seigneur des enfers de peur de l'invoquer; faire un serment en son nom pouvait entraîner une fin prématurée pour ceux qui le faisaient.

Curieusement, dans toute la Grèce, il était autant vénéré que craint et détesté. On nous dit qu'il recevait souvent des sacrifices et que, pendant le culte, les Grecs détournaient le regard de son image et se frappaient la tête contre le sol pour s'assurer qu'Hadès les entendait.

Hadès ne semble avoir quitté sa propriété sous terre qu'une poignée de fois dans son mythe. Une fois, nous savons qu'il est parti piéger la jeune Perséphone, mais pour le reste, Hadès semble rester avide de sa souveraineté et de ce qu'il considère comme un ordre parfait, naturel et légal. Il existe de nombreuses descriptions pittoresques du royaume d'Hadès, en particulier dans les œuvres d'Homère, qui décrit le domaine du seigneur des enfers comme « plein d'invités », une manière plutôt amusante de décrire l'emprisonnement éternel des âmes, malgré le contexte macabre. Il était jaloux de ceux qui parvenaient à échapper à son système juridique tyrannique et qui, par coïncidence, semblaient toujours être au moins des demi-dieux. Son amour de l'ordre, de la justice et de l'équilibre est souvent sa perte ; Hadès est totalement son propre maître, mais il est l'esclave de ses règles.

Mythes

Il semble que la plupart des mythes dirigés par Hadès mettent en scène des demi-dieux; franchement, il s'agit d'histoires dans lesquelles les demi-dieux se montrent plus malins que le seigneur des enfers, qui aime la loi et l'ordre. Héraclès, Persée et Ulysse ont tour à tour déjoué les règles édictées par Hadès qui, les mains métaphoriquement liées et les poings littéralement brandis, n'a eu d'autre choix que de les laisser retourner dans le monde supérieur des vivants.

Un exemple où Hadès sort victorieux de sa propre volonté est celui de ses relations avec Thésée, le roi mythique d'Athènes. Jouissant d'un pouvoir inégalé parmi les Grecs, Thésée, dans son arrogance, a comploté avec son meilleur ami Pyrrhus, roi de Thessalie, pour prendre les filles des dieux comme épouses, puisqu'ils ne trouvaient apparemment aucune femme mortelle pour les satisfaire. Thésée enleva Hélène de Troie et la retint en otage jusqu'à ce qu'elle soit en âge de se marier. Pyrrhus, aussi stupide soit-il, choisit d'enlever Perséphone. Ayant un degré d'omniscience, Hadès apprit les plans du roi de Thessalie et prépara un immense banquet. Les deux rois arrivèrent et furent accueillis avec une hospitalité qui rivalisait avec celle du mont Olympe. Cependant, alors qu'ils mangeaient, Hadès libéra silencieusement des serpents pour attacher les deux rois à leurs chaises, où ils resteraient assis pour l'éternité, leurs sens tentés par la nourriture, mais leurs estomacs toujours vides.

Hadès joue également un rôle clé dans un autre mythe extrêmement populaire et qui a survécu: l'histoire de Sisyphe qui tente de tromper la mort.

L'histoire raconte que Sisyphe, l'homme qui se proclamait plus intelligent que Zeus, n'a pas tenu la promesse qu'il avait faite à Zeus de ne pas révéler où se trouvait Égine, une nymphe invisible cachée par le roi des dieux. Furieux, Zeus ordonne à Hadès d'emmener Sisyphe dans son royaume et de l'enchaîner pour le punir. Après avoir été escorté dans le monde souterrain, Sisyphe rencontre Hadès qui prépare les chaînes du châtiment. Sisyphe demande à Hadès s'il peut lui montrer comment les chaînes fonctionnent comme moyen de punition, ce qu'Hadès fait. Sisyphe enferme Hadès et s'échappe vers le monde supérieur, apparemment après avoir vaincu la mort elle-même.

Le problème se pose lorsque Hadès n'est pas en mesure de remplir ses fonctions de revendicateur d'âmes; s'il est retenu, rien ne peut mourir.

Les Olympiens ne peuvent recevoir leurs sacrifices d'animaux, les céréales ne peuvent être récoltées, les personnes âgées ne peuvent mourir, et la peste se propage sans être gênée par le massacre de ses hôtes. La terre est plongée dans le chaos et Zeus s'en aperçoit. Il envoia un Arès furieux, qui n'est pas étranger aux pièges et qui est furieux parce que la guerre n'a plus rien d'amusant, libérer Hadès de ses chaînes et s'occuper de Sisyphe lui-même. Le célèbre châtiment infligé au roi qui a trompé la mort consiste à faire rouler un rocher jusqu'en haut d'une montagne pour toujours, avant qu'il ne retombe à ses pieds.

CHAPITRE 14

Les lieux du monde souterrain

Le monde souterrain nous permet d'entrevoir l'imagination des écrivains de la Grèce antique, contrairement à son homologue exalté, l'Olympe, dont nous n'avons que peu de descriptions physiques. L'une des raisons pourrait être que de nombreux Grecs comprenaient et partageaient d'une certaine manière l'apparence de l'Olympe, de sorte que la rendre sur une page ou dans un poème parlé aurait semblé redondant ou superflu. Le monde souterrain, en revanche, était et reste un lieu très mystérieux. Personne ne l'a jamais vu, mais compte tenu des nombreuses terreurs qui mènent à la mort, on peut imaginer que la destination des âmes emportées est tout sauf paradisiaque.

Constituée de rivières qui divisent les âmes selon leur qualité et de champs dans lesquels elles passent l'éternité, la géographie du monde souterrain est rigide, sévère et abyssale.

14.1 La rivière Styx

Le Styx est le plus célèbre et le plus reconnaissable de tous les mondes souterrains grecs; après le mont Olympe, il est peut-être le plus connu de toute la mythologie grecque. C'est le fleuve qui est censé séparer le monde des vivants du royaume des morts. C'est un élément indispensable de l'écosystème du monde souterrain, car il constitue la principale voie de transport vers le Tartare pour les nouveaux défunts. Comme beaucoup d'éléments du monde mythologique grec, le Styx est personnifié sous la forme d'une nymphe; c'est une fille d'Océanus punie par Zeus pour avoir pris le parti des Titans lors de la Titanomachie.

Le Styx est l'un des cinq fleuves infernaux qui convergent vers le centre marécageux des enfers; on l'appelle le « marais stygien », un terme que nous utilisons familièrement aujourd'hui pour désigner toute région sauvage et peu habitée. On dit que la nymphe et son incarnation fluviale peuvent conférer l'invulnérabilité à quiconque s'y baigne. En fait, on dit qu'Achille, lorsqu'il était enfant, s'y est baigné et s'est tenu le talon, ce qui a été plus tard le point de sa chute à cause d'une flèche bien placée de Pâris pendant la guerre de Troie.

14.2 Tartare

Le Tartare, la partie la plus profonde du royaume d'Hadès, peut être décrit comme une prison. Pour l'atteindre, dit Hésiode, il faudrait neuf jours de descente depuis le plan de l'Hadès, qui est lui-même neuf jours de descente depuis la terre, qui est neuf jours de descente depuis l'Olympe. C'est l'exemple de l'abîme; totalement dépourvu de lumière et d'espoir, c'est le châtiment le plus sévère qu'une âme éternelle puisse subir. Le Tartare, en effet, est le « néant » de la mort. C'est un vide dont on ne peut s'échapper que par une intervention divine.

Bien sûr, le Tartare a été déifié, comme c'est la coutume dans la Grèce antique. Il est l'un des trois enfants originels du cosmos; il est l'enfant du milieu, coincé entre son frère aîné Chaos et sa sœur cadette Gaïa. Il est la seule divinité grecque dont le règne est resté intact après la Titanomachie; on dit qu'il garde les Titans vaincus dans ses cellules.

On dit que les habitants du Tartare sont les plus malheureux de tous les êtres; notre rusé roi Sisyphe est parmi eux, roulant éternellement son rocher. Les Titans, comme nous l'avons déjà mentionné, y résident, tout comme le roi Tantale qui, selon le mythe, a tué son fils Pélops et l'a servi en guise de repas lorsqu'il a été invité à dîner avec les dieux sur l'Olympe. On comprend qu'il s'agit là de personnages tout à fait déplaisants et, compte tenu de l'amour de la justice d'Hadès, on comprend qu'ils aient été destinés aux chaînes du Tartare.

14.3 Les champs d'élysium et d'asphodèle

Bien que les châtiments infligés soient souvent durs et sévères, dans la plupart des cas, le monde souterrain est moins redoutable pour les simples mortels. Les pires étaient envoyés au Tartare, tandis que ceux qui vivaient sans offenser gravement les divinités étaient envoyés dans les champs d'asphodèles.

Les champs sont décrits comme fleuris et paisibles, mais pas comme nous, mortels, les imaginons. Ils étaient certainement pleins de fleurs, mais selon Homère dans son Odyssée, c'était un endroit sombre, sans joie ni rire. L'impression que l'on retire des champs est que, bien que le travail des mortels soit terminé, le paradis dans l'au-delà reste réservé aux divins.

En revanche, les âmes touchées ou jugées dignes par les dieux étaient escortées jusqu'à Elysium, un paradis exclusif qui était techniquement séparé du royaume d'Hadès, mais qui existait sur le même plan. Elysium, séparé de son lugubre homologue souterrain par la rivière Lete, était un endroit où il faisait bon vivre, lumineux et coloré; les histoires racontent qu'il y avait toujours une douce brise d'ouest qui maintenait la température à un niveau raisonnable. Homère écrit à propos d'Elysium qu'en dehors de la chaleur, il n'y a ni neige, ni pluie, ni sécheresse; c'est l'au-delà parfait, idéal, même s'il semble être peuplé presque exclusivement de demi-dieux.

14.4 La rivière Léthé

Autre des cinq fleuves des Enfers, on sait que le mythique Léthé bordait les domaines de l'Hadès et de l'Elysée. C'était le « fleuve de l'oubli », car si une personne y tombait ou y buvait, son âme oubliait tout ce qu'elle avait connu. Dans les cultes à mystères de la Grèce antique, on croyait généralement que toutes les âmes s'abreuvaient abondamment au fleuve avant de se réincarner. On raconte que, pour le punir d'avoir tenté de voler Perséphone, le roi Pyrrhus a été jeté dans le fleuve, ce qui a complètement effacé sa mémoire.

Le fleuve traçait son chemin dans le monde souterrain, contournant la grotte d'Hypnos, où les âmes rebelles étaient endormies pour l'éternité. Selon certaines sources religieuses, le fleuve a une sœur opposée sur le plan mortel, appelée Mnémosyne, qui procure à ceux qui boivent ses eaux l'omniscience et une mémoire infaillible.

14.5 Les rivières Cocyte ET Phlégéton

Deux des fleuves restants contournent la frontière de l'Hadès, bien qu'ils coulent dans des directions opposées: le Cocyte, le « fleuve des pleurs » ou « fleuve des lamentations », et le Phlégéton, le « fleuve de feu » Tous deux servaient à décourager les interférences et les intrusions des mortels dans le royaume d'Hadès, et tous deux suscitaient le désespoir le plus total dans l'imagination des Grecs de l'Antiquité.

Le Cocyte est unique parmi les rivières des Enfers en ce sens que sa profondeur varie, car son but est de contenir les âmes qui se sont comportées de manière traîtresse ou déloyale dans leur corps mortel. Selon l'ampleur de la transgression, le traître peut être immergé des genoux jusqu'à la tête. Quelle que soit la quantité d'eau absorbée par la victime, elle devra se résigner à hurler et à gémir pour l'éternité.

Le Phlégéthon est un fleuve plus subtil, malgré son contenu. C'est un fleuve de feu dont on peut tirer quelques connotations de l'idée judéo-chrétienne de « l'enfer » et de son brasier.

Après avoir franchi la frontière de l'Hadès, le fleuve plonge dans une cascade de feu dans les profondeurs du Tartare, le seul des cinq fleuves à faire ce plongeon. Un mythe concernant le fleuve de feu est lié à la nymphe Styx. Avant d'être transformés en fleuves par Zeus vengeur, Phlégéthon et Styx auraient été amants, avant même la Titanomachie. Ayant choisi le camp des perdants dans ce conflit, ils furent punis simultanément. Se transformant lui-même en la rivière qui porte son nom, son être physique fut consumé par les flammes de Phlégéton, que l'Hadès punitif ordonna d'enfermer dans son monde souterrain.

Cependant, non sans son sens de la justice, Hadès, après avoir constaté que le châtiment avait pris fin de manière appropriée, a permis aux deux fleuves de se réunir dans leurs méandres à travers le monde souterrain.

Deux fleurs et un chien

Les lieux du monde d'Hadès offrent un environnement merveilleusement riche pour l'au-delà et, tout comme ses cousins du plan matériel, les rivières et les champs sont peuplés de toutes sortes de plantes et d'animaux symboliques. Selon la mythologie grecque, certaines espèces végétales terrestres sont même nées dans le monde souterrain et, en raison de leur fructification ou de leur folie, finissent par pousser sur terre.

Menthe

L'une des histoires les plus intrigantes concernant la flore du monde souterrain est celle de la menthe. Selon le mythe grec, il ne s'agit pas d'une plante entièrement terrestre. La menthe trouve ses racines dans le monde souterrain en raison de la jalousie trop fréquente qui règne chez les anciens dieux. On raconte qu'Hadès, après avoir épousé Perséphone, tomba amoureux d'une de ses sujettes, une nymphe de la rivière Cocytus nommée Mintha. Selon certains récits, la nymphe aurait tenté de séduire Hadès, qui serait alors tombé sous son charme. Quelle que soit la manière dont le seigneur des enfers en est venu à flatter Mintha, Perséphone n'en a pas voulu. Prenant les choses en main, elle transforma la nymphe en plante de menthe, la répandant dans le monde souterrain et le monde des mortels et lui donnant une odeur et un goût si forts qu'elle repoussait tous les animaux.

Jonquilles

Le long des rives du célèbre Styx et dans les champs d'asphodèles poussent des parcelles de narcisses. Les pétales blancs et les centres jaunâtres qui poussent en grappes dans les enfers portent le nom du jeune homme ainsi transformé: Narcisse, le plus vaniteux des hommes grecs. Transformé en cette fleur pour mépriser ceux qui l'aimaient, il est resté parfumé, voyant et vénéneux, parfaitement adapté pour attirer Perséphone, qui ne se doutait de rien. Alors qu'elle était entraînée loin du char d'Hadès, Perséphone, selon le mythe, serra dans ses poings une poignée de fleurs qui prirent racine dans tout le monde souterrain.

14,6 Cerbère

Cerbère, l'une des créatures les plus redoutables et les plus célèbres du mythe grec, était le compagnon féroce et fidèle d'Hadès. Il est représenté comme un chien à plusieurs têtes, de trois à cent, qui s'assoit le plus souvent docilement aux côtés d'Hadès lorsque celui-ci est sur son trône. Dans certaines représentations, Cerbère est présenté comme un chien à une seule tête, mais avec des centaines de têtes de serpents rampant sur son dos. Sa taille varie, mais il est communément admis qu'il a au moins la taille d'un homme et qu'il est souvent beaucoup plus grand. En tant que meilleur ami d'Hadès, il était chargé d'empêcher les âmes rebelles de s'échapper du monde souterrain d'Hadès. Il était comme le chien de garde de l'Enfer, même s'il devait faire en sorte que les gens entrent et ne sortent pas.

Le mythe le plus connu concernant le chien d'Hadès est celui du héros Héraclès qui, dans le cadre de l'un de ses douze travaux, est envoyé dans le monde souterrain pour capturer Cerbère. Le héros arrive et confronte Hadès, lui demandant poliment de renoncer à la possession du chien à plusieurs têtes.

En bon législateur, Hadès accepte de se séparer de Cerbère à une condition: qu'Héraclès vainque le molosse géant dans un combat sans utiliser d'armes. Héraclès maîtrisa la créature et la traîna jusqu'à la surface du monde matériel, où l'on dit que le chien vomit et que c'est de là que la plante vénéneuse du moine poussa ses premières fleurs sur terre.

En conclusion

Il existe d'innombrables autres lieux, symboles et histoires dans l'au-delà de l'Hadès; les approfondir impliquerait très certainement la rédaction d'un livre entièrement nouveau, ce qui n'est pas l'objectif de ce livre. J'ai essayé de transmettre efficacement les histoires et les éléments les plus importants qui constituent la base de la discussion sur les systèmes de croyance et les symboles de l'au-delà grec; j'espère que ce chapitre a fourni une carte cohérente du monde de l'Hadès, laissant de nombreux points de repère à découvrir, afin que le lecteur puisse entreprendre le voyage seul.

CHAPITRE 15

Les demi-dieux: quelque part entre les deux mondes

Nous avons fait de grandes allusions à l'idée que la religion grecque antique gravitait autour d'un monde plus humain que divin, mais tout cela est essentiellement spéculatif. Bien sûr, il est logique que les premiers êtres humains sophistiqués comprennent le contrôle du monde en termes relativement simples: les émotions et les motivations humaines universelles.

Comment est-il possible de rapprocher encore plus les deux mondes, de combler complètement le fossé mythologique ? L'idée même de culte ou de rituel religieux est insuffisante: elle ne fait qu'élever les divinités au-dessus de l'homme. La culture oraculaire, bien que mystique et mortelle, n'est pas tant un pont vers le monde divin qu'un lien avec lui, qui peut très facilement être rompu.

Et si les dieux, malgré leur tentation de contrôler la vie des hommes, étaient responsables de la naissance et de l'éducation des mortels ? Quelle place occuperaient-ils ? Certes, ils ne seraient pas complètement divins, mais ils ne seraient pas non plus complètement humains. Leur but sur terre est-il d'aider l'humanité ou de la détourner de buts plus nobles ? Agissent-ils uniquement au nom de leurs supérieurs olympiens ou peut-être, compte tenu de leur humanité, ont-ils un véritable côté altruiste ? De nombreuses questions se posent lorsque l'on considère ces êtres humains semi-immortels que sont les demi-dieux; nous pouvons trouver leurs réponses tout au long de leurs histoires. Ils affirment non seulement la confiance des Grecs anciens dans la force de l'humanité, mais aussi la nôtre.

Il existe un nombre exceptionnel de demi-dieux disséminés dans la mythologie grecque. Cependant, nous devons nous concentrer sur les plus visibles, dont les histoires ont été racontées et rabâchées au fil des siècles; encore une fois, notre tâche est de fournir un aperçu introductif de la mythologie. Nous nous concentrerons sur Achille, Héraclès et Persée parce qu'ils ont en commun une naissance divine, des tribulations qui ont marqué le monde, un triomphe sur une adversité apparemment insurmontable et, surtout, une multitude de textes conservés et d'allusions contemporaines sur lesquelles s'appuyer.

15.1 Achille

Considéré comme le plus puissant de tous les guerriers grecs, le grand Achille a joué un rôle essentiel dans la guerre de Troie et, à ce titre, dans l'Iliade d'Homère, le poème antique centré sur ce conflit légendaire. Il était le fils de la nymphe de la mer Thétis et du roi de l'ancienne nation des Myrmidons, Pélée. Il existe plusieurs récits concernant la conception d'Achille, mais un mythe se distingue par son humour. Il se trouve dans la pièce d'Eschyle « Prométhée enchaîné », où la mère d'Achille, la chaste Thétis, aurait été poursuivie sans relâche par de nombreux dieux de l'Olympe. Héra, l'épouse de Zeus, l'une des déesses de la fertilité, a prophétisé que le fils que Thétis mettrait au monde serait infiniment plus fort que son père et qu'il usurperait toutes les prétentions de ce dernier sur le monde. En apprenant cela, les dieux de l'Olympe ont immédiatement abandonné leurs idées de conquête et ont forcé Thétis à épouser Pélée, un roi mortel.

Si nous ne connaissons pas l'histoire d'Achille, nous connaissons certainement la partie légendaire de son corps, le talon. On raconte que Thétis, craignant la destruction de son fils unique par les Olympiens, se réfugia dans le monde souterrain d'Hadès et dans la sécurité de sa sœur Styx, le fleuve de l'invulnérabilité, et y plongea Achille, le tenant par le talon et le gardant ainsi au sec. Le talon d'Achille est ainsi resté le seul point vulnérable de son corps et c'est un terme que nous utilisons aujourd'hui pour indiquer une faiblesse dans une entité apparemment forte.

Comme nous l'avons vu plus haut, Achille était la figure centrale de la guerre de Troie, combattant aux côtés des Grecs contre Troie.

Homère raconte qu'Achille est arrivé à Troie avec cinquante navires myrmidons, chacun transportant cinquante soldats de sa nation. Après plusieurs batailles avec les Troyens et leur héros Hector, les Grecs menés par Achille et son ami de toujours Patrocle sont repoussés sur les plages où se trouvaient leurs navires; Patrocle revêt l'armure d'Achille et rallie ses troupes pour une contre-attaque. La contre-attaque réussit et contraint les Troyens à se retrancher derrière les célèbres murs de leur ville, bien que Patrocle soit tué au cours de l'assaut et que l'armure d'Achille soit volée par Hector.

Voyant son meilleur ami abattu au combat, Achille entre dans une rage folle. Il demande à Héphaïstos de lui fabriquer une nouvelle armure, un nouveau bouclier et une nouvelle lance, et se lance sur le champ de bataille où, grâce à son invulnérabilité divine et à son habileté avec les armes, il massacre tous les soldats ennemis qu'il rencontre à la recherche d'Hector. Homère écrit que sa rage était si grande que, si les dieux n'étaient pas intervenus, il aurait saccagé Troie lui-même. Achille finit par trouver Hector et le poursuit plusieurs fois autour de la ville fortifiée avant qu'Hector ne comprenne que son destin est inéluctable. Acceptant sa mort, il supplie Achille de laisser son corps être traité avec le respect d'un guerrier tombé au combat; Achille ne le fait pas, il attache le cadavre d'Hector à l'arrière de son char et le traîne sur le champ de bataille devant Troie. Dans son dernier souffle, Hector prophétise la chute du légendaire Achille: la flèche de Pâris, le frère d'Hector, entraînera la destruction du héros.

Analyse

Dans cette courte histoire d'Achille, comme dans de nombreuses histoires des demi-dieux grecs, nous voyons la force de l'humanité lorsqu'elle est inspirée par le divin. Dans le cas d'Achille, il est pris d'une rage divine et cherche à se venger, non pas parce qu'il a été directement offensé, comme le feraient Zeus ou Poséidon, pour ne citer qu'eux, mais parce que l'un de ses amis les plus proches a été injustement tué au cours d'une bataille. Nous voyons que les dieux eux-mêmes doivent intervenir contre la force d'un homme, qui n'est pas seulement poussé à de grands exploits sur le champ de bataille, mais aussi à une grande honte en profanant le corps d'Hector. Cela montre que, bien qu'il n'y ait personne sur terre plus puissant que ce seul guerrier à moitié humain, il est dominé par ces sombres ombres de l'humanité qui hantent tous les hommes mortels.

15.2 Héraclès

Si Achille est le plus légendaire des guerriers grecs, la place de plus grand héros revient à Héraclès. Probablement la figure la plus célèbre de la mythologie grecque, les histoires d'Héraclès sont pleines de symbolisme sur la force et la détermination des mortels. Il est, de l'avis général, le protecteur divin de l'humanité, faisant office de pont entre le monde des mortels et le mont Olympe. C'est sur ses épaules que repose le destin de l'humanité et il est surtout son plus grand champion; nous pouvons l'imaginer simplement comme un Superman de la Grèce antique. Ses travaux et ses réalisations ont contribué à former le canon littéraire occidental. Ses mythes ont été racontés et redécrits tout au long de l'histoire, mais ils sont toujours liés à la conviction que l'homme possède ces qualités uniques de ténacité et de force d'âme qui rendent accessibles à l'homme même des entreprises apparemment divines.

Le résultat de la naissance d'Héraclès fut l'une des nombreuses aventures extra-conjugales de Zeus. Parmi les nombreux récits concernant la conception d'Héraclès, on nous dit que Zeus séduisit la mortelle Alcmène en se déguisant en son mari. Héra, sachant que la liaison avait eu lieu, et fidèle à son caractère, complota pour se venger non pas de son mari, mais de sa progéniture semi-humaine. Elle envoya une paire de serpents dans le berceau du jeune Héraclès pour éliminer le héros, mais en vain. La force et la constitution divine d'Héraclès, même lorsqu'il était nourrisson, ne lui inspiraient pas la peur mais l'instinct de domination; il fut retrouvé par sa mère terrestre en train de jouer avec les serpents comme s'il s'agissait de jouets. Stupéfaite par cette vision, Alcmène convoqua Tirésias, le célèbre devin, qui prédit que l'enfant accomplirait le destin d'un dieu, qui serait le conquérant d'innombrables créatures.

L'histoire d'Héraclès commence lorsque, jeune homme, il tue son professeur de musique Linus d'un coup de lyre et se voit contraint de quitter la ville pour se consacrer au rôle de berger, où il recevra la visite des dieux sous la forme de deux voyageurs. L'un propose au jeune Héraclès une vie facile et agréable, exempte de conflits graves et de grandes récompenses : c'est le Vice. L'autre, la Vertu, offrait au héros une existence difficile et rude, ponctuée de luttes et de brutalités, mais pour toute sa lutte, il serait propulsé dans les couloirs de la gloire, avec une place sur l'Olympe comme récompense ultime. Naturellement, nous pouvons en déduire qu'Héraclès a choisi la seconde option et s'est engagé sur la voie qui allait mener à sa légende.

On nous dit qu'après avoir choisi la voie de la vertu, Héraclès a épousé Mégara, la fille du roi Créon, et qu'il a eu dix enfants. Poussé à la folie par la divine saboteuse Héra, il finit par tuer sa famille, y compris sa femme. Héraclès erre dans le pays et finit par se remettre de sa folie à l'Oracle de Delphes, dont Héra avait pris le contrôle. Elle lui dit que, pour expier ses crimes, il devra servir le roi Eurystée pendant dix ans, un an pour chaque enfant qu'il a tué, et remplir toutes les missions que le roi pourrait lui confier.

D'autres récits affirment que le service était le résultat d'un compromis entre Zeus et son épouse vengeresse: si Héraclès avait accompli douze tâches presque impossibles, il se serait montré digne de l'immortalité. Quoi qu'il en soit, l'essentiel de la vie d'Héraclès nous est donné: ses douze travaux.

Il existe de nombreuses sources facilement accessibles sur les douze travaux d'Héraclès. Il serait fastidieux de les évoquer individuellement ; c'est pourquoi nous les aborderons brièvement, tout en encourageant le lecteur à rechercher ces récits par lui-même. Selon le mythe, les tâches confiées par Eurystée à Héraclès furent accomplies avec l'aide d'Athéna, qui s'était intéressée à la vie du héros.

Il doit, dans un ordre variable, tuer, capturer et voler pour retrouver la liberté. Il doit affronter la terrible hydre, les amazones agressives et vigilantes et les trois mille bêtes d'Augea. Il s'appuie sur sa force divine et son intelligence humaine pour lier la bouche des chevaux, effrayer les oiseaux mangeurs d'hommes, se mettre à l'affût pour capturer des bêtes apparemment insaisissables et voler des pommes d'or dans un verger jalousement gardé. Son dernier exploit impossible, comme nous le savons, a été organisé par un Eurystée effrayé, qui craignait qu'Héraclès n'achève tous ses travaux. Il devait descendre dans les profondeurs du monde souterrain et ramener Cerbère, le chien de garde à plusieurs têtes de l'Hadès, ce qu'il fit, réussissant à échapper à la mort et à gagner sa place prophétisée au sommet de l'Olympe.

Analyse
Bien qu'il existe de nombreuses autres histoires autour d'Héraclès, celles qui ont été mentionnées occupent un espace dans l'imagination qui est aussi permanent que son siège d'immortalité. Le fil conducteur de ces mythes est le caractère humain d'Héraclès. Même après avoir été rendu fou par Héra, il

accepte sa culpabilité, prend ses responsabilités et tente de réparer ses transgressions. Il apprend à être patient, intelligent et diplomate; il en vient à moins compter sur sa force physique divine et inégalée et davantage sur ses qualités de mortel. Pour cette raison, et compte tenu de sa volonté de s'améliorer, Athéna s'intéresse à son évolution. Les histoires d'Héraclès nous apprennent qu'il est bon pour une personne de devenir mature et pleinement développée. Il ne suffit pas d'être doté d'un grand talent; il est nécessaire de cultiver les forces et d'atténuer les faiblesses qu'une personne reçoit dans la vie, car même si quelqu'un naît à moitié dieu, personne n'est parfait.

15.3 Persée

Le plus ancien de nos demi-dieux, d'un point de vue mythologique, est Persée. Avant l'époque du célèbre Héraclès, Persée était considéré comme le plus grand tueur de monstres de l'histoire. Contemporain de Bellérophon, Persée est le seul demi-dieu qui, dans sa vie mortelle, a occupé une position royale; il était le roi de l'ancienne nation de Mycènes et de la dynastie des Perséides, dont Héraclès, qui n'était pas encore né, devait hériter. Bien que de naissance divine, il semble que Persée n'ait pas tant compté sur l'aide de sa famille olympienne que sur sa propre intelligence et sa propre force; il est en effet l'image d'un bon roi, désireux de ne lever les armes que pour défendre les faibles et au nom de la justice.

L'histoire raconte que Persée était le fils de Zeus et de Danaé, la fille du roi d'Argos. Comme c'est souvent le cas, il fut prophétisé que le roi serait renversé par l'impossible force de son fils. Il emprisonna donc Persée et sa mère dans une caisse en bois et les fit flotter dans la mer.

Grâce à une prière de Danaé, ils s'échouent sains et saufs sur la côte de Seriphus, où ils sont accueillis par le roi Polydette.

En grandissant, Persée remarqua que Polydette dirigeait ses attentions et son affection vers sa mère, ce qu'il considérait comme ignoble, car il considérait le roi comme un homme peu vertueux. Polydette, fidèle aux suppositions de Persée, projette de contrecarrer la défense de sa mère par le héros en inventant des raisons de l'éliminer. Il organise un banquet en plein air, demandant à tous les invités d'apporter un cadeau; le roi exige notamment que tous les invités apportent un cheval. N'ayant pas de cheval à offrir, le noble Persée promit d'apporter au roi tout autre cadeau qu'il souhaiterait ; Polydette, croyant cela impossible, demanda à Persée la tête de la Gorgone.

Persée se mit à planifier sa tâche impossible: aucun mortel n'avait jamais approché la Gorgone et survécu, et encore moins pris sa tête. Dans son désarroi, il reçoit la visite de la déesse de la sagesse et de la stratégie, Athéna, qui s'intéresse particulièrement à Persée, homme de parole, et lui offre son aide divine. Athéna savait exactement comment vaincre Méduse, car c'est elle qui l'avait transformée en Gorgone. Elle guida Persée vers les Graeae, les trois « sœurs grises » de Méduse qui, assises en cercle au sommet d'une montagne, partageaient un œil pour voir et une dent pour parler. Selon le mythe, les Graeae connaissaient non seulement l'emplacement de Méduse, mais aussi les outils pour la détruire.

Bien que les trois refusèrent de perdre leur sœur, Persée, grâce à son intelligence naturelle, s'empars du seul œil des trois lorsqu'ils se le passent, le gardant en garantie et promettant de le rendre une fois sa mission accomplie.

Persée finit par trouver le verger secret dont parlaient les Graeae et ramassa un sac à dos pouvant contenir la tête de la Gorgone. Il reçut les sandales et l'épée d'Hermès, le casque d'invisibilité d'Hadès et le bouclier divin d'Athéna. Avec l'aide d'Athéna, il trouva la grotte de la Gorgone et, avec ses instruments divins, lui coupa la tête; selon certaines histoires, le cheval ailé Pégase s'envola du cou de la Gorgone.

Analyse

Ce que nous voyons dans les rencontres de Persée, c'est l'humilité de l'esprit humain. Il est vrai qu'il est doté, comme son descendant Héraclès, d'une force et d'un courage inégalés, mais Persée se distingue par le fait que ses grands travaux sont essentiellement désintéressés et au bénéfice des autres. Il est un excellent juge de caractère et, bien qu'il soit en désaccord avec Polydette sur des questions morales, il comprend sa place à la cour du roi et est reconnaissant de la vie que le roi lui a réservée.

Persée incarne également les nobles traits humains que sont l'honnêteté et la responsabilité. Il jure de rendre la tête de la Gorgone au roi et le fait, malgré les arrière-pensées de Polydette. Bien sûr, il vole l'œil de Graia, mais seulement pour jurer de le rendre une fois sa mission accomplie, ce qu'il fait. Il est l'image même de l'homme droit et admirable; il ne cherche pas la gloire pour immortaliser son propre nom, mais plutôt pour élever ceux qui l'entourent. C'est précisément ces caractéristiques qui lui valent la sympathie des dieux; il est en quelque sorte l'incarnation mythique grecque du « karma », puisqu'il reçoit du monde exactement ce qu'il lui offre.

En conclusion

Nous pouvons constater que les demi-dieux de la Grèce antique, et ces trois-là en particulier, possèdent les traits de caractère que nous considérons encore aujourd'hui comme les plus nobles: ils sont généreux, ambitieux, animés par la détermination et tenaces dans leur poursuite du succès. Cependant, dans leur humanité faillible, ils revendiquent aussi ces parties sombres de la personnalité qui nous habitent tous: ils sont, dans certains cas, naïfs, imprudents et irrationnels; pleins d'orgueil et myopes, ils ont tendance à se jeter tête baissée dans les conflits et à n'évaluer leurs jugements qu'après coup. Ce sont des personnages dont le but explicite est d'amplifier l'humain et le divin; ils sont complètement hyperboliques, mais leur présence suscite en nous une certaine sympathie, car les raisons de leurs luttes ne nous sont pas inconnues, même si les situations et les créatures le sont.

« C'est du grec ! »

Nous avons vu qu'il existe une pléthore de mythes intrigants concernant la création de la terre, les divinités qui veillent sur elle et les élus héroïques qui agissent au nom et pour le bien de l'humanité. Outre ces merveilleuses personnifications, les Grecs de l'Antiquité nous ont offert un bestiaire d'une imagination sans pareille.

Malgré tout le bruit que les Olympiens font sur terre, ce sont les créatures de la mythologie grecque qui inspirent la crainte ou la peur à ceux qui les vénèrent.

Les créatures de la mythologie grecque sont parmi les plus emblématiques et les plus inspirées de tous les systèmes de croyance. Ce qui frappe le lecteur à propos de ces créatures, c'est que, bien qu'elles semblent occuper un monde imaginaire, leur existence est toujours relativement plausible. Elles peuvent être placées dans la vallée étrange de la crédibilité; aujourd'hui, nous savons qu'elles n'existent pas, mais dans l'esprit des anciens Grecs, avec toute l'agitation et les inconnues que le monde matériel cachait à leurs yeux, qui pouvait dire si une créature à plusieurs têtes d'animaux pouvait ou non exister ?

Dans ce chapitre, nous examinerons de plus près certaines des bêtes les plus répandues dans la mythologie grecque: le centaure et ses variantes, Pégase, la Chimère et l'Hydre. Toutes ces créatures occupent une place concrète dans la mythologie grecque; chacune d'entre elles faisait tellement partie de la pensée religieuse grecque qu'elles ont développé leur propre récit aux côtés de leurs homologues divins et semi-humains.

CHAPITRE 16

Centaures et demi-humains

Le centaure, pourrait-on dire, est la plus sophistiquée de toutes les créatures grecques; en effet, il est le plus proche de l'homme et, selon certaines histoires, il fournit même des conseils et de la sagesse à la race bipède. Le centaure est un croisement entre le cheval et l'homme: la partie inférieure de son corps est équine, tandis qu'à partir de la taille, il est nettement humain, ce qui lui confère les pouvoirs de la parole et de la raison.

Tout en possédant les nobles traits humains de la communication, de nombreux mythes grecs les dépeignent comme étant avant tout brutaux et animaliers; dans un sens, ils peuvent être interprétés comme la manifestation opposée du demi-dieu. Certains érudits ont considéré que leur forme divisée représentait la division de l'humanité primitive entre le passé instinctif et purement animal et le présent et l'avenir plus analytiques et cérébraux. D'autres encore, plus orientés vers l'histoire, soutiennent que le centaure est un souvenir erroné: les créatures étaient en un sens « réelles », mais n'étaient que des cavaliers nomades dont on se souvenait mal.

16.1 Chiron

Le plus connu de tous les centaures est Chiron, le mentor d'Achille et le gardien de Prométhée. Fils adoptif d'Apollon, Chiron était tenu en haute estime par ses frères car il était considéré comme le plus sage et le plus mesuré d'entre eux. Alors que ses frères vivaient selon leurs instincts animaux, s'abîmant dans les plaisirs charnels et l'ivresse, Chiron consacrait son temps au développement artistique et intellectuel. Il était réputé pour sa maîtrise et son habileté dans les domaines de la guérison, de la médecine et de la chasse, à tel point que tout le panthéon lui attribue l'invention de la botanique et des remèdes à base de plantes.

Son apparence diffère également de celle de ses frères. Chiron possédait plus d'éléments humains que le centaure moyen; dans les représentations de bêtes mythiques, Chiron se distingue toujours par ses pattes antérieures humaines. En fait, il était un humain à part entière avec un demi cheval attaché à son dos, alors que les autres centaures avaient les quatre sabots. Nous pouvons dire que Chiron possède ces caractéristiques nettement humaines parce que, par ses actions et son comportement, il est plus humain qu'animal, même s'il sert de pont entre l'homme et la nature, comme le montre son enseignement.

16.2 Minotaure

Une créature qui appartient à la même catégorie que le centaure est le Minotaure, le grand taureau du roi Minos. Il possède les qualités physiques inversées du centaure: son corps reste entièrement humain, tandis que sa tête prend la forme d'un taureau. Il a également une queue de taureau. Le

Minotaure serait à l'origine de la création du labyrinthe par le grand inventeur Dédale, dans les couloirs duquel le Minotaure aurait erré comme une prison.

L'histoire du Minotaure commence lorsque le roi Minos, en compétition avec ses frères pour obtenir les faveurs de Poséidon et le contrôle du royaume, décide de sacrifier un taureau au nom du dieu de la mer. Une fois l'animal récupéré, Minos remarque sa beauté et le garde pour lui, sacrifiant ainsi un animal inférieur à Poséidon. En apprenant cela, Poséidon, furieux comme jamais, jura de se venger du roi et fit en sorte que l'épouse de Minos, Pasiphaé, tombe amoureuse du bel animal. Pasiphaé recruta Dédale pour construire une vache creuse en bois afin qu'elle puisse s'accoupler avec le taureau. C'est ainsi que naquit le Minotaure. En signe de protestation contre sa femme, qui aimait l'enfant, Minos ne parvint pas à tuer l'enfant avec la tête de taureau. Il demanda à Dédale de construire le légendaire labyrinthe, où le Minotaure demeura jusqu'à ce que Thésée tue la bête.

16.3 Satyre

Le troisième demi-animal diffère de ses homologues à bien des égards. Le satyre, contrairement à ses cousins centaure et minotaure, est totalement divin. C'est un esprit de la forêt, souvent représenté avec les oreilles et la queue d'un cheval et des jambes courtes, trapues et poilues comme celles d'un âne. Ils sont représentés marchant debout, dansant souvent ou tenant un instrument: typiquement une lyre ou une flûte de Pan. Dans certains cas, on leur attribue les caractéristiques d'une chèvre, telles que des cornes et, à l'occasion, une érection hyperbolique.

Plus proches mythologiquement de la nymphe que du centaure, les satyres sont les esprits de la forêt du monde grec antique; ils sont les symboles de la jeunesse, de la joie, de la nouvelle croissance et de la passion animale maîtrisée. Ils sont connus comme de fervents disciples de Dionysos et sont imaginés dans toutes les pièces et tous les mythes comme possédant un appétit sexuel insatiable, un goût pour le vin et, surtout, le désir de faire des farces et des attrapes aux hommes et aux femmes mortels. Tous ces traits sont distillés jusqu'à leur essence dans la manifestation d'un seul satyre emblématique: Pan.

16.4 Pan

Pan est l'image même du satyre: c'est le dieu des champs, de la caverne, du printemps, de la musique improvisée et de la sexualité. C'est un mentor et un maître, bien que pas avec son côté malicieux. C'est de ses histoires qu'est né le mythe de la flûte de Pan, dont le nom se prête d'ailleurs au mot panique.

En raison de son appétit de satyre, on raconte que Pan tenta un jour de séduire la nymphe Syrinx, une fervente adepte d'Artémis et donc vouée à la chasteté. On raconte que Pan poursuivit la nymphe à travers la forêt et que, ne voulant pas céder mais incapable de continuer à courir, il se transforma en jonc niché dans un marais. Lorsque Pan arriva près du marais et des roseaux, une brise souffla à travers eux, produisant un son qui enchanta les oreilles de Pan. Ne sachant pas en quel roseau Syrinx s'était transformé, il en déchira plusieurs de différentes longueurs, les attacha ensemble et souffla à travers les extrémités de chacun d'eux, créant ainsi la flûte de Pan.

Outre son inspiration musicale, Pan revendique la victoire totale des Olympiens lors de la Titanomachie. Alors que la guerre faisait rage, Pan affirme dans l'un de ses récits qu'il faisait une sieste dans un champ, sous un arbre, comme il le faisait souvent. L'action du combat, ou peut-être un coup de tonnerre égaré, semble avoir perturbé son sommeil si soudainement qu'il se réveilla brusquement et libéra sa voix divine. Pan cria, si fort, dit-on, qu'il effraya les Titans qui tombèrent du mont Olympe dans le Tartare. Comme on le voit, c'est à partir de là que la panique est entrée dans le vocabulaire courant.

16,5 Pégase

Symbole mondialement connu, le cheval ailé Pégase joue un rôle fondamental dans les mythes grecs; on le voit aux côtés d'une multitude de héros antiques, les aidant dans leurs tâches apparemment impossibles. Il est considéré comme un symbole du triomphe de l'homme sur la nature, ainsi que comme une manifestation de la pureté du cœur et de la motivation. On croit qu'il est entièrement blanc et que des ailes plus grandes que le cheval lui-même lui poussent sur les épaules. Lorsque ses puissants sabots frappent le sol pour s'élancer vers le ciel, selon certains mythes, des sources jaillissent de la terre.

On dit que Pégase est l'un des nombreux fils de Poséidon ou, comme nous l'avons illustré plus haut, qu'il est né immaculé du sang du cou de la Gorgone. Un mythe qui réconcilie les deux histoires est que Pégase a émergé du sang de la Gorgone alors qu'il s'écoulait dans la mer, de sorte que, de manière similaire à la naissance d'Aphrodite, le cheval est né sans véritable « père », bien que Poséidon ait contribué à sa création.

Indépendamment de sa naissance et de sa filiation, nous savons avec certitude que la gardienne du cheval ailé était la déesse Athéna; qui mieux que la divinité la plus encline à aider l'humanité pourrait être le plus grand allié de l'humanité? Quelle que soit la personne que Pégase est chargé d'assister un jour donné, nous pouvons être sûrs que les mythes fournissent à notre héros un chemin qui passe par Athéna. Certains récits affirment qu'après la naissance de Pégase, celui-ci se dirigea directement vers le lieu de naissance du tonnerre et de la foudre, aux côtés de Zeus dans les nuages. Là, dans les pâturages de Zeus, la déesse Athéna l'aurait apprivoisé sous les instructions du roi des dieux, devenant ainsi la seule maîtresse du cheval ailé.

Bellérophon, l'un des grands héros pré-héraclitéens, par exemple, a été rejoint par Pégase lorsqu'il a été chargé d'éliminer la Chimère. L'histoire raconte que, incapable d'escalader seul la montagne où vivait la Chimère, il fut invité par le devin Polydeus à passer la nuit dans le temple d'Athéna, ce qu'il fit. La déesse lui apparut en rêve et lui donna une bride en or; à son réveil, Bellérophon constata qu'elle s'était matérialisée. Il rencontra l'insaisissable cheval ailé à une source et finit par l'apprivoiser grâce au don d'Athéna. Pégase aida Bellérophon à détruire la Chimère avec une immense facilité, mais la victoire donna au héros un sentiment exagéré de sa propre valeur et il commença à se considérer comme l'égal des dieux. Pour contrer son arrogance, Zeus frappa Pégase d'un taon alors que Bellérophon le montait et le cheval ailé projeta le héros de son dos, qui s'écrasa sur la terre, se brisant les os.

Pégase a également joué un rôle dans le sauvetage d'Andromede par Persée; il fait partie intégrante du plus célèbre des mythes grecs, qui a été raconté et rejoué sur des pages et des écrans à de nombreuses reprises. Dans cette histoire, le héros retrouve le cheval ailé à l'endroit où Athéna l'a apprivoisé et, voyant que Persée a besoin d'un destrier et croyant que son caractère est à la hauteur de la tâche, offre Pégase au héros.

En plus de son rôle d'assistant des héros, Pégase était l'acolyte indispensable du roi des dieux lui-même. Plusieurs récits nous apprennent que le rôle de Pégase était de porter les foudres et autres armes de Zeus au combat. En outre, il partageait les mêmes responsabilités que les légendaires aigles géants de Zeus en tant que gardien de la paix divine et agent de surveillance des mortels.

16.6 Chimère

Les Grecs de l'Antiquité semblaient associer le sinistre ou l'impie à la difformité, à l'amalgame et au déséquilibre. C'est ce qui ressort de leur imagination de la Chimère, une bête terrifiante à trois têtes qui vivait dans une grotte au sommet d'une énorme montagne. Certains récits prétendent qu'elle est à l'origine du volcan, d'autres qu'elle avait pour mission de garder un trésor d'un autre monde. Quelle que soit sa raison d'être, il s'agit sans aucun doute de l'une des créatures les plus horribles et les plus féroces évoquées par l'imagination grecque.

L'une des raisons pour lesquelles la Chimère inspirait tant de crainte aux Grecs de l'Antiquité était que sa demeure se trouvait sur le plan mortel; Cerbère, le serpent de mer et l'Hydre, bien que tous aussi sinistres, ne pouvaient être rencontrés par les hommes au cours de leurs voyages terrestres. La bête est dotée d'une tête de lion crachant le feu, d'un flanc de chèvre et d'une queue de serpent. Il s'agit d'un ensemble de créatures qui ont un point commun: pour une raison ou une autre, elles doivent être craintes par l'homme.

Contrairement à de nombreuses autres créatures mythologiques, la Chimère était largement acceptée et représentée comme une créature féminine. La Chimère aurait été la mère du Sphinx égyptien et du lion de Némée, l'énorme bête tuée par Héraclès lors de son premier effort. La patrie de Chimère serait la Lycie, dans l'actuelle Turquie, où plusieurs caractéristiques géothermiques ont longtemps été appelées « les feux éternels de Chimère »

Alors que la plupart des mythologies de créatures dépendent de la tradition orale et écrite, les histoires de chimères sont intéressantes parce qu'elles sont principalement racontées à travers l'expression artistique; alors qu'Homère et les sources ultérieures font référence à des descriptions physiques de la chimère, les sources relatives à ses histoires survivent principalement sur des vases, des bijoux et d'autres fragments de céramiques. Cela peut s'expliquer par le fait qu'en tant que créature essentiellement « étrangère », la chimère a été introduite en Grèce, où elle a prospéré et s'est répandue dans toute la culture grecque, bien qu'elle n'ait jamais été entièrement codifiée dans la mythologie. Les mythes tendent à soutenir cette thèse, dans la mesure où la Chimère est un ennemi étranger, inconnu et apparemment insurmontable, mais tout à fait mortel, qui est vaincu par le « natif » Bellérophon avec l'aide du panthéon résolument grec.

16.7 Hydre

Le reptile géant à plusieurs têtes connu sous le nom d'Hydre de Lerne a été la victime du deuxième effort d'Héraclès, et pour cause. Ce monstre ressemblant à un serpent terrorisait les habitants de la Grèce antique. On lui attribuait non seulement l'intelligence, mais aussi, selon certains récits, la capacité de régénérer des parties entières de son corps.

Cette créature était considérée comme la plus venimeuse et la plus mortelle de toutes les bêtes mythiques; dans certaines histoires, même son odeur était mortelle. Elle avait un sang porteur de maladies et une haleine toxique, et était équipée de centaines de dents pointues et empoisonnées. Bien que le nombre de ses têtes varie d'une source à l'autre, certaines les citant comme trois, d'autres comme cinquante, il est admis que la créature était d'une taille gargantuesque et qu'elle repoussait deux têtes pour chaque tête qu'elle perdait.

La patrie mythologique de l'Hydre était le lac de Lerne, dans la partie orientale de la péninsule du Péloponnèse. Le lac est un site mythique important car il était considéré comme l'une des nombreuses entrées du monde souterrain et, à ce titre, comme l'une des portes du royaume d'Hadès. Selon le mythe, l'Hydre à plusieurs têtes est la seule créature du domaine d'Hadès qui vit principalement en dehors du monde souterrain.

Comme on le sait, l'Hydre a connu sa fin lorsque Héraclès l'a vaincue dans le cadre de l'un de ses douze travaux. Comme l'odeur de la créature aurait pu le tuer à elle seule, il se couvrit la bouche et le visage d'une peau de mouton afin de ne pas respirer les gaz nocifs émis par la créature. Puis, après s'être approché furtivement de l'Hydre, Héraclès lui coupa la tête et considéra que le travail était fait. L'Hydre, en revanche, n'était pas complètement vaincue et il lui poussa deux fois plus de têtes qu'Héraclès n'en avait enlevées. Voyant sa situation difficile et se sentant rapidement dépassé, Héraclès demanda de l'aide à son neveu Iolaus. Avec l'aide de son neveu, Héraclès brandit une épée de feu et cautérisa toutes les blessures qu'il infligea aux différents cous de l'Hydre, empêchant ainsi sa croissance potentielle. Après avoir tué la créature, Héraclès plongea ses flèches dans la bile de l'Hydre, les empoisonnant. Les blessures qui en résultaient ne pouvaient pas cicatriser.

En conclusion

Le bestiaire de la mythologie grecque antique regorge de créatures véritablement inspirées. Même celles qui sont passées sous silence dans ce bref exposé exercent une fascination qui enflamme l'imagination et suscite d'éternelles questions sur la Méditerranée antique. À proprement parler, ces créatures n'ont pas pu exister au sens littéral du terme; qu'étaient-elles donc ? S'agissait-il d'êtres humains dont on se souvenait mal ? Ou bien, comme le légendaire poisson qui ne cesse de grossir, s'agissait-il d'une rencontre avec une créature littérale qui, au fil du temps, a pris des proportions mythiques ? Quoi qu'il en soit, le bestiaire dans sa forme la plus exquise offre à l'homme moderne un aperçu intrigant et convoité des peurs et des dangers les plus banals perçus par le Grec moyen de l'Antiquité.

CHAPITRE 17

L'influence du Drame Grec

Un facteur important influençant la quantité d'informations qui nous sont parvenues sur la mythologie grecque est la tradition du discours public, de l'art oratoire et de la représentation théâtrale dans la Grèce classique. Cette tradition s'est développée autour du dieu Dionysos et des nombreuses fêtes qui l'honoraient. Dionysos était le seul dieu à avoir une mère mortelle et on disait qu'il était « né deux fois » L'œil lascif de Zeus tomba sur une princesse thébaine nommée Sémélé et il prit l'habitude de lui rendre visite incognito en tant que « présence divine » plutôt qu'en tant qu'homme. Lorsqu'elle comprit qu'elle était enceinte de lui, elle fit promettre à Zeus de lui accorder un vœu, ce qu'il fit.

Elle demanda à le voir sous sa forme immortelle et mourut dans un grand éclat de gloire flamboyante alors qu'il se révélait dans toute sa puissance et sa majesté. Zeus récupéra le fœtus et le cousit dans sa cuisse pour le mener à terme. Héra, l'épouse de Zeus, dans un accès de jalousie, envoya des Titans pour déchirer l'enfant. Mais la déesse Rhéa le ramena à la vie et le présenta à Zeus. Zeus fut particulièrement enchanté par cet enfant et l'envoya se faire élever en toute sécurité par les nymphes du mont Nisa. Dios signifie « de Zeus » et fut donc appelé Dionysos.

On attribue à Dionysos l'invention de l'art de la viticulture. Il était le dieu de la fertilité, du vin, de la folie rituelle, du plaisir, des fêtes et du théâtre. Ses animaux sacrés étaient le léopard, le lynx, le tigre et, en particulier, la chèvre, un animal très puissant sur le plan sexuel; les satyres, en particulier, étaient mi-hommes, mi-chèvres.

Il voyageait beaucoup et était généralement considéré comme le « mauvais garçon » de l'Olympe. Il fut un jour enlevé par des pirates qui ne connaissaient pas ses pouvoirs. Il transforma le mât du navire en une immense vigne et les voiles se remplirent de vin. Il se transforma en lion et, avec l'aide d'un ours, « élimina le capitaine pirate » Terrorisés, les autres membres de l'équipage sautèrent par-dessus bord et se transformèrent en dauphins. Il épargna le timonier, qui avait été le seul à voter contre la « pressurisation » de Dionysos, et ils naviguèrent jusqu'à Naxos.

Diverses fêtes étaient organisées en son honneur, impliquant généralement beaucoup de nourriture, de boisson et de danse dans d'immenses fêtes de rue. Les fidèles vêtus de peaux de chèvre se faisaient passer pour des satyres et se comportaient comme tels. Des parades d'adorateurs portant des objets phalliques défilaient dans les rues des cités-États grecques; les plus dévots s'enivraient littéralement et se livraient à des orgies sexuelles et à d'autres formes de débauche. L'événement le plus important, et de loin, se déroulait à Athènes, du 9 au 13 mars de chaque année. Il s'agit des Dionysiaques, qui prennent la forme d'un grand concours littéraire destiné aux écrivains, et plus particulièrement aux dramaturges. Les plus grands écrivains de l'époque y participaient.

Eschyle a vécu de 525 à 456 avant notre ère et a écrit des tragédies qui ont remporté de nombreux prix aux Dionysiaques. Sept textes nous sont parvenus: Agamemnon; Les Coéphares; Euménides; Les Perses; Prométhée enchaîné; Les Sept contre Thèbes et Les Supplices. Il était également acteur et on a tenté de l'assassiner sur scène en raison des rituels d'initiation qu'il avait révélés: les Mystères d'Éleusis, utilisés dans le culte de Déméter et de Perséphone. La pièce « Agamemnon » a remporté le premier prix en 458 avant J.-C. et raconte l'histoire de son retour auprès de sa femme Clytemnestre après les guerres de Troie.

Clytemnestre le tue, ainsi que Cassandre, l'amante qu'elle porte, de ses propres mains pour se venger du sacrifice d'Iphigénie.

Sophocle (496-409 av. J.-C.) était également acteur, et on se souvient de lui comme du tragédien qui a augmenté le nombre d'acteurs utilisés dans une pièce et qui a été capable d'amener les thèmes au-delà d'un dialogue sur la religion et la moralité dans un spectacle dramatique interactif. Il a écrit plus de 100 pièces, dont sept textes complets subsistent: Antigone, Électre, Œdipe à Colone, Œdipe roi, Philoctète et La Trachiniae. Il a 28 ans lorsqu'il remporte la première place dans les pièces dionysiaques, devant Eschyle. La pièce « Électre », écrite très tard dans sa vie, est l'une des tragédies les plus émouvantes qu'il ait écrites. Électre était la fille d'Agamemnon et la sœur d'Iphigénie. Elle avait envoyé son frère bien-aimé se cacher immédiatement après le départ d'Agamemnon pour la guerre de Troie, car elle soupçonnait qu'il pouvait être en danger à cause de l'amant de sa mère, Aegisthus. La pièce « Electra » traite de la vengeance qu'elle exerce sur sa mère et Aegisthus lorsqu'ils tuent Agamemnon à son retour de Troie. L'extrait au début du livre se produit lorsqu'elle apprend que son frère a été tué, qu'elle reçoit ses cendres et qu'elle se rend compte qu'elle seule peut se venger.

Né en 480 avant J.-C., Euripide était aussi un poète et un dramaturge prolifique. Il a écrit environ 90 pièces, dont 17 nous sont parvenues. Il a participé pour la première fois aux Dionysiaques citoyennes en 455 avant J.-C. et a remporté un premier prix en 441 avant J.-C., le premier d'une série de quatre. Il a également basé une grande partie de son travail sur les mythes populaires de l'époque, mais il était plus critique que d'autres sur le contenu et était connu pour avoir développé des protagonistes féminins complexes tels que Médée, Hécube et Andromaque. Il a également écrit une pièce de théâtre sur l'histoire d'Électre. Ses textes les plus marquants sont Médée, Hippolyte, Alceste et Les Bacchantes. Il est mort en Macédoine en 406 avant J.-C. Les Bacchantes racontent l'histoire de Dionysos qui revient à Thèbes, sa ville natale, pour venger sa mère Sémélé et demander à être reconnu comme l'un des dieux. Il s'agit essentiellement d'une pièce sérieuse qui oppose la raison à l'irrationalité. La pièce a remporté un cinquième premier prix aux Dionysiaques de la ville pour Euripide à titre posthume.

L'une des exigences des Dionysiaques était que chaque écrivain participant devait présenter au moins une œuvre satirique ou une comédie substantielle.

Aristophane (c456-c380 av. J.-C.) est le plus célèbre auteur de comédies. Il a écrit 30 comédies, mais seuls onze textes ont survécu. On se souvient surtout des « Oiseaux », dans lesquels il fait la satire de la démocratie, des « Nuées », une critique sévère de Sophocle, et de « Lysistrata », dans laquelle il se moque de la guerre. Cette dernière est encore souvent jouée aujourd'hui et a toujours du sens: pour tenter de mettre fin aux guerres du Péloponnèse, Lysistrata convainc toutes les femmes de ne pas avoir de relations sexuelles avec leurs hommes jusqu'à ce qu'un traité de paix soit négocié. Les femmes prennent également possession du trésor de l'Acropole pour contrôler les finances qui facilitent la guerre.

CONCLUSION

Bien que le panthéisme grec et ses adorateurs aient pratiquement disparu de la terre, nous avons la chance d'avoir reçu pendant des siècles ces artefacts culturels qui nous relient intimement à notre passé et nous connectent à l'avenir. C'est l'imagination et le désir de comprendre et d'interpréter le monde que le panthéon grec antique nous a transmis, à nous les hommes d'aujourd'hui.

Dans ce livre, nous avons entrepris une simple évaluation des caractéristiques les plus importantes de la mythologie grecque; nous espérons avoir réussi, dans une certaine mesure, à donner vie à ces histoires et à souligner leur importance. Nous avons vu la création du monde, la fabrication des êtres humains, des créatures et la fin de la vie elle-même condensées dans un espace restreint, mais cela ne doit en aucun cas trahir ou sous-estimer les complexités et les nuances du panthéon grec ou le mode de vie des anciens Grecs. En effet, n'importe quel élément des thèmes et des histoires abordés dans cet ouvrage mériterait d'innombrables livres et études; c'est en partie cette complexité inépuisable de la culture grecque antique qui lui a permis de survivre au fil du temps en dépit de l'évolution des tendances spirituelles.

Avec une main de marbre émiettée et tendue, il tend encore la main à la spéculation, tient l'histoire de l'humanité à portée de main et pointe vers l'art.

À travers les époques tumultueuses de l'histoire humaine, l'humanité semble avoir toujours regardé en arrière vers ces sujets et ces histoires classiques et immortels. L'humanité semble regarder en arrière, non pas tant par nostalgie de la culture polythéiste, mais pour être guidée vers l'avant à travers tout obstacle apparemment insurmontable. Les récits de la Grèce antique nous donnent de l'espoir, de l'inspiration et la certitude que l'humanité est une espèce noble. D'une certaine manière, les mythes du panthéon grec jouent le rôle d'Athéna pour notre Ulysse: nous sommes convaincus d'avoir les connaissances et l'expérience nécessaires pour surmonter les difficultés, mais nous ne refuserons certainement pas un peu d'aide extérieure.

Notre brève étude nous a permis de découvrir des thèmes aussi omniprésents que les dieux de l'Olympe eux-mêmes: la jeunesse doit être appréciée pour son énergie et sa beauté autant que l'âge pour sa sagesse et son expérience; l'orgueil, de toutes les folies, est le plus souvent récompensé par le chagrin; et, bien que le monde puisse être un endroit hostile, démuni et inhospitalier, la famille et la communauté peuvent grandement alléger ce fardeau.

Nous avons appris à connaître les symboles physiques des dieux de la Grèce antique: leurs arbres, leurs animaux, leurs armes et leurs vêtements, et comment et où leurs images ont été encodées dans toute la Grèce de sorte qu'elles sont encore immédiatement reconnaissables aujourd'hui. Nous pouvons identifier Hermès, Hadès et Hestia au premier coup d'œil et expliquer, dans une certaine mesure, pourquoi ils sont représentés de cette manière.

Nous avons jeté un pont entre le monde des devins et celui de leurs suppliants, montrant que, malgré la crainte et le respect que les anciens Grecs plaçaient dans leurs divinités, ils avaient la plus grande foi dans le pouvoir de l'homme de forger son propre destin et d'assumer ses responsabilités morales. Nous voyons que, si les dieux de l'Olympe ne sont en rien responsables de leurs colères et de leurs destructions, les sources de ces outrages sont sans aucun doute les émotions humaines.

Bien que le panthéon grec ait la réputation d'être fantastique, d'appartenir à un autre monde et d'être vraiment impossible, en y regardant de plus près, on se rend compte que si les conclusions sur le monde et ses mécanismes ont tendance à être tirées par les cheveux, les raisons et la logique qui les sous-tendent sont, selon les critères de l'Antiquité, tout à fait valables. Les créatures n'étaient pas simplement tirées de l'imagination par peur, mais dans l'intention de fournir une explication mesurée à un phénomène ou à un événement. Les catastrophes naturelles et même des lieux précis sont généralement expliqués comme le résultat d'une action particulière d'un dieu ou d'une déesse ou comme une conséquence de celle-ci, et non pas parce que leur omniscience a « voulu » que cela se produise.

Au-delà de toute ferveur religieuse ou idéologique, de la vérité ou de la fausseté, les anciennes mythologies grecques ont transmis à travers les siècles l'intemporalité de la narration et du récit. Bien que nous ne cherchions plus à expliquer le monde par les machinations intérieures de surveillants nus, furieux et invisibles, nous sommes toujours attirés par ces thèmes, symboles et noms anciens qui résonnent dans notre imagination. Nous transportons les formes et les structures de ces récits anciens dans notre récit moderne; les mythes eux-mêmes ont été remodelés et retravaillés pour s'adapter à nos sensibilités contemporaines. Si les sciences d'aujourd'hui sont habituées à expliquer le monde dans les termes les plus rigoureux et les plus précis sur le plan technique, elles n'en reconnaissent pas moins l'importance du mythos grec à travers sa nomenclature.

Ce sont les mythes grecs, leurs personnages et leurs lieux qui nous permettent de nous voir plus profondément en tant qu'espèce et donc de comprendre le monde de manière plus holistique. En ce sens, la mythologie des Grecs de l'Antiquité est bien vivante; elle remplit toujours sa fonction première, qui est d'élaborer et d'élargir le monde qui nous entoure, nous dépasse et nous suit, même si c'est d'une manière beaucoup moins dogmatique. Nous constatons que, malgré la fluctuation presque constante des opinions, des coutumes, des nations et des langues à travers le temps et l'espace, il y a une chose dont nous ne sommes jamais éloignés: la conviction que c'est avant tout le pouvoir de l'imagination humaine qui façonne le monde.

ARBRE GÉNÉALOGIQUE

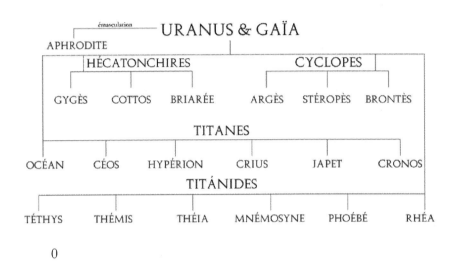

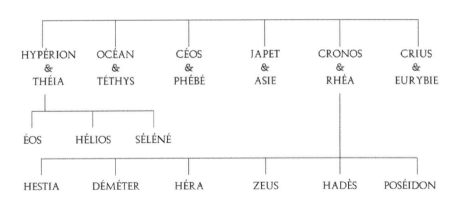

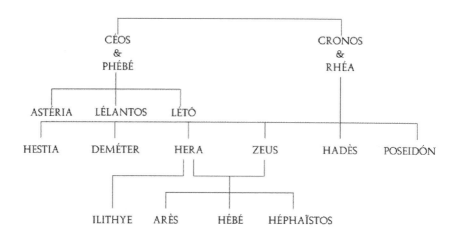

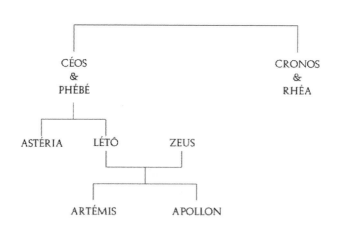

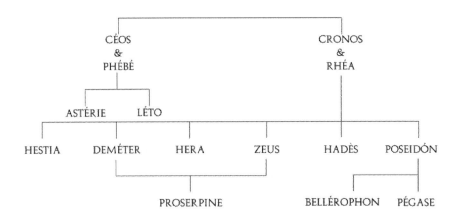
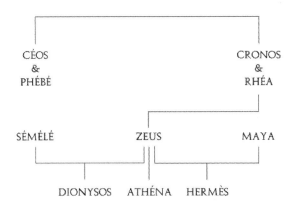
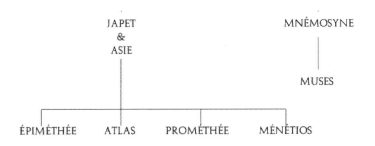

Mythologie égyptienne

Introduction

On peut affirmer sans l'ombre d'un doute que la période des anciens Égyptiens est l'une des plus fascinantes de l'histoire de l'humanité, et ce à de nombreux égards: l'architecture gigantesque et spectaculaire, les œuvres d'art merveilleuses et significatives, mais aussi l'organisation particulière de la société font de l'Egypte antique un contexte de grand intérêt pour beaucoup - et pas seulement pour les passionnés du passé -, même aujourd'hui.

Pour se rendre compte de l'attrait de cette période historique fascinante, il suffit de penser au nombre d'histoires, qu'elles soient fictives ou qu'elles retracent des événements historiques réels, qui se déroulent dans l'Égypte antique: le succès que ces produits littéraires et cinématographiques ont atteint et consolidé au cours de l'ère moderne est une preuve incontestable que le public est toujours incroyablement intrigué et stimulé par l'atmosphère de l'Égypte de l'époque des pyramides. Un autre exemple clair est l'augmentation constante du nombre de touristes en Égypte: plus de dix pour cent des revenus du pays proviennent de ce secteur, et les principales attractions - qui remontent à l'époque des anciens Égyptiens - sont parmi les plus connues au monde. En outre, il est très significatif qu'il existe une branche entière de la discipline historique consacrée exclusivement à l'étude des Égyptiens - l'égyptologie - qui est étudiée et enseignée à un niveau académique dans les universités les plus prestigieuses du monde.

Ce volume propose un voyage à travers les mythes et les croyances de la fascinante civilisation de l'Egypte antique, au cœur de la culture de ce peuple envoûtant. En partant d'un point de vue historique, nous décrirons les origines de la mythologie, le contexte qui a permis le développement de certaines théories et les premières pratiques rudimentaires. Ensuite, nous procéderons à l'analyse des théories des anciens Égyptiens sur la genèse du monde, puis nous aborderons l'aspect religieux en considérant les différents aspects des cultes et rituels particuliers. Nous arriverons ensuite au cœur du livre, dans lequel nous décrirons et interpréterons les mythes et légendes nés dans l'Égypte ancienne; en conclusion, nous découvrirons comment la mythologie et la culture égyptienne en général ont encore un fort impact sur celle d'aujourd'hui.

Comme vous le constaterez en lisant ce livre, les styles adoptés seront différents selon le sujet traité. Afin de dynamiser le traitement tout en rendant justice à ce magnifique peuple, les parties historico-culturelles adopteront une approche plus aseptisée et presque académique, notamment parce qu'il ne s'agit pas d'une fiction mais d'une historiographie et d'une véritable égyptologie. En revanche, la partie centrale du récit - celle consacrée aux mythes et légendes de l'Egypte antique - aura une orientation totalement différente, très légère et fluide, précisément parce qu'elle est destinée à vous divertir et à vous plonger dans un univers totalement nouveau. Enfin, une voie médiane, presque un mélange des deux modes de narration, sera adoptée pour les connexions entre les mondes anciens et modernes, ainsi que pour les conclusions qui tireront les ficelles de tout ce voyage étonnant. Alors, qu'attendez-vous ? Plongez dans la découverte et la passion des anciens Égyptiens, le peuple par excellence du mythe, du conte et de l'émerveillement!

CHAPITRE 1

La naissance de la mythologie égyptienne

Pour comprendre les origines de la mythologie égyptienne, il est nécessaire de considérer le contexte historique dans lequel ce système de croyances complexe s'est développé. Les sources qui ont permis aux chercheurs de reconstituer l'histoire de l'Egypte antique sont très nombreuses ; en fait, l'Égypte est la deuxième civilisation - après la romaine - dont nous avons le plus de représentations et de témoignages historiques. Le premier type de vestiges du peuple égyptien est aussi le plus célèbre, à savoir les sources matérielles, qui comprennent les pyramides grandioses, les peintures élaborées et particulières, et les sarcophages somptueux. Mais ces célèbres artefacts ne sont pas les seules traces, en effet, les sources écrites sont également très substantielles; parmi elles, on peut citer les inscriptions sur les bâtiments, les ouvrages narrant les exploits des pharaons, les textes décrivant les rites funéraires et les célébrations religieuses. En revanche, les ouvrages de nature littéraire ou textes d'essai remontant à l'Egypte antique sont beaucoup plus rares, bien que quelques volumes aient survécu jusqu'à nos jours. Enfin, les sources écrites comprennent également quelques documents de conduite destinés à ceux qui étaient appelés à juger dans des situations de litige, donc des textes que l'on pourrait qualifier d'un peu juridiques. Toutes ces sources, ainsi que le travail perpétuel des historiens et des archéologues, constituent ce qu'il reste aujourd'hui de la civilisation égyptienne; mais entamons maintenant la revue historico-culturelle des temps forts de l'histoire de ce peuple, afin de comprendre comment est né son immense corpus de mythes et de croyances.

Il existe des preuves historiques de la présence humaine sur les rives du Nil depuis 3500 av. J.-C., année qui est en fait considérée comme le début de ce que l'historiographie appelle la macro-période de l'Égypte antique, la première des cinq grandes époques qui divisent l'histoire de l'Égypte. Après la période de l'Égypte antique, qui, comme nous le verrons bientôt, est la plus complexe et la plus intéressante, viennent les phases helléno-romaine, arabe, ottomane et, enfin, moderne et contemporaine. Chacune de ces périodes est à son tour divisée en de nombreuses sous-phases, qui dépendent principalement des changements dans la régence du pouvoir: cependant, ces divisions sont de nature plutôt technique et ne seront donc pas décrites spécifiquement au cours de cet ouvrage, sauf en ce qui concerne la période de l'Égypte antique. Néanmoins, il est important de garder à l'esprit les cinq périodes principales mentionnées ci-dessus: bien que la majeure partie de la mythologie égyptienne trouve son origine dans l'Égypte antique, de nombreuses légendes ont subi des variations et acquis des significations différentes au fil des âges, en s'adaptant souvent à des contextes différents. Certains mythes sont encore considérés comme pertinents aujourd'hui et - comme nous le découvrirons plus loin - plusieurs rituels datant de la période antique sont encore pratiqués à notre époque.

Commençons donc par retracer l'histoire des populations de la phase antique, en découvrant les caractéristiques culturelles et les croyances des premiers arrivants en Égypte. Tout d'abord, il convient de rappeler la raison pour laquelle certaines populations ont choisi l'Égypte pour s'installer: comme beaucoup s'en souviennent dans leurs études d'histoire à l'école primaire, les avantages de s'installer dans des zones proches du luxuriant fleuve Nil étaient nombreux, et en particulier la fertilité du sol, garantie par les débordements périodiques. La régularité des écoulements du fleuve permettait au limon, une boue dense aux propriétés fertilisantes extraordinaires, d'agir à long terme et de rendre la terre luxuriante. En effet, contrairement à ce que l'on pourrait penser, l'Egypte était une terre très riche en espèces animales et botaniques, où le climat était beaucoup moins sec que dans d'autres régions voisines de l'Afrique, en bordure du désert du Sahara. Les premières populations qui se sont installées le long du fleuve étaient plutôt hétérogènes, pas toujours sédentaires et parfois en désaccord les unes avec les autres: à cette époque, l'organisation sociale existait à peine et n'était en tout cas pas unitaire. À ce stade très précoce, la principale caractéristique de l'Égypte est précisément l'absence d'une civilisation unitaire et aussi d'un pouvoir auquel tous les groupes se référaient.

Si, au départ, chaque tribu était dirigée par son propre chef, au fil des ans, les groupes qui s'étaient installés sur les rives du Nil depuis longtemps ont commencé à se mélanger et, par conséquent, à s'unir en termes d'organisation sociale, civile et même gouvernementale. Comme on peut l'imaginer, ce processus a été très long (il a duré environ deux millénaires) et n'a pas toujours été sans conflit; néanmoins, la recherche de nourriture a commencé à prendre une forme et des modalités stables, par exemple les premières expériences d'élevage ont eu lieu. Dans le même temps, les premières formes de croyances populaires ont commencé à se développer et se sont consolidées en coutumes, traditions et même expressions artistiques à partir desquelles les objets quotidiens ont souvent pris vie (les vases, par exemple, étaient très répandus). Comme nous l'avons déjà mentionné, bien qu'un processus d'unification des cultures des différents clans tribaux ait déjà commencé, les divisions ont persisté pendant assez longtemps, et nous en avons la preuve: les populations ont produit différents types d'art rudimentaire et d'objets de la vie quotidienne, en utilisant chacune des méthodes différentes. Grâce à cela, les historiens ont pu classer les différentes cultures en plusieurs sous-groupes, qui ont coexisté ou vécu l'un après l'autre. Trois groupes culturels principaux ont peuplé l'Égypte avant l'avènement de l'agriculture: les cultures tasienne, mérimde et maadi.

Concentrons-nous brièvement sur les modes de vie et les croyances caractéristiques de ces trois groupes culturels précoces. Tout d'abord, à l'époque thasienne, les populations commencent à se sédentariser, c'est pourquoi la plupart des objets retrouvés sont des artefacts sans fonction artistique ou religieuse, produits uniquement pour leur utilité pratique (ex : coutellerie rudimentaire). En ce qui concerne les croyances sur la vie après la mort, les historiens affirment qu'une sorte de conscience de l'au-delà était déjà présente à cette époque, bien qu'il n'y ait pas assez de trouvailles pour la définir avec certitude. Ce qui est certain, c'est que les défunts recevaient une sépulture et étaient accompagnés dans leur passage par un rituel: les morts étaient couverts et déposés dans des fosses profondes en position accroupie, les trous étaient ensuite recouverts et un monticule de terre était placé dessus; la position des tombes variait en fonction de l'identité du défunt et il n'y avait pas de pratique établie, à tel point que les morts étaient souvent enterrés sous des habitations rudimentaires (semblables à des huttes). L'élément le plus intéressant des rites funéraires tasiens est cependant le fait que, déjà à l'époque, le défunt était enterré avec des objets, peu nombreux mais significatifs: les objets contenus dans les tombes étaient généralement destinés à aider le défunt dans son voyage vers l'au-delà, ou à lui être utiles pendant son séjour éternel.

Passons maintenant à la culture de Merimde: le processus d'évolution se poursuit et, à cette époque, les populations sont en mesure d'élever des animaux de taille moyenne, ainsi que des poissons (même des espèces animales dangereuses, telles que les crocodiles) provenant du Nil. En ce qui concerne les rites funéraires et les croyances sur la vie après la mort, la culture de Mermis est particulière et, à certains égards, différente des autres cultures de la macro-époque prédynastique; une particularité qui ressort est sans aucun doute l'absence d'objets à l'intérieur des tombes. Alors que la position - comme dans la culture tasienne - était fœtale et sur le côté, et que les tombes avaient presque la même forme, le fait qu'aucun cadeau funéraire n'ait été placé dans les tombes est certainement révélateur d'un changement dans le système de croyances de cette culture. Malheureusement, les découvertes de cette période sont pour le moins rares et pas toujours bien conservées. En raison de ce manque de sources, on ne sait toujours pas aujourd'hui ce qui a motivé la décision d'éliminer les objets qui auraient dû accompagner le défunt lors de son passage dans l'au-delà. Quoi qu'il en soit, cette pratique ne s'est pas imposée et, dans les cultures ultérieures - comme nous le découvrirons bientôt - elle a été abandonnée au profit de l'enrichissement du mobilier funéraire. D'autres informations importantes sur la culture de Merimde concernent la subdivision sociale: les sépultures ne présentent pas de distinctions de forme ou de contenu ; il semble donc possible d'affirmer que les distinctions sociales - si elles existaient - n'étaient pas si nettes qu'elles nécessitaient des sépultures différentes. Bien que certaines théories récentes suggèrent que la période de la culture de Merimde pourrait avoir été celle où les classes sociales ont commencé à être institutionnalisées (en particulier la distinction entre les dirigeants et tous les autres), les modèles de sépulture ne soutiennent pas cette thèse.

Après la période de Merimde, la culture de Maadi se situe dans le temps. Avec la stabilisation naturelle des populations sur les rives du Nil, le commerce « international » a également commencé, c'est-à-dire avec les peuples d'Asie, en particulier ceux de Mésopotamie: les historiens et les archéologues ont tiré ces conclusions de l'étude des matériaux utilisés pour la production d'ustensiles (en particulier le cuivre) et de vases. Non seulement les matériaux, mais aussi les formes et les méthodes sont similaires à ceux que l'on trouve chez les peuples mésopotamiens, ce qui indique un échange - qui est inévitablement devenu culturel - entre les deux civilisations. Analysons également les rites funéraires de cette culture: l'enterrement dans des fosses ovales persiste (on a également trouvé quelques fosses rectangulaires, mais elles sont rares), le défunt étant placé en position fœtale et sur le côté. Un détail spécifique de cette période est la position des mains du défunt, posées sur le visage. Les objets faisant partie du mobilier funéraire réapparaissent dans la culture de Maadi. Par rapport à ceux de la culture tasienne, il s'agit d'objets artisanaux beaucoup plus raffinés, tels que des vases décorés et des objets de soins personnels, au lieu d'ustensiles rudimentaires de la vie quotidienne.

Nous passons maintenant à la découverte d'une culture un peu plus structurée que les précédentes, la culture Badari. Elle est caractéristique des populations égyptiennes les plus évoluées, dédiées à l'agriculture, une pratique qui s'est alors imposée comme source principale de subsistance et qui a atteint des niveaux de raffinement remarquables. Des traces historiques et archéologiques de la culture Badari ont été retrouvées non seulement le long des rives du Nil, mais aussi dans les régions les plus méridionales de l'Égypte, ce qui suggère que cette culture était plutôt enracinée et solide, sans quoi elle n'aurait probablement pas trouvé le moyen de s'étendre géographiquement.

Les manifestations artistiques - notamment la fabrication de la poterie - avaient beaucoup évolué, avec des récipients légers et très fins; les objets d'usage quotidien étaient également plus recherchés et il est clair, d'après les découvertes, que les ustensiles n'étaient plus fabriqués exclusivement pour répondre à des besoins pratiques de base, mais servaient également à des coutumes secondaires, telles que le soin des cheveux. En ce qui concerne les rites funéraires, les découvertes de sépultures Badari ont été nombreuses au cours de l'histoire: comme dans les cultures antérieures, la forme de la fosse funéraire était ovale et les morts étaient toujours couchés sur le côté, recroquevillés et enveloppés dans des linges ou des canisses. Mais ce qui distingue les sépultures de l'époque Badari de celles des autres époques, c'est précisément la richesse du mobilier funéraire: avec le cadavre, on enterre des céramiques méticuleusement décorées, des bijoux, des ustensiles de soin, ainsi que des palettes et des statuettes d'êtres vivants, en particulier des figures de femmes sans vêtements. Un autre élément d'une importance fondamentale est que, pour la première fois, une distinction sociale entre les tombes a été trouvée dans la culture Badar: plus le rang social du défunt était élevé, plus les objets funéraires étaient riches et plus la sépulture était élaborée.

La période de la culture Badari représente donc une sorte de tournant, ce moment où les croyances sur l'au-delà ont commencé à avoir de l'importance au niveau sociétal, et donc à être reconnues par tous les membres de la population, même ceux qui détiennent le pouvoir. Avant d'aborder les étapes historiques qui ont conduit à la naissance du corpus de croyances typique de l'Egypte antique, attardons-nous sur le concept de rite funéraire qui, comme nous l'avons vu, s'est imposé définitivement comme le *mode opératoire* pour accompagner le défunt dans l'au-delà. Tout d'abord, afin de permettre une transition en douceur vers le monde des morts et une vie éternelle sereine, il était essentiel pour les anciens Égyptiens que le corps du défunt soit préservé, c'est-à-dire qu'il reste aussi semblable que possible à ce qu'il était de son vivant. La pratique de la momification, dont nous parlerons plus en détail ci-dessous, a été mise en œuvre précisément dans ce but; mais comme nous l'avons vu, l'idée de conserver intact le corps indemne est née à l'époque pré-dynastique, dès la période de la culture tasienne. De l'enveloppement du corps dans des nattes et des tissus, les techniques d'embaumement se sont affinées au fil des siècles jusqu'à la momification. Il est important de rappeler que la grande majorité des pratiques religieuses et mortuaires les plus célèbres et les plus fascinantes de l'Égypte antique ont vu le jour dès l'époque des premières populations rurales qui ont habité les rives du Nil.

Les dernières périodes culturelles de l'Égypte prédynastique sont appelées Naqada I, II et III. Au cours de ces périodes, qui couvrent au total environ un millénaire, les rites funéraires qui s'étaient développés dans le passé ont été consolidés et ont pris leur forme définitive. Bien qu'il ne soit pas encore question de momification, toutes les tombes présentent un mobilier funéraire plus ou moins homogène d'une région à l'autre, composé de statuettes, de nourriture, de vases et de cadeaux en abondance. C'est précisément entre les trois périodes de Naqada que l'Égypte a connu ces évolutions sociopolitiques fondamentales qui ont conduit à l'émergence d'un État unitaire, avec une régence uniformément reconnue dans la figure du pharaon, une stratification sociale bien définie et plutôt rigide, et une division du travail propre à une société qui avait entre-temps évolué. Alors qu'au cours de la période Naqada I, la situation était encore assez statique, Naqada II a vu la fondation des villes les plus grandes et les plus anciennes, qui ont attiré autour d'elles des masses de populations diverses et variées, ce qui a inévitablement entraîné divers changements et évolutions artistiques, en particulier dans le domaine de la céramique et des ustensiles d'usage courant. À Naqada III, la centralisation de l'État est presque achevée, et plusieurs centres de nécropoles datent également de cette période; l'art est désormais fin et complexe, et des techniques réfléchies et originales sont utilisées, nécessitant une grande habileté manuelle.

Après le premier monarque égyptien, Ménès, pas moins de vingt-sept dynasties différentes se sont succédées dans l'histoire de l'Égypte antique, couvrant une période totale de deux mille ans, jusqu'à la mort de la reine Cléopâtre et la fin de la période dynastique. La période dynastique est généralement divisée en deux périodes: dix dynasties se succèdent durant l'Ancien Empire, tandis que sept autres règnent durant le Nouvel Empire. Nous éviterons ici d'entrer plus avant dans l'histoire de l'Égypte antique: les notions fournies jusqu'ici suffiront amplement pour comprendre la mythologie égyptienne et l'ensemble des croyances et rituels égyptiens.

CHAPITRE 2

Les origines du monde selon les anciens egyptiens

Après avoir sondé les origines historiques du système complexe de croyances égyptiennes, nous découvrons quelques-uns des mythes les plus anciens, ceux qui concernent la création du monde.

2.1 Le mythe héliopolitain

Pour commencer, analysons ensemble le plus commun de tous les mythes cosmogoniques remontant à l'Égypte ancienne, à savoir le mythe dit « héliopolitain » - ainsi appelé parce qu'il a été formulé dans la ville d'Héliopolis. Selon cette version, rien ne pouvait être discerné à l'origine du monde. Tout a commencé par un grand bloc d'eau homogène: Nu, sombre et trouble, et c'est à l'intérieur de cette entité que tous les autres éléments ont pu se développer. Comme s'il s'agissait d'un récipient, ce corps aqueux avait généré et retenu le soleil, les corps célestes, les cieux et l'Au-delà dans sa totalité. Bien que Nu soit conceptuellement une étendue à perte de vue d'eau dense et intensément colorée, les Égyptiens aimaient le personnifier par les figures de deux hommes et de deux femmes, manifestement de nature divine.

Ces deux couples représentaient en fait tous les aspects intrinsèques du Nu: l'impénétrabilité, l'absolu, le sens de l'infini, l'errance sans but et sans fin, l'absence de lumière (c'est-à-dire l'ombre). L'évolution des choses s'est stabilisée pendant un certain temps, mais ce calme naturel n'a pas duré éternellement, car soudain quelque chose - ou plutôt quelqu'un - est venu bouleverser l'ordre des choses. Atoum, le dieu créateur et père d'innombrables divinités ultérieures, prit forme et émergea presque soudainement du tout qui avait été créé au sein de Nu. Mais ce n'est pas le fruit du hasard: c'est le dieu lui-même qui a fait un effort de volonté inhumain, prononçant son propre nom bien qu'il s'agisse d'une matière abstraite, et se dotant ainsi de sa propre forme.

Dès le début, Atoum s'est distingué comme le créateur de toutes choses, incarnant des concepts et des domaines doubles qui étaient loin d'exister avant lui.

Sceptre de Was

Dieu des hommes et des dieux, de l'au-delà et du monde terrestre, tout ce qui avait été créé devait à jamais remonter à lui. C'est précisément pour cette raison qu'il portait une double couronne, ce qui faisait de lui le souverain de la Basse et de la Haute-Égypte; en outre, comme symbole de vie, il portait toujours l'*ankh* (c'est-à-dire la croix ansée) et un sceptre *était le* symbole par excellence du pouvoir royal. Atoum, cependant, comme beaucoup d'autres divinités de l'Égypte antique, n'avait pas une apparence entièrement humaine: on disait qu'il était un oiseau légendaire, qui avait pris son envol pour atteindre Héliopolis et y régner - où il aurait également construit un nid fait d'herbes et d'épices. Du haut d'une pyramide, il aurait ensuite donné vie à l'ensemble du globe immanent en éternuant, crachant, vomissant... une méthode résolument alternative, mais apparemment efficace !

Ankh

Plus tard, Atoum donna également naissance à deux héritiers, Shu (l'air) et Tefnut (l'humidité). Tous deux décidèrent un beau jour de s'enfuir pour contrarier leur père créateur, qui déchaîna aussitôt ses pouvoirs divins pour les retrouver. C'est ainsi qu'il décida d'enlever un de ses yeux et de l'envoyer errer à la recherche de ses enfants, afin d'être plus rapide

et de pouvoir se faufiler dans les endroits les plus reculés et les plus exigus. La Terre n'avait pas encore l'ombre d'un être vivant, puisque le dieu créateur n'avait modelé « que » les aspects naturels sans âme: terre, océans, montagnes et collines, mais pas une plante ni un animal. Grâce aussi à cette facilitation, Atoum put bientôt retrouver Shu et Tefnut; sous le coup de l'émotion, il pleura bruyamment et c'est de ses larmes, de cette immense joie, que naquirent tous les êtres vivants qui peuplaient le globe.

2.2 Le mythe memphite

Nous passons maintenant au deuxième mythe concernant la création du monde, celui qui trouve son origine dans la ville de Memphis. Cette localité était située à la frontière entre les terres de Haute-Égypte (Égypte du Sud) et de Basse-Égypte (Égypte du Nord): il s'agissait d'un carrefour fondamental, d'une ville animée par le commerce, mais aussi riche sur le plan culturel, une sorte de point de rencontre multiculturel. Memphis a été choisie comme première capitale de l'Égypte antique, précisément en raison de sa position stratégique, de ses caractéristiques uniques et de son grand potentiel. Bien que très peu de vestiges de la ville nous soient parvenus aujourd'hui et qu'ils ne soient pas particulièrement bien conservés, il est facile d'imaginer la prospérité du centre urbain à son apogée. La cosmogonie memphite est en quelque sorte la plus simple, puisqu'elle n'envisage qu'un seul personnage, Ptah, et un processus de création plutôt linéaire. Le dieu Ptah était la divinité protectrice de la ville de Memphis, chargée de veiller sur les artisans et les praticiens des arts et de les protéger. La naissance de cette divinité - comme celle de beaucoup d'autres - est entourée d'une aura d'incertitude qui provient en grande partie de la transmission orale du savoir mythologique, qui conduit inévitablement à des erreurs de prononciation et d'évolution.

Les fondements de la théologie de Memphis sont gravés sur la pierre de Shabaka, une stèle de roche noire aux hiéroglyphes archaïques, actuellement conservée au British Museum de Londres; dans la stèle, il est cependant clairement indiqué que le texte transcrit n'est en fait qu'une copie d'un document beaucoup plus ancien, datant peut-être de la même époque que la cosmogonie héliopolitaine, la plus ancienne qui existe. Certains détails et similitudes entre les deux théories sur la création du monde laissent penser que la théorie memphite n'est en fait qu'une version alternative de la théorie héliopolitaine. Mais examinons de plus près le contenu de la cosmogonie de Memphis: tout d'abord, on sait avec certitude que la création est attribuée au dieu Ptah, qui l'a réalisée par l'usage de la sensation et de la parole. Dans le mythe, il n'est pas fait directement mention de ces deux instruments fondamentaux, mais plutôt du cœur et de la langue, qui représentent respectivement la pensée et son expression vocale, donc la parole. Ptah a donc tout créé par une action linéaire de la pensée et de la parole, c'est-à-dire en prononçant le nom de ce qu'il voulait créer. De plus, l'œuvre créatrice du dieu Ptah ne s'est pas arrêtée au moment de la naissance du monde; au contraire, il a maintenu son rôle et a continué à créer par l'intermédiaire des artisans et des travailleurs manuels, catégories dont il est le protecteur. Comme on le voit, le mythe de la création de Memphis est beaucoup plus simple et linéaire que la cosmogonie héliopolitaine, mais le principe est le même: le monde naît de toute façon d'un élément déjà existant, qui dans ce cas est double (le cœur et la langue). Encore une fois, par rapport au mythe héliopolitain, le mythe memphitain est moins matériel et a un caractère plus abstrait; l'importance de la parole comme instrument de création est un concept clé qui restera latent dans l'histoire et sera repris directement par la tradition chrétienne, de manière particulièrement visible dans l'évangile

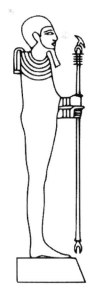

selon Jean, dans lequel il sera affirmé que la parole est le principe même auquel est due la création par la main de Dieu.

Il est intéressant de noter que le dieu Ptah était représenté enveloppé dans des bandages, comme s'il était momifié. Avec le temps, le culte de Ptah s'est éloigné de la ville de Memphis et le dieu a commencé à être vénéré et connu dans toute l'Égypte; surtout après l'union du culte de Ptah avec celui de Seker et d'Osiris - vers le milieu de l'Ancien Empire - l'adoration de cette triade est devenue très populaire.

2.3 Le mythe d'hermopolis

Considérons maintenant le troisième mythe de la création, celui qui est né et a été affirmé pour la première fois dans l'ancienne cité d'Hermopolis, centre spirituel du culte de Thot, dieu de la lune et de la connaissance; il était considéré comme le dieu créateur dans cette cosmogonie, et était représenté de manière variable, souvent sous la forme d'un babouin ou d'un ibis. Selon la tradition, Thot est issu du chaos primordial, qui paradoxalement pour les anciens Égyptiens n'était pas seulement un concept récurrent mais aussi un concept bien défini. Après sa naissance, qui, selon le mythe, a eu lieu à partir d'un monticule de terre, Thot a donné vie à ce que l'on appelle l'Ogdoade, c'est-à-dire un groupe de huit autres divinités représentant les propriétés et les connotations fondamentales du monde primitif. Parmi les huit, il y avait quatre femmes et quatre hommes: les femmes avaient la particularité de posséder une tête de serpent, tandis que les hommes avaient une tête de grenouille. La première paire d'Ogdoade, composée de Nun et Nanhet, représentait les eaux du monde primordial qui contiennent un potentiel illimité de création ; la deuxième paire, Het et Hanhet, en revanche, symbolisait une dimension spatiale infinie. La troisième et la dernière paire représentaient respectivement les ténèbres et l'inconnaissable; de toutes ces paires sont nés les éléments constitutifs de la réalité tangible, et en particulier de l'eau à la terre, l'espace illimité s'est rétréci en un territoire délimité, les ténèbres sont devenues lumière et l'inconnaissable est devenu connaissable. Après cette transition, les huit dieux de l'Ogdoade se sont unis pour créer le soleil, élément central de la plupart des cultes de la religion égyptienne. Il existe une variante de la cosmogonie hermopolite, qui trouve son origine dans la ville de Thèbes: il ne s'agit pas d'un mythe original, on pourrait même dire qu'il s'agit d'une sorte de continuation du mythe de l'Ogdoade d'Hermopolis. Selon le mythe thébain, les huit dieux, après avoir donné naissance aux éléments du monde sensible mentionnés ci-dessus, ne se sont pas contentés de donner naissance au soleil, mais ont créé un œuf. De cet œuf naîtra plus tard Amon, défini comme le dieu du soleil dans le culte thébain (historiquement, Amon subira une fusion et deviendra Amon-Ra avec la divinité héliopolitaine plus connue, Râ, également dieu du soleil). Une fois né, Amon est à l'origine de la première famille de dieux, s'unissant à Mout (la déesse mère par excellence) et donnant naissance à Khonsou, qui deviendra le dieu de la lune (une sphère partagée avec Thot déjà mentionné).

2.4 Le mythe de la sais

Considérons enfin très brièvement une cosmogonie mineure, celle de Saïs. Cette ville a tenu le rôle de capitale en même temps que Memphis et a donc connu un grand développement, non seulement religieux et culturel, mais aussi politique et social. Un culte cosmogonique s'est développé à Saïs, comme dans les autres grandes villes de l'Égypte antique, autour des divinités Ptah (déjà au centre de la cosmogonie memphite) et Neith, qui deviendra plus tard la déesse de la guerre et de la chasse. L'image centrale de ce mythe représente la déesse Neith tissant sur un métier les rangées du monde et du ciel, puis tissant dans une toile toutes les créatures destinées à peupler la réalité primordiale. Une fois le tissage achevé, Neith donna naissance (sans aucune douleur) au dieu soleil Râ, supérieur à tous les dieux et ancêtre de toutes les générations divines à venir.

CHAPITRE 3

La religion égyptienne

La religion est sans aucun doute l'un des aspects les plus complexes de la culture égyptienne ancienne. Non seulement les divinités sont incroyablement nombreuses, mais chacune d'entre elles possède des caractéristiques différentes, une histoire et un but clairement définis. En fait, il ne serait pas exact de dire qu'il existait un culte religieux unique et unifié dans l'Égypte ancienne, car - surtout dans la période prédynastique et immédiatement après - les croyances locales avaient beaucoup de poids et dominaient la vie religieuse des populations, qui n'étaient pas unies et même souvent isolées géographiquement les unes des autres, ce qui les empêchait d'élargir leur propre corpus de croyances. Dans ce contexte, comme nous le verrons plus loin dans la partie du volume consacrée aux divinités, les figures divines apparaissent comme des protecteurs d'un lieu particulier, ou en tout cas liées d'une manière ou d'une autre à une localité.

Certaines caractéristiques de la religion égyptienne - au-delà des différences locales susmentionnées - sont générales et se retrouvent dans l'ensemble des croyances. Tout d'abord, il est évident que les anciens Égyptiens étaient polythéistes et qu'ils vénéraient donc un grand nombre de figures divines, même si toutes n'étaient pas considérées comme ayant la même importance. La nécessité de vénérer de multiples divinités découle d'une conception particulière selon laquelle chacune de ces entités supérieures représentait une partie, un aspect différent de la vie (pas seulement humaine) et du monde. En d'autres termes, selon les anciens Égyptiens, l'univers était doté de diverses forces, d'essences différentes mais coexistantes: celles-ci avaient permis la naissance du monde (comme expliqué dans la section sur la cosmologie) et continuaient d'exister et de réguler l'existence de toutes les entités vivantes.

Un autre aspect crucial de la spiritualité des anciens Égyptiens concerne le temps. Pour nous, contemporains, il peut être difficile et loin d'être évident d'établir un lien conceptuel entre la notion de temps et celle de spiritualité; ainsi, nous ne voyons souvent aucun aspect religieux ou mystique dans la succession du jour et de la nuit, et encore moins dans le passage des années et des décennies. Au contraire, dans l'Égypte antique, la dimension temporelle était l'une des protagonistes absolues de la sphère spirituelle, et il existe au moins deux interprétations différentes du temps: le *neheh* et le *djet*, étroitement liés à la perception de la vie et de la mort. Le *neheh* définit une conception cyclique, qui décrit l'alternance du jour et de la nuit comme la répétition du voyage de Râ, dieu du soleil. Selon les Égyptiens, le cycle est le mouvement premier, et si l'on y réfléchit, cette idée intéressante est vraiment très éloignée de celles qui prévalent dans la culture occidentale et aujourd'hui en général: la plupart des gens, en effet, perçoivent le temps comme une ligne droite qui va uniquement et éternellement de l'avant, sans jamais s'arrêter; surtout, la possibilité de revenir en arrière n'est pas du tout envisagée, et le simple fait d'y penser est même absurde. Les Égyptiens, au contraire, percevaient non seulement le temps, mais aussi la vie comme une répétition continue du même chemin, et ils distinguaient en particulier trois mouvements circulaires: les années étaient marquées par l'inondation périodique et ponctuelle du Nil, qui se répétait chaque année aux mêmes périodes et dictait le rythme de vie de la population. Pendant les périodes les plus sèches, la vie était - comme on peut l'imaginer - très différente qu'après les crues, qui donnaient de la fertilité au sol et donc une production agricole abondante. Le deuxième mouvement cyclique était considéré comme le cours naturel de la vie humaine, de la naissance à la mort; selon les anciens Égyptiens, la mort n'était rien de plus qu'un moment de la vie, elle représentait même un passage très important, qui garantissait la vie éternelle dans l'au-delà (comme nous le verrons plus en détail dans quelques instants).

Le dernier cycle, le plus important, était celui qui rythmait les jours, c'est-à-dire la succession perpétuelle de la lumière du jour et de l'obscurité de la nuit, représentant le mouvement de Râ, qui donne aux hommes la lumière pendant le jour et s'éclipse dans le royaume des morts pendant la nuit. Mentionnons brièvement le mythe des bateaux *Mandet* et *Mesketet*, les « bateaux solaires » qui transportaient le dieu soleil dans son voyage cyclique; le premier, *Mandet*, transportait le soleil de l'aube au crépuscule, puis, pendant les douze heures où il était visible, d'est en ouest, tandis que le bateau *Mesketet* le transportait vers ce qu'on appelait le ciel inférieur, situé dans le monde des morts (*Duat*). Nous reviendrons plus loin sur le lien entre le cycle du soleil et les divinités, mais il est désormais évident que le cycle du jour et de la nuit est profondément lié à celui de la vie et de la mort. Tout comme le soleil lorsqu'il se couche, l'homme lorsqu'il périt est transporté dans l'au-delà, mais ce n'est pas une fin, seulement une étape intermédiaire dans un cycle: le soleil se lèvera toujours du *Duat,* donnant naissance à un nouveau jour, tout comme le défunt passera à une nouvelle vie.

Intéressons-nous maintenant à la seconde conception du temps, celle du *djet*. En voulant comparer les deux interprétations, on pourrait définir le *neheh* comme le temps de la vie et le *djet* comme le temps de la mort cependant, le *djet ne* rappelle pas du tout une idée négative, au contraire, il se réfère à l'infini, à la continuation de la vie après l'expérience terrestre, c'est-à-dire dans le *Duat* pour l'éternité. Pour simplifier, on peut dire que, selon les

Égyptiens, tout ce qui était vivant existait dans la dimension temporelle du *neheh*, tandis que les morts étaient des habitants du *djet*. Parallèlement au *neheh*, le *djet* représente à son tour le mouvement d'une divinité: dans ce cas, il n'y a pas de voyage mais plutôt une immobilité, la permanence d'Osiris (dieu des morts) dans l'au-delà. En réalité, le *djet* a également une autre interprétation: faisant toujours référence à tout ce qui n'est plus vivant dans le monde sensible, le *djet* comprend également le témoignage, les traces, l'héritage terrestre de ce qui n'est plus terrestre. Dans une grande partie du legs et de l'héritage égyptien, dans l'ensemble des connaissances et des rituels qui nous ont été transmis, cette interprétation supplémentaire du *djet est* clairement visible: deux des exemples les plus flagrants sont la pratique de la momification (qui conserve les corps et en fait ainsi des témoins directs de la vie des morts) et les pyramides, en tant qu'hommage éternel et tangible au souverain défunt.

En résumé, le temps était donc perçu à la fois comme une dimension circulaire et liée à la vie sensible, le *neheh*, et comme une dimension perpétuelle et dédiée à la poursuite de l'au-delà, le *djet*. Dans la nuit, lorsque le dieu soleil Râ se cache des hommes et entre temporairement dans le royaume des morts, les deux conceptions du temps coïncident et se confondent; au moment où le soleil se lève à nouveau, une nouvelle répétition du voyage cyclique de Râ commence, tandis qu'Osiris reste éternellement dans le neheh et le *djet*.

Un autre élément fondamental de la religion égyptienne ancienne est la vénération des animaux; en effet, la grande majorité des divinités du monde égyptien ont des ressemblances avec des animaux, un exemple absolu étant le dieu Anubis, qui possède un corps humain mais une tête de chacal. En réalité, Anubis est déjà une figure hybride, incorporant à la fois des caractéristiques animales et humaines, mais les érudits affirment que dans des temps plus anciens (par exemple dans les cultures prédynastiques), les animaux n'étaient pas seulement le centre réel du culte religieux, mais aussi le seul sujet. Vivant dans un environnement naturel prospère et riche en espèces animales, les hommes ont commencé à considérer les animaux comme des manifestations d'une entité supérieure. Avec l'avènement de l'agriculture et les transformations sociales et culturelles qui ont suivi, le monde animal est resté une référence spirituelle importante pour les Égyptiens, mais d'autres éléments ont peu à peu pris de l'importance.

Un dernier détail à retenir concernant les croyances religieuses égyptiennes est la nature divine du pharaon. La pratique consistant à considérer le souverain comme un dieu à part entière s'est imposée à l'époque dite de l'Ancien Empire, qui correspond à l'apogée culturelle de l'Égypte (en bref, l'époque des pyramides). Selon la tradition, le pharaon était une divinité envoyée sur terre pour guider l'humanité; une fois sa mission achevée, conformément au concept de la mort comme continuation et non comme fin, le dieu souverain remontait au ciel, reprenait sa place parmi les autres divinités et laissait à son premier héritier le soin de guider l'Égypte. Pendant son séjour sur terre, le pharaon incarne le dieu Horus, tandis qu'après sa mort, il prend la forme d'Osiris. Comme nous le verrons plus loin en analysant les différentes divinités du panthéon égyptien, Osiris était le père d'Horus: chaque pharaon était d'abord un fils puis, dans le royaume des morts, un père, tandis que son successeur régnait sur terre.

Après avoir énuméré ces caractéristiques générales de la religion égyptienne ancienne, entrons dans le vif du sujet et intéressons-nous d'abord à l'un des aspects les plus complexes, celui de la condition de l'homme après la mort.

3.1 La vie après la mort

Comme nous l'avons déjà mentionné plus haut à propos de l'importance de la dimension cyclique dans la religion égyptienne, l'existence était également conçue comme un cycle répétitif entre la vie et la mort; dans ce cercle, l'acte ponctuel du passage à l'au-delà était perçu comme un changement d'état, un transfert de la dimension terrestre à la dimension extra-terrestre, donc loin d'être un point d'arrivée ou une fin. Au contraire, en essayant d'appliquer les concepts propres à une conception linéaire, donc le début et la fin, on peut affirmer avec justesse que la mort était perçue comme un commencement, le début d'une nouvelle vie dans le royaume des morts.

Pour bien comprendre la spiritualité associée au passage dans l'au-delà dans la culture égyptienne, il est utile et nécessaire de partir de la manière dont les anciens concevaient l'esprit humain. Dans un premier temps, il faut souligner que l'être humain était conçu comme un ensemble de facettes multiples, donc une mosaïque très complexe; selon cette conception, il n'existait pas de concept unitaire comparable au concept actuel de l'âme, mais à l'intérieur de chaque personne se trouvaient différentes forces qui, en coexistant, façonnaient le sujet et faisaient de lui ce qu'il était. Bien que certaines de ces forces internes soient plus connues que d'autres, il est probable que les anciens Égyptiens en envisageaient beaucoup plus que ce que nous savons, car les sources ne sont pas entièrement sûres. Il est également probable que les croyances concernant les composantes spirituelles de l'individu variaient en fonction des cultes locaux et des époques; cependant, certains des concepts les plus significatifs sont indubitablement parvenus jusqu'à nous et - de manière surprenante - se révèlent riches d'enseignements et d'interprétations qui sont toujours d'actualité pour l'homme d'aujourd'hui. Parmi les forces vitales qui façonnaient l'homme selon les anciens Égyptiens, nous nous concentrerons plus particulièrement sur l'analyse des trois principales, *ba*, *ka* et *akh*, avant d'aborder brièvement les forces moins importantes. Ces notions étant - conceptuellement parlant - très éloignées des concepts spirituels répandus dans le monde occidental, nous n'adopterons aucune traduction pour les analyser: la langue française, comme aucune autre langue européenne en l'occurrence, ne dispose tout simplement pas des concepts appropriés pour refléter pleinement la véritable signification des termes égyptiens.

Pour bien comprendre de quoi il s'agit, il faut rappeler les concepts de temps *neheh* et *djet*, déjà expliqués plus haut. Pour résumer brièvement, *neheh* était le temps de la vie terrestre tandis que *djet* correspondait à l'existence éternelle dans le royaume des morts: ces deux concepts étaient respectivement liés à deux divinités, le dieu du soleil Râ et le dieu des morts Osiris. Le *ba* peut être défini comme cette force qui guidait l'homme dans le *neheh*, pendant sa vie terrestre; le *ba* est la personnalité, le caractère, les actions et les choix de l'individu, son histoire. De même, le *ba* représentait aussi la perception que les autres avaient de l'individu, ce que l'on disait de lui, son honneur et son prestige. Cette force intérieure était représentée par un oiseau à tête humaine et, contrairement à ce que l'on pourrait penser, le *ba* était une énergie immortelle et mouvante qui continuait d'exister, que la personne soit encore en vie ou non. Mais avant d'en arriver là, introduisons le concept de *ka*: il s'agit de la force interne liée à la dimension temporelle du *djet*, donc d'une énergie statique. Le *ka* représente l'héritage de l'individu, la conservation de ses énergies vitales en tant qu'être vivant, on peut donc dire que cette composante de l'esprit humain avait une double fonction de perpétuation: d'une part, les proches du défunt avaient la tâche d'honorer et de se souvenir du *ka* après la mort, d'autre part, cette force est celle qui permet à la vie de se poursuivre dans la dimension de l'au-delà. En outre, il est intéressant de noter deux particularités du *ka*: premièrement, il était héréditaire, c'est-à-dire qu'il se transmettait de père en fils; deuxièmement, même les divinités le possédaient, et dans de nombreux cas, elles possédaient plusieurs ka parce qu'elles avaient des personnalités tellement fortes et complexes qu'un seul *ka* ne suffisait pas.

Maintenant que les concepts de *ba* et de *ka ont* été clarifiés, concentrons-nous sur le rôle qu'ils ont joué dans les croyances relatives à la mort et sur la manière dont ils ont été intégrés dans les rites funéraires. Comme nous l'avons déjà mentionné, le *ba* était représenté comme un oiseau à tête d'homme: cette force, après la mort de l'individu, était libre de voler et de s'éloigner du corps du défunt, continuant à exister dans le monde sensible en tant qu'énergie non attachée à un corps terrestre. En effet, dans diverses représentations picturales, l'oiseau *ba* est représenté loin de la tombe, parfois occupé à d'autres activités, alors qu'au contraire, le *ka* est toujours représenté dans la tombe, avec le cadavre. En fait, on croyait que le *ka*, élément spirituel censé assurer la continuité de la vie dans l'au-delà, devait rester dans la tombe avec le corps du défunt pendant un temps indéterminé, avant que celui-ci ne puisse entamer son voyage vers l'au-delà. Les cadeaux alimentaires que les proches déposaient en grande quantité dans le sarcophage servaient précisément à nourrir le *ka pendant la* période qui suivait immédiatement la mort, avant que ne commence le voyage vers le royaume des morts. Alors que la représentation du *ba* était un oiseau, celle du *ka avait une* apparence humaine et reflétait les caractéristiques physiques de la personne.

Mentionnons maintenant les caractéristiques des composantes secondaires de la nature humaine. L'*akh*, plutôt qu'une facette humaine, peut être classé comme une dimension de la réalité qui existe en dehors de l'homme. Malheureusement, ce terme, comme les autres liés au domaine de la spiritualité, ne peut être traduit sans encourir des contresens qui ne rendraient pas justice à la conception originelle. L'*akh* représente essentiellement le principe de la lumière, une force du cosmos qui rayonne une énergie blanche: ce principe appartient aux cieux et, bien qu'il accompagne l'individu durant sa vie, il est destiné, au moment de la mort, à monter aux cieux et à devenir une étoile brillante dans le firmament. Cette idée - d'une certaine manière - est également liée au concept de *djet* : l'étoile représentant l'*akh du* défunt est un autre signe, un héritage, un legs qui commémorera la personne à jamais.

Abordons une autre notion intéressante, celle du nom personnel (*ren*). Selon les anciens Égyptiens, il était d'une importance capitale car il constituait un autre moyen pour un défunt de continuer à vivre dans le monde terrestre après sa mort. En effet, tant que le nom personnel était mémorisé et prononcé par les amis, les parents et les connaissances du défunt, il restait une représentation de l'individu dans le monde terrestre. C'est précisément en raison de cette grande importance du nom que les anciens Égyptiens étaient très prudents et réfléchissaient beaucoup lorsqu'ils choisissaient le nom d'un nouveau-né: le *nom faisait partie* intégrante de l'individu, résumait sa personnalité et - surtout - déterminait ce dont les autres personnes terrestres se souviendraient de lui après sa mort.

La notion de *jb*, ou cœur, est étroitement liée au nom personnel. Selon les croyances de l'Égypte antique, le cœur était analogue à ce que nous appelons aujourd'hui le cerveau, c'est-à-dire l'organe responsable des émotions et des actions d'une personne. Le *jb* provenait du sang de la mère, en particulier de son propre cœur, qui, à l'instant même de la conception, donnait à l'enfant une goutte vitale. Après la mort, le cœur devait être examiné et surtout pesé par Anubis, le dieu de la momification: le *jb* ne devait pas peser plus d'une plume, sinon il ne pouvait pas entrer dans la *Duat*.

Si le cœur s'avérait trop lourd, il était remis à l'*ammit*, ou Dévoreur, une créature monstrueuse dont le rôle était de le manger.

Une autre composante de l'âme humaine est le *sheut*, ou ombre. Il est à la fois similaire au *ka et* opposé à lui: tous deux représentent l'héritage éternel de chaque individu, mais alors que le *ka a* tendance à avoir une signification positive ou au moins neutre, le *sheut* englobe les aspects sombres de l'âme qui, au moment de la mort, sont libérés et prennent une forme grisâtre indéfinie. D'autres concepts clés sont le *khat* et l'*hekau*. Le *khat* représente la chair, donc le corps physique de l'individu: il est temporaire, passager et éphémère, il n'est que la forme que prennent le *ka* et le *ba* de l'homme pendant sa vie terrestre. Cela ne veut pas dire que le *khat* n'avait aucune valeur dans la culture égyptienne; en effet, même dans la mort, on prenait un soin particulier à préserver le corps sensible pendant la période nécessaire avant que ne commence le voyage dans l'autre monde. L'*hekau, en revanche,* indique le principe qui permet aux humains de se connecter les uns aux autres, de se comprendre et d'éprouver de l'empathie, comme la compassion, l'amour et tous les autres sentiments et émotions liés à l'autre ou dirigés vers l'autre. L'*hekau* lui-même a rendu certains humains capables d'exercer une certaine influence sur les divinités et même de converser avec elles (évidemment pas par le biais de la communication verbale traditionnelle).

Après avoir évoqué la composition de l'âme selon les anciens Égyptiens, nous allons nous pencher sur les croyances relatives à ce qui attend réellement le défunt dans le royaume des morts. Avant de commencer, il convient de rappeler qu'il existait dans la culture et la tradition égyptiennes un célèbre écrit, communément appelé le « Livre des morts », qui contenait toutes les informations sur l'au-delà, mais aussi sur le bon déroulement des rituels funéraires et sur le voyage que le défunt devait entreprendre pour accéder à la vie éternelle. Les origines du livre sont extrêmement incertaines, perdues dans les mythes, et à ce jour, les historiens et égyptologues n'ont pas encore pu établir la provenance et le contenu précis du texte original. L'une des hypothèses les plus accréditées soutient que le livre remonterait en fait (du moins en partie) à une civilisation antérieure aux Égyptiens, qui aurait hérité et développé certaines croyances jusqu'à créer un système beaucoup plus complexe, adaptant le volume en conséquence.

Pour plonger dans l'au-delà égyptien, il faut d'abord rappeler et toujours garder à l'esprit que la conception du royaume des morts est double, c'est-à-dire qu'elle comporte deux dimensions distinctes. La première, déjà mentionnée plus haut, est celle de la *Duat: il s'agit d'une* portion de la sphère céleste invisible à l'homme car située sous la ligne d'horizon. Comme nous l'avons déjà expliqué, la *Duat était la* demeure pérenne d'Osiris et celle, seulement temporaire, du dieu soleil Râ, qui s'y réfugiait pendant la nuit. En réalité, ce n'est pas dans le *Duat* que les morts trouvaient la vie éternelle, mais dans les champs d'Aaru et d'Hotep, sur lesquels nous reviendrons. Pour en revenir au *Duat*, on l'imaginait divisé en douze bandes (comme les douze heures de la nuit) et habité par diverses divinités du monde souterrain, notamment Anubis, Horus, Osiris et Isis. Les secteurs du *Duat étaient* chacun assignés au royaume d'un ou plusieurs dieux et divisés par des barricades et des portes soigneusement gardées par de puissantes et dangereuses créatures de l'au-delà. Chaque fois que le dieu soleil s'éclipsait dans la *Duat,* et donc chaque nuit, il devait traverser toute la longueur de la dimension obscure dans le bateau *Mesketet* avant d'émerger à nouveau dans le monde des vivants, apportant la lumière du jour: au cours de ce voyage, Rê affrontait les monstres gardiens des différents secteurs; la traversée était donc loin d'être aisée. En fait, selon le mythe, Râ - étant lui-même un dieu et devant constamment traverser la *Duat* - était connu des autres divinités et créatures gardant les portes, ce qui lui facilitait le passage. Il convient de souligner qu'en général, pour un pharaon et d'autres personnalités jouant un rôle important dans l'Égypte antique, le voyage à travers la *Duat* était nettement plus difficile que pour les autres hommes, en partie ou surtout en raison de la nature intrinsèquement divine attribuée à la figure du dirigeant; essentiellement, les obstacles que le défunt devait affronter étaient en quelque sorte proportionnels à la résilience dont il avait fait preuve dans la vie, ainsi qu'aux moyens matériels dont il disposait.

Le voyage nocturne de Rê, celui que nous venons de décrire à travers l'*effroyable Duat,* était le même itinéraire que tous les morts devaient emprunter pour atteindre l'immortalité éternelle, vers les champs d'Aarou et d'Hotep. Ces lieux spirituels constituent la seconde conception de l'au-delà égyptien, et en particulier les espaces où les âmes des morts passaient effectivement l'éternité une fois leur expérience terrestre terminée. Comme leur nom l'indique, l'Aarou et l'Hotep étaient imaginés comme des lieux ruraux, plus précisément comme des champs de roseaux luxuriants. Cependant, on ne pouvait être admis dans ces plantations qu'après avoir surmonté divers dangers, jugements et épreuves, mais voyons cela plus en détail (nous prendrons comme exemple le voyage typique qu'aurait fait un pharaon, nous envisagerons donc toutes les embûches possibles). Au moment du scellement du sarcophage ou de la tombe (dans le cas d'une structure plus importante, comme les pyramides), le voyage du défunt commence. Comme nous l'avons vu plus haut, le *ba* (représenté par un oiseau à tête humaine) quittait presque immédiatement le corps, demeurant éternellement dans la dimension sensible comme l'une des nombreuses autres formes de mémoire des morts, une énergie destinée à ne jamais s'épuiser.

En revanche, le composant *ka* restait près du défunt dans la tombe pendant un certain temps, essentiellement jusqu'à ce que la nourriture placée par les proches dans le sarcophage, ainsi que les autres cadeaux, soient épuisés. Après cette période de transition, le ka entamait un voyage compliqué à travers la *Duat*: parmi les obstacles les plus redoutés et les plus célèbres figuraient d'énormes monstres aux traits de serpents et d'autres reptiles, des mares de feu à traverser, le dieu du chaos Apopi qui tentait de détourner l'âme du défunt du droit chemin. La rencontre avec le dieu chacal Anubis peut peut-être être définie comme le moment décisif et le plus intense du voyage: l'âme était accompagnée jusqu'à la salle des deux Maat (ou deux vérités), dans laquelle se déroulaient les épreuves visant à déterminer si le défunt était digne ou non d'accéder à la vie éternelle. En présence du dieu de la mort Osiris, Anubis procédait d'abord au rituel de la pesée du cœur, destiné à vérifier la pureté de la conduite et des intentions manifestées durant la vie terrestre. Après cette pratique, il procédait à la déclaration d'innocence de l'âme, qui devait être analysée et jugée par un collectif de plus de quarante figures spirituelles, pour la plupart des divinités *du Duat*. La précision avec laquelle ces procédures et rituels ont été décrits dans le Livre des morts est impressionnante; il est intéressant de noter comment les Égyptiens ont créé un système de règles absolument inflexible et - comme on peut le percevoir - presque bureaucratique pour l'au-delà.

Les âmes qui parvenaient à traverser le *Duat* et à passer avec succès les épreuves de la salle des deux vérités pouvaient enfin commencer leur vie après la mort; comme nous l'avons déjà mentionné, les cœurs de ceux qui n'étaient pas jugés suffisamment dignes ou purs pour entrer dans la vie éternelle étaient déchiquetés par ce que l'on appelle le Dévoreur ou l'*ammit*. Les croyances égyptiennes concernant la vie dans l'au-delà étaient - paradoxalement et en contraste avec le reste du système religieux et rituel égyptien complexe - plutôt simples et concrètes; en fait, on pensait que les âmes étaient simplement destinées à vivre en paix, à travailler les champs d'Aaru et d'Hotep, puis à se reposer, dans un cycle qui se répète à l'infini. De ce point de vue, on comprend la grande valeur que les anciens Égyptiens accordaient au travail, au point d'en faire l'activité principale de l'âme pour l'éternité. Cependant, il faut souligner que le repos avait également une grande importance, puisque les proches du défunt - lors du rite funéraire - essayaient de s'assurer que l'âme puisse se reposer en plaçant de nombreuses petites statues dans la tombe. Ces petites figurines en terre cuite avaient précisément pour fonction d'effectuer une partie du travail qui serait assigné à l'âme du défunt dans les champs, ou plutôt de prendre en charge la tâche que l'esprit du défunt était appelé à accomplir par les dieux dans l'au-delà. Les petites statues, appelées *ushabites*, étaient donc en quelque sorte des substituts, des aides ou, selon un autre point de vue, des esclaves appartenant à l'âme du défunt: leur fonction était en effet de permettre à l'esprit de se reposer et de cesser - ne serait-ce que temporairement - de travailler dans le royaume des morts. Alors qu'au départ, les défunts étaient enterrés avec moins d'une douzaine d'*ushabites*, au fil des années, les croyances sur l'au-delà se sont renforcées et enracinées, ce qui a naturellement conduit à une attention et une diffusion accrues des figurines d'aide dans les sépultures. En fonction de l'identité du défunt (c'est-à-dire de sa position dans l'échelle sociale, du prestige de sa famille et d'autres facteurs), le nombre d'*ushabites* devient de plus en plus important, de même que la qualité de leur finition artistique. En effet, dans la tombe du pharaon Toutânkhamon, plus de quatre cents *ushabites* ont été retrouvés, une véritable armée de statuettes en terre cuite travaillée et riche en détails artistiques.

3.2 Les divinités

Intéressons-nous maintenant au vaste et complexe panthéon de l'Égypte ancienne, en examinant d'abord les caractéristiques générales des divinités, puis en nous penchant sur les figures les plus significatives. Les Égyptiens utilisaient deux modes de représentation des figures divines, qui étaient en fait représentées soit avec des traits humains, soit avec des traits animaux, et souvent de manière hybride. La présence des animaux dans le culte égyptien est un vestige d'une tradition très ancienne, qui remonte même à l'époque où les premiers peuples semi-nomades ont commencé à s'installer sur les rives du Nil: avec la sédentarisation, les hommes ont appris à connaître la faune locale et les animaux ont rapidement fait l'objet de divers cultes locaux, qui ont souvent disparu ou évolué vers des croyances plus structurées. Malgré cela, le culte des animaux a laissé des traces très importantes dans la culture religieuse de l'Égypte ancienne, à tel point que certaines espèces, associées sans surprise à des divinités particulières, étaient considérées comme proprement sacrées.

Dans les populations tribales des périodes les plus anciennes, les cultes locaux prévalaient sans aucun doute, tandis qu'à partir de la création d'importantes entités sociopolitiques en Haute et Basse-Égypte, une sorte d'unification culturelle et - par conséquent - également religieuse s'est amorcée. À cette époque, ce sont les cultes enracinés dans les grandes villes qui prévalent, notamment celui des frères Horus et Seth en Haute-Égypte, tandis que dans la région de Basse-Égypte, le culte d'Isis et d'Osiris se dépeuple. Avec l'évolution historique de l'Egypte antique, les cultes ont commencé à se répandre presque uniformément partout, tout en conservant bien sûr souvent des prédilections locales. Avant d'entrer dans l'analyse spécifique des divinités majeures, il convient de rappeler les méthodes traditionnelles de regroupement: l'ogdoade (huit divinités), l'ennéade (neuf divinités), les triades et les quatre fils d'Horus, divinités chargées de prendre en charge les organes placés dans les jarres canopes lors du processus de momification.

Examinons maintenant les divinités les plus importantes une à une, en découvrant leurs caractéristiques, leurs représentations et leurs fonctions:

Ra

Il était le dieu du soleil, comme nous l'avons vu plus haut; protagoniste de la cosmogonie héliopolite, il était considéré comme le père du pharaon. Généralement considéré comme le dieu principal du panthéon égyptien, sa domination s'étendait également à la justice et au concept de pouvoir supérieur, l'État. Il était représenté avec un corps humain mais une tête de faucon, orné d'une sorte de disque lumineux représentant le soleil, accompagné d'un serpent enroulé autour du disque.

D'autres représentations plus répandues incluent celle avec une tête de scarabée ou de bélier, tandis que plus rares sont les représentations dans lesquelles la divinité prend entièrement ces ressemblances animales.

Seth

Traditionnellement, Seth était la divinité associée à la Haute-Égypte, par opposition à son frère Osiris, qui était vénéré dans la Basse-Égypte. Selon la croyance, les deux frères étaient perpétuellement en conflit pour la suprématie et dans l'affrontement, Seth n'a pas réussi à s'imposer: dès lors, il a commencé à être reconnu comme une divinité à connotation négative, représentant la débauche et les fléaux, la douleur, la violence.

À une époque plus récente, et en particulier au cours du Nouvel Empire, Seth est devenu le défenseur des peuples des terres lointaines et du désert. La représentation la plus répandue le représente avec des traits typiques d'un animal du désert, avec des oreilles pointues et un museau allongé.

Osiris

Il était l'un des dieux égyptiens les plus vénérés, avec un culte réparti uniformément entre la Basse et la Haute-Égypte. Connu comme le dieu de la mort mais aussi de l'immortalité, le mythe relatant la mise à mort et la résurrection d'Osiris est l'un des plus célèbres de tout le corpus des croyances de l'Égypte antique. Paradoxalement, Osiris était en même temps le dieu de la nature, de la prospérité et de tout ce qui - suivant le mouvement cyclique fondamental, à la base de la culture égyptienne - était destiné à vivre et à périr  (seulement en apparence) indéfiniment. Nous étudierons plus en détail la figure d'Osiris, tout comme celles d'Isis, d'Horus et de Seth, lorsque nous nous pencherons sur le mythe qui se développe autour de leur famille.

Isis

Mère d'Horus et épouse (et aussi sœur) d'Osiris, elle formait avec eux une triade. Le culte d'Isis était extrêmement varié et souvent diversifié localement, mais on peut dire qu'en général cette divinité représentait absolument la nature, la maternité et la procréation. Isis, dans toutes ses acceptions locales, était de toute façon d'origine céleste et - bien qu'elle représentât des notions essentielles et fondamentales pour la vie humaine,

principalement celle de la maternité - dans les premières périodes de son culte, il était rare que les prières mentionnent directement le nom de cette divinité ou qu'elles s'adressent à elle. À la fin de la période, au contraire, le culte d'Isis était non seulement profondément ancré dans la religion institutionnelle, mais la déesse était également devenue l'une des plus invoquées dans les contextes populaires, car, selon la tradition, Isis était particulièrement bienveillante et encline à écouter les requêtes des âmes sous leur forme terrestre.

Horus

Fils d'Isis et d'Osiris, il était représenté comme un homme à tête de faucon. Horus a d'abord été imaginé comme le dieu de la victoire et du triomphe et a été fortement associé aux figures des pharaons; même avant le Nouvel Empire, Horus a commencé à être identifié comme le dieu du soleil, en fait ses yeux étaient vus comme le soleil (celui de droite) et la lune (celui de gauche). Comme nous le découvrirons dans le chapitre consacré aux mythes, Horus fut, avec ses  parents, le protagoniste de l'une des légendes les plus connues de l'Égypte antique: sans anticiper les détails, nous nous contenterons pour l'instant de dire qu'Horus était un fils fier et courageux, mais en même temps vindicatif en rachetant la mort de son père, un exploit pour lequel il serait finalement récompensé.

Atoum

À l'origine, Atoum était la divinité locale de la ville d'Héliopolis et, comme nous l'avons vu dans la section sur les cosmogonies, selon le mythe d'Héliopolis, il était considéré comme la première divinité, le créateur absolu de tous les autres dieux. Plus tard, après que son culte se fut répandu dans toute l'Égypte antique, il fut reconnu comme la divinité du soleil couchant et, par extension, comme le gardien des âmes

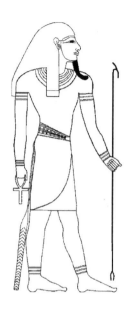

des morts. Sa représentation la plus répandue est celle d'un simple homme à la tête ornée d'une double couronne, symbolisant l'union de la Basse et de la Haute-Égypte, tandis qu'une autre représentation le dépeint avec une tête de faucon et un corps d'homme; la racine d'où dérive son nom, -tm, indique deux concepts diamétralement opposés, à savoir celui de tout et celui de rien.

Thot

Il avait lui aussi joué un rôle majeur dans les mythes de création du monde, en tant que divinité lunaire. Au fil des ans, la figure de Thot a également évolué, s'imposant d'abord comme la divinité du temps, puis de la vérité. Selon certaines interprétations, le dieu Thot serait à l'origine de l'invention de l'écriture hiéroglyphique et l'un de ses rôles était celui de scribe au service d'autres

divinités. Avec Meet et Anubis, Thot avait, selon la tradition, un rôle non négligeable dans la détermination du salut ou de la condamnation des morts lors du rite de la psychostasie.

Amon

Amon était un dieu d'origine très ancienne, caractéristique de la région de Thèbes et associé - comme Râ - au soleil. Comme prévu, pendant la période d'unification, les deux principales identités solaires ont été réunies en une seule entité, le dieu Amon-Rê. Habituellement, le dieu Amon était représenté avec des traits humains, mais sa peau était souvent teinte en bleu (comme pour souligner sa nature divine; en fait, on pensait que la peau divine était incrustée de lapis-lazuli bleu) et il portait toujours une grande coiffe ornée de deux longues plumes. Bien que les Égyptiens aient utilisé cette représentation, il convient de préciser qu'en réalité, contrairement aux autres divinités, il n'y avait pas d'idée très précise de l'apparence d'Amon. En effet, la signification même de son nom révèle son essence inaccessible à l'homme: le mot *imn*, dont Amon dérive, signifie caché, mystérieux.

Maat

Elle était la déesse chargée de juger, avec Anubis et Osiris, la pureté de l'âme du défunt. En particulier, la plume dite de Maât était utilisée - selon les croyances concernant le passage dans l'au-delà - dans le rituel de la pesée du cœur: l'organe devait en effet absolument ne pas dépasser le poids de la plume, sinon cela aurait indiqué une corruption de l'âme et le passage dans le royaume des morts aurait été impossible. Outre cette tâche particulière dans le royaume des morts, la déesse Maât avait pour fonction de préserver l'ordre du cosmos, ainsi que de protéger la vérité et la justice. Elle était généralement représentée sous les traits d'une femme, avec pour seule particularité de porter un stylo placé verticalement sur la tête.

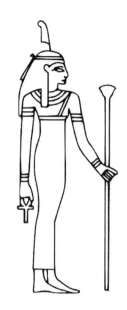

Anubis

Dieu des nécropoles, de la momification et plus généralement du monde des morts, il était représenté sous la forme d'un homme à tête de chacal. En tant que divinité principale du royaume des morts, Anubis se voyait attribuer divers domaines de

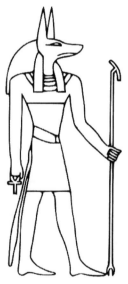

surveillance plutôt pratiques, tels que les procédures d'embaumement (extraction d'organes, etc.), la surveillance et la protection des cénotaphes, mais aussi le rite de la pesée du cœur (également appelé psychostasie) et, plus tard, la conduite des âmes dans l'au-delà. Selon la tradition, le dieu chacal serait né de l'union illicite entre le dieu Osiris et la déesse Nephtys, jumelle de son épouse Isis. Aussitôt né, Anubis fut d'abord rejeté comme issu d'une union symbolisant l'infidélité et, après avoir été élevé pendant les premières années par une meute de chacals, fut ensuite sauvé par sa tante Isis. En fait, les théories sur l'origine du dieu Anubis étaient multiples, en effet selon d'autres interprétations il aurait été le fils du dieu soleil Râ, ou de la déesse Bastet.

Bastet

Représentée avec un corps de femme et une tête de chat, elle était la divinité du bonheur, comme de tout ce qui est généralement associé à un état d'esprit joyeux (d'où la danse, le repas, le chant). Le chat était l'un des animaux ayant le plus de valeur symbolique et spirituelle dans l'Égypte antique: les chats chassaient les souris et protégeaient ainsi les provisions, ce qui permettait aux Égyptiens de conserver de la nourriture pour d'éventuelles périodes de famine et de sécheresse. À partir de ce motif initial d'adoration, le culte du chat s'est développé de manière exponentielle jusqu'à trouver une sorte d'institutionnalisation. En effet, des coutumes ont été établies pour empêcher la vente de chats, comme l'imposition de punitions incroyablement sévères pour ceux qui blessaient ou tuaient des chats. Parmi les autres fonctions de la déesse-chat, on lui attribuait le pouvoir d'encourager l'amour, l'union sexuelle et la conception; c'est pourquoi, pendant la période du Nouvel Empire, elle était souvent assimilée à la déesse-mère Hathor, dont nous parlerons plus tard. D'après les témoignages qui nous sont parvenus, les rituels associés à Bastet étaient particulièrement explicites (selon les critères de l'époque, bien sûr) et les femmes y participaient en grand nombre, tandis que la présence d'enfants n'était pas autorisée.

Hathor

C'était une divinité de type solaire, mère du dieu faucon et donc souvent assimilée à Isis. Elle était représentée avec une tête de vache sur un corps de femme et son ventre représentait le ciel étoilé. Elle représentait tout ce qui est maternel et attentionné, donc les soins, la chaleur, le confort, la nourriture. Étant la mère d'Horus, qui était souvent considéré comme une personnification du pharaon, elle était également imaginée comme la mère du souverain lui-même.

Outre ces fonctions, la déesse Hathor était également une divinité funéraire, car elle avait la tâche importante d'apaiser la faim et la soif et de purifier l'âme dans l'au-delà. La déesse mère était vénérée dans toute l'Égypte, mais elle protégeait particulièrement la ville de Dendera, où a été construit le temple qui lui est dédié.

3.3 Rituels

Après nous être familiarisés plus en détail avec les principales divinités vénérées dans l'Égypte antique, il est temps de nous intéresser aux rituels et pratiques que les anciens mettaient en œuvre pour célébrer ou simplement marquer la succession des événements de la vie terrestre ou pour manifester leur adoration à l'égard de divinités et de forces particulières de l'univers. Sans aucun doute, les rituels égyptiens les plus connus sont les rituels funéraires, que nous aborderons plus loin; cependant, limiter le champ des pratiques religieuses et cérémonielles variées aux seuls rites funéraires ne rendrait pas justice au système articulé des liturgies: pour cette raison, nous nous concentrerons également sur l'analyse des festivals et d'autres types de célébrations rituelles, également liées au concept de magie. La magie jouait un rôle très important dans le corpus des croyances; en effet, une divinité incroyablement puissante la représentait et portait son nom, la déesse *Heka*.

Le principal type de rituels célébrés dans l'Égypte antique était les pratiques dites de dévotion, qui se déroulaient tout au long de l'année et souvent à des moments différents en fonction de l'importance de la divinité célébrée pour les habitants. Outre les célébrations des divinités classiques, les rites célébrant la naissance et la mort des pharaons (qui, rappelons-le, étaient encore considérés comme des dieux) et le moment de leur proclamation en tant que souverains étaient également très répandus. À ces occasions, la population se rassemblait souvent dans les lieux publics des centres-villes, se parant de manière festive et remplissant la ville d'images iconographiques des dieux, de statuettes, d'offrandes et d'animaux sacrés. Alors que dans les centres urbains les plus développés, la majorité de la population assistait aux célébrations, dans les localités plus périphériques, les rituels étaient souvent moins animés et se déroulaient parfois de manière « privée » dans les maisons individuelles (par exemple, lorsqu'un rituel était spécifiquement destiné à commémorer un être cher décédé). Il convient également de rappeler que les rituels religieux et plus païens étaient souvent et volontiers entourés d'une aura de spiritualisme, d'ésotérisme et de mystère: la composante magique était fluidement imbriquée dans les pratiques rituelles, les formules magiques et les incantations réelles étaient largement utilisées dans les formes moins officielles de célébrations; de cette manière, la magie en est venue à se fondre dans la liturgie traditionnelle et - avec le temps - à apporter des modifications significatives à certaines pratiques classiques. Outre les célébrations des divinités et des morts, il convient de mentionner les diverses festivités saisonnières, et en premier lieu les rites festifs à l'occasion de la crue du Nil.

Entrons donc dans le vif du sujet et commençons par nous intéresser à quelques-uns des rituels de dévotion les plus célèbres, en commençant par ceux qui ont pour objet la vénération du dieu Osiris. Le rituel dit des « quatre veaux » a des origines très anciennes, puisqu'il remonte à l'époque de l'installation des premières populations semi-stantielles sur les rives du Nil. Centré à l'origine sur les produits de la terre et la reconnaissance des hommes envers ce don divin, le rituel consistait en une séance de célébration de la récolte qui, selon les anciens, était supervisée par le dieu Osiris. Les bâtons avec lesquels Osiris était souvent représenté symbolisaient un serpent (coupé en deux), animal dangereux et nuisible pour les animaux chargés du battage. Avec l'évolution de la figure du dieu, le mythe des veaux a également été réinterprété et la cérémonie s'est déplacée de la culture des champs vers le labourage, effectué par les animaux. Les veaux, au nombre de quatre, piétinaient généralement le sol au-dessus du cénotaphe d'Osiris et le dissimulaient ainsi aux ennemis, afin d'éviter qu'il ne soit violé.

Un autre rituel célèbre lié à la divinité d'Osiris est la migration vers la ville de Bubastis, capitale de la Basse-Égypte à l'époque archaïque. Au cours de cette célébration, les hommes commémoraient les actes d'Isis envers son frère et époux Osiris; les femmes interprétaient des chants collectifs à un rythme rapide, les hommes jouaient d'anciens instruments de musique et des sacrifices d'animaux étaient pratiqués.

La figure d'Osiris est également liée - bien qu'indirectement - à l'un des mythes dits d'exécration, c'est-à-dire de condamnation et de mépris absolus à l'égard d'une divinité qui, selon la tradition, avait adopté un comportement abominable à l'égard d'autres membres du panthéon égyptien. Un rituel d'exécration particulièrement connu est celui des dix harpons, contre le dieu Seth: à travers une reproduction fidèle de la légende, les Égyptiens proposaient lors de ce rituel une représentation symbolique du moment de la mise à mort de Seth par Horus, avec l'aide de sa mère Isis. Comme l'indique le nom du rituel, la mort du dieu était reproduite en plantant dix harpons dans dix parties différentes du corps de Seth. La résurrection du dieu Osiris, quant à elle, était symbolisée par une sorte de défilé symbolisant le retour. Un autre rituel d'exécration était celui accompli contre le monstre Apopi, l'une des redoutables créatures dont la tâche était de faire du voyage quotidien du Roi-Soleil à travers la *Duat* une sorte de traversée infernale. Souvent imaginé et représenté comme un grand serpent, le dieu Apopi était affaibli au point d'être rendu incapable de nuire à Râ pendant la traversée du royaume des morts, lors du rituel dit du « coup de boule » Selon la tradition, une boule représentant l'œil maléfique du grand serpent était frappée à plusieurs reprises jusqu'à ce qu'elle se brise, rendant ainsi Apopi inoffensif.

Un autre type de rituel était la célébration spécifique des pharaons, étroitement liée au culte du soleil. Lors d'une fête annuelle qui, pense-t-on, était perçue comme le début d'une nouvelle ère, l'irradiation avait lieu, consistant à élever la statue du pharaon vers la lumière du soleil, jusqu'à ce qu'elle soit complètement inondée. Ce type de rituels se déroulait à l'époque de Rê, puis d'Amon-Rê (dieu issu de la fusion des deux principales divinités solaires après l'unification des royaumes): grâce à cette pratique, le nouveau pharaon pouvait s'unir, se réunir avec son essence lumineuse. Les rites de célébration des pharaons sont également liés à des pratiques de sacrifice de vies humaines, rares mais toujours existantes. La période qui suit immédiatement la mort d'un pharaon est un moment crucial qui détermine la qualité de la vie du dieu dans l'au-delà: c'est pourquoi les routines traditionnelles de momification et la construction de tombes majestueuses ont été réalisées par des fonctionnaires avec un très grand souci du détail, ainsi qu'une opulence évidente. Comme nous l'avons expliqué plus haut à propos des croyances sur la vie dans l'au-delà, il était toutefois d'usage de placer dans la tombe du défunt - parmi d'autres objets et aliments - des statuettes, les *ushabites*, qui aidaient l'âme dans son travail. Pour les pharaons, cette pratique était élevée à un niveau supérieur: les aides au travail n'étaient plus des figurines d'argile, mais des personnes, ces mêmes esclaves qui avaient offert leurs services au pharaon dans la dimension terrestre et qui devaient continuer à le faire pour l'éternité.

Passons maintenant à une célébration très importante, les festivités d'Opet. Cette fête était centrée sur la célébration de ce que l'on appelle la triade de Thèbes, composée du dieu Amon, de son épouse Mout et de leur fils Khonsou; il s'agissait d'une fête saisonnière; en fait, elle était généralement célébrée au cours de la deuxième période d'inondation causée par le Nil, vraisemblablement vers le mois de septembre. La fête d'Opet avait deux objectifs: d'une part, elle réunissait les divinités de la triade et renouvelait leur force, qui avait perdu de sa vigueur au cours de l'année; d'autre part, elle ranimait l'âme, le *ka* du pharaon, rendant son règne à nouveau légitime. Concrètement, la fête d'Opet consistait en une procession au cours de laquelle Amon, partant du temple thébain de Karnak, était accompagné par le pharaon et les prêtres dans son voyage pour retrouver sa bien-aimée Mout, qui résidait dans le temple de Louxor. Initialement, la durée de la célébration était de onze jours, mais à l'époque du Nouvel Empire, elle s'étendait jusqu'à vingt-sept jours. Le premier jour, le souverain entrait dans le temple d'Amon à Thèbes et commençait, avec l'aide de plusieurs prêtres expérimentés, les rituels de purification de l'air et de la terre à l'aide d'encens; de cette manière, les forces négatives qui auraient pu provoquer la colère des dieux étaient bannies, et tout au long du voyage, les prêtres continuaient à purifier l'air et la terre.

Une fois le premier rituel de purification terminé dans le temple de Karnak, les statues de la triade de Thèbes - qui avaient été placées sur des barques décorées pour la fête - étaient prises sur l'épaule par les prêtres et commençaient le chemin vers le temple de Louxor. En effet, le pharaon et les prêtres arrivaient bientôt à un embarcadère sur les rives du Nil, où avait lieu le transfert des statues dans un bateau adapté à la navigation fluviale et équipé de rames, appelé *Usherat*. Pendant que le bateau transportait la triade vers Louxor, une procession des prêtres restés à terre se déroulait parallèlement sur les rives du Nil, rejoints par des prêtresses et des guerriers chantant des chants et jouant d'instruments typiques. Une fois les statues arrivées au temple de Mout, elles étaient délicatement déchargées du bateau et portées dans le temple.. À l'abri des regards de la foule, les divinités révélaient au pharaon d'importantes vérités qui l'aidaient à prendre des décisions fondamentales concernant la direction de l'Égypte. Les statues restaient dans le temple pendant plusieurs jours, après quoi la deuxième partie du rituel se poursuivait, celle qui visait à purifier l'âme du souverain; dans une pièce appelée « Chambre de naissance», le *ka* du pharaon était régénéré. Une fois sorti du temple, la légitimité du pharaon - tout comme son *ka* - est renouvelée, tandis que sa lignée divine est confirmée.

3.4 Rites funéraires

Après avoir analysé les rituels saisonniers et les célébrations des divinités, il est temps de s'attarder brièvement sur la partie de la liturgie égyptienne qui - au moins partiellement ou superficiellement - est encore connue de la plupart des gens aujourd'hui. Dans laes chapitres précédents, nous avons analysé en détail la complexe et fascinante conception égyptienne de l'au-delà, mais quels étaient les rites accomplis pour préparer le défunt à son voyage vers la vie éternelle et à son séjour dans les champs de roseaux ? Comme nous l'avons déjà dit à plusieurs reprises dans ce livre, l'immortalité de l'âme, du ka, n'était accessible que sous certaines conditions, en premier lieu la conservation - au moins pour un temps donné - du corps terrestre du défunt.

Pour ce faire, les Égyptiens ont adopté la très célèbre pratique de la momification, une procédure très compliquée qui a permis de conserver des cadavres dont les restes - dans certains cas - sont parvenus jusqu'à nous. Tout d'abord, les Égyptiens ont compris que la conservation des organes vitaux à l'intérieur du corps risquait de nuire à la momification, c'est pourquoi l'extraction était la première étape. À l'aide d'alènes en métal ou en bronze, les prêtres momificateurs pénétraient dans les cavités du corps et arrachaient les organes, puis les extrayaient et les plaçaient dans quatre récipients, appelés jarres canopes, de différentes tailles, qui étaient placés dans le tombeau avec le corps. Le seul organe qui restait dans le corps du défunt était le cœur, que les Égyptiens considéraient comme le siège de l'intellect et surtout de l'âme, des émotions, des sentiments et donc de l'essence de la personnalité.

Les jarres canopes étaient censées protéger les organes de la détérioration naturelle, selon le même principe que celui de la conservation du corps. Le corps était ensuite mis à sécher pendant une période d'au moins quarante jours, par la suite il était huilé avec des préparations spéciales à base d'herbes et de substances liquéfiées à base d'alcool, qui empêchaient la formation des bactéries responsables de la décomposition. La dernière étape consistait à combler les trous causés par l'ablation des organes avec du bois haché, puis à envelopper le cadavre dans des bandages de lin. Totalement déshydraté, le cadavre est placé dans un sarcophage plus ou moins opulent.

3.5 Créatures mythologiques

En dehors des divinités, la culture et la religion égyptiennes sont en tout cas incroyablement complexes et riches d'autres formes de créatures surnaturelles. Dans ce chapitre, nous examinerons en détail trois des principales figures, à savoir le sphinx, le griffon et l'ammit.

Sphinx

Commençons donc par le sphinx. La caractéristique principale et toujours fixe de ce monstre est son corps de lion (parfois ailé, parfois non), tandis que la forme de la tête peut varier en trois versions, à savoir tête d'homme, de chèvre ou de faucon.

La sculpture de sphinx la plus célèbre est sans aucun doute celle qui se trouve dans la nécropole de Gizeh, non loin des trois pyramides: ce sphinx spécifique est un « androsphynx », c'est-à-dire qu'il est représenté avec une tête humaine. Mais quel était le rôle de ces énormes créatures pour les anciens Égyptiens ? Pourquoi les construisait-on à côté des nécropoles ? Tout d'abord, il faut préciser que la fonction du sphinx était de protéger un défunt et d'assurer une vie dans l'au-delà qui soit exempte d'ennuis résultant d'actes semblables à des profanations de la tombe. Curieusement, dans la plupart des cas de sphinx à tête anthropomorphe, la tête était précisément celle du défunt sur la tombe duquel le sphinx était censé veiller.

Griffon

Intéressons-nous maintenant à la deuxième créature monstrueuse mentionnée ci-dessus, le griffon; ce monstre était imaginé comme une créature du désert qui s'attaquait à toute forme de vie pour la dévorer. Il était représenté, dans la plupart des cas, comme un lion ailé avec une tête de vautour ou d'aigle. Bien que les représentations du griffon soient beaucoup plus présentes dans les cultures grecque et mycénienne, il existe également des représentations plus rares qui remontent avec certitude à l'Égypte ancienne, voire à la période prédynastique. La fonction traditionnelle du griffon était d'être le gardien des grandes richesses. C'est pourquoi on pense que les statues et les peintures de griffons se trouvaient à l'origine à proximité des trésors à garder, comme les temples ou les tombes très riches, qui risquaient d'être pillés.

Ammit

L'autre grande créature mythologique présente dans le corpus des croyances de l'Égypte ancienne est l'*ammit*, ou déesse dévoreuse. Ce monstre, spécialement conçu pour inspirer le dégoût et la peur, est composé de parties du corps de pas moins de trois espèces animales différentes, et possède notamment une tête de crocodile, le haut du corps appartenant au lion et le bas à l'hippopotame.

Ces trois animaux présentent des caractéristiques extrêmement violentes et dangereuses, c'est pourquoi ils ont été incorporés pour créer ce que l'on peut peut-être décrire comme le monstre le plus effroyable de toute la mythologie égyptienne. L'*ammit est* une créature mythologique féminine, également connue sous le nom de Dévoreuse ou de Mangeuse de cœurs: son rôle était en effet très spécifique, et son surnom le décrit très clairement. La Dévoreuse était chargée de manger les cœurs des morts qui échouaient au test de la plume de Maât dans le cadre du rite de la psychostasie, pratiqué par le dieu Anubis en présence d'Osiris.

CHAPITRE 4

Contes, mythes et légendes de l'antique egypte

Entrons donc dans le vif du sujet, qui vous transportera des milliers d'années en arrière et vous plongera dans un monde de dieux, de monstres et d'aventures légendaires tout à fait inédit. Les Égyptiens de l'antiquité, en tant que peuple enclin à l'art et à la pensée, ont créé tout un système de narration quasi épique.

Les Égyptiens ont été extrêmement prolifiques, créant d'innombrables mythes et des versions infinies de ceux-ci - à tel point qu'il est presque impossible de les rassembler dans un seul tome. C'est pourquoi vous trouverez ci-dessous un très grand nombre de légendes et de récits, spécialement sélectionnés mais forcément non exhaustifs de l'ensemble de la production de ce magnifique peuple. Penser à rassembler tout ce qui a été produit par les anciens Égyptiens dans un seul volume serait réducteur et ne rendrait pas justice à leur propre héritage. C'est donc avec l'intention d'un profond respect et d'une sincère appréciation que nous vous invitons à vous immerger dans les récits que vous trouverez ci-dessous !

Mais il va sans dire que le peuple du Nil n'a rien à envier à aucune autre civilisation antique, tant par la richesse que par la complexité du système narratif auquel il a donné vie. Par exemple, comme tous les peuples anciens et comme vous l'avez déjà lu, les Égyptiens ont également formulé leur version de la cosmogonie, c'est-à-dire la manière dont le cosmos, l'ensemble, a été créé. D'autre part, il n'est pas envisageable de commencer à raconter l'histoire de l'humanité et des dieux sans parler de l'origine. La question « où et comment tout a commencé » était si importante pour les Égyptiens que le mythe qui s'y rapporte, à savoir celui du dieu Atoum et de ses descendants, peut être considéré comme le pilier fondateur de l'ensemble de leur système divin. Leurs récits, qui coïncidaient parfaitement avec leur foi et leur croyance, se retrouvent dans les écrits hiéroglyphiques à l'intérieur des lieux de culte - ainsi que sur les papyrus. Bien que ces connaissances aient été transmises principalement par voie orale, les Égyptiens ont ressenti le besoin d'en laisser une trace écrite, sous une forme commune à de nombreux rites funéraires, mais avec un caractère et un faste qu'il est difficile de trouver ailleurs. Cette attention est principalement due au fait qu'ils croyaient célébrer, à travers les hiéroglyphes, l'ensemble du système dont, selon eux, tout était issu: les principes de la vie, de la nature et même des relations humaines, de la société et du pouvoir.

La profondeur et la complexité considérables de leurs récits se justifient également par l'interconnexion que les dieux entretenaient, selon eux, avec le monde des êtres humains, sur lequel ils régnaient inévitablement. Cette sorte de lien ombilical faisait que même les dirigeants terrestres étaient considérés comme divins et donnait lieu à tout un système de jurisprudence partagé par l'ensemble de la société. Comme si tout cela ne suffisait pas à rendre le peuple égyptien extrêmement intéressant et *sui generis*, il considérait l'ensemble du sol terrestre comme sacré et devait être vénéré en tant que tel. Cette signification découlait du fait qu'elle était initialement habitée par les dieux eux-mêmes, qui n'ont décidé que plus tard - comme nous le verrons plus loin - de s'installer pour toujours dans les cieux. Prévoyants et magnanimes, ils n'ont cependant pas laissé les êtres humains sans guide de leur espèce: les pharaons ont en effet été investis du droit divin au pouvoir, raison pour laquelle ils ont eux-mêmes été érigés en dieux par leurs congénères pour les royaumes à venir.

4.1 Popularité, autres cultures et curiosités cachées

L'un des aspects les plus singuliers de l'Égypte antique est certainement sa capacité à fasciner les peuples du monde entier, non seulement en raison de ses grandes compétences scientifiques, politiques et architecturales, mais aussi grâce aux mythes et légendes qu'elle a su inventer. Dès l'Antiquité, d'autres peuples se sont intéressés au système divin égyptien, comme dans le cas du texte « *Isis et Osiris* », écrit par le Grec Plutarque.

Dans la patrie de la démocratie, les artistes et les hommes de lettres de premier plan ont toujours été profondément impressionnés par leurs homologues africains, souvent identifiés non seulement au flair et à l'art, mais aussi à l'intellect et à la connaissance elle-même. Plutarque, quant à lui, était le dernier d'une longue lignée de savants grecs qui avaient exprimé leur amour pour la culture égyptienne dans leurs écrits: de Platon à Hérodote en passant par Pythagore, le lien qui les poussait l'un vers l'autre semblait parfois inévitable. Aujourd'hui encore, la lecture de l'œuvre de Plutarque est définie comme l'une des meilleures façons d'aborder le monde des légendes et de la mythologie en général, en adoptant une sorte de loupe qui permet de déterrer les moindres détails mais en même temps d'appliquer une analyse lucide et rationnelle. Plutarque a donc donné une nouvelle profondeur au mythe lui-même - dont nous ne manquerons pas de vous parler plus tard - en réussissant à placer le système divin grec à côté du système égyptien, ainsi que la doctrine sacrée des autres à côté du système de pensée introduit par Platon. Se plonger dans la lecture de son texte, c'est entreprendre un voyage à travers deux cultures différentes mais en même temps communicantes, en étant attiré par des mystères constants et des points d'ombre qui ne pourront jamais être expliqués par la raison.

Outre tous ces points saillants, les récits des anciens Égyptiens se distinguent également de ceux des autres cultures que nous connaissons par leur rapport étroit avec l'histoire proprement dite. En effet, on trouve souvent dans les textes mythologiques qui nous ont été transmis des noms ou des références historiques qui ont été vérifiés par la suite et que l'on retrouve également dans les textes officiels d'autres sociétés qui leur sont contemporaines. Il ne faut donc pas s'étonner de lire des « bribes » d'histoire même dans certains des contes ci-dessous, car en dehors du système divin, presque toutes les circonstances humaines ont été intégrées dans la réalité quotidienne. Cela s'explique principalement par le caractère non didactique, mais délicieusement divertissant de nombreux contes égyptiens: contrairement à ce à quoi nous sommes habitués dans le monde occidental, il n'y a souvent pas de fin heureuse ou de morale dont on pourrait tirer des leçons importantes. D'un autre côté, se plonger dans une lecture divertissante peut également s'avérer utile, et tout n'a pas besoin d'enseigner quelque chose pour être apprécié!

4.2 Le piège contre râ et la colère de hathor

L'un des grands protagonistes de la mythologie égyptienne, le dieu Râ, régnait - juste avant le début de l'histoire - sur l'humanité et sur le divin. Non seulement il était le roi de tous les êtres existants, mais il eut même la grandeur de se créer lui-même à partir de l'étendue infinie de Nu, ce qui le mettait sur un pied d'égalité avec le père de tous les dieux, Atoum. Dès son arrivée à la vie, Râ a régné, devenant paradoxalement plus vivant que Nu lui-même, et plus puissant que n'importe quel dieu connu. Une partie de son pouvoir lui venait de sa conformation physique: on sait que son œil était identifié au Soleil, capable de réguler la vie sur Terre et de mettre le feu à tout ce qui ne suivait pas ses ordres. Cependant, malgré son statut de dieu, l'âge avançait pour lui aussi, mais compte tenu de son caractère grandiose, au fil du temps, ses membres (au lieu de se rider et de se décomposer) se transformaient progressivement en pierres et en métaux de plus en plus précieux. Les hommes, avides de richesses et aveuglés par le scintillement qui émanait de sa personne, voulaient s'emparer de sa chevelure de lapis-lazuli et de son corps d'or et d'argent.

Omnipotent et omniscient, Râ prit conscience des mauvaises intentions des êtres humains et décida de leur tendre une embuscade orchestrée. C'est ainsi qu'il convoqua tous les dieux et déesses sur lesquels il régnait, y compris Nu l'atavique. C'est à ce dernier qu'il demanda l'avis final sur la façon de traiter les malfaiteurs: l'option principale, aux yeux de Râ, aurait été de les anéantir, mais il n'aurait jamais osé accomplir un acte aussi extrême avant d'avoir consulté l'entité divine par excellence. Bien que Nu ait tenté de rassurer Râ sur son autorité et sur la déférence des humains à son égard, le reste du conseil divin lui conseilla d'envoyer son œil (le Soleil) persécuter quiconque aurait l'intention d'attenter à sa vie ou à sa fortune. Le dieu tout-puissant suivit le conseil et décida d'utiliser Hathor, la déesse habituellement placide et bienveillante, pour accomplir cette tâche.

La déesse réussit à infliger un châtiment exemplaire à tous les humains qui complotaient contre Râ, à tel point qu'elle sera plus tard connue sous le nom de « puissante » par les mortels et les immortels. Une fois qu'elle eut reçu les compliments du dieu suprême, elle perdit complètement la tête et voulut continuer à détruire l'humanité. Ce genre d'action n'était cependant pas complètement méchant, car de nombreuses autres divinités la soutenaient et souhaitaient que chaque être humain périsse. Malgré cela, Râ faisait partie du groupe des dieux « bienveillants », c'est pourquoi il mit au point un plan très élaboré pour réussir à les préserver, sans qu'Hathor s'en rende compte. C'est ainsi qu'elle se fit livrer une grande quantité d'argile rouge d'Éléphantine, qui fut transformée par des experts en un breuvage rouge sang. Il était très important pour le plan que ce breuvage soit délicieux, et c'est dans ce but que Râ avait choisi de faire appel aux meilleurs maîtres brasseurs du monde. Lorsqu'il la goûta, il fut agréablement impressionné et donna l'ordre de la verser sur les champs vers lesquels se dirigeait la déesse assoiffée de sang. Une fois arrivée, celle-ci, trompée par l'arôme magnifique du liquide rouge feu, commença à le boire et se retrouva très vite ivre: à ce moment-là, elle ne pourrait plus être une menace pour l'humanité.

Elle sombra dans un profond sommeil et, à son réveil, ne se souvint plus de la colère qu'elle avait ressentie dans le passé. N'ayant plus de but précis, elle décida de revenir parmi les autres dieux et de se présenter à nouveau devant le dieu Râ, qui fut très heureux de la voir - sachant, par ailleurs, qu'elle ne mettrait pas fin à toute la race humaine. Le plus puissant des dieux décida donc de l'honorer par un banquet et d'ordonner que chaque année elle soit fêtée de la même manière, avec toutes sortes d'alcools préparés par les meilleures servantes de toute l'Égypte. Hathor redevint ainsi ce qu'elle était auparavant, cette divinité docile qui avait mérité l'épithète de « puissante » précisément à cause de sa colère irrépressible. Elle redevient également l'œil de Râ, ressemblant au soleil et se confondant avec lui.

4.3 La sagesse cachée: les livres de Thot

Le protagoniste de ce mythe légendaire de l'Égypte ancienne est Thot, un dieu extrêmement important dans le système divin, car il représentait la sagesse et la vérité. C'est précisément en raison de son rôle d'être extrêmement intelligent qu'il était souvent représenté comme celui qui transmettait une existence épanouie. Il n'était pas seulement un dieu abstrait et « cérébral », pour ainsi dire, mais les anciens Égyptiens croyaient aussi que c'était lui qui avait créé l'écriture, la lecture et tout l'art de la dialectique, et l'avait ensuite transmis aux êtres humains; en plus de toutes ces attributions, certains cultes égyptiens anciens croyaient aussi qu'il avait façonné le langage en général, ainsi que l'art des mathématiques et tout ce qui s'y rapporte (c'est-à-dire l'astronomie et la technologie). En outre, bien qu'il soit généralement présenté comme un dieu dédié à la paix, nombreux sont ceux qui racontent que Thot a longtemps conduit la magnifique barque du dieu Râ, à bord de laquelle il vainquait même les hordes d'ennemis et de bagarreurs rencontrés sur le chemin.

Le mythe qui s'est développé au fil des ans autour de la figure de Thot était toutefois davantage lié à son hypothétique « héritage » qu'à sa figure proprement dite. Bien qu'il ait été particulièrement adulé et idolâtré par la caste sacerdotale (qui voyait en lui le point de référence naturel), sa plus grande fortune en termes de renommée est venue des légendaires 42 livres qu'il a écrits. En réalité, on ne sait rien ou presque de ces livres: de leur contenu et surtout du lieu où ils sont censés se trouver, leur plus grande caractéristique est assurément le mystère. Quant aux sujets abordés, ils auraient dû contenir une quantité démesurée de connaissances sur les sujets les plus vastes - compte tenu des attributions du dieu lui-même ; mais en tout état de cause, Thot (une fois l'ouvrage achevé) aurait décidé de tout dissimuler très habilement. Mais pourquoi ne pas transmettre la connaissance aux êtres humains d'une manière plus directe? Où les enseignements du dieu-Ibis pouvaient-ils encore être cachés ? Et surtout, quel grand secret pourrait s'y cacher ? Essayons de faire la lumière, en vous présentant principalement deux versions de l'écriture de la connaissance perpétuelle qui, depuis les anciens Égyptiens, sont parvenues jusqu'à nous.

4.4 Les conseils des sages

La transmission orale était très importante dans l'Egypte antique, c'est pourquoi les secrets (et plus encore la richesse des connaissances) concernant chaque domaine étaient transmis par la parole entre les différentes générations de prêtres. Un jour, cependant, une réunion a été organisée afin de déterminer la langue la plus apte à remplir cette tâche, de manière à ce que le plus grand nombre possible de personnes puissent bénéficier des nouvelles découvertes. Dépassant toutes les barrières linguistiques et sémantiques existantes, les sages décidèrent que le seul moyen de réunir tout le monde serait de parler un langage d'images, c'est-à-dire le langage des rêves. Grâce à cette intuition, ils rédigèrent tous ensemble un immense livre, qui selon certains ferait partie des 42 imaginaires accordés par Thot, appelé « Livre de la connaissance», dans lequel tous les savoirs étaient représentés par des figures très proches des hiéroglyphes que nous connaissons tous. L'ouvrage était très précieux et n'aurait pas dû tomber entre des mains profanes, des mains qui l'auraient exploité à leur profit et non au nom de la connaissance.

Rapidement, le conseil se rendit compte du danger qu'il courait et, compte tenu de la nécessité d'une solution immédiate, une réunion très urgente fut convoquée, à laquelle tous les membres assistèrent. Il y eut de nombreuses propositions et des jours et des jours de discussion: après avoir réalisé une création aussi parfaite et significative, ils ne pouvaient certainement pas la jeter ou risquer qu'elle soit utilisée à mauvais escient. Tout à coup, après avoir passé beaucoup de temps et eu autant de discussions difficiles, l'un des sages eut une illumination brillante: « Ne pas se cacher, c'est la cachette parfaite ! Ces mots ont complètement bouleversé la situation, provoquant un silence pesant, presque étonné. Bientôt, quelques personnes présentes s'avancèrent pour lui demander des explications, auxquelles il répondit promptement : « Les sots ne se rendent certainement pas compte de ce qu'ils ont entre les mains: il leur manque l'intuition, l'appréciation des moyens qu'ils peuvent avoir.

En donnant ce livre à chaque être humain, on s'assure que personne ne le recherche ou ne l'idéalise, mais on garantit au contraire sa pérennité et sa persévérance » L'explication, bien que peu claire, recèle en réalité une immense sagesse: la méthode proposée garantirait en effet à des milliers et des milliers de personnes le livre, même si elles n'en sont pas conscientes; en même temps, seuls les sages et les dignes comprendraient ce qui y est écrit, puisqu'il faut être capable d'interpréter activement son contenu et non pas seulement de le recevoir passivement. Tous les sages ont donc convenu que cette transparence serait la meilleure façon de préserver le Livre de la connaissance de Thot, et c'est pourquoi ils l'ont mis en circulation, laissant sa contribution rayonner partout avec une grande puissance.

4.5 Un nouveau refuge en plein air: équinoxes, monuments et catastrophes surmontables

Thot, ayant déjà donné à l'humanité un important bagage de connaissances, décida de créer une œuvre globale et surtout permanente de tout ce qu'il avait à offrir. Malgré cela, et malgré l'immense affection qu'il portait aux petits êtres, le dieu ne pensait pas qu'ils étaient encore prêts à recevoir un don de cette ampleur. C'est pourquoi il imagina le stratagème de la cachette: ainsi, non seulement son legs ne deviendrait pas un bien d'usage courant, mais la volonté divine elle-même ferait en sorte que seule une génération digne de toute cette sagesse puisse le trouver. Selon la thèse de certaines sources, les livres se trouveraient sous la pyramide de Gizeh, dans une crypte secrète qui ne serait jamais découverte. C'est pourquoi, pendant longtemps, des armées entières d'aventuriers se sont succédé à la recherche, rencontrant des pertes fortuites et des morts presque totalement inexplicables. Cependant, l'échec de tous ces experts prouvera la fausseté de cette théorie, à tel point que ce type de recherche fut abandonné ces derniers temps.

Une fois cette possibilité écartée, une autre encore plus stupéfiante fut formulée, basée sur certains textes sacrés déjà écrits et transmis par les anciens Égyptiens. Les plus perspicaces commencèrent à penser que les 42 livres étaient en fait une allégorie de quelque chose de beaucoup plus grand et de plus complexe; selon cette lecture, les pyramides de Gizeh et le Sphinx étaient eux-mêmes la représentation terrestre du message de Thot. Grâce à une méthode de calcul astronomique très complexe, il aurait été possible de voir comment ces édifices traduisaient parfaitement les étoiles, avec une référence particulière à la soi-disant précession des équinoxes. Ce terme complexe désigne le mouvement très lent et constant que la Terre effectue sur elle-même, modifiant progressivement son orientation par rapport aux corps célestes au fil du temps. Un cycle complet de ce changement dure plus de 25 000 ans; il dépasse donc même l'histoire humaine telle que nous la connaissons à ce jour (et de loin !). Selon la croyance égyptienne, chaque fin de précession correspondait à un cataclysme de dimensions extrêmes, mettant à chaque fois gravement en danger la vie de l'humanité elle-même. C'est pourquoi de simples livres n'auraient pu être d'aucun secours, mais le dieu aurait guidé les hommes dans la construction de ces ouvrages grandioses afin que même les pires catastrophes ne puissent jamais les détruire complètement. La grandeur servait donc un but précis, à savoir la transmission à travers les millénaires d'un message salvateur pour tous les êtres humains, sans rester un simple culte de la divinité mais en devenant une aide concrète pour toutes les générations à venir.

4.6 Le symbolisme dont les mythes égyptiens sont imprégnés

Bien que tous les contes transmis par l'Égypte antique n'aient pas une véritable morale, en fait, presque tous sont et étaient imprégnés d'un symbolisme dense, c'est-à-dire l'utilisation de symboles et d'allégories pour transmettre implicitement un message plus complexe que le simple récit linéaire. Dans ce mécanisme, la réalité de la vie quotidienne se mêlait inévitablement à la fable et au mythe: à partir de croyances populaires racontées uniquement sous forme de récits, de véritables coutumes se sont développées et ont été mises en pratique dans la vie populaire de tous les jours. C'est le cas, par exemple, de la momification qui, comme nous le verrons plus loin, trouve son origine dans le mythe d'Isis et d'Osiris; ce récit donnait une explication logique à la peur populaire non seulement de la mort, mais aussi et surtout de la décomposition corporelle qui la suit. La momification est donc l'enfant d'un symbole très puissant d'amour et d'attention à la personne, fondé sur la croyance que le défunt doit arriver dans l'au-delà intact dans son immanence.

Le lien direct entre les pharaons et le dieu Horus, fils d'Isis et d'Osiris, trouve également son origine dans un mythe. Vous trouverez ci-dessous l'intégralité du mythe relatant ses aventures, mais sachez également qu'après son couronnement, il est devenu le père de tous les successeurs au trône d'Égypte: son animal totem (le faucon) a donc toujours représenté le pouvoir. De plus, l'animal était inextricablement lié à la figure du pharaon régnant dans une lutte continuelle contre le mal, représenté par la créature totem de Seth (une sorte de chien ou d'oryctérope, c'est-à-dire un cochon de terre au museau allongé). Le contraste permanent entre le bien et le mal, entre l'ordre et le désordre, incluait également dans l'Égypte antique une figure intermédiaire aussi importante que les deux extrêmes: il s'agissait de la déesse Maât, dont le symbole était la plume d'autruche posée sur sa tête. C'est précisément pour cette raison que l'une des figures accompagnant les pharaons défunts dans les pyramides et les tombes monumentales était précisément la déesse elle-même, en tant que garante de son droit à administrer la justice et la loi parmi les êtres humains.

4.7 Une morale à renforcer

Ce n'est pas souvent le cas des contes égyptiens, qui ont tendance à être soit extrêmement explicites, soit presque dénués de sens - parce qu'ils sont destinés à divertir - mais cette fois-ci, la morale du mythe doit être soulignée et rendue explicite. Quelle que soit la version que l'on choisisse comme vraie ou du moins plus convaincante, dans les deux cas, le savoir de Thot aurait été caché au grand jour, donc sous le nez de n'importe quel mortel. Il ne s'agit certainement pas d'une coïncidence, bien au contraire: les anciens Égyptiens savaient parfaitement que de nombreuses personnes ont la possibilité de toucher le savoir, mais qu'elles ne l'exploitent pas correctement parce qu'elles sont trop paresseuses. En effet, les gens ont souvent tendance à prendre pour acquis ce qu'ils ont autour d'eux, sans exploiter correctement tous les indices qui leur sont offerts - selon les anciens Égyptiens par les divinités: malgré les disparités sociales qui peuvent se dresser entre les gens et la véritable connaissance, il ne faut jamais désespérer. Au contraire, dans de nombreux cas, l'effort vers une meilleure compréhension de la réalité environnante (qu'il s'agisse d'un livre « illustré » ou d'un ensemble de monuments funéraires) conduit vraiment au contact de quelque chose de transcendant, de si haut qu'il est salvifique, même définitivement.

4.8 Osiris et Isis : les parents de l'âge d'or

Non seulement la création du monde, mais aussi le passage de l'âge sauvage à l'âge d'or ont fait l'objet d'une version propre aux Égyptiens. C'est à partir de cette histoire potentiellement concise qu'une véritable légende s'est développée, relatant les vicissitudes de deux des divinités les plus importantes du *panthéon* égyptien: Isis et Osiris. Il n'est pas surprenant que ce récit soit le plus connu de toute la mythologie égyptienne, non seulement en raison de l'énorme fascination qu'il exerce, mais aussi de l'importance considérable que les Égyptiens eux-mêmes lui accordaient. C'est précisément en raison de sa centralité que les prêtres, les scribes et les artistes ont raconté son déroulement dans presque tous les temples qu'ils ont construits, afin qu'il soit connu du plus grand nombre.

Isis et Osiris étaient deux des quatre frères et sœurs: avec Nephthys (déesse protectrice des momies) et Seth (dieu du désert, des tempêtes, du chaos, des étrangers et des colères violentes). Ils ont été engendrés par la déesse représentant le ciel, Nout, qui s'était unie au dieu représentant la terre, Geb. Dès leur engendrement, Isis et Osiris tombèrent amoureux - même s'ils étaient parents au premier degré, ce qui n'était pas considéré comme scandaleux par les anciens Égyptiens - et décidèrent de s'unir par l'amour pour devenir pharaons afin d'apporter la civilisation au peuple des humains et de régner en paix. Un tel règne correspondait exactement aux particularités des deux dieux, car le premier représentait l'amour et le sentiment maternel, tandis que le second représentait l'agriculture et la religion. La combinaison du sentiment amoureux de l'un et de la volonté civilisatrice de l'autre a rapidement conduit à la création d'un nouvel âge d'or, prospère et fécond comme on n'en a jamais connu auparavant et comme on n'en connaîtra jamais.

Les deux divinités se sont montrées dès le début extrêmement bienveillantes à l'égard des êtres humains. Osiris, pour sa part, enseigna à l'humanité l'art de mouler le métal de manière à pouvoir éradiquer facilement tout animal féroce; de plus, il appela les jeunes créatures à créer une véritable civilisation basée sur la fraternité et la paix. En d'autres termes, il a permis aux êtres humains, qui n'étaient alors que des brutes sauvages, d'accéder au statut de personnes civilisées, capables de suivre des règles communes, de s'établir dans un lieu fixe et d'abandonner à jamais l'errance propre aux peuples nomades. Pour leur faire plaisir également, il leur a transmis les connaissances nécessaires pour cultiver les formidables plantes qui accompagneraient désormais l'humanité: la vie et l'orge, d'où tirer respectivement du vin et de la bière. De son côté, sa sœur-épouse Isis décide elle aussi de contribuer à l'essor d'une nouvelle civilisation vigoureuse et prospère. Sachant que les êtres humains sont une race fragile et sujette à des maux physiques quasi constants, elle entreprend de les guérir un par un, en utilisant des rites magiques comme le voulait la médecine égyptienne. En chassant les démons qui possédaient les personnes souffrantes, elle a pu leur apporter un grand soulagement, objectif qu'elle a également atteint en donnant naissance au noyau organisé de la famille, dont la quintessence est de se soutenir les uns les autres et de pallier les insuffisances des autres. Désireuse de doter l'humanité de formes artistiques et manuelles, elle enseigna aux hommes l'art de la boulangerie et aux femmes celui du tissage, réussissant ainsi à fonder ce que nous appelons encore aujourd'hui banalement la société.

Devant le succès de l'âge dor dans l'Égypte antique, le dieu Osiris décida de poursuivre l'expérience dans d'autres régions de la Terre, et le seul moyen d'y parvenir était de partir pour un long voyage, d'errer partout et de répandre la civilisation humaine. C'est ainsi que le pouvoir absolu fut assumé par sa femme Isis qui, en l'absence de son mari, sut tout administrer avec sagesse. Mais un jour arriva Seth, contrepartie maléfique de son frère, bien décidé à voler le royaume qu'Isis et Osiris ont fait naître, poussé par l'appât du gain. Malgré les attaques du dieu de la violence, Isis a su résister à tous les coups et a gardé son pouvoir bien en place. Elle put ainsi attendre avec impatience le retour de son bien-aimé, qui arriva bel et bien un jour, accompagné du dieu Anubis du royaume des morts et de Thot, dieu de la lune, de la sagesse et de bien d'autres connotations mentales. Retrouvant non seulement sa femme mais aussi son frère éloigné, il fut ravi et ne se douta pas de la véritable raison de sa présence: renverser son gouvernement.

Seth décida d'organiser une grande fête avec des mets et des boissons de toutes sortes, ainsi que tous les apparats possibles et imaginables, afin de célébrer comme il se doit le grand retour d'Osiris et de ses compagnons. En guise de divertissement, un immense coffret rempli de pierres précieuses et de sculptures tout aussi précieuses est présenté. Seth, prenant la parole, annonça que quiconque pouvait remplir complètement ce très grand contenant ressemblant à un homme avec son corps pourrait s'en emparer. Dans une atmosphère à la fois ludique et de défi, de nombreux convives tentèrent l'exploit, mais sans succès: la boîte avait été spécialement forgée avec des dimensions immenses pour que seul l'énorme Osiris puisse réussir à relever le défi. Les convives ont essayé, ils ont échoué, et le moment est venu pour le dieu lui-même. Comme l'espérait le frère maléfique, il réussit parfaitement à entrer, et c'est ainsi qu'avec une rafale très rapide, Seth parvint à l'enfermer, visiblement avec l'aide de certains de ses complices qu'il avait infiltrés lors des festivités. Toujours très rapide, il réussit à sceller hermétiquement le couvercle avec du métal en fusion, puis à jeter l'ensemble du paquet contenant Osiris dans le Nil. La réussite de ce formidable plan est si choquante que toutes les divinités présentes reprennent leur forme animale pour s'enfuir au plus vite - car elles craignent d'être les prochaines. Isis, qui venait apparemment de perdre son homme bien-aimé, commença à se désespérer en attrapant ses vêtements et en les arrachant avec toute la fureur dont elle était capable. La voyant dans cet état et palpant le danger avec un instinct redoutable, Thot décida de revenir sur ses pas et, d'un geste du poignet, de l'aider à s'enfuir au loin.

Leurs chemins se sont donc séparés et c'est ainsi qu'Isis a commencé son voyage solitaire, errant sur les terres brûlées de l'Égypte antique. La seule compagnie de la déesse était constituée de sept très grands scorpions, dirigés par l'énorme Tefen, qui devaient protéger et aider à la subsistance de la pauvre déesse déchirée par le chagrin. Éprouvée par le voyage et défigurée par une immense fatigue, Isis était presque méconnaissable et bien qu'elle ait longtemps cherché un abri, elle ne trouvait pas de foyer. Un jour, alors qu'elle frappe à la porte d'Use, une dame de la ville de Pa-sin, celle-ci est terrifiée non seulement par les animaux effrayants, mais aussi par Isis elle-même, qui apparaît désormais dans un état plus pitoyable que le dernier des mendiants. Dans l'Égypte antique, le manque de respect envers l'étranger qui demandait l'hospitalité était considéré comme une faute morale très grave. C'est pourquoi les scorpions fidèles à la déesse décidèrent de mettre au point un plan pour assurer sa juste vengeance. Ils s'approchèrent l'un après l'autre de

Tefen, car ils avaient compris qu'unir toutes leurs forces pour une seule attaque fatale serait la meilleure stratégie: chacun d'eux versa soigneusement son venin dans le dard de leur chef, qui se faufila ensuite dans la maison de l'irrévérencieux villageois. Une fois à l'intérieur, elle aperçoit un petit enfant qui erre entre les murs de la maison et, dès qu'elle l'aperçoit, sa colère lui ordonne de le tuer afin d'exercer une vengeance parfaite au nom de la grande Isis. La colère de Tefen et la létalité du poison sont telles que tout le bâtiment s'embrase.

Une fois l'horrible méfait vengé, les scorpions invitèrent la déesse à poursuivre la marche, bien que la fatigue des membres et de l'âme fût désormais presque insupportable. La compagnie rencontre bientôt une humble paysanne, douce d'esprit et sans aucun jugement. Cette femme, nommée Taha, décide d'aider Isis, qu'elle considère simplement comme une femme souffrant énormément. Use, quant à elle, luttait contre les flammes, paniquée à l'idée de perdre d'un seul coup sa maison et son fils bien-aimés. Mais comme elle venait d'être aidée, Isis décida de prendre exemple sur le magnanime Taha et de mettre fin à ses souffrances: par deux ordres simples mais fermes, elle fit cesser l'effet du poison, sauvant ainsi l'enfant, et fit apparaître un nuage enceint qui déversa ses gouttes de pluie sur le feu, qui s'éteignit facilement. C'est ainsi qu'Use se prosterna devant la grande Isis, implorant son pardon et l'obtenant finalement.

Malgré ce bref contretemps, qui avait certes secoué Isis mais ne l'avait pas vaincue, elle poursuivit sa route à la recherche du coffre contenant son bien-aimé. Le voyage lui parut interminable et, au fil des haltes sur le Nil, elle entendit les rumeurs les plus disparates: certains disaient avoir aperçu le coffre juste avant, d'autres disaient l'avoir entendu, d'autres enfin désignaient le bras du fleuve où il s'était faufilé. De telles vicissitudes n'étaient pas le fruit du hasard, mais dépendaient directement de la volonté de Seth, qui avait envoyé d'innombrables esprits maléfiques maudire le chemin de la déesse de manière à l'entraver jusqu'au bout. Après avoir appris que le piège sinistre s'étendait jusqu'à la haute mer, elle se dirigea vers la ville de Biblo, où elle réussit enfin à le trouver : il s'était incrusté dans des arbustes qui, avec le temps, s'étaient transformés en un grand et bel acacia, embrassant sans cesse le grand dieu Osiris. Une si belle plante ne pouvait pas passer inaperçue longtemps, car elle se distinguait des autres non seulement par son éclat, mais aussi par sa taille et sa robustesse. C'est ainsi que le roi lui-même donna l'ordre d'abattre cet arbre et d'en faire une colonne tout aussi robuste, qui serait exposée en guise d'orgueil dans son palais. Isis, toujours amoureuse et ne pouvant se détacher de ce qui représentait encore son frère-époux, prit l'habitude de se transformer chaque nuit en une gracieuse hirondelle, afin de pouvoir se rendre à la cour et voler autour de la colonne toute la nuit.

Après une longue période passée dans la même *routine*, déesse recluse le jour et hirondelle la nuit, Isis se dit qu'il est temps de faire marche arrière et d'agir activement. Chaque jour, elle se présente à la cour du roi, à l'endroit précis où les servantes vont chercher l'eau pour l'apporter aux demeures royales. Se présentant avec toute l'affabilité dont elle était capable, elle se fraya un chemin dans leur hiérarchie, grâce aussi à divers cadeaux: ses délicieux parfums, ses récits et sa patience à coiffer les jeunes filles lui valurent d'être connue même de la reine, qui souhaitait la rencontrer. Elle continua à se faire discrète pendant un certain temps, jusqu'à ce que vienne le moment d'appliquer la dernière partie du plan. Une nuit, la reine entendit son fils pleurer et, se précipitant vers son berceau, elle fut confrontée à une scène horrible: des flammes déchirantes et sept énormes scorpions. Affolée, elle se met à crier et fait alors venir plusieurs gardes et le roi, qui se retrouvent cependant impuissants face à ce drame. Alors, Isis sortit de l'obscurité dans laquelle elle attendait et se révèla, mettant fin à tout cela et démontrant sa propre essence, son immense pouvoir. Face à cette scène, les deux royaux se rendirent compte de ce qui ils avaient devant eux et, après s'être excusés de la traiter comme une simple mortelle, lui assurèrent qu'ils lui offriront tout ce qu'il était en leur pouvoir de lui donner. Elle choisit évidemment d'emporter la colonne contenant Osiris, ce qui lui fut accordé; deux des fils du roi l'accompagnèrent également dans son voyage en tant que gardes et guerriers.

4.9 Isis et Osiris : une rencontre douce-amère

Lorsqu'ils eurent dépassé la moitié de leur voyage, la déesse donna l'ordre d'arrêter la caravane, car elle désirait désespérément revoir son bien-aimé. Mais une fois le coffre ouvert, elle se mit à pleurer et à se désespérer, versant des larmes amères sur son visage désormais squelettique et sculpté par le temps. Le moment était si pathétique que les deux gardes, qui étaient humains, ne purent le supporter et que deux destins différents, mais tout aussi tragiques, leur furent réservés. Le premier, en entendant les cris terrifiants d'Isis, perdit la tête et ne retrouva jamais ses esprits, tandis que le second fut littéralement zigouillé par le regard de la déesse, car il avait trop regardé ce qui, dans son esprit, devait être un moment extrêmement intime. Puisqu'elle n'avait plus ces humains à ses trousses, Isis se mit à chercher tous les moyens possibles pour ramener Osiris d'entre les morts. Sortant complètement de son plan, elle se transforma en faucon, mais au lieu de réussir à lui redonner le « souffle de vie», elle tomba miraculeusement enceinte.

Ne sachant plus que faire, Isis décida d'emporter l'acacia avec son bien-aimé à l'intérieur, le plus loin possible, dans un coin reculé du monde, afin de le cacher et de lui garantir une sépulture digne. Mais Seth, qui n'avait pas encore relâché son emprise sur les deux frères, ne tarda pas à apprendre ce stratagème; il trouva donc le corps et, furieux de le revoir, il le démembra, le détruisit et en fit quatorze morceaux différents, qu'il dispersa ensuite au hasard sur toute la surface du désert. Isis, qui ne pouvait supporter un tel sort pour son bien-aimé, se lança à nouveau dans un immense et épuisant voyage à la recherche de chaque partie d'Osiris, dans le seul but de le reconstituer et de lui donner une fois pour toutes le juste sommeil éternel qu'il méritait. Chaque fois que l'on en trouvait un, d'immenses et magnifiques temples surgissaient, qui attiraient par la suite des milliers de pèlerins et incitaient de nombreux adorateurs à la prière rituelle. Tenace et inarrêtable, la déesse réussit à reconstituer le corps entier de son bien-aimé, puis convoque les autres divinités amies: Neftis, Thot et Anubis. Grâce justement à ce qu'ils avaient appris d'Osiris, ils parvinrent, en lui rendant un dernier hommage, à le momifier, faisant de lui la première momie ayant jamais existé dans l'histoire de l'Égypte antique. Un tombeau a ensuite été érigé, sur les murs duquel ont été placées les inscriptions rituelles sacrées et à l'intérieur duquel a également été placée une statue reproduisant exactement l'apparence du défunt: en suivant ces procédures, le groupe de dieux a réussi à ramener Osiris à la vie.

4.10 La fuite d'isis et l'épilogue: horus, un nouveau dieu

Une fois tout le processus rituel achevé, Isis décida de retourner à l'abri afin d'échapper définitivement à la colère de Seth. De plus, il ne faut pas oublier qu'à ce moment-là, elle devait non seulement se protéger elle-même, mais aussi et surtout l'enfant qu'elle portait. Heureusement pour elle, cette fois-ci, son frère maléfique ne l'a pas trouvée et a réussi à donner naissance au petit Horus, qui a été en tout point élevé comme un dieu. Son apparence même en disait long sur sa destinée: son œil droit représentait le soleil, tandis que son œil gauche représentait la lune. La nouvelle mère décida de l'élever en lui parlant longuement de son père qui, après un long moment - et une seule fois pour ne pas attirer l'attention de Seth - revint sur terre dans le but exprès de le former en tant que guerrier digne de ce nom. Horus ne tarda pas à répondre à cet appel et devint rapidement très vaillant et habile, mais la combinaison de son amour pour son père et de son amour pour les armes était en fait la recette parfaite pour une véritable explosion.

Bientôt, Horus décida de partir à la recherche de celui qui avait déposé et tué son père, à savoir son oncle Seth, qu'il détestait tant. Il emmène avec lui un important contingent d'hommes, fidèles au grand Osiris, mais à peine arrivés à destination, ils sont confrontés à une armée tout aussi redoutable: non seulement Seth, mais aussi une poignée de dieux et de nombreux démons sont prêts à défendre la souveraineté tant convoitée. La bataille ne tarda pas à s'engager et fit immédiatement rage, perturbant l'ensemble du système humain et divin. Au cours du chaos, même Seth se transforma en cochon noir et dévora l'œil gauche d'Horus, qui ne pouvait donc plus refléter la lune sur le monde. En d'autres termes, l'humanité entière avait sombré dans le désespoir et l'impossibilité de connaître des nuits saines et régulières. Se rendant compte de la situation intenable qui se créait et surtout du fait qu'il s'agissait d'un affrontement entre membres d'une même famille, Isis supplia Horus d'arrêter. Mais le fils était en proie à un accès de rébellion et surtout à une pression d'adrénaline extrême, puisqu'il était en train de vaincre définitivement son rival; c'est ainsi que, dans un accès de rage, il coupa la tête de sa mère, la décapitant au sens propre du terme pour la seule raison qu'elle avait osé inviter à la paix.

La situation semblant avoir dégénéré, Thot, dieu sage et guérisseur, prit les rênes et commença à remettre de l'ordre dans une guerre qui semblait vouée à ne jamais finir. Tout d'abord, il guérit Isis par simple imposition des mains, en lui donnant une tête de vache à la place d'une tête - ce qui lui vaudra plus tard l'épithète de « déesse-vache » Par la suite, d'une main très ferme, Thot décida de s'en remettre à un conseil de dieux pour décider de l'accord à trouver entre les deux parties afin de rétablir la paix. D'une manière si humaine qu'on a peine à y croire, une commission semblable à un tribunal commença à discuter de la validité des arguments des deux parties, puis rendit son verdict final. À la satisfaction des deux parties, Seth se voit attribuer le royaume de Haute-Égypte, tandis qu'Horus, nouveau dieu et héritier présomptif d'Osiris, prend le pouvoir dans le royaume de Basse-Égypte.

4.11 La fille aux pantoufles roses-rouges

L'histoire de la jeune fille aux pantoufles rouge-rose remonte à la toute dernière période du royaume égyptien, donc à l'aube de la nouvelle domination perse, lorsque le pharaon était Amasis. Ce dernier, très sage et soucieux de défendre ses territoires face à l'avancée du redoutable Cyrus, tente de donner asile au plus grand nombre de Grecs possible en les logeant dans les régions limitrophes du royaume. Il espère ainsi créer des zones tampons et profiter du savoir grec, déjà l'un des plus appréciés au monde à l'époque. Son effort est tel qu'il érige une ville entière (non loin du Nil) à cet effet: il l'appelle Naucratis et la dote de tant d'argent qu'elle devient rapidement un centre commercial florissant. Il y vivait un marchand expert en commerce avec les Égyptiens; il s'appelait Charxos, il était originaire de Lesbos et était le frère de la célèbre poétesse Sappho.

Conscient de sa richesse et du fait que tout le monde le connaissait dans la ville, il se promena un jour chez le marchand permanent sans avoir d'objectifs commerciaux précis; comme toujours, l'air était chaud et chaotique, mais imprégné de l'électricité des affaires que seules les affaires peuvent créer. Soudain, par hasard, il remarqua que beaucoup plus de gens que d'habitude se tenaient autour du bloc de pierre sur lequel les esclaves étaient exposés puis vendus. Le monolithe, qui servait de scène, rassemblait ce jour-là un nombre disproportionné de personnes, presque étonnées et silencieuses devant l'ampleur du phénomène. Charxos décida donc de s'approcher pour voir ce qui se passait: bien qu'il flairait et espérait une affaire, il se trouva étonné quand il trouva tout autre chose. Devant lui se tenait, sur scène, une très pâle et très jeune fille grecque aux joues peintes en rouge. Son cœur s'arrêta un instant à cette vue et il sut immédiatement qu'il ferait n'importe quoi pour l'avoir. Lorsque les enchères commencèrent, il commença donc à faire monter les prix et gagna bientôt haut la main (car il était l'une des personnes les plus riches de toute la ville).

Une fois la négociation et le paiement terminés, Charxos emmène la jeune étrangère chez lui, où il lui donna à manger et à boire, puis commença à lui raconter son histoire. Rhodopis, originaire du nord de la Grèce, a été victime de la traite des esclaves dès son plus jeune âge. Des pirates l'avaient en effet enlevée alors qu'elle n'était encore qu'une enfant, pour la vendre à un riche seigneur de Samos qui l'avait utilisée comme courtisane pratiquement jusqu'à ce jour. Les souvenirs de la jeune fille sont mélancoliques, évidemment attristés par la condition dans laquelle elle a vécu, mais aussi égayés par quelques anecdotes - comme, par exemple, au sujet de son compagnon d'esclavage Esope, très gentil et très sympathique, grand connaisseur et conteur d'histoires sur les animaux, les oiseaux et les êtres humains en général. Bien qu'elle se soit bien installée à Samos, une fois qu'elle fut plus âgée, son maître pensa qu'il pourrait la vendre pour une bonne somme d'argent et elle fut donc transportée dans la ville de Naucratis pour être vendue au plus offrant.

L'histoire de Rhodopis a profondément ému le marchand qui, bien plus âgé qu'elle, a commencé à la considérer comme une véritable fille. C'est pourquoi il décida de lui offrir tout ce qu'il avait à offrir, à commencer par les bijoux et les vêtements les plus précieux, d'une facture exquise et d'une valeur inestimable. Il lui offrit également de magnifiques pantoufles rouge-rose, qu'elle avait vues un jour en traversant la ville et dont elle était tombée amoureuse. Mais Charaxos ne s'arrêta pas à ces objets d'esthétique féminine et alla plus loin en lui offrant une belle et jolie maison avec une petite cour intérieure. Ironie du sort, la jeune fille qui avait été servante à la cour d'un personnage de haut rang se retrouvait maintenant entourée de serviteurs de toutes sortes qui s'occupaient de sa maison, de ses soins personnels et lui préparaient tous ses repas. Elle était ainsi devenue une véritable femme de la haute société, selon la conception typique des anciens royaumes: en tant que femme, elle n'aurait jamais à travailler ou à faire des travaux pénibles, car la fonction même des serviteurs dont elle était entourée était précisément de satisfaire ses moindres besoins.

Par une chaude journée d'été, Rhodopis prit un bain rafraîchissant dans une baignoire au centre de la cour. Entourée comme toujours de luxe, certaines de ses servantes tiennent ses vêtements et ses pantoufles, tandis que d'autres la coiffent et l'aspergent d'huiles parfumées. Notre protagoniste était allongée, calme et apaisante - compte tenu de la chaleur asphyxiante de l'été -, reposant ses épaules sur le rebord de marbre frais de la baignoire que son magnat lui avait offerte. Tout se passait comme un après-midi tranquille et étouffant dans l'air lourd, lorsqu'un immense aigle se mit à voler en cercles concentriques au-dessus de la cour. Toutes les servantes (ainsi que leur maîtresse) pensèrent qu'il allait attaquer le groupe, connaissant à la perfection les mouvements de ces redoutables animaux. Comme prévu, l'aigle commença à descendre en piqué, menaçant, plongeant les femmes dans la panique, mais elles ne purent rien y faire.

L'animal se retourna soudain, laissant tout le monde stupéfait, et saisit de ses griffes l'une des deux pantoufles rouge-rose. Satisfait de son butin, il reprit son envol, déploya ses immenses ailes et se dirigea vers le sud de la vallée du Nil. Alors que les serviteurs se mirent à prier Horus, le dieu dont l'aigle est l'animal sacré, Rhodopis se mit à pleurer bruyamment, sachant que la pantoufle (en outre un cadeau sincère et affectueux de l'homme qui l'a sauvée) a probablement été perdue à jamais.

L'aigle, quant à lui, continua à voler avec détermination, presque investi d'une mission divine; son voyage se poursuivit jusqu'à ce qu'il trouva le palais de Memphis, où se trouvait alors le pharaon Amasis. Ce jour-là, l'occupation qui occupa le souverain de toute l'Égypte était l'exercice de la justice. Assis au centre de son immense cour, il accueillit un à un tous les sujets qui demandait à présenter leurs doléances au pouvoir en place. Il les écouta patiemment, attend qu'ils aient fini d'exposer leur problème, donna une réponse définitive et légifère oralement sur des situations générales ou particulières. Vu la chaleur qui régnait ce jour-là, les audiences se tenaient à ciel ouvert et c'est ainsi que l'aigle d'Horus parvint à atteindre Amasis, laissant tomber la pantoufle jalousement gardée dans ses serres jusqu'alors. Devant cette dynamique, toutes les personnes présentes se mirent à crier, à gémir et à hurler de stupeur. Le pharaon ramassa doucement la pantoufle rouge rosé sur ses genoux: étant un homme très fin et habitué à la beauté, il reconnut immédiatement la finesse de son travail. Il se mit immédiatement à réfléchir à qui pouvait bien appartenir ce beau cadeau venu du ciel, remarquant d'emblée qu'il était de petite taille.

Voyageant avec son esprit, combinant intellect et créativité, il se mit à penser qu'elle devait appartenir à l'une des plus jolies filles du royaume. Comme il était temps de rendre la justice (et donc de légiférer), il prit immédiatement un décret royal: « Je veux que chacun de mes messagers parte immédiatement à la recherche de la propriétaire de cette belle pantoufle. N'épargnez aucune dépense et, s'il le faut, allez jusqu'aux coins les plus reculés de mon royaume. Je ne laisserai pas ce beau cadeau du dieu Horus sans écho, ni sans suite » Aussitôt, de fervents préparatifs commencèrent, mais l'ordre ne s'arrêta pas là: « Quand tu auras trouvé l'heureuse élue au bon goût et aux pieds gracieux, fais-lui part de mon désir de lui demander sa main !

Tous les hommes disponibles au service du Pharaon se sont mis en marche au cri rituel de « Vie, santé et force à jamais pour le Pharaon! Il a parlé et tous ses ordres seront exécutés » Conformément aux ordres reçus, ils visitèrent toutes les villes possibles, jusqu'à ce qu'ils arrivent à Naucratis, qui venait d'être fondée. Au cours de leurs recherches, ils tombèrent par hasard sur l'histoire du riche marchand Charaxos, de la belle jeune fille grecque qu'il avait achetée et de la manière luxueuse dont on disait qu'il la gardait. Nombreux sont ceux qui, racontant l'histoire du village, se sont aventurés à dire que des mains divines l'avaient amenée jusqu'à ce magnanime vieux magnat. C'est ainsi qu'ils arrivèrent à la maison où vivait la princesse Rhodopis, qui se reposait dans le petit jardin derrière le bassin dans lequel elle avait vécu cette ancienne aventure miraculeuse. Lorsque les messagers du pharaon se présentèrent avec la pantoufle, elle prouva qu'elle en était la propriétaire en l'habillant parfaitement. Opposant - à juste titre - aux fonctionnaires qu'il pouvait s'agir d'une simple coïncidence, Rhodopis chuchota à une servante et lui donna un ordre ferme. Celle-ci se mit immédiatement en route et, à son retour, elle tenait dans sa main exactement la jumelle de cette paire de pantoufles rouge rosé. Elle raconta alors l'étrange aventure de l'aigle, qui l'avait amenée à consigner ce qui s'était passé. Désormais certains que c'était elle la fille qu'ils cherchaient, ils lui annoncèrent la bonne nouvelle, expliquant aussi que le pharaon croyait que l'aigle messager avait été envoyé directement par le dieu Horus lui-même.

La jeune Rhodopis ne pouvait pas se comprendre que le pharaon Amasis lui-même l'avait envoyée chercher et veuille l'épouser. Malgré sa surprise, elle savait qu'elle ne pouvait plus reculer et que tel aurait été son destin. Un ordre royal, appuyé par une intervention divine, n'aurait certainement pas dû être désobéi. Elle décida donc d'accepter et de tout raconter en personne à son bien-aimé Charxos, qu'il considérait depuis longtemps comme un père miséricordieux et un sauveur. Il éprouvait des sentiments mitigés et doux-amers, car d'une part il était heureux pour la jeune Rhodopis, mais d'autre part il était triste de devoir se séparer d'elle pour toujours. Néanmoins, il donna sa bénédiction et regarda Rhodopis partir pour de bon. Une fois arrivée à destination, la jeune femme laissa le pharaon

Amasis stupéfait par sa beauté. Le grand souverain d'Égypte comprit immédiatement que la place de la jeune fille ne serait pas dans la Maison royale des femmes, où il avait prévu de la loger avec d'autres épouses et concubines. Sans hésiter, il l'épousa et lui donna le titre de reine du royaume d'Égypte, vivant avec elle et l'aimant jusqu'à la fin de sa vie.

4.12 La Princesse de Bakhtan

La légende que vous allez lire raconte une ancienne rivalité acharnée entre les Hittites et les Égyptiens, grands peuples mais rivaux tout aussi acharnés. Les relations ne se sont stabilisées que grâce à la puissance militaire égyptienne et à une habile stratégie en matière de relations internationales, dont la théorie commençait déjà à s'imposer *ante litteram*. Les souverains avaient en effet su comprendre et exploiter le rôle fondamental des populations tampons, c'est-à-dire de toute une série d' »États-satellites » de fait, capables de contrer l'avancée hittite - subventionnés par les contributions en or de la couronne et conscients des défaites subies par les milices égyptiennes au fil du temps. Les relations s'aggravèrent: de simples frictions prolongées, elles se transformèrent en véritable guérilla et allèrent jusqu'à provoquer un affrontement armé en rase campagne entre les deux armées. À cette occasion, le valeureux roi Ramsès décida d'entrer en scène avec sa propre armée, prouvant ainsi qu'il était un chef hors pair et se couvrant de la gloire du champ de bataille. Au XIIIe siècle avant J.-C., en effet, un mariage très somptueux et tout à fait *sui generis* fut célébré: il s'agissait de la célébration de l'union entre Ramsès II - un roi égyptien bien connu - et une descendante monarchique du peuple hittite.

L'affrontement fut très coûteux et laissa les deux factions presque à égalité, mais une fois de plus, d'intenses efforts diplomatiques réussirent à apaiser une situation jugée désormais irréparable. Le valeureux souverain égyptien prend pour épouse la princesse hittite, désormais appelée par son nom égyptien Maat-neferu-Ra: l'événement fut célébré en grande pompe par les deux peuples, qui y virent le début d'une nouvelle ère de paix. Peu de temps après le mariage, le frère de la consort, le prince de Bakhtan, se présente devant Ramsès II pour lui demander de l'aide: sa fille, la sœur de Maat-neferu-Ra, est très malade et a besoin des soins d'un médecin expérimenté. Ce n'est pas un hasard s'il est allé chercher de l'aide en Égypte, car les médecins locaux étaient considérés comme des sommités par le monde entier qui les entourait. Le souverain magnanime se fit expliquer le cas spécifique de la princesse Bakhtan et rassembla un petit comité de conseillers pour déterminer quel expert serait le mieux à même de résoudre le problème. De ce groupe d'experts sortit le nom de Thutemeb, qui, une fois appelé, ne tarda pas à apporter son aide en se précipitant immédiatement à la cour.

Le médecin Thutemeb se rendit à Bakhtan et examina rapidement la princesse, qui portait le nom de Bentresc. Malheureusement, sa réponse ne fut pas rassurante, car la jeune fille reçut un diagnostic qui dépassait ses propres capacités: l'esprit qui la possédait était si puissant qu'il ne pouvait être éradiqué, même par un médecin aussi compétent que lui. C'est ainsi que pendant les célébrations estivales de la fête d'Ammon, Ramsès se vit arriver à la cour un messager envoyé par le prince de Bakhtan lui-même. Cette fois-ci, les exigences étaient même élevées, si bien qu'il a été demandé à Ramsès d'envoyer un dieu en personne pour tenter de sauver la princesse possédée. Ramsès fait une nouvelle fois preuve de magnanimité et se rend en personne au temple du dieu Khonsou, vénéré sous le nom de Naferhotep. En le priant et en le suppliant, il lui demanda d'insuffler sa sagesse à sa propre version qui gouvernait cependant à Thèbes et était connue partout pour ses propriétés curatives. Le dieu y consentit par des hochements de tête et fut ainsi imprégné d'une magie profonde et puissante, en partie grâce à l'utilisation de ses représentations qui étaient vénérées simultanément à Thèbes et dans le temple de Naferhotep. Une fois ce petit rituel informel achevé, le puissant Ramsès II donna l'ordre de charger l'image entière de Khonsou de Thèbes sur un grand bateau, qui fut ensuite envoyé - avec le messager de retour - à Bakhtan.

Khonsou de Thèbes, qui avait maintenant pris vie et vigueur grâce à la magie dont il avait été chargé, fut instantanément accompagné par la jeune fille du souverain. En sa présence, l'esprit maléfique qui harcelait la jeune fille depuis si longtemps fut saisi d'un mouvement sincère de peur référentielle et quitta son corps. Se tournant vers le dieu, il le couvrit de tous les compliments et le vénéra immédiatement, à tel point que le magnanime Khonsou de Thèbes ordonna au souverain de la ville de lui rendre hommage par une grande offrande. Décrit de la sorte, le moment peut sembler calme et paisible, alors qu'à l'oreille humaine, les bruits provenant de la pièce étaient denses et intrinsèquement unis à une inexplicable aura mystique. En effet, tandis que le jeune Bentresc, Khonsou de Thèbes et l'esprit maléfique s'employaient à libérer la jeune fille, le prince et une poignée de ses hommes de confiance attendaient juxtaposés dans une pièce adjacente d'où ils continuaient à faire monter leurs espoirs et leurs prières. L'échange entre les deux êtres surhumains était si confus et incompréhensible qu'ils en vinrent à douter de leur foi en Khonsou lui-même: au moment où leurs espoirs commençaient à s'évanouir, tout comme leurs cris, un prêtre sortit, apportant l'heureuse nouvelle de la guérison complète de la jeune fille.

Avec Bentresc, c'est toute la ville de Bakhtan qui a été libérée d'un esprit maléfique qui s'était abattu sur la famille royale pour harceler tout le royaume à la fois. La nouvelle de la guérison fut donc accueillie par tous les sujets comme une grande victoire collective et personnelle, à tel point que des festivités générales durèrent des semaines, au cours desquelles nourriture, boissons et offrandes de toutes sortes affluèrent en faveur du grand dieu libérateur. Le prince de Bakhtan fut si soulagé et si impressionné par les actes de Khonsou de Thèbes qu'il essaya, les jours suivants, de le garder le plus longtemps possible, car il s'était pris d'affection pour lui et souhaitait inévitablement continuer à accueillir une si grande divinité à sa cour. Les services offerts au dieu, qui se faisait passer pour un être humain, étaient si hospitaliers qu'ils le gardèrent pendant trois ans et neuf mois; après cette période, cependant, quelque chose de vraiment étonnant se produisit. Le souverain de Bakhtan.

4.13 Entre passé et présent : la malédiction des pharaons

Le mythe que nous allons vous raconter s'inscrit dans la lignée des voyages intertemporels, puisqu'il réunit le passé, le présent et peut-être même le futur dans un halo de mysticisme que l'on ne retrouve nulle part ailleurs. Les protagonistes de ce récit ne seront pas seulement des êtres étonnants, des dieux et des empereurs antiques, mais nous trouverons aussi des hommes ordinaires des temps modernes, occupés à leur travail, à savoir des archéologues.

À l'époque des anciens Égyptiens, l'usage de ce que l'on interprète aujourd'hui comme de la magie noire était très répandu. Mais à l'époque, elle correspondait simplement à l'utilisation de formules rituelles chargées de sens et destinées à frapper spécifiquement tout ennemi réel ou potentiel. Ces rituels, à la frontière du religieux et du divin, permettaient à ceux qui les pratiquaient de se protéger, de préserver leur propre sécurité aux dépens d'éventuels malfaiteurs, mais aussi de garantir une bonne et saine vengeance, infligée directement par la volonté divine si l'on suivait scrupuleusement la procédure correcte. En particulier, la légende des empereurs maudits veut qu'à l'intérieur des pyramides funéraires du magnifique Thut-ank-Ammon se trouvaient des tablettes d'anathème sur les ennemis, selon une typologie bien connue. En effet, les anciens Égyptiens utilisaient de petites coupes ou tablettes en terre cuite, sur lesquelles figurait une inscription rituelle suivie du nom de la personne à frapper. En quête de connaissances et d'indices sur ce type de magie noire égyptienne, une expédition de recherche occidentale dirigée par le célèbre Haward Carter parvint à en déterrer plusieurs à l'intérieur même de la pyramide de Thout-ank-Ammon. Un jour, l'un de ses jeunes assistants trouva l'un d'entre eux, sans y avoir réfléchi, car il n'était pas encore prêt à en déchiffrer la signification.

Cependant, lorsque ces découvertes ont été nettoyées selon les règles de l'archéologie, elles ont révélé des inscriptions hiéroglyphiques très claires et éloquentes:

» La mort cueille avec ses ailes
Quiconque troublera le sommeil du Pharaon « .

Plongés dans l'ambiance sombre et magique de l'Égypte antique, les archéologues enthousiastes de la mission de Carter ont été pris au dépourvu. En effet, ils ne s'attendaient pas à faire une découverte d'une telle valeur scientifique et n'auraient jamais pensé qu'une tablette calomnieuse porterait un message qui les viserait sans équivoque. La nouvelle du message antique se répandit rapidement parmi toutes les personnes impliquées, des experts en nettoyage et en conservation aux ouvriers et à ceux qui ont transporté les objets et les découvertes, sans oublier, bien sûr, les archéologues eux-mêmes. Les « Ha-kau » (c'est-à-dire les mots magiques utilisés dans les anathèmes) avaient, selon Carter, une valeur si effrayante et puissante qu'il aurait été préférable d'éviter que la nouvelle de la découverte ne sorte du cercle de ses hommes. Cependant, tous les membres de l'expédition n'étaient pas de fins connaisseurs de la culture égyptienne; à tout le moins, certains d'entre eux n'avaient pas la même sensibilité intellectuelle que Carter. C'est ainsi qu'un jour, la nouvelle de la tablette calomnieuse sortit de ce petit cercle et parvint aux oreilles de ceux qui auraient dû être les derniers informés: pilleurs de tombes, ésotéristes, escrocs et marchands d'art illégaux ne manquèrent pas la savoureuse mine d'or qui venait d'être découverte.

Depuis longtemps déjà, toutes ces sortes de personnages louches formulaient des histoires alambiquées et bidon à propos d'une malédiction fantôme qui frapperait quiconque pénétrerait dans la pyramide funéraire de Thut-ank-Ammon. Selon ces voyous fantômes, qui prétendaient être de vrais admirateurs du monde égyptien, à l'intérieur de la pièce principale du tombeau (c'est-à-dire la hut-ka) se trouvait une série de hiéroglyphes à la signification plus que sinistre:

« Je repousse les pilleurs de tombes
Et je protège cette tombe »

C'est ainsi qu'au milieu d'histoires vraies, de travail acharné et de nombreuses superstitions sans fondement, tout un système de croyance moderne a été créé autour de la réalité du pharaon Thut-ank-Ammon. Grâce à d'ingénieuses fantaisies, des faiseurs d'illusions modernes ont commencé à répandre des histoires plus que miraculeuses non seulement sur les anciens Égyptiens et leur culture, mais aussi et surtout sur les personnes modernes s'approchant de la tombe maudite. En particulier, des histoires ont commencé à circuler selon lesquelles près des deux tiers de l'expédition qui avait accompagné l'archéologue britannique Carter avaient été décimés par des morts soudaines et inattendues: que l'on croie ou non à la magie noire, chacune de ces disparitions tragiques s'expliquait par une motivation tout à fait rationnelle, même si elle était loin d'être fascinante. En outre, de nombreux assistants de Carter ont même disparu des décennies après la découverte de la tablette maldicante, ce qui prouve qu'il n'y avait absolument aucun lien entre Thut-ank-Ammon et leur vie privée. Malgré l'existence d'arguments contraires, cette légende à cheval entre l'Égypte antique et la modernité a continué à attirer l'attention et la curiosité de centaines - voire de milliers - de personnes à travers le monde.

Malgré le caractère infondé de cette exploitation extrême par les spéculateurs, rien n'enlève à la véracité de deux éléments clés en particulier: la découverte de la tablette calomnieuse par l'assistant de Carter et la possibilité que le tombeau central ait contenu l'ancienne et effrayante inscription contre les profanateurs. Comment expliquer ce voile de réalité dans une histoire largement utilisée et déformée? Depuis l'aube des civilisations, la relation entre la religion et les peuples a été très complexe et a donné lieu à des situations hybrides, donnant lieu à des croyances différentes selon la classe sociale à laquelle on appartient. Simplement, l'élévation des classes sociales s'accompagnant d'un accès au savoir, un premier degré de sécularisation (dans le sens d'un détachement de la foi) s'est produit même chez les puissants de l'Égypte antique.

Cette sagesse ne s'est pas traduite par l'athéisme ou le scepticisme quant à l'existence du système divin prédéfini, mais plutôt par l'utilisation d'une partie de la religion pour instruire et, dans le pire des cas, manipuler les classes sociales inférieures. Dans ce cas particulier, les bonnes intentions d'éviter la profanation, le vol et le manque de respect de la part des cupides et des curieux ont conduit les prêtres égyptiens à choisir d'utiliser la foi pour effrayer les malfaiteurs. L'inscription « Je repousse les pilleurs de tombes » était donc destinée à maintenir intacte et respectée la personne du Pharaon pour l'éternité, grâce à la crainte divine d'un châtiment inévitable. Le recours à ces méthodes presque intimidantes s'explique en fait par le fait qu'une loi humaine ou l'utilisation de pièges et de subterfuges ne suffisent jamais à faire fuir les pilleurs de tombes les plus agressifs, surtout lorsqu'il s'agit de personnes désespérées qui ne peuvent que tirer profit d'une telle expérience. On peut dire que toute la série des mécanismes physiques d'élimination des intrus dans les lieux de culte n'avait donc qu'une valeur extemporanée et immanente: les prêtres suprêmes le savaient, c'est pourquoi ils ont choisi de s'en remettre au surnaturel pour parvenir à leurs fins.

À la décharge de ceux qui ont longtemps cru à la soi-disant malédiction des pharaons, il y a cependant quelques bases qui ont contribué à l'accréditer, jetant de l'huile sur le feu pendant longtemps. Ainsi, de nombreux profanateurs pénétraient dans les tombes, forts de leur scepticisme et de leur audace, pour en ressortir paniqués et manifestement ébranlés. Aux questions des plus curieux, ils répondaient souvent qu'ils avaient vu des monstres étonnants à l'intérieur des pyramides et qu'ils s'en étaient sortis par miracle; d'autres parlaient de plantes incroyables, de couleurs vives et de murs en caoutchouc. D'autres encore n'en sont jamais revenus, restant à jamais enfermés et perdant la vie dans ces mystérieux temples de la vénération pharaonique. Les mystères entourant les malédictions sépulcrales se sont donc poursuivis bien après la construction des temples sacrés, à travers une série d'événements sinistres dont l'explication rationnelle est très difficile. Avec le temps et les études des plus grands égyptologues de l'histoire, on a découvert que les prêtres royaux, manifestement issus de la plus haute hiérarchie, possédaient des connaissances médico-scientifiques très avancées: derrière elles se cachait l'explication de tous les décès et de toutes les hallucinations rapportés jusqu'à présent. Grâce à des méthodes d'expérimentation et de recherche très avancées pour l'époque, ils ont découvert la puissance des métaux lourds et ont commencé à utiliser l'uranium présent dans les réserves d'or pour empoisonner tous ceux qui s'étaient aventurés trop loin dans les pyramides. En outre, ils faisaient un usage intensif d'herbes médicinales (comme l'opium et la ciguë) ou même mortelles (comme l'arsenic) sur les malheureux de manière à provoquer des réactions physiques inexplicables et à susciter de plus en plus de terreur chez les personnes mal intentionnées.

La légende de la malédiction des pharaons est donc un mélange de mythe véritable et de déconstruction constante, qui donne aujourd'hui encore une grande leçon de cynisme et d'adhésion aux explications scientifiques. Ce type d'histoire, en plus de nous mettre en garde contre les spéculateurs, nous apprend à apprécier le peuple astucieux et très profond des anciens Égyptiens: décidément très avancés pour l'époque à laquelle ils vivaient, ils ont également démontré, à travers les *artifices du* haut clergé, qu'ils savaient comprendre non seulement des dynamiques physico-chimiques très complexes, mais aussi et surtout la psychologie humaine et les motivations qui pouvaient pousser un être humain à pénétrer dans un lieu aussi sacré et mystérieux. Bien que la malédiction des pharaons se soit récemment révélée erronée, l'aura de mystère et d'ésotérisme créée autour des tombes égyptiennes ne pourra probablement jamais être totalement supprimée. Il est évident que ce type de mysticisme, s'il reste dans des limites rationnellement acceptables, fait partie de ce qui continue à passionner des milliers de personnes à travers le monde pour ce peuple fantastique et extrêmement créatif. Comme nous le verrons plus en détail dans le chapitre suivant, cette popularité a donné lieu à de nombreuses recherches (ainsi qu'à d'importantes donations et à la possibilité d'explorer encore davantage les mystères de l'Égypte antique), et n'est donc peut-être pas totalement condamnable pour la postérité.

La leçon profonde à tirer de cette légende est d'ailleurs l'une des morales les plus anciennes et les plus partagées aux quatre coins du monde: *est modus in rebus*, c'est-à-dire qu'en toute chose, il existe une voie médiane à suivre et à laquelle il faut aspirer dans la mesure du possible. Le bon compromis dans ce cas est d'apprendre la fausseté de la légende des pharaons, qui a fait vibrer des générations et des générations, mais entre-temps, il faut aussi chérir ces histoires fantastiques, en se rappelant que les profanateurs de tombes font eux-mêmes partie de l'histoire de l'Égypte antique. De même qu'il n'y a pas de bien sans mal, les pyramides et toute la structure culturelle qui gravitait autour d'elles n'auraient probablement jamais existé sans ces mêmes mécréants qui auraient pu facilement causer leur perte. L'un des plus grands défis du monde égyptien est sa grande complexité, ainsi que la demande implicite qu'il fait à chaque enthousiaste d'abandonner toute certitude afin d'assimiler et d'accepter pacifiquement même les plus grandes contradictions imaginables.

4.14 Le prince égyptien et la malédiction qui s'est échappée

L'un des contes les plus « nichés » et les plus pittoresques de l'Égypte ancienne est conservé dans le papyrus Harris 500, datant d'environ le 13e siècle avant J.-C. Il est souvent inconnu du grand public en raison de sa banalité et de son lien étroit avec la tradition orale, mais il mérite certainement une place dans cette collection de contes sur et à propos du peuple égyptien.

Au pays du Nil, on raconte qu'un pharaon et sa femme essayaient depuis de nombreuses années d'avoir un enfant, mais en vain. Après plusieurs tentatives infructueuses, ils se mirent à prier sans cesse pour avoir un héritier ou au moins une descendance, faisant de magnifiques sacrifices propitiatoires et s'adressant aussi souvent qu'ils le pouvaient à toutes sortes de divinités. Après bien des efforts, le couple royal vit son vœu exaucé et la femme donna bientôt naissance à un fils fort et en bonne santé. Heureux et impatients de connaître l'avenir du jeune héritier, le pharaon et son épouse décidèrent de s'adresser aux sept déesses Hathor pour obtenir une prophétie précise et irréfutable. Mais elles ne sont pas porteuses de bonnes nouvelles et, dès qu'elles prennent la parole, elles ruinent l'enthousiasme des deux hommes: leur fils est destiné à mourir d'une attaque animale, plus précisément d'un serpent, d'un chien ou d'un crocodile. Le prince prédestiné, sans nom, avait donc, dès sa naissance, une sorte de prime divine sur la tête, à laquelle il n'avait que peu de chances d'échapper, mais que ses parents étaient bien décidés à faire s'évaporer dans la nature. En effet, le pharaon décida immédiatement d'envoyer le petit vivre dans un endroit très sûr et imprenable: une forteresse construite spécialement pour lui et toute une armée de serviteurs en plein désert. Dans ce lieu, au cours des années suivantes, le petit prince grandira aimé et choyé par tous les serviteurs en outre, même après avoir beaucoup insisté, son père lui permettra de garder un petit chien inoffensif comme animal de compagnie, en espérant que cela atténuera l'amère solitude dont il souffrait. On pourrait penser que, compte tenu de la prédiction qu'il avait reçue de Hathor, ce choix était très risqué; bien qu'il s'agisse d'une interprétation clé, le prince avait consciemment pris un risque en sachant très bien qu'un présage divin ne manquerait que difficilement (voire pas du tout) un rendez-vous.

Voué désormais à l'esprit de courage fataliste et - pourquoi pas - exaspéré par la solitude absolue, il décide un beau jour de partir à l'aventure. Dépassant largement ses espérances, il se trouve confronté à un défi quasi insurmontable au milieu de la concurrence effrénée de nombreux autres prétendants. Au terme d'une ascension infranchissable et après avoir surmonté plusieurs obstacles physiques, il parvient enfin à atteindre la fenêtre d'une princesse enfermée dans une tour en guise de punition ou de contrainte personnelle. Leurs cœurs, non seulement à cause de l'inimaginable geste de courage mais aussi pour bien d'autres raisons, se sont soudain unis et liés à jamais par l'amour, grâce à un lien très fort qui ne leur permettra plus de vivre comme deux individus séparés, mais seulement comme une seule âme. C'est grâce à cet amour et à la force de leur volonté qu'ils réussirent à vivre une vie longue et pleine, loin du cauchemar de la mort et de la solitude qui semblait déjà avoir été décidé pour le prince. Les difficultés furent bien sûr innombrables, car le jeune homme ne voulait plus jamais se priver de la joie de découvrir, de jeter son cœur par-dessus l'obstacle; il avait goûté à la vraie liberté, à la possibilité de tout faire et d'avoir tous les objectifs à portée de main, et il n'était pas du tout disposé à regarder en arrière. Pourtant, à chacun de ses voyages, la prédiction des sept Hathors qu'il avait reçue lorsqu'il était enfant le hantait, comme un nuage de malheur, prêt à lancer sa tempête même si elle semblait encore inoffensive. Ville après ville, aventure après aventure, le fidèle destrier du prince avait été investi par les dieux de la mission de lui rappeler qu'il mourrait bientôt du monstre d'un des trois animaux redoutés. Le cheval, qui entretenait une relation fantastique avec son maître, docile et apprivoisé, se mettait parfois en colère et grognait « Je suis ton destin » Après les premiers avertissements, aussi effrayants soient-ils, le prince apprit à ne plus y prêter attention et à les interpréter comme un nouveau défi que la vie lui lançait. Comme si ces présages ne suffisaient pas, plusieurs années après la première rencontre du prince et de sa bien-aimée, dans leur vie de couple aventureuse mais normale, un événement imprévu et désagréable est survenu, qui a failli faire se réaliser le destin tragique du prince prédestiné. Un serpent s'était abattu sur la demeure royale et, lorsqu'il s'est approché de façon menaçante du jeune homme, c'est sa princesse qui l'a sauvé, prise d'une frénésie incontrôlable depuis qu'elle savait ce que son amant risquait autrement.

La relation des deux amants, mais aussi leur vie entière - y compris l'étrange endurance du cheval menaçant - étaient basées sur la recherche permanente de l'essence de l'existence, en tirant le meilleur parti de chaque possibilité et, surtout, de chaque instant passé ensemble. Le fait que le destin ait imposé un fardeau si lourd au jeune prince les a amenés tous deux à apprécier chaque événement, chaque réussite quotidienne et, bien sûr, le temps passé à échapper au danger. Comme si cela ne suffisait pas, ils allaient même jusqu'à relever eux-mêmes les défis, même s'ils devaient rencontrer un ou plusieurs des trois animaux fatals. Contrairement à toutes les prédictions, le prince a pu s'opposer aux puissantes forces divines du destin préétabli simplement par sa détermination sincère. En d'autres termes, sa philosophie de vie était devenue - peut-être par la force des choses, mais probablement en raison de ses qualités personnelles - de toujours poursuivre l'opportunité, même si elle se présentait initialement comme un risque mortel pour sa vie. Ce faisant, il a su transformer les échecs en opportunités de croissance, les chutes en moyens de renforcement et les petites défaites en incitations à toujours faire mieux. Aucune autre terre que l'Égypte antique n'aurait pu mieux représenter le renversement de ce qui est écrit, de ce qui est imposé à un simple être humain. Il suffit de comparer cet humble mais vaillant héros à ceux de l'Occident de la Grèce antique, par exemple, pour comprendre que la liberté individuelle était considérée en Égypte comme l'une des choses les plus importantes qui soient - probablement même au-delà de ce que les forces supérieures auraient pu faire. L'absence d'une fin certaine, d'un résultat immuable à atteindre, a conduit les anciens Égyptiens à affronter les oracles les plus durs, à les prendre de front et à continuer jour après jour à vaincre une mort imminente. Il s'agit donc d'une de ces histoires égyptiennes qui véhiculent sans aucun doute un message très important, si intemporel qu'il peut servir de leçon de vie même aujourd'hui, au XXIe siècle, plus de deux mille ans plus tard!

4.15 L'île paradisiaque et le sage naufragé

Dans l'Égypte antique, on disait qu'un navire avait pris la mer un jour avec un destin bien plus complexe qu'aucun membre de son équipage ne l'aurait jamais imaginé. Il s'agissait en fait d'un simple navire de commerce, mais qui comptait de nombreux marchands et navigateurs expérimentés. Le protagoniste de notre histoire n'a pas eu peur de ce qui aurait pu se passer en mer, même si, dans l'Antiquité, la navigation était l'une des professions les plus dangereuses qui soient. Le fait que tout l'équipage soit extrêmement bien préparé l'a beaucoup rassuré et il était persuadé qu'ils parviendraient à atteindre les réserves d'or qu'ils visaient pour faire plaisir à leur roi.

Malgré toutes ces bonnes intentions, le navire a rapidement essuyé une tempête terrifiante qui a réduit à néant tout le travail accompli jusqu'alors, privant presque tous les hommes à bord de leur vie. Un homme a cependant été sauvé, qui, avec beaucoup de chance et de bonne volonté, a réussi à atteindre une île isolée. Inconscient au moment du débarquement, il a finalement repris connaissance et s'est rendu compte qu'il se trouvait dans un endroit tout à fait inhabituel: après s'être orienté, il a facilement trouvé des dattes en abondance et d'autres fruits très succulents; il y avait des plantes luxuriantes, une température très agréable et de l'eau potable qui coulait dans des ruisseaux doux mais vifs. Le naufragé but et mangea à satiété, mais il n'oublia pas ses obligations de bon père de famille et alluma bientôt un feu de joie pour faire les offrandes appropriées aux divinités. Dès que le rituel commença, une vague gigantesque prit forme et avec elle, un être magnifique mais effrayant s'approcha de la mer.

Un énorme serpent à écailles dorées, ressemblant à un dragon, doté d'une grande barbe et d'un regard très intelligent, s'approcha du naufragé, qui commença manifestement à craindre pour sa sécurité. Mais à son approche, il ouvra ses mâchoires et prononca des paroles tonitruantes: « Dis-moi immédiatement qui tu es et ce qui t'amène ici, ou je te tue ! » Le naufragé n'hésita pas à expliquer toute son histoire et le monstre la trouva très convaincante. Presque reconnaissant et sûrement pris de pitié, il reprit la parole mais sur un ton résolument plus calme: « Les grands dieux connaissaient ma solitude et t'ont envoyé pour me tenir compagnie. Ils ont été magnanimes et je serai heureux de vous accueillir sur cette île. Tu dois savoir... » mais à ce moment-là, le pauvre homme perd à nouveau connaissance, incapable de continuer à écouter. Lorsqu'il se réveilla, il se trouva dans une grotte, certes frugale mais très confortable: le grand serpent l'avait transporté là pour qu'il puisse se reposer convenablement. Constatant que son invité était de nouveau alerte, il lui expliqua que ce serait un plaisir pour lui de continuer à avoir sa compagnie pendant au moins un petit moment.

Néanmoins, il ne voulait pas le garder trop longtemps, car il savait parfaitement que sa vraie vie l'attendait dans son pays d'origine. Il décida donc de lui accorder un séjour de quatre mois, au terme duquel un équipage de ses amis viendrait le chercher et le ramènerait chez lui : l'invitation était simplement de profiter de ce petit coin de paradis sur terre qui ne durerait pas éternellement. Il reprenda alors son récit: « Tu dois savoir, petit naufragé, qu'il y a longtemps, je n'étais pas si seul, car je vivais dans cet endroit très merveilleux avec ma très grande famille. Imagine-toi qu'à l'époque, nous étions 75 personnes, dont certains de mes enfants, et qu'une jeune fille très sympathique vivait également avec nous. Mais soudain, alors que je me trouvais dans un pays lointain, une étoile incandescente est tombée du ciel et a exterminé tous les membres de ma famille. À mon retour, un énorme tas de corps hexagonaux encombrait l'île et le spectacle était insoutenable: tous mes proches, tous les êtres vivants auxquels je tenais sur terre avaient disparu à jamais, me laissant seul dans le désespoir. J'étais si désespéré que je voulais les rejoindre au pays des morts, passer l'éternité avec eux au prix de ma propre vie. Il soupira pensivement, mais son visage trahissait un être qui avait désormais accepté son passé, l'avait assimilé et savait comment en tirer le meilleur parti. Puis il reprit la parole, s'adressa au naufragé et poursuivit: « Heureux êtes-vous qui aurez un avenir différent, meilleur, avec votre famille et vos proches, dans votre patrie et dans la demeure que vous vous êtes construite. »

Le temps passa vite et en apesanteur pour le naufragé qui put y déguster de délicieux fruits et se reposer longuement. Le naufragé perdit la notion du temps et ne savait plus combien de temps il lui restait avant de partir, lorsque comme un coup de tonnerre dans un ciel dégagé, il aperçut à l'horizon un navire qui se dirigea vers son île. À l'arrivée, un équipage débarqua, parmi lequel se distinguaien des visages familiers : le moment est venu pour lui de partir. Son cœur était rempli d'un sentiment très étrange et contradictoire, car d'un côté il était heureux de rentrer chez lui pour retrouver sa bien-aimée et ses petits enfants, mais d'un autre côté il avait très peur de reprendre la mer. Pour ne rien arranger, il savait que le roi serait très fâché de l'échec de la mission dans les mines d'or, et c'est pourquoi il craignait de perdre son emploi ou même d'aller en prison. Néanmoins, il savait qu'il ne pouvait pas rester plus longtemps et décida de prendre son courage à deux mains et de se préparer à partir. C'est ainsi qu'il s'adressa pour la dernière fois au grand serpent d'or, lui rendant hommage et se prosternant avec tous les hommes qui étaient allés le chercher : « Nous t'apporterons toutes les bonnes choses que nous possédons, des huiles parfumées et des mets succulents en grande quantité, car tu es une divinité magnanime», lui dit-il. Mais il refusa, car il possédait déjà tout ce dont il avait besoin et les produits de son île étaient de la meilleure qualité que l'on puisse trouver sur le marché. Il lui répondit néanmoins : « Je te demande seulement de bien parler à ton peuple de cette île et de son souverain, afin que mon nom soit loué partout. Il ne sera pas possible de commercer avec nous, ni de revenir sur cette île qui t'a fait tant de bien, car au lever du prochain soleil, elle sera recouverte par les vagues et perdue à jamais, pour n'être plus jamais retrouvée par aucun être humain » Le naufragé, comme toutes les autres personnes présentes, est stupéfait, mais accepta volontiers cette tâche.

De retour dans son royaume, notre protagoniste fut immédiatement convoqué au tribunal pour rendre compte de ce qui s'était passé. Pour sa part, il ne pouvait que faire preuve de la plus grande sincérité, en espérant que le plus haut souverain comprendrait; bien entendu, il n'oublia pas de dire le plus grand bien du serpent d'or qui l'avait si magnanimement hébergé, tenant ainsi sa promesse. En outre, bien qu'il n'ait pas ramené l'or qu'il espérait, il apporta en cadeau au monarque tant de biens que l'hôte de l'île lui avait offerts, en signe d'amitié et de grandeur d'âme. Le monarque fut très impressionné non seulement par l'histoire miraculeuse mais aussi par les cadeaux très précieux qu'il venait d'obtenir; il décida donc d'avoir pitié de l'homme et de le récompenser pour le courage dont il avait fait preuve en se présentant à nouveau devant lui et en se montrant aussi sincère. C'est ainsi que l'heureux naufragé obtint une action de grâce publique, le rôle de courtisan et une armée de quelques centaines de serviteurs à son service.

Longtemps après, le naufragé reprit la mer avec un prince; il avait en effet continué à être marin par passion et par amusement, ainsi que pour avoir de l'argent supplémentaire à utiliser pour accroître sa richesse. Il se trouve cependant que le prince avec lequel il voyageait cette fois-là était très inquiet et, se confessant, lui dit qu'il n'avait pas pu trouver toutes les précieuses ressources pour lesquelles il avait été envoyé en mission. Ce genre d'infortune semblait au sage navigateur très semblable à ce qui lui était arrivé, c'est pourquoi il décida sagement de se poser en conseiller et d'essayer de réconforter le pauvre malheureux. Avec beaucoup de tact, il raconta l'incroyable histoire qu'il avait vécue plus jeune, exhortant sagement son compagnon de voyage à ne pas désespérer avant l'heure: peut-être son roi serait-il aussi compréhensif que celui qui lui avait pardonné il y a si longtemps. Le prince, qui était resté silencieux pendant tout ce temps, intrigué et amusé à la fois, le regarda et lui répondit cyniquement: « Moi, mon ami, je ne serais pas si confiant. Est-ce que par hasard tu donnes de l'eau à un oiseau qui sera tué le lendemain matin ?

4.16 Sinuhe : l'exil le plus célèbre de l'egypte antique

Ce recueil de mythes et de contes ne pouvait manquer d'inclure une section consacrée à Sinouhé, un homme de cour dont les aventures étaient célébrées dans l'Égypte antique - peut-être presque plus que les mythes et légendes divins eux-mêmes. Étroitement liés à l'histoire réelle du royaume, et plus précisément à la première phase de la XIIe dynastie, les exploits de notre protagoniste ont commencé parce que son souverain - Amenemhat Ier - avait été tué et que lui, en tant que fidèle serviteur et bras droit de celui-ci, craignait fortement les répercussions. Mélancolique, il ne cessait de penser pendant le voyage à tout le lustre qu'il laissait derrière lui, conscient des titres qu'il détenait à la cour: le plus important étant celui de « serviteur » de la reine Neferu, un rang si élevé qu'il n'était réservé qu'aux membres les plus loyaux du cercle royal. Lorsqu'il reçut la nouvelle de la mort du roi, Sinouhé revenait avec son héritier Sésostri Ier d'une série de combats de guérilla contre des peuples libyens. Dès que le messager lui eut rapporté le terrible événement, le serviteur et courtisan impérial comprit immédiatement qu'il était temps pour lui de jeter l'ancre. D'une part, il savait qu'il n'avait rien fait et qu'il n'avait donc rien à craindre des accusations de meurtre; d'autre part, les circonstances très ambiguës de l'assassinat l'amenaient à penser que sa vie était en danger absolu.

Son raisonnement, plus que fondé, l'avait amené à penser: « Si nos ennemis, complotant dans l'ombre pour le pouvoir, sont venus tuer notre Pharaon, pourquoi auraient-ils des scrupules à me persécuter ? » Ne voulant pas vivre dans la fuite et dans l'ombre des cachettes, ni être assez ignorant pour prendre un risque énorme pour sa vie, il emballa tous ses biens et il se dirigea rapidement vers ce que nous connaissons aujourd'hui sous le nom de Proche-Orient. Il laissa derrière lui un environnement marqué par la désolation, le ressentiment et la tristesse de la perte d'un souverain qui, à sa manière, s'était rendu populaire. S'il est vrai qu'une nouvelle ère avait commencé, dictée par le leadership de son fils Sesostri Ier, les circonstances dans lesquelles le pauvre Amenemhat Ier s'était éteint n'auguraient rien de bon pour l'avenir proche, pas plus qu'elles n'étaient de bon augure. Pris dans ces pensées, dès qu'il en eut l'occasion, Sinuhe se cacha dans de solides buissons et, une fois hors de vue des personnes présentes, commença sa très longue et inexorable traversée. Parcourant l'ensemble du Nil et effectuant également des tronçons à pied, il atteignit l'extrémité orientale du royaume, le mur dit du Prince: cette barrière artificielle avait été construite il y a des années par le pharaon lui-même à des fins défensives et allait maintenant signifier pour lui le salut.

Derrière cette frontière à la fois idéologique et si concrète se cachaient toutes ses craintes, mais aussi ses espoirs d'une nouvelle vie loin du danger, mais aussi pleine de défis inédits, tant sur le plan professionnel que dans la vie de tous les jours. Mais pris dans ses pérégrinations à la recherche de lendemains meilleurs, Sinuhe n'eut pas encore le temps de s'arrêter et d'écouter son corps, qui cria désormais famine à cause de l'épuisement et de la soif : « Je vais mourir, c'est la fin maintenant », se dit-il, « je n'ai plus une goutte de salive dans la bouche, j'ai la gorge complètement desséchée » Je suppose que c'est ça, ça, le goût de la mort » Mais notre protagoniste se trompait et ses aventures fantastiques ne faisaient que commencer.

Alors qu'il était allongé, ne sachant pas combien de temps il allait tenir, regardant les murs du Pharaon comme s'il s'agissait d'obstacles insurmontables le séparant de tout ce qu'il poursuivait depuis des jours, un groupe d'hommes s' approcha et le mit en sécurité. Sinuhe fut hébergé par toute une population nomade qui faisait beaucoup de commerce dans la région; ils étaient donc habitués à ceux qui dépassaient leurs moyens pendant le voyage et se retrouvaient sans aucune ressource à laquelle faire appel. Le volontaire en exil resta quelque temps avec eux, contribuant probablement aux activités régulières de pâturage du bétail afin de se rendre aussi utile que possible. Il n'avait pas l'intention de rester plus longtemps dans cet endroit presque primitif, même s'il appréciait les belles personnes qui l'avaient accueilli et la valeur de leurs occupations. Il se remit en route - cette fois-ci en pleine forme - et atteignit bientôt la ville de Qedem, dirigée par un souverain bon et raisonnable qui se faisait appeler Amuneshi.

Il se souvenait très bien de l'histoire diplomatique de cette région, car son souverain avait noué d'importantes relations diplomatiques avec le pharaon Amenemhat Ier, aujourd'hui décédé, lui jurant allégeance et service, même s'il n'en dépendait pas nominalement. Bien entendu, la renommée de Sinuhe le précéda à la cour royale, où l'on apprit rapidement que l'un des fonctionnaires les plus puissants de toute l'Égypte était arrivé dans la ville. Ce ne fut donc pas un hasard s'il fut convoqué par les gardes royaux pour avoir une véritable conversation avec le souverain en personne: la rencontre fut extrêmement loyale et constructive, et il réponda à toutes les questions avec sincérité - soulignant à plusieurs reprises que sa fuite de la capitale n'avait pas été motivée par une quelconque accusation à son encontre au sens absolu du terme. Conscient du bien que Sesostri pouvait faire au royaume, il invita Amuneshi à lui prêter allégeance, afin que l'historien des belles relations intergouvernementales ne meure pas en même temps qu'Amenemhat Ier.

Commença alors pour le fonctionnaire fugitif une période de grande gloire personnelle, marquée aussi par son mariage avec la fille aînée du souverain. C'est grâce à ce pacte qu'il réussit à obtenir le titre de chef, un très grand honneur qui impliquait également la participation aux guerres... lui qui était si craintif par le passé ! Il réussit ainsi à obtenir la vie stable et riche à laquelle il aspirait et qu'il avait déjà goûtée dans le passé à la cour royale. Avec sa belle et bien-aimée épouse, il s'installa dans une région frontalière luxuriante, qui regorgeait de bons produits, tant bruts (comme le bétail, les céréales et les fruits) que raffinés grâce à l'artisanat local (le miel et les huiles étaient en effet une spécialité de cette région). En vieillissant - ou en grandissant, que l'on veuille dire - il forma une famille, en élevant de vaillants enfants qui, eux aussi, allait rapidement devenir à leur tour des chefs de tribu.

De temps à autre, les armes se présentaient et lui et ses fils étaient prêts, tendant leurs épées en faveur de leur maître: le souverain du Haut-Rétenu. La renommée de Sinuhe est telle qu'un jour, un homme vint dans sa ville pour proposer un affrontement immédiat. Une fois de plus, l'exilé n'hésita pas et organisa la rencontre avec le combattant pour l'aube suivante : comme les anciens Égyptiens considéraient que l'autorité appartenait au chef individuel, le duel permettrait, entre autres, de déterminer qui contrôlerait l'ensemble du territoire. Grâce à son courage extraordinaire, Sinouhé réussit à l'emporter, à s'emparer de tous les biens de la tribu adverse et à atteindre enfin le sommet de sa fortune personnelle. Cependant, alors que tout le monde l'admirait et l'adorait et que sa renommée s'étendait jusqu'aux frontières de la région, il se rendit compte qu'il vieillissait et sa patrie le rappela chez lui pour un dernier adieu. Même s'il aimait son nouveau pays d'adoption, qui l'avait accueilli et aimé comme un natif, ses rêves et ses pensées se tournaient de plus en plus vers la cour où il avait passé sa jeunesse, où il avait grandi en tant qu'homme et en tant que fonctionnaire compétent.

C'est ainsi qu'il décida tôt ou tard que la bonne fin pour lui serait d'être enterré, une fois mort, à l'endroit où il était né. Sinuhe ne cacha pas ce grand désir, car il le considérait comme un signe de retrouvailles avec son ancien moi: ce n'était donc pas un symbole de faiblesse ou de manque de gratitude pour le règne de Retenu. Mais une fois de plus, sa renommée a couru plus vite que lui et - passant de bouche en bouche - le pharaon régnant Sesostri I apprit que son ancien conseiller serait heureux de retourner dans sa vraie patrie. Il lui fit donc dicter une lettre qu'il devait lui remettre: « Cher vieux Sinuhe, il est absurde que tu veuilles dire adieu à la vie dans un lieu étranger, enterré par des gens qui n'ont pas le même sang que toi », commença-t-il, en insistant sur le côté émotionnel. L'épître se poursuit toutefois en visant également l'aspect religieux et rationnel : « Vous devez alors prendre soin de votre corps, de votre âme, qui devra rejoindre le royaume des morts. Les gens avec lesquels vous vivez maintenant n'ont pas la coutume des sarcophages, ils utilisent à peine des peaux de mouton: comment affronterez-vous l'éternité dans ces conditions ?

Il accepta volontiers cette invitation voilée et implicite et lui répondit avant même de partir avec sa famille : « Tu dois savoir, ô mon Pharaon, qu'il n'y a absolument aucune raison rationnelle pour laquelle je t'ai abandonné, toi et ma patrie, en ces temps difficiles. Je savais très bien que personne ne me cherchait, que personne ne voulait m'accuser de la mort de ton père, mais malgré tout et malgré la confiance que vous m'avez tous accordée, je me suis senti effrayé et menacé » Arrivé à ce point, il décida finalement de s'ouvrir complètement dans ces retrouvailles (pour l'instant uniquement épistolaires) afin de soulager sa conscience : « J'ajouterai quelque chose, au risque de paraître faible - même si ma gloire et ma renommée prouvent que je suis au-delà de la bravoure. A cette époque en général, j'étais très malade, je sentais mes membres s'étioler, mon cœur se détacher de mon corps et je ne savais plus discerner entre la vie et la mort » En d'autres termes ? Je crois que j'ai vraiment perdu mon *ba* ; heureusement je l'ai retrouvé plus tard, mais à l'époque ce n'était pas du tout facile » Après avoir envoyé un messager avec ces mots à rapporter au Pharaon, il commença à prévenir ses amis et ses proches de son départ imminent, demandant ainsi à sa famille proche de l'accompagner dans cette dernière aventure. Lorsque tout fut en place, Sinouhé et sa poignée d'hommes, de femmes et d'êtres chers se mirent en route vers la capitale du royaume de l'Égypte antique.

Après une longue marche - bien plus confortable que le voyage d'allée qu'ils avaient effectué des années auparavant - ils arrivèrent à la cour, tous évidemment vêtus d'habits typiques de la région d'où ils venaient (c'est-à-dire l'actuelle Syrie). Aucun courtisan ne parvint pas à identifier son ancien collègue, car il semblait être un homme différent, avec des traits plus durs et plus sages et des manières qui distinguaient les Cananéens (et non les Égyptiens). Malgré ce saut diamétralement opposé, la croissance stabilisatrice qui l'avait marqué, Sesostri le reconnut immédiatement et ordonna qu'il soit traité comme un noble de très haut rang : il ne devait être en rien inférieur aux courtisans égyptiens. Sinuhe fut hébergé par un très riche noble de la région, où il put se laver confortablement et s'habiller avec des vêtements différents de ceux qu'il avait portés en voyage, plus élégants et adaptés à son nouveau statut. Cette cure de jouvence lui donna une nouvelle vigueur, une nouvelle beauté qui le rajeunit d'une vingtaine d'années. Grâce aux connaissances et aux pressions du pharaon, il put bientôt obtenir une maison, même offerte par un riche bienfaiteur ; très peu de temps après, un décret impérial lui accorda un tombeau en pierre, avec des décorations artistiques de la plus haute qualité et un ensemble complet de biens funéraires, précieux comme il sied à un homme de sa stature. Ces certitudes, si grandes et si importantes qu'il n'y aurait guère cru quelques mois auparavant, lui ont enfin permis de vivre ses derniers jours dans la sérénité et la paix de l'esprit : il retrouva enfin le lieu où il avait laissé son cœur, l'Égypte.

4.17 Les deux frères

Dans l'Égypte antique, on raconte qu'il y a longtemps, il y avait une ferme dans laquelle vivaient deux frères. Ce lieu rural entouré d'une nature pure comptait non seulement des champs, mais aussi du bétail, ce qui était très important et surtout synonyme de bonne santé économique. La ferme appartenait à l'aîné des deux frères, Anpu, mais, avec sa femme, il permettait à son petit frère de vivre et de manger gratuitement les produits de sa ferme. En échange de cette faveur, Bata devait l'aider dans toutes les tâches nécessaires au bon fonctionnement de l'appareil: il faisait paître le bétail et labourait les champs, récoltait les fruits et trayait les vaches. En plus d'être très serviable, le jeune Bata était beau, comme s'il avait quelque chose de surnaturel. Des rumeurs circulaient dans la région selon lesquelles personne de son âge n'était aussi beau dans toute l'Égypte et même qu'une divinité avait dû le toucher, car une telle apparence ne pouvait être simplement humaine. Malgré son incroyable beauté, Bata menait une vie humble et dévouée à son frère, qui avait eu la gentillesse de l'accueillir.

Le début et la fin de ses journées montraient bien à quel point il était terre-à-terre, peu soucieux des vantardises et des richesses de ce monde. Sa routine quotidienne commençait par la préparation du petit-déjeuner pour Anpu, qui lui livrait ensuite les outils et les provisions nécessaires pour se mettre au travail. Le soir, lorsqu'il avait terminé toutes ses tâches, il retournait à la maison familiale de ses proches pour leur préparer le dîner, mais il ne leur tenait pas compagnie et ne mangeait pas à table avec eux, car il voulait qu'ils conservent leur intimité. Pour cela, il se réservait un petit repas et se retirait dans l'espace qui lui était réservé, celui où se trouvait le bétail. Après avoir passé toute la journée plongé dans le dur travail bucolique, il se retirait dans une étable et mangeait sa part parmi les animaux, puis se préparait avec de la paille un pauvre lit naturel pour y passer la nuit. Comme prévu, ce n'était pas le seul moment qu'il passait avec le bétail, car l'une de ses principales tâches consistait précisément à le conduire au pâturage et à l'élever. Il entretenait avec eux une très belle relation de confiance totale, puisqu'il ne connaissait rien aux champs et qu'il devait suivre lui-même l'instinct du bétail.

La relation que Bata entretenait avec le monde de la faune allait bien au-delà de ce que l'on peut imaginer appartenir à un simple être humain. Il commença rapidement à avoir de véritables dialogues avec eux, dans lesquels ils lui indiquaient quels étaient les meilleurs pâturages à parcourir, mais aussi comment les gérer au mieux. On raconte qu'un jour, l'un d'entre eux lui parla et lui conseilla : « Bata, conduis-nous à ce pâturage, c'est là qu'il y a la meilleure herbe » C'est justement grâce à la très bonne relation entre le maître et les bêtes que ces dernières prospérèrent et furent les meilleures, les plus prospères de toute la région. Un jour, Bata rentra du travail comme d'habitude et se mit à préparer le dîner pour son frère. Lorsqu'il arriva, Abdu, d'un ton sage mais ferme, lui suggéra : « Il faudrait réserver une paire de bœufs pour labourer le champ. Comme tu le sais, c'est la période de l'année où le Nil descend, il serait dommage de ne pas en profiter: les utiliser pour cultiver la terre pourrait nous donner beaucoup de satisfaction » Comme Bata se montrait à l'écoute et aimait recevoir des conseils sur ce qu'il ne savait pas, son frère poursuivit : « Alors n'oublie pas : à mon avis, demain est le meilleur moment pour commencer à labourer » Le jeune homme accepta volontiers ces suggestions et le soir même, avant de s'endormir, il s'assura que tout était en ordre et utilisable pour les semailles du lendemain; il s'occupa ensuite du bétail afin qu'il soit bien préparé pour la tâche qui l'attendait le lendemain et choisit personnellement les deux bœufs qui allaient labourer les champs.

Dès le lever du soleil, les deux frères se préparèrent et partirent vers les champs à labourer, près du Nil. Avec les deux bœufs spécialement choisis, les semailles se se déroulèrent encore mieux que prévu et bientôt Bata et Anpu ils n'eurent plus de semences à utiliser. Comme la provision du jour ne suffirait pas, l'aîné envoya le cadet en chercher d'autres au village, ou plutôt dans les entrepôts qu'ils possédaient sur leur propriété. Le jeune homme se mit aussitôt en route et, lorsqu'il arriva à la maison familiale, il trouva dans ce que nous appellerions la « véranda », la femme de son frère en train de se coiffer avec beaucoup de grâce et de lenteur.

Comme ces biens ne lui appartenaient pas, Bata lui demanda de lui procurer les semences dont il avait besoin ; elle lui réponda qu'elle n'avait pas l'intention d'interrompre son rituel de beauté pour simplement lui donner un coup de main dans une tâche d'homme, et elle lui donna donc la permission explicite d'aller à l'entrepôt et de prendre tout ce dont il avait besoin. Il se rendit donc à l'endroit où étaient conservées toutes les semences et prit deux unités d'orge et trois unités de blé ; bien que les sacs fussent très lourds, il les porta sur ses épaules et reprit le chemin des champs, qui passait à nouveau devant la maison. Lorsqu'il repassa devant sa belle-sœur, celle-ci le vit pour la première fois tel qu'il était : un beau jeune homme, très musclé et fatigué par le poids des sacs de semences. Elle l'arrêta et, sans mâcher ses mots, lui dit : « Laisse ces lourds sacs et viens avec moi à l'intérieur de la maison. Faisons l'amour et je te prouverai tout ce que tu vaux, en te confectionnant de beaux vêtements et en veillant à ce qu'aucun travail surchargé ne t'incombe plus jamais » Bata est dégoûté par cette proposition : « Mais n'as-tu pas honte ? Tu es la femme honorée de mon frère, tu es comme des parents pour moi - et toi comme une mère... et je ne ferai jamais rien de tel avec toi. Ne me refais plus jamais ça, arrête, et je ne dirai à personne ce que tu as essayé de me faire faire »

Il retourna donc au travail, où son frère, qui ne se doutait de rien, l'attendait, et se retroussa les manches pour en faire le plus possible. Le temps était couvert et les deux étaient très heureux lorsque le soleil se coucha et il fut temps de rentrer à la maison. Anpu partit le premier, comme il le faisait presque tous les jours ; pendant ce temps, à la maison, sa femme était là, mais elle avait pensé à un stratagème bien conçu. Elle avait en effet très peur que son beau-frère ait dit quelque chose à son mari ; elle pensa donc à utiliser une attaque féroce pour se défendre contre cette éventualité. La femme se couvrit de graisse noire pour avoir l'air meurtrie et, peu avant l'heure habituelle du retour de son mari, elle but une bonne quantité d'huile pour être sûre d'avoir la nausée.

Lorsque Anpu rentra chez lui, il se rendit vite compte que quelque chose n'allait pas - ou du moins n'était pas à sa place : alors que chaque jour sa femme aimante lui apportait de l'eau pour se laver les mains et une lampe pour éclairer le chemin du retour, ce jour-là, il dut se frayer un chemin jusqu'à la chambre à coucher presque à tâtons. Une fois arrivé dans la chambre, il trouva sa femme dans un état pitoyable, vomissant beaucoup et couverte de taches très sombres : « Qu'est-ce qui t'a mise dans cet état ? Elle répondit immédiatement et promptement : « Bata est passé ce matin pour chercher de nouvelles graines à semer. Quand il est venu ici, il m'a fait des propositions indécentes, il voulait rester au lit avec moi pendant une heure... J'ai essayé de lui rappeler que nous sommes comme des parents pour lui, mais il est entré dans une rage folle et a commencé à me battre avec une fureur inouïe, juste pour se venger du rejet. En entendant ces mots, Anpu a était très secoué, mais il semblait très dubitatif, si bien que sa femme décida de répéter : « Mon cher, mon bien-aimé, tu ne peux absolument pas - pour une raison d'honneur - le laisser survivre après ce qu'il m'a fait. Si tu ne peux pas le tuer, je devrai me suicider car il n'y a pas d'autre moyen pour moi de supporter cette douleur immense et peut-être invendable. Cependant, ne le laissez pas vous tromper et ne gagnez pas de temps lorsqu'il revient du travail, car il est très habile avec les mots et saura à coup sûr comment vous retourner et vous convaincre que c'est moi qui suis à blâmer.

Au bout d'un certain temps, Bata revint lui aussi à la maison avec le bétail qu'il avait amené paître. Les vaches, qui étaient très proches de leur jeune frère parce qu'il les traitait bien et écoutait leurs demandes, décidèrent de l'avertir du danger qu'il courait.

CHAPITRE 5

L'impact de la culture égyptienne antique sur le monde moderne

Pour bien comprendre l'énorme influence que l'Égypte antique a exercé sur le monde moderne, sur le monde contemporain, il est nécessaire d'aborder le sujet sous plusieurs angles. En effet, les façons dont cette relation s'est développée sont variées et parfois très différentes, c'est pourquoi il faut faire une distinction, au moins dans les grandes lignes. Comme vous avez pu le lire dans les récits et le voyage que nous avons fait dans la fascinante culture égyptienne en général, ce monde ancien était truffé de contradictions, où l'ombre et la lumière se croisent, créant un contraste aussi fascinant que controversé. C'est ainsi qu'au sein de ce chapitre, tel le Ying et le Yang, vous trouverez d'une part une science historique à part entière qui étudie encore aujourd'hui les anciens Égyptiens (l'égyptologie), mais aussi de formidables malentendus et manipulations qui ont pourtant contribué à sa fortune mondiale. Un exemple parfait, à cheval entre ces deux extrêmes, est la notoriété qui s'est construite au fil du temps autour du cinéma concernant cette période, d'une part légitimement pour la part d'exactitude historique sur laquelle il s'est fondé, mais d'autre part résolument mensongère pour les déformations opérées (même de bonne foi) par les réalisateurs, les acteurs et les auteurs.

Dans ce chapitre, vous comprendrez donc vraiment non seulement d'où vient l'énorme impact que la culture égyptienne a eu sur notre époque, mais aussi et peut-être surtout les motivations profondes qui l'ont nourrie de millénaire en millénaire, voire de siècle en siècle. Ainsi se refermera un cercle qui s'est ouvert dans l'introduction de ce même livre et qui a englobé non seulement des histoires lointaines et des cultures très différentes de la nôtre, mais aussi cette même passion qui vous a poussé à choisir cette lecture. Comme peu d'autres cultures, en effet, la culture égyptienne ne s'achève pas avec son temps, mais continue à vivre dans les récits, les coutumes et les études de ses contemporains: en effet, la mémoire imprègne chaque jour la civilisation égyptienne, attirant des milliers et des milliers de passionnés et conférant l'immortalité à chacun de ses aspects.

5.1 Les egyptiens et les universitaires-scientifiques : l'egyptologie

La définition de l'égyptologie est non seulement très intuitive, mais aussi précise et inflexible; comme on peut le lire sur la page dédiée de l'encyclopédie en ligne Treccani, il s'agit de « la science qui traite de l'ancienne Égypte pharaonique » Le fait qu'elle soit désignée comme une « science » indique son caractère académique, dans le sens où les recherches menées dans ce domaine ne peuvent pas être basées sur des déductions personnelles ou subjectives, mais doivent suivre les préceptes de la recherche historico-académique. L'abc de l'égyptologie - comme de toutes les autres sciences historiques - est donc représenté par l'objectivité, par la vérification sur le terrain de ce qui a été étudié sur le plan théorique, et néanmoins par la publicité de chaque étude réalisée. Ce dernier point, en particulier, a permis à la discipline dans son ensemble de donner naissance à un unicum très complet consacré à la découverte des véritables aspects de l'Égypte ancienne, consacré à la certitude ainsi qu'à la destruction de tous les faux mythes conçus par les modernes principalement pour des intérêts personnels ou pécuniaires.

En réalité, cette discipline n'est pas née à une époque très récente, mais a jeté ses bases dès le XVIe siècle après J.-C., lorsque le chercheur Pierius Valerianus a commencé à s'intéresser au déchiffrage des hiéroglyphes. À partir de là, la redécouverte de l'Égypte dans la sphère intellectuelle et universitaire a connu un essor considérable, passant par Bouchard et J.D. Åkerblad sans même évoquer les incroyables vicissitudes de la pierre de Rosette de Ptolémée V Épiphane. Le simple déchiffrement de ce qui est inscrit dans les innombrables artefacts linguistiques mis au jour par les archéologues et les passionnés du monde entier a longtemps monopolisé l'attention des experts, laissant presque de côté les études approfondies sur d'autres sujets. D'autre part, une grande partie de ce que la communauté scientifique sait aujourd'hui sur l'Égypte ancienne provient précisément de l'héritage écrit qu'elle a laissé : un fait très intéressant est, par exemple, qu'un grand nombre de textes qui nous sont parvenus ont été reconstruits grâce aux exercices effectués par de jeunes scribes. La découverte de ces grands trésors inconnus a suscité un immense engouement au Proche-Orient, à tel point que des expéditions littéraires entières (comme, par exemple, l'expédition franco-toscane de 1828-1829) ont été financées par des magnats pour se rendre en Égypte afin d'enquêter sur le sujet. C'est ainsi que la liste des grands experts et de leurs écoles de pensée concernant l'étude de l'égyptologie ne cesse de s'allonger ; pour s'en faire une idée et un aperçu, on peut citer les noms d'Emmanuel de Rougé et de Mariette pour la France, de Birch et de Goodwin pour l'Angleterre, de Goloniscev pour la Russie ou encore de Rossi, Lanzone, Schiapparelli et Levi pour l'Italie. Toute la nouvelle garde de la science naissante a pour tâche de mettre de l'ordre dans les recherches linguistiques qui viennent d'être menées par les tout premiers experts en la matière, qui ont deviné l'existence d'une sorte d'organisation syntaxique de la langue égyptienne, mais n'ont pas réussi à la rationaliser.

En abordant l'égyptologie, il faut toujours se rendre compte et se rappeler que cette science n'a pas toujours eu un parcours linéaire et vraiment louable. Souvent, surtout lorsque les écoles académiques étaient encore en formation, les découvertes magnifiques et énormes qui surgissaient comme des champignons laissaient les savants perplexes. Au fur et à mesure que les textes et les inscriptions augmentaient, la réponse devenait de plus en plus frénétique en raison de l'impatience d'obtenir des réponses subtiles et quantitativement satisfaisantes. Cette accélération du travail a cependant eu un prix très élevé, car la qualité de la recherche a nécessairement été sacrifiée au nom de l'agitation et de la rapidité. C'est principalement à cause de cette attitude initiale que se sont développés des problèmes pour la discipline, dont les effets sont encore visibles aujourd'hui sur le long terme et qui ne cesseront probablement jamais. Au départ, cette véritable science ne jouissait pas d'une bonne réputation auprès des collègues des autres départements et spécialisations. Malgré l'excuse de sa naissance récente, tout le processus d'approche du monde redécouvert de l'Égypte ancienne laissait à désirer, à tel point qu'il n'a été reconnu que plus tard comme un véritable champ d'étude académique. Deuxième problème, presque inverse: bien qu'elle ait lutté avec acharnement pour obtenir une pleine reconnaissance, l'égyptologie a fini par alimenter de faux mythes et des hordes de spéculateurs. Bien sûr, on ne peut pas dire que les chercheurs ont volontairement entretenu le mauvais traitement du sujet qu'ils aimaient tant - notamment parce qu'ils ont travaillé de bonne foi dès le départ, dans l'intérêt de la connaissance. Cependant, malgré les bonnes intentions, les traductions de mauvaise qualité (et souvent incomplètes) ont laissé la porte ouverte à ceux qui voulaient broder eux-mêmes autour de ces histoires afin d'en tirer des bénéfices personnels. Plus précisément, il est probable que l'environnement académique ait également favorisé la formation de profanateurs de tombes, de trafiquants d'art et d'escrocs en tout genre, même s'ils n'en avaient pas l'intention.

Il ne faut cependant pas se méprendre sur ce point, car de nombreux textes - sacrés ou profanes - remontant à l'Égypte pharaonique sont empreints de mystère. D'autre part, comme nous l'avons déjà mentionné dans l'introduction de ce livre, une partie de la fascination exercée par cette civilisation extraordinaire est constituée d'éléments inconnus et difficiles (voire impossibles) à comprendre. Priver entièrement la culture égyptienne de son côté « sombre » et mystique impliquerait un appauvrissement illégal de tout ce qu'elle représente. De plus, ce discours ne vaut pas seulement pour la conception moderne que l'on s'en fait, mais aussi pour la réalité vécue au quotidien par les Égyptiens. Comme vous avez pu le lire, leurs propres récits étaient empreints de mystère et de secre : cela vaut aussi bien pour les contes populaires, dont les protagonistes sont des êtres humains plus qu'ordinaires, que pour les luttes grandioses auxquelles participent les différentes divinités. Par conséquent, en ce qui concerne cet aspect, on peut conclure que la vérité se situe quelque part entre les deux. En d'autres termes, si les spéculateurs et souvent les scientifiques eux-mêmes ont surjoué en attribuant aux peuples du Nil un ésotérisme manifestement exagéré, il est également vrai que les peuples eux-mêmes ont contribué à transmettre cet héritage, cette vision d'eux-mêmes. De toute façon, comme toujours, *est modus in rebus*, il serait injuste de diaboliser les contemporains, tout comme il serait incorrect de priver de tout élément mystique une population profondément religieuse, introjectée et vouée à l'analyse maximale des systèmes.

5.2 Mysticisme et esoterisme: un mal absolu ?

En fait, si l'on veut faire une analyse vraiment complète, il faut se demander si l'ésotérisme et le mysticisme égyptiens, qui ne sont que partiellement véridiques, n'ont vraiment eu que des répercussions négatives. Une telle question peut sembler utilitaire, surtout pour tous les chercheurs qui n'apprécient que la contribution scientifique et véridique apportée à un sujet donné. En d'autres termes, plus simples, le simple fait de penser à la possibilité que des faussetés aient apporté des avantages à l'Égypte pourrait être considéré par les orthodoxes comme une approche regrettable. Néanmoins, éluder cette question (que chacun peut facilement se poser) serait injuste pour nos lecteurs: il est plus que légitime, en effet, d'essayer de comprendre quel était le poids exact de l'ésotérisme et de la mystique égyptiens, en adoptant une approche *super partes*.

Comme nous l'avons déjà expliqué en détail à plusieurs reprises, de nombreuses conceptions sur l'Égypte antique sont mal comprises ou complètement inventées: ce fut le cas, par exemple, de la malédiction des pharaons, ainsi que des mythes grandioses sur les morts mystérieuses à l'intérieur des pyramides. Ce type de récit, aussi condamnable soit-il, a certainement contribué à créer des attentes élevées et une curiosité endémique à l'égard de cette même civilisation. En d'autres termes, ce support négatif et déplorable a certainement fini par tirer de l'eau pour la culture égyptienne elle-même. Comme nous l'expliquerons, par exemple, dans le dernier paragraphe de ce chapitre, c'est précisément la passion pour les mystères, la sagesse et l'ésotérisme qui a donné un élan décisif au tourisme contemporain en Égypte - qui non seulement représente le berceau de cette culture, mais a pu maximiser ses chances d'attirer des visiteurs et de bénéficier d'une promotion internationale.

Le cynisme partiel de ce discours, certes très pragmatique et lié à l'immanence des intérêts étatiques, pourrait sembler déplacé et nuire au romantisme de tous les récits illustrés jusqu'à présent. Ce fil logique est parfaitement logique, mais oublie que la réalité (tant actuelle qu'ancienne) est complexe et composite, en ce sens qu'elle ne peut jamais être privée de ses côtés moins beaux et moins fascinants. Si cette considération n'avait pas été mise en avant, c'est l'ensemble de l'ouvrage qui en aurait pâti, vous renvoyant, vous lecteurs, à un monde feutré et particulier, mais toujours fictif. En guise de consolation, bien sûr, on peut toujours penser à la contre-chanterie: il n'est pas nécessaire que les retours générés pour l'Égypte par les spéculations sur son histoire ancienne érodent l'amour que l'on éprouve pour la civilisation elle-même. Au contraire, un discours et une connaissance plus complets de ce phénomène fumeux peuvent vous aider à apprécier ce que vous savez du peuple du Nil à un niveau encore plus intense. Il va donc de soi que l'exploitation des possibilités ne doit pas être considérée comme un mépris éthique et moral, ni comme un facteur qui pénalise tout le reste. En d'autres termes, si le cynisme vous dérange vraiment, essayez de le considérer comme un effet secondaire de la réalité, à prendre en compte et à accepter - avec tous ses aspects négatifs - dans l'intérêt d'une connaissance complète.

5.3 Entre mythe, récit, histoire et réalité : le cinéma thématique sur l'égypte ancienne et sa grande fortune

Une partie de la renaissance récente de l'Égypte antique est également due au cinéma moderne, qui a mis ce monde à la portée du grand public, atteignant une ampleur qu'aucun autre média n'aurait pu garantir. Dans un feu nourri qui dure depuis plus d'un siècle, la recherche égyptologique a nourri l'intérêt des cinéastes et des scénaristes, tandis que les œuvres pour le grand et le petit écran ont attiré de plus en plus d'amateurs; ainsi, en l'espace d'une génération ou deux au maximum, une nouvelle cohorte d'amateurs s'est inscrite en grand nombre dans les cours académiques spécifiques passionnants. Dans un cercle vertueux qui fonctionne toujours à plein régime et qu'il est plus que difficile d'arrêter, la sphère de la passion scientifique pour l'Égypte et celle de la cinématographie continuent d'être interconnectées à ce jour, créant une alliance quelque peu inhabituelle et parfois conflictuelle. Il faut savoir que, comme dans tout couple qui se respecte, les deux parties ne s'entendent pas toujours bien, même si elles sont, après tout, conscientes des avantages mutuels qu'elles tirent de leur union.

Comme nous l'avons déjà mentionné, un cas exemplaire de la diversification entre les cinéastes et les chercheurs dans le domaine s'est produit avec la sortie du film « La momie » Basée sur la malédiction des pharaons, totalement infondée d'un point de vue intellectuel et scientifique, cette œuvre a su largement diviser la critique. Bien que son caractère de divertissement aventureux soit incontestable, il a également fait fortune en partie sur une histoire complètement erronée concernant l'Égypte ancienne. En outre, il a également contribué à étayer des thèses mystico-ésotériques non rationnelles, faisant ainsi le jeu des spéculateurs et des personnes mal intentionnées que nous avons évoqués à plusieurs reprises. Personne n'a jamais douté de l'existence d'une base de malveillance initiale de la part des auteurs du film, mais des experts égyptologues universitaires ont souligné à quel point leur mépris de l'exactitude de l'histoire traitée a pu être préjudiciable.

Ce cas particulier est d'autant plus significatif qu'il concerne précisément l'une des légendes égyptiennes les plus discutées de tous les temps; il s'est donc inséré dans un sillon de division déjà profond. Dans une histoire qui oppose le désir de divertir les gens ordinaires en les rapprochant des anciens

Égyptiens à la communauté scientifique, si passionnée et si pointilleuse ? Comme la plupart du temps, la vérité se trouve au milieu et un juste compromis doit être trouvé: si, d'une part, les inexactitudes historiques doivent au moins être signalées pour sensibiliser le public, d'autre part, le monde de l'égyptologie et les universités en général ne doivent pas se fermer complètement au monde extérieur. En effet, il a été amplement démontré que les études supérieures en général gagnent toujours à être en contact avec la société civile, qu'elle soit de masse ou non et quel que soit le niveau moyen d'éducation. Laisser les racines de la culture égyptienne pénétrer profondément dans l'imaginaire commun, c'est aussi être capable de compromis avec un message qui peut être facilement atteint même par des personnes qui ne sont pas des experts en la matière.

Au-delà des cas limites comme le film « la momie », il existe un flot d'enregistrements cinématographiques qui démontrent le grand intérêt que les peuples du Nil suscitent également dans la sphère artistique et pas seulement dans la sphère des études spécialisées. En parcourant les historiens, on trouve facilement des films pour tous les goûts et avec les intrigues les plus diverses, allant de la comédie d'action (avec Bud Spencer ou Astérix et Obélix) à la reconstitution historique la plus précise. C'est dans ce dernier domaine que l'on trouve de véritables chefs-d'œuvre, notamment en ce qui concerne l'époque de Cléopâtre et Antoine, tant du point de vue amoureux que du point de vue politico-stratégique. D'autre part, de nombreux cinéastes ont su dépasser l'ésotérisme facile et le mysticisme grossier pour saisir l'un des points fondamentaux du récit égyptien antique: cette civilisation fantastique n'a pas et n'aura jamais besoin d'inventions et d'élucubrations inutiles pour être intéressante et devenir (pourquoi pas ?) aimée du grand public. Les gens parviennent souvent à regarder les civilisations anciennes avec un tel naturel et à ressentir une telle proximité - presque inexplicable en raison du temps très long qui sépare les époques - que l'amour pour ces histoires anciennes devient presque impossible à ne pas aimer. L'intérêt pour l'égyptologie ne peut donc que bénéficier de la diffusion à grande échelle de médias de divertissement, même si leur qualité n'est pas sublime. En effet, pour un véritable néophyte en la matière, il ne sera pas difficile par la suite de découvrir même les inexactitudes naïves commises par des personnes qui sont des artistes (et non des historiens) de profession.

5.4 Signes tangibles de la fortune de l'egypte ancienne dans les temps modernes: le tourisme culturel et historique de masse

Tous les éléments que nous avons mentionnés jusqu'à présent dans ce chapitre mènent au dernier maillon d'une chaîne aussi intéressante que solide et étroitement interconnectée. Il s'agit bien sûr du tourisme de masse qui, depuis la diffusion internationale de la très intéressante civilisation égyptienne de l'Antiquité, alimente non seulement les caisses de l'État, mais aussi l'environnement culturel de l'Égypte moderne. Ce type particulier de tourisme dit « culturel » est aujourd'hui l'un des postes les plus importants du budget national, représentant ce que les experts appellent à juste titre la partie la plus significative de l'ensemble de l'économie nationale. Selon les données officielles publiées au cours des dernières décennies, c'est en 2010 que les recettes provenant des visites de touristes (étrangers et nationaux) ont atteint leur niveau le plus élevé, soit plus de 10 %. En poussant les chiffres plus loin, on obtient une perspective globale encore plus stupéfiante: pour cette seule année, les visiteurs ont atteint la barre des 15 millions, générant des recettes totales de 12,5 milliards de dollars.

Une telle réussite n'est pas le fruit du hasard, car les politiques nationales, même au milieu de diverses révolutions et crises conflictuelles, ont commencé à partir de la seconde moitié du vingtième siècle à se concentrer de manière significative sur la revalorisation de ce secteur. C'est précisément pour cette raison que les obstacles institutionnels et bureaucratiques ont été supprimés pour plusieurs États occidentaux, dont les citoyens devaient jusqu'alors présenter des visas particulièrement stricts et se conformer à des règles très restrictives. Après l'introduction des nouvelles facilités, de nombreux États (y compris européens, comme les Pays-Bas, le Danemark, la Finlande et l'Autriche) ont pu bénéficier de cette innovation, participant ainsi activement à un projet de croissance nationale qui allait bientôt être renouvelé. Dès l'année suivant l'introduction des réformes, c'est-à-dire à partir de 1976, le nouveau plan quinquennal du gouvernement a permis la mise à niveau assistée des infrastructures d'accueil ainsi que l'ouverture d'un fonds national pour des prêts spécifiques. Dès lors, les recettes du tourisme culturel augmentent de manière exponentielle, notamment grâce à l'intervention d'experts de haut niveau et au parrainage d'importantes initiatives de recherche historique. Cette parabole à grands renforts a finalement abouti à la création de flux que l'on peut sans aucun doute qualifier de « masse », non seulement en termes de lieux urbains et récréatifs, mais aussi et surtout en termes de connaissances historico-culturelles.

Encore une fois, il y a eu quelques notes négatives qui méritent d'être notées, mais pour les besoins du dossier, elles ne sont en aucun cas liées à l'attractivité de la culture égyptienne en soi, mais plutôt à des facteurs « exogènes » qui ont affecté négativement ses performances. En particulier, les révolutions qui ont culminé en 2011 ont donné un coup de fouet décisif à l'ensemble du secteur, envoyant également un signal très négatif à l'environnement académique et culturel. Ces deux aspects ont surtout été minés par les assassinats planifiés de journalistes et de chercheurs sur le terrain au fil des ans, des épisodes inexcusables qui se sont poursuivis (bien que de manière plus discrète) dans le temps qui a suivi. Les cas récents de

Giulio Regeni et de Patrick Zhaki n'ont fait qu'exacerber les relations entre le monde universitaire occidental et la sphère politico-institutionnelle égyptienne. Bien entendu, l'emprisonnement et le risque de mort pour ceux qui se rendent en Égypte à des fins de recherche ont aussi considérablement terni l'image du pays à l'étranger, rendant ainsi un bien mauvais service aux anciens Égyptiens, un peuple amoureux de la science et de la sagesse des érudits. Enfin, la pandémie toujours en cours a peut-être porté un coup définitif au tourisme local et balnéaire de l'État, qui a perdu l'une des sources de revenus les plus sûres et les plus substantielles du siècle dernier. Bien que les estimations récentes soient difficiles à obtenir et d'une fiabilité douteuse, on peut dire que le tourisme culturel est peut-être le sous-secteur le moins touché par la crise sanitaire mondiale. Ceci est particulièrement compréhensible si l'on garde à l'esprit qu'après tout, l'attrait des anciens Égyptiens ne s'estompera jamais: survivre à une nouvelle pandémie ou à des crises militaires et politiques est en revanche un exploit qui a déjà été accompli à maintes reprises par cette tradition millénaire. De plus, les études que l'on peut mener autour des anciens Égyptiens ont tellement de domaines d'application qu'il y a des cohortes entières de chercheurs qui continueront certainement à nourrir une attirance naturelle et irrépressible pour cette terre. Malgré tous ces points sensibles, force est de constater que le tourisme culturel reste au centre des politiques gouvernementales pour l'Égypte, comme le répètent à l'envi les dirigeants d'aujourd'hui. Comme il représente une part très importante du revenu national, cela augure bien de l'avenir du secteur, car les investissements centraux dans ce domaine sont susceptibles d'être cruciaux pour la reprise de l'économie nationale dans son ensemble.

5.5 Objets quotidiens et ingéniosité égyptienne: des liens inattendus

En plus d'être de grands penseurs « abstraits », donc dévoués aux systèmes les plus élevés, les Egyptiens savaient aussi être d'habiles inventeurs pragmatiques. D'un côté esthètes et de l'autre extrêmement dédiés à l'optimisation du travail, les objets quotidiens qui sont arrivés dans le monde occidental grâce à l'ingéniosité du peuple du Nil sont innombrables. Dans ce qui suit, nous souhaitons donc vous présenter quelques cas particulièrement amusants, intéressants ou même bizarres, qui vous ramèneront dans votre imagination à des temps révolus, afin que vous compreniez à qui nous devons les petits gestes quotidiens auxquels nous n'accordons aucune importance.

Tout d'abord, nous pouvons parler du maquillage, qui a été inventé par les anciens Égyptiens pour mettre en valeur surtout les yeux et les traits de la partie supérieure du visage. Les décorations esthétiques typiques que vous avez certainement vues dans les peintures sacrées faisaient en quelque sorte partie du quotidien des classes supérieures et pauvres. Esthétiquement sophistiqué, tant pour les hommes que pour les femmes, le maquillage le plus couramment utilisé ressemblait à ce qui est aujourd'hui notre eyeliner, ainsi qu'aux équivalents des fonds de teint et des poudres pour le visage d'aujourd'hui. Les Égyptiens, qui se *maquillaient* pour embellir et éclaircir leur visage en signe de noblesse, ont également inventé cet *artifice dans un but* médical ils pensaient - sur des bases scientifiques peu convaincantes mais peut-être pas totalement fausses - que le mélange Kohl dont ils s'aspergeaient le visage les protégeait des insolations, des coups de soleil et de toutes les maladies liées à une exposition constante aux rayons du soleil.

En plus de s'intéresser à la sécurité individuelle et médicale, les Égyptiens étaient également très préoccupés par leur sécurité domestique. C'est pourquoi, quatre mille ans avant la naissance du Christ, ils ont créé les premières serrures jamais trouvées sur la surface de la terre. Le mécanisme qu'ils ont imaginé était très similaire à celui des serrures plus rudimentaires encore utilisées aujourd'hui, puisqu'il s'agissait d'un pêne pouvant être actionné à l'aide d'une clé. Les matériaux de construction n'étaient généralement ni trop élaborés ni trop résistants, c'est pourquoi ils devaient être de taille particulièrement importante pour être vraiment imprenables. Pour être satisfaits de leur travail, les Égyptiens sont même allés jusqu'à construire des serrures de plus d'un demi-mètre de long, atteignant des dimensions qui les rendaient particulièrement difficiles à utiliser. Malgré ce défaut - qui fut ensuite limé et progressivement éliminé par les Romains, habiles élèves d'autres peuples - on doit aux Égyptiens l'invention d'un mécanisme qui est à la base de notre vie quotidienne.

Pour terminer, nous aimerions vous faire part d'un des aspects culturels et anthropologiques les plus intéressants de toute l'Égypte ancienne. Toutes les sources qui nous sont parvenues soulignent que les hommes de l'époque étaient tenus de garder la barbe et les cheveux aussi rasés que possible, afin d'éviter la terrible chaleur et d'avoir toujours une apparence soignée. Certains textes indiquent clairement qu'aucun autochtone ne portait de longue barbe, une caractéristique physique qui servait donc également à reconnaître l'origine de la personne en face de soi. Comme si cette apparence généralisée ne suffisait pas, la caste la plus élevée avec la caste pharaonique, c'est-à-dire la caste sacerdotale, était obligée de se raser complètement pour avoir accès à ses fonctions et à ses privilèges. Pour des raisons à la fois rituelles et sanitaires, l'épilation était en effet perçue comme un symbole de pureté absolue et de connexion directe avec le divin. Un tel travail, compte tenu de la rareté des outils et du temps nécessaire à l'époque pour le réaliser, impliquait également que la personne qui le recevait devait être très riche et pouvait payer un barbier compétent pendant de nombreuses heures. De plus, ce processus, véritable rituel secondaire, devait être réalisé tous les trois jours, afin de se conformer aux lois divines. L'importance symbolique de la barbe est également signalée par le fait que le pharaon lui-même portait une barbe spéciale (longue et carrée) les jours de cérémonies religieuses ou de grandes occasions politiques. Il faut préciser que dans ce cas, c'est le verbe « porter » qui est utilisé, car le pharaon, ainsi que ses fonctionnaires les plus fidèles, achetaient spécialement pour ces occasions des barbes fictives en laine de mouton ; ce n'est que lors de la cérémonie d'habillage et du moment de la célébration que cet embellissement était réellement utilisé, à l'aide de liens spécialement créés qui étaient noués autour du crâne et des oreilles. L'importance de la barbe et du rasage dans la société égyptienne ne doit cependant pas faire penser que les barbiers étaient particulièrement bien payés: dans la pratique, il s'agissait d'une sorte de vendeur au porte-à-porte, qui obtenait du travail au jour le jour avec très peu de sécurité fixe. Malgré ce faible salaire, ils étaient profondément respectés dans leur communauté d'origine, où ils jouaient le rôle de ciment social et de mentor, ainsi que de figure de référence professionnelle en raison de leur disponibilité et de leur réputation.

Conclusions

Arrivés au terme de ce voyage en commun, nous avons survolé tous les aspects de la culture égyptienne, bien sûr sans alourdir la discussion avec des détails académiques et scientifiques, car ce n'est certainement pas le bon endroit pour se lancer dans des dissertations approfondies. En outre, comme vous l'avez certainement déjà compris en vous immergeant dans ce monde jour après jour, le peuple du Nil était si complexe, si compliqué et si profond que, souvent, même le travail d'une vie entière ne peut en épuiser tous les aspects individuels. Rendre justice à une culture aussi intéressante ne signifie pas, d'autre part, essayer de la simplifier au maximum pour la faire tenir dans un seul volume, ni essayer d'en faire un unicum homogène qui aplatirait l'ensemble de l'ouvrage. En abordant des aspects plus strictement historiques et en les mettant en parallèle avec des éléments contemporains, nous avons voulu vous offrir quelque chose de dynamique et de précis à la fois, à utiliser comme une étude approfondie pour votre plaisir personnel, mais aussi comme une base générale sur l'un des peuples les plus mystérieux et les plus fascinants qui aient jamais existé sur la surface de la terre.

Le corps principal du livre a ainsi pu être analysé sous un angle entièrement nouveau et avec une conscience bien plus grande que celle qu'aurait pu avoir un simple intérêt pour le divertissement narratif. Dans une intersection délibérée et parfaite, les mythes et légendes ne peuvent être véritablement appréciés que si l'on dispose du bagage nécessaire pour les comprendre pleinement, non seulement dans leur déroulement superficiel, mais aussi dans leurs significations symboliques et ésotériques. Dans ces conclusions, il est important de valoriser le premier de ces deux aspects narratifs, car il fait partie intégrante de l'histoire anthropologique locale. Les études académiques sur les symboles et les allégories dans la littérature soulignent depuis des générations leur rôle central dans la formation de tout un imaginaire populaire. Comme si cela ne suffisait pas, le récit et la narration font toujours partie de l'héritage global d'une population: c'est ce lien indissoluble qui empêche tout passionné de laisser de côté les mythes, les légendes et les contes populaires.

En effet, chaque peuple ancien parle à travers ses images spécifiques, à travers son langage non seulement sémantique mais aussi imagé et logique, révélant ses propres conceptions des sphères les plus diverses de la vie humaine. Ce n'est en effet pas un hasard si l'on retrouve dans l'histoire du prince prédestiné la conception profonde que les Égyptiens avaient des prédictions, du destin et du rôle de la divinité dans la vie humaine: bien qu'ils aient représenté une sorte d'exception, ils ont transmis à travers ce mythe la figure d'un nouveau héros, complètement détaché des équivalents étrangers de l'époque. C'est précisément en cela que les Égyptiens, par exemple, se sont démarqués plus que dans tout autre domaine des Grecs anciens, dont le « type » de héros était au contraire celui d'un homme confronté à un choix nécessaire et inévitable, qui aurait de toute façon conduit à sa propre destruction, mais qu'il fallait néanmoins faire.

Nous espérons donc que ce livre aura suscité en vous l'amour d'un peuple qui a tant produit, se distinguant de tout autre homologue imaginable par son ingéniosité, sa conception de la vie et sa capacité d'imagination. L'entrée dans un monde pratiquement inconnu, dans lequel les points de référence de l'identité par rapport à nous sont presque nuls, stimule l'individu à dépasser ses propres limites, à plonger dans l'inconnu et à apprendre définitivement à connaître l'autre sans préjugés ni idées fausses a priori.

MYTHOLOGIE JAPONAISE

CHAPITRE 1

Les origines de la mythologie japonaise

La mythologie, quel que soit le pays où l'on se trouve, s'attache à étudier l'ensemble complexe des traditions culturelles qui lient une civilisation, un peuple ou plus simplement un groupe de personnes. Ces traditions sont généralement transmises oralement dans un premier temps et ne sont mises par écrit que plus tard, afin de ne perdre aucun détail. Souvent, les sujets, les personnages ou les esprits racontés sont de nature religieuse, spirituelle ou même fantastique; il est donc toujours très complexe de retracer les origines de la tradition mythologique d'un pays donné.

Bien que la culture chinoise ait exercé une grande influence, nous savons que la majeure partie de la mythologie japonaise a des origines indigènes. Au sein de cette discipline, nous trouvons, comme nous l'avons mentionné plus haut, des traditions shintoïstes et bouddhistes et des croyances populaires de toutes sortes, liées à des pratiques de la vie quotidienne, y compris l'agriculture ou l'élevage. Il devient donc très complexe de distinguer clairement ce qui relève réellement du mythe japonais et ce qui est plutôt lié à la culture religieuse.

MYTHOLOGIE JAPONAISE

Le shintoïsme est une religion polythéiste indigène japonaise de nature animiste qui implique le culte de nombreux dieux différents appelés Kami. Ces dieux n'ont pas de représentations physiques tangibles, mais prennent plutôt la physionomie d'une présence spirituelle. Les divinités sont donc nombreuses, notamment parce qu'elles comprennent des représentations de tout ce que la nature peut offrir, des rochers à la voûte céleste. Voyons donc l'origine du nom: Shinto signifie littéralement « Voie des Dieux », un concept transmis par la population bien avant l'apparition du bouddhisme au Japon. Cette religion n'a pas été transmise sous forme écrite, car elle n'implique aucun texte sacré ni aucune autorité religieuse absolue de premier ordre. L'absence de textes écrits ou de personnalités supérieures permet aux croyants de se sentir acceptés sur un pied d'égalité, mais mine en même temps le véritable sens de la tradition.

La pensée mythologique japonaise, qui se transmet encore aujourd'hui, est également basée sur le « Kojiki », en français « Anciens écrits », et constitue le plus ancien livre de chroniques japonaises, ainsi que le plus ancien texte narratif qui nous soit parvenu de ce peuple. Le texte a été rédigé au début du VIIe siècle à la demande de Tenmu, le souverain du clan Yamato, dans le but de raconter et de préserver l'histoire du Japon depuis ses origines jusqu'à son époque, mais aussi de légitimer et de célébrer la présence du souverain sur le trône. Nous lisons donc l'histoire depuis l'époque des origines mythologiques, durant laquelle vivaient les divinités shintoïstes, appelées Kami, jusqu'à l'impératrice Suiko, qui vécut entre 592 et 628 après Jésus-Christ.

Outre le Kojiki et d'autres ouvrages complémentaires, les historiens considèrent également le Nihonshoki, également appelé Nihongi, c'est-à-dire le deuxième livre qui nous est parvenu dans l'ordre chronologique sur l'histoire du Japon. Sa lecture est plus élaborée que celle du texte précédent, mais elle se concentre principalement sur les sujets religieux et leur lien avec la présence des empereurs. Malgré cela, il présente également les récits de la mythologie japonaise dont il énumère tous les personnages avec une liste de noms assez longue et confuse. Le récit remonte jusqu'à l'an 697 de notre ère.

Avant l'avènement du bouddhisme et d'autres doctrines d'origine chinoise, la religion professée au Japon était le « Shin-to » À l'époque, le Japon portait un autre nom, à savoir Ji Pen, « Pays où le soleil se lève » ou « Pays du soleil levant », raison pour laquelle nous l'entendons encore appeler ainsi aujourd'hui.

Le mot « Shin- to » signifie plutôt « Voie des Dieux » ou « Doctrine des Esprits » et provient de la translittération d'un mot chinois, Shen. Selon les récits et les écrits classiques, la doctrine englobe toutes les manifestations ou représentations qui dépassent le cadre normal des événements, c'est-à-dire tous les faits qui suscitent la peur, la crainte ou l'émerveillement. Tout cela est contenu dans le cycle générateur du Ying et du Yang. Shen représente donc l'esprit et la force vitale, la connaissance et la vitalité.

Le Ying et le Yang, quant à eux, sont issus de la philosophie chinoise; ces deux termes représentent la dualité du jour et de la nuit; ils jouent donc le rôle des couleurs noire et blanche qui se reflètent dans la nature.

Le terme « shin-to » n'est donc pas d'origine japonaise, mais provient de la fusion de la société avec des traditions et des croyances populaires d'origine chinoise.

Ce mot a une signification très proche du terme Kami-no Mici, utilisé par les Japonais pour désigner la religion de leurs ancêtres.
Les Kami désignent tous les êtres surhumains, esprits et potentats vivant à la fois dans le ciel et sur la terre, dont les descriptions ou les actions sont relatées dans les textes sacrés. Selon ces derniers, la présence des Kami

consacre la terre japonaise, car ils incarnent les éléments naturels qui la parsèment: les arbres, les rivières, les mers et les montagnes. Les Kami ne sont pas seulement des êtres tangibles dotés d'une force surnaturelle, mais aussi les éléments naturels, les forces et les perturbations les plus facilement reconnaissables.

Tout comme les dieux de l'Olympe grec et latin, les Kami sapent les hommes et agissent sur leur volonté. Ils inculquent les notions de bien, de mal, de bon, de licite ou d'illicite, ainsi que la conformité ou la dissociation avec l'environnement et la société.

Encore une fois, ils régulent l'alternance des jours, des mois et des saisons de l'année, ils travaillent à générer le bien et le mal parmi les hommes. Les dieux alignés dans la faction du mal sont appelés Magatsubuno Kami.

Avant que tout ne soit engendré, la tradition raconte qu'il existait un espace infini, Ohosora, dans lequel absolument rien n'existait, pas même le soleil, les étoiles, la terre ou la mer. La seule chose qui existait dans cet espace infini était le Dieu Invisible du Milieu du Ciel, en japonais « Amenominakano Kami », accompagné de deux autres divinités: Takamimusubono Kami et Kamumimusubino Kami.

Le dégagement de leur puissance a pris la forme d'un nuage qui a envahi l'espace infini et vide et dont on dit qu'il a flotté et généré quelque chose comme une petite pousse de bambou brillante et transparente. La pousse grandit et engendra une plante de bambou qui devint immense et très haute. De la croissance du bambou naquit Amatsu Kami, ou la Voûte céleste et Ama, ou le Ciel.

Au-dessus du bambou, le ciel prend vie, tandis qu'en bas, aux racines, une nouvelle créature, la lune, se détache.

MYTHOLOGIE JAPONAISE

Avec la création du ciel, de l'univers et de la lune, les sept dieux ont pris forme et ont été divisés en deux groupes: trois dieux solitaires et quatre paires de dieux masculins et féminins.

Nous voyons donc les trois premières divinités solitaires :

Kuminotokotacino Mikoto
Kunisatsucino Mikoto
Toyokumununo Mikoto

Kuminotokotacino Mikoto est la toute première divinité à apparaître avec la génération du Cosmos. Né de l'union philosophique des traditions japonaises et chinoises, il était considéré comme l'union absolue des cinq éléments: Eau, Terre, Feu, Métal et Bois.
Kunisatsucino Mikoto et Toyokumununo Mikoto représentent respectivement les éléments Eau et Terre.

Passons maintenant aux quatre paires :

Ohijinino Mikoto et Suhijinino Mikoto
Ohotonojino Mikoto et Onotonobeno Mikoto
Omodaruno Mikoto et Kashikoneno Mikoto
Izanagino Mikoto et Izanamino Mikoto.

Les trois premières paires représentent les trois derniers éléments, à savoir le feu, le métal et le bois.

La dernière paire, en revanche, représente le Ying et le Yang d'une manière distincte, que nous avons déjà brièvement évoquée dans la section précédente. De l'union de ces deux divinités, unique parmi les sectes fécondes, naissent toutes les autres divinités qui qui constellent la hiérarchie divine japonaise, mais aussi tous les êtres humains et les créatures de la terre. Les îles et les continents sont également nés, mis au monde exactement à la manière humaine.

1.1 La naissance des huit îles japonaises

Les huit îles japonaises ont été générées, comme mentionné dans le paragraphe précédent, par l'union d'Izanagino Mikoto et d'Izanamino Mikoto.

Les deux parents divins vécurent longtemps avec leurs créatures, jusqu'à ce que le Seigneur du Haut Plan des Cieux les appelle et leur demande de transformer les mers et océans boueux en terre ferme qu'ils féconderaient ensuite d'hommes et d'êtres vivants. Les deux divinités, se retrouvant sur un pont flottant, prirent alors la lance que leur avait donnée le Seigneur du Haut Plan des Cieux et commencèrent à observer ce qui se trouvait en dessous, qui était alors dominé par le Chaos. Izanagi prit alors la lance et la plongea dans les profondeurs. Lorsqu'il la retira, une goutte de boue tomba, qui servit à construire la première île, Onogorojima, sur laquelle le couple divin descendit. Arrivés sur l'île, ils plantèrent la lance dans la terre, générant ainsi le Pilier céleste, autour duquel ils construisirent leur palais, Yahirodono.

De l'union des corps des deux dieux est née la première créature, Hiruko, l'enfant faible. L'enfant fut ensuite laissé sur un bateau pour disparaître dans la mer. La seconde créature n'était pas non plus satisfaisante et prit le nom d'Awano Shima, laide et faible comme la première.

Ils firent alors appel aux dieux pour leur demander la raison de leurs deux premiers échecs, mais même les divinités ne purent donner de réponse à leurs drames, leur conseillant plutôt de retourner autour du premier pilier du palais pour s'unir à nouveau. Les deux amants divins mirent toutes leurs forces dans la troisième union, d'où naquit une île immense, la plus grande des îles japonaises, nommée Ohoyamato Akitsushima. Suite à ce grand succès, ils engendrèrent d'autres îles: Tsushima, Sado, Shikoku, Iki, Kyuschù, Oki et Awaji.

Pour célébrer la naissance des premières îles, le Japon a pris le nom de Ohoyashima Kumi, ou pays des huit îles. Cependant, la procréation n'a pas cessé et d'autres îlots ont vu le jour, tandis que des rochers, des îles et des terres hors du domaine japonais ont été produits à partir de l'écume de mer.

Plus tard, ils ont également créé d'autres divinités avec des images et des ressemblances similaires aux leurs, mais nous traiterons de ces histoires au chapitre 3.

CHAPITRE 2

Le soleil, la lune et le vent

Nous avons déjà vu dans le chapitre précédent que la mythologie japonaise trouve son origine dans la religion la plus répandue dans la population: le shintoïsme. Nous avons également dit que les divinités sont nombreuses et couvrent à la fois les forces naturelles et les éléments qui caractérisent la nature.

Les divinités les plus importantes sont le Soleil, la Lune et le Vent. Comme il n'existe pas de légendes ou de récits écrits, il existe de nombreuses versions des histoires qui racontent la naissance ou les événements des divinités, et nous nous intéresserons donc aux plus importantes et aux plus connues.

La première déesse que nous observerons est la déesse du Soleil, en japonais **Amaterasu-ō-mi-Kami** (天照大御神), plus communément Amaterasu. Littéralement, le nom ne signifie pas Soleil, mais Grande Déesse.

Le second est le dieu du vent, **Fūjin** (風神), protecteur de son frère le dieu du tonnerre et de la foudre, Raijin.

Le troisième et dernier sera une divinité à laquelle nous avons déjà fait référence dans le premier chapitre, car elle est impliquée dans la naissance de la voûte céleste et dans les origines mythologiques du Japon : le dieu de la lune, en japonais Tsukuyomi (ツクヨミ, 月讀) également appelé Tsukuyomi-no-mikoto (ツクヨミノミコト, 月夜見尊),

2.1 La naissance du soleil

Sur la naissance de la divinité du soleil, Amaterasu, il existe de nombreuses théories et légendes transmises oralement, mais examinons les trois principales.

Le temple shintoïste d'Ise-jingu, situé dans la préfecture de Mie, à Ise, a été consacré à cette importante divinité. La tradition veut que la première construction du temple ait eu lieu sous le règne du 11e empereur japonais, *Suinin-Tennō*, qui vécut entre 29 et 79 après J.-C. D'autres historiens situent la construction de l'édifice à l'époque Asuka, entre 53 et 79.

D'autres historiens situent la construction de l'édifice durant la période Asuka, entre 538 et 710 de notre ère. Le temple a ensuite été construit à plusieurs reprises et celui dont nous pouvons profiter aujourd'hui est le 62e, construit en 2013. Une nouvelle construction est prévue pour 2033.

L'importance du dieu Soleil est due à la descendance légendaire de toute la lignée impériale japonaise à partir de cette divinité; c'est pourquoi le symbole a pris une signification nationale et a été placé sur le drapeau.

Voyons donc les trois versions de la naissance du dieu Soleil.

MYTHOLOGIE JAPONAISE

Nous avons dit que le Kojiki est le texte historique le plus ancien et le plus important de la tradition japonaise, dans lequel les spécialistes de la mythologie japonaise puisent le plus d'informations.

Dans ce texte, la première des versions que nous verrons dans ce chapitre sur la naissance d'Amaterasu est racontée: il est dit qu'Izanagi, le père de tous les Kami, avait fait un voyage dans le monde souterrain, Yomi-no-kuni, dans le but de ramener avec lui sa femme et sa sœur Izanami, aujourd'hui décédée. La mort de sa femme avait été causée par la conception du kami du feu, Kagutsuchi.

Au retour de son voyage, Izanagi doit se rendre à la rivière pour accomplir un rituel de purification du royaume des morts.
Au cours du rituel, la tradition veut qu'il ait fait naître la divinité Amaterasu *de son œil gauche.*

Dans le même texte, il est dit que les trois premiers enfants du couple divin Izanagi et Izanami se répartirent les tâches les plus importantes, et seule, Amaterasu, choisit le rôle de la déesse du soleil.

Dans le « Nihongi », l'autre annale que nous avons déjà mentionnée, il est plutôt dit que le couple Izanagi et Izanami a immédiatement créé toutes les divinités et que ce sont eux qui ont assigné les tâches divines à leurs enfants. Dans une variante du texte, cependant, il est dit que c'est Izanagi seul qui a créé Amaterasu au cours d'une cérémonie, lorsqu'il a regardé dans le miroir Yatano Kagami qu'il tenait dans sa main. Ce dernier est l'un des trois trésors sacrés des insignes impériaux du Japon.

2.2 La naissance de la lune

La divinité de la lune est le second rejeton d'Izanagi. Le nom japonais, Tsukuyomi, revêt de nombreuses significations en raison de la combinaison des termes qui le composent. Certaines théories affirment que Tsukuyomi est une fusion des mots tsuki et yomu. Le premier signifie lune et mois, le second lecture et comptage.

Une autre interprétation prend plutôt pour référence un autre nom par lequel la divinité est appelée: Tsukuyomi-no-mikoto. Le premier terme Tsukiyo signifie nuit au clair de lune, tandis que miru signifie regarder.

La naissance de Tsukuyomi est liée à celle d'Amaterasu qui, selon une légende, est née de l'œil gauche de son père. La divinité de la lune est née, selon la même tradition, de l'autre œil de son père lors de la purification à la rivière.

Une autre légende veut que, tout comme le soleil, il soit né du même miroir Yatano Kagami qu'Izanagi portait dans sa main droite.

Ensuite, la divinité est montée au Takama-ga-hara, le plateau du paradis, la demeure de tous les Kami, pour vivre avec toutes les divinités, y compris sa sœur Amaterasu, que certains appellent même son épouse.

Arrivé à la maison divine, il fut accueilli, selon la légende, par un banquet préparé par le Kami de la nourriture, Uke-Mochi. La divinité de la lune mangea les plats agréablement préparés, mais lorsqu'elle découvrit que la nourriture avait été produite par les orifices du Kami, elle se mit en colère et le tua. Cet épisode a également entraîné une querelle avec la divinité Amaterasu, qui a décidé de déménager dans la voûte céleste pour ne pas être plus proche de la Lune, mais nous reviendrons sur ce point plus tard.

2.3 La naissance du vent

Le dieu du vent, Fūjin (風神), est souvent représenté dans l'iconographie mythologique japonaise avec son frère Raijin, le dieu du tonnerre et de la foudre; on ne peut donc manquer d'y faire référence dans cette histoire.

Le dieu du vent a en effet été créé précisément pour protéger le ciel des éclairs et du tonnerre de son frère.

Fūjin est également né d'Izanami. La déesse décida un jour de disperser la brume qui recouvrait la terre avec son souffle et de ce souffle naquit le dieu du vent, qui n'est autre que le souffle et l'haleine de sa mère.

La divinité était déjà présente lors de la création du monde; elle compte donc parmi les plus anciennes de la tradition mythologique japonaise.

Izanami est également considérée comme la divinité protectrice et créatrice de la mort, ainsi que comme l'épouse et la sœur d'Izanami et la mère des dieux.

Lorsque **Fūjin** a ouvert son sac lors de la création, il a laissé s'échapper tous les vents qui ont balayé la brume matinale qui recouvrait la terre et qui s'est ensuite installée entre le ciel et la terre, permettant ainsi au soleil de briller et de réchauffer le sol.

La divinité est représentée iconographiquement portant ce sac, qui a en fait une origine occidentale, car il ressemble presque à un manteau ou à un châle que portait Oado, le dieu grec Borée.

De plus, comme son frère Raijin, il est souvent représenté comme un Oni, c'est-à-dire un personnage folklorique très semblable à un démon, avec des yeux rouges, une peau verte, un énorme sac rempli de vent et un manteau de léopard très semblable au costume de la divinité grecque Dionysos.

Raijin ressemble beaucoup à son frère, mais il n'a pas d'étui. Il porte de grands tambours, les Taiko, a une expression très féroce, effrayante et maléfique et ses cheveux sont très clairs, semblables à ceux d'un ogre.

Cette divinité est née à la suite de la mort de sa mère, la déesse Izanami, qui se décomposait.

CHAPITRE 3

Divinités mythologiques

Nous avons vu, dès le premier chapitre, que les divinités de la mythologie japonaise portent le nom de Kami et nous avons découvert les histoires de ceux qui ont caractérisé l'origine de cette tradition. Dans ce chapitre, nous allons examiner de plus près ce que signifie le terme en question et ensuite analyser quelques divinités mineures dans le but de rendre plus facile et peut-être plus intuitive la lecture des chapitres suivants, encore plus chargés de mythes et de légendes.

Comprenons donc d'abord ce que sont les Kami. Habituellement, par commodité, comme nous l'avons fait pour le titre de ce chapitre, nous traduisons le terme par le mot dieux, précisément parce que c'est ainsi que les historiens ont travaillé dans le monde occidental lorsqu'ils ont étudié les textes mythologiques d'origine grecque ou latine. Les dieux occidentaux ont en effet des traits humains et des caractéristiques physiques et morales typiques des mortels. Dans le monde asiatique et japonais, en revanche, les Kami sont issus du shintoïsme et ce sont précisément les maîtres théologiens de la discipline qui nous expliquent que des malentendus tels que ceux que nous venons de décrire risquent de porter atteinte au véritable sens de la tradition. Le mot Kami a une signification très particulière et complexe, car il ne peut être traduit par un seul nom, un seul adjectif ou un seul verbe, mais nécessite plusieurs mots aux significations très proches. On le traduit souvent par force, intellect, instinct ou même pouvoir divin.

Le japonais, contrairement aux langues néo-latines, ne fait pas de différence entre le singulier et le pluriel ; par conséquent, Kami n'est pas un nom comptable. En revanche, il existe une différence entre le masculin et le féminin. Ainsi, pour le premier, nous avons Kami-gami, et pour le second, Megami, mais nous n'utiliserons jamais cette distinction dans le livre.

Les Kami, précisément parce qu'ils ne sont pas des personnes ou des personnages physiques, existent en tant que représentations des effets de la nature sur la terre, nous parlons donc d'îles, de masses continentales, de montagnes, mais aussi de simples rochers ou de forces naturelles, y compris le vent, présenté plus tôt, les tempêtes ou les étoiles. Il en est ainsi parce que l'esprit est de trouver ce que la Terre et l'Univers offrent afin de leur être reconnaissant et de rendre ainsi hommage à ce qu'ils ont donné.

Ils sont également, selon les théories religieuses shintoïstes, des représentations de personnalités importantes, parmi lesquelles on peut citer les empereurs mais aussi les anciens clans géniteurs de la lignée japonaise; dans ce cas, ils n'incarnent pas des hommes ou des chefs individuels, mais même l'ensemble du groupe clanique. Enfin, le terme Kami est également utilisé comme une fonction honorifique attribuée à des personnalités importantes.

Les Kami, en plus de couvrir ce que nous avons dit jusqu'à présent, sont également la représentation d'un concept important, ce que l'on appelle musubi en japonais. Ce mot provient d'une légende d'origine chinoise, qui raconte que le destin de chacun d'entre nous est lié à celui d'une autre personne par un fil rouge attaché à l'auriculaire de la main gauche. Le terme

Musubi est alors devenu la connexion et le lien entre les personnes, mais aussi avec l'univers. Nous verrons ensuite la légende complète au chapitre 6.13.

Les Numi, qui représentent l'union et l'énergie de liaison, sont considérés comme les exemples et les modèles vers lesquels l'homme doit tendre pour devenir un être juste.

Il y a tellement de Kami qu'il est impossible de les compter, mais ils ont tous à peu près les mêmes cinq caractéristiques, que nous verrons plus loin.

1. Aussi différentes que soient les divinités, il en existe tout de même 300 types et chacune a une fonction différente. Les Kami sont donc classés en fonction d'un but ou d'une raison d'être.

2. Les Kami sont caractérisés par une essence bivalente qui est divisée et cloisonné: il y a une âme bonne, juste et charitable et une autre qui est mauvaise, orgueilleuse et presque vexatoire. La première est appelée nigi-mitama, la seconde ara-mitama. Elles peuvent ainsi générer des fortunes et des richesses, mais aussi des catastrophes, des désaccords entre les hommes et des destructions. Pour obtenir la suprématie de la bonne âme, le Kami doit être apaisé par les dons et les prières des hommes.

3. Les Kami, malgré leur dualité interne, sont néanmoins appelés à gouverner et à prendre soin des personnes entourant leur sphère d'activité spécifique, mais aussi de l'environnement même qu'ils représentent.

4. Les dieux sont à la fois invisibles à l'œil humain, ils résident plutôt dans les lieux de culte que l'homme lui-même leur

construit, dans les phénomènes naturels ou dans les rites et rituels religieux qui leur sont dédiés.

5. Les Kami ne restent jamais immobiles au même endroit. En effet, si nous pensons à la divinité du vent, nous pouvons imaginer qu'elle ne peut pas rester en place, mais qu'elle parcourt la terre entière. En même temps, les divinités visitent les gens et les temples qui leur sont destinés afin de profiter de ce qui leur est offert et préparé.

Si les dieux occidentaux vivent officiellement sur le mont Olympe puis se déplacent sur Terre, il en va de même pour les Kami, qui sont en réalité cachés dans le monde et vivent une sorte d'existence complémentaire très similaire à la nôtre. Ce lieu s'appelle Shinkai.

Vivre en harmonie avec les Kami, c'est s'inspirer de la nature avec conscience, c'est donc emprunter la Voie des Kami, kannagara no michi.

Nous avons vu dans le premier chapitre que les premiers époux divins étaient Izanagino Mikoto et Izanamino Mikoto, qui ont engendré les trois premiers fils: le dieu du Soleil, du Vent et de la Lune. Ensuite, nous avons dit que les huit îles du Japon ont été générées. Voyons maintenant les autres îles générées par les deux.

- Awazi, dieu de l'île japonaise Awazi
- Sado, dieu de l'île japonaise de Sado
- Honshū, dieu de l'île japonaise de **Honshū**
- Kyūshū, dieu de l'île japonaise de **Kyūshū**
- Iki, dieu de l'île japonaise d'Iki
- Shikoku, dieu de l'île japonaise Shikoku
- Tsushima, dieu de l'île japonaise de Tsushima

Connaissons donc l'histoire ou certaines des légendes transmises sur la naissance de certains Kami, en laissant de côté celles liées à l'histoire des îles, que nous avons déjà abordées précédemment.

3.1 Kagutsuchi

Kagutschi est le dernier fils d'Izanami et d'Izanagi et est considéré dans la mythologie japonaise comme le Kami du feu. Le Kojiki, le texte de référence le plus utilisé, le désigne souvent sous le nom de Hinokagatsuchi, car Hi signifie feu et, littéralement, le nom dans son ensemble prend la signification de lumière, d'éclat, de force et de puissance.

Lisons l'histoire de la naissance de cette divinité directement dans le texte de référence mentionné ci-dessus:

La légende veut qu'Izanagi et sa compagne et sœur Izanami aient engendré tous les Kami, chacun ayant un rôle spécifique. Cependant, lors de la dernière naissance, celle de Kagatsuchi, Izanami fut gravement blessée par une brûlure qui entraîna sa mort peu après, quittant ainsi la résidence divine pour rejoindre l'au-delà.

Après la maladie d'Izanami, Izanagi a néanmoins réussi à engendrer d'autres Kami, qui représentent donc une deuxième génération de fils.

Cependant, lorsqu'Izanagi réalisa la fin malheureuse de son épouse, il devint si furieux et désespéré qu'il brandit l'épée du ciel, Ame-no-Ohbari en japonais, et tua son dernier fils. Par ce geste, le corps de Kagatsuchi fut divisé en huit parties, un nombre que nous avons déjà vu revenir dans la mythologie avec les îles du Japon. Dans ce cas, cependant, il représente les Kami protecteurs des montagnes, les principaux Yama-no-Kami dont nous voyons immédiatement les noms:

- To-Yamatsumi, généré par la tête.
- Oku-Yamatsumi, généré par les organes reproducteurs.
- Masaka-Yamatsumi, généré à partir de la poitrine.
- Odo-Yamatsumi, généré à partir du ventre.
- Ha-Yamatsumi, généré par le pied gauche
- Hara-Yamatsumi, généré par le pied droit.
- Kura-Yamatsumi, généré par la main gauche
- Shigi-Yamatsumi, généré par la main droite

En plus de ceux énumérés ci-dessus, nés comme mentionné de l'une des huit parties du corps en lesquelles le Kami a été divisé par son père, nous devons en ajouter deux autres : Ōyamatsumi et Konohananosakuya-hime. Le premier est le protecteur des soldats et des marins et on dit qu'il est le souverain de toutes les montagnes. La seconde est plutôt la fille, protectrice du mont Fujisan.

3.2 Ama - No - Uzume

Ama-no-Uzme est une divinité de sexe féminin, épouse de l'esprit Sarutahiko Okami, que nous verrons au point 3.20.

Cette divinité est traditionnellement assignée à l'esprit de l'aube, c'est pourquoi tous les mythes liés à l'éclipse lui sont rattachés.

MYTHOLOGIE JAPONAISE

Nous ne connaissons pas l'histoire de la naissance de la déesse, mais découvrons ensemble quel a été l'épisode qui l'a fait connaître parmi les divinités japonaises et qui a peut-être sanctionné une sorte de naissance d'acceptation parmi les compagnons divins de la déesse de l'aube, initialement non considérée comme leur égale.

La tradition décrit l'effigie de cette Kami de deux manières: l'une nous la présente comme une jeune fille élancée, l'autre comme une vieille femme frêle. Dans les deux cas, nous le verrons dans la légende, elle apparaît néanmoins comme une femme particulièrement consciencieuse et ingénieuse. Voyons donc son histoire.

Il arriva un jour que la déesse du Soleil, Amaterasu, décida de défier son frère protecteur des vents, Susanoo. Alors que la première était connue pour la bonté, la lumière et la chaleur qu'elle prodiguait à la terre, le second était moins aimable et plus imprévisible.

Ce jour-là, les deux frères décidèrent de se défier dans une course et Amaterasu finit par gagner, ce qui mit en colère son frère qui, capricieux comme les légendes l'ont toujours décrit, décida de se venger en détruisant toutes les rizières que sa sœur avait rendues prospères grâce à sa chaleur, et, ayant trouvé un cheval, le tua et le décapita, puis jeta sa tête dans le palais de la divinité.

Cette réaction de Susanoo a cependant mis en colère et effrayé la déesse du soleil, qui a décidé de priver la terre entière de sa présence et de ses bienfaits en entrant dans une grotte. Tous les dieux tentèrent alors de frapper les uns sur les autres pour la dissuader et la faire sortir, mais aucun n'y parvint.

Alors que tous les dieux avaient échoué, la petite Ama-no-Uzume, la déesse de l'aube, apparut. Comme elle était très petite et peu considérée par les autres dieux, personne ne la crut lorsqu'elle promit de faire sortir la déesse de la grotte.

Pour ce faire, elle prit un miroir et le plaça devant l'entrée de la caverne, puis elle prit un tonneau de saké vide et le retourna pour créer un piédestal sur lequel elle se tint debout. Elle monta dessus et et commença à danser de manière énergique, amusante et engageante. Ama-no-Uzume sauta, tournoya et dansa joyeusement, à tel point qu'elle perdit tous ses vêtements et se retrouva complètement nue, mais cela n'arrêta pas la danse.

Sa danse attira de nombreuses divinités, qui arrivèrent à la grotte et commencèrent à acclamer la petite déesse et à participer à sa danse.

Amaterasu, intriguée par l'agitation et les cris de joie, décida alors de voir ce qui se passait à l'extérieur de l'abri. Elle s'approcha de la porte et vit la scène, mais ce faisant, elle laissa échapper une lueur de soleil et de lumière de la caverne, qui se refléta de manière aveuglante sur le miroir.

Les divinités présentes au bal s'aperçurent immédiatement de la présence du Soleil, n'attendirent donc pas un instant et se précipitèrent pour la prendre et l'emmener hors de la grotte.

Amaterasu fut assez surprise d'être emmenée de force et contre son gré, mais les danses de la déesse de l'Aube et toute la clameur et la joie que cette dernière avait suscitées firent disparaître sa colère et surtout sa peur, et elle décida de retourner à l'air libre, afin que la Terre soit à nouveau réchauffée et illuminée.

Quant à Susanoo, il a été banni du paradis en raison de son comportement illicite, inconvenant et impie.

3.3 Susanoo

Nous avons déjà perçu dans le paragraphe précédent la présence d'un Kami un peu plus rebelle que les autres, moins aimant et plus impulsif, il s'agit de Susanoo, le représentant traditionnel, selon le shintoïsme, des tempêtes, de la mer et des ouragans.

L'histoire de cette divinité trouve son origine dans la divinité paternelle de tous les dieux, Izanagi, qui s'est rendu dans le Yomi, le royaume des morts, pour rendre visite à sa sœur et compagne décédée, Izanami.

Après le voyage, la divinité paternelle s'est retrouvée à exécuter l'un des mouvements de base du judo, le harai, également connu sous le nom de « fracture de la hanche » Pendant ce mouvement, de l'eau a commencé à couler par le nez d'Izanagi et de ce mouvement est né son fils Susanoo, qui a été immédiatement chargé par son père de veiller sur les mers.

La tâche assignée ne plaisait pas particulièrement au Kami, qui s'ennuyait beaucoup; il a donc abandonné les mers pour se consacrer à sa vraie nature guerrière, irascible et indolente, qu'il déversait sur les êtres humains ainsi que sur d'autres Kami par des gestes violents.

Comme nous l'avons découvert dans la section 3.2, l'une des principales victimes de son ennui était sa sœur Amaterasu, et après l'épisode qui a vu la déesse enfermée dans une grotte par peur et les champs labourés, les animaux et les provisions des hommes détruits, Susanoo a été exilée de la Terre pour toujours et a été forcée de vivre dans la région d'Izumo, nommée d'après la mère des Kami, Izanami.

Suite à cet épisode punitif très fort et irréversible, Susanoo a reconnu ses fautes mais surtout ses devoirs, il a donc mis de côté son caractère guerrier et a commencé à travailler pour la défense de l'humanité à travers des faits et gestes visant le bien.

En effet, les légendes racontent que c'est cette divinité qui a sauvé le jeune Kushinadahime destiné aux mâchoires de Yamata no Oochi, un serpent à huit têtes.

3.4 Sukuna - Hikona

Cette divinité est également connue sous les noms de Sukunabikona, Sukuna-bikona, Sukuna-biko-na, Sukuna-biko. De plus, il est souvent considéré comme une divinité immigrante, car il vient de l'autre côté de la mer. Quoi qu'il en soit, il s'agit, selon la tradition shintoïste, de la divinité de l'agriculture, de la connaissance, de la magie, de la guérison, du saké et des onsen.

Le Nume est connu pour ses compétences dans l'art de la médecine, il connaît la magie et est aussi souvent reconnu comme le maître de la sorcellerie parmi les Kami.

Les Onsen, quant à eux, sont des bains thermaux japonais traditionnels que l'on trouve aussi bien à l'extérieur qu'à l'intérieur, bien que la tradition veuille qu'ils soient uniquement à l'extérieur et qu'ils puissent être à usage public ou privé. Les bains sont pratiqués dans une nudité totale, car les Japonais considèrent que le partage et la communion de la nudité sont très importants, car ils font tomber les barrières et les préjugés et permettent de connaître les personnes qui nous entourent dans une situation tout à fait naturelle, familière et détendue. Aujourd'hui encore, les bains thermaux sont réputés bénéfiques pour la santé des curistes.

La mère génératrice de Sukuna - hikona était l'une des toutes premières divinités des origines, que nous avons déjà rencontrée dans le premier chapitre du livre et qui est appelée Kamimusubi (également appelée Kamumimusubino Kami) et fait partie de la triade qui a généré la terre et le ciel.

Sukana - hikona est généralement représenté comme un nain, souvent en compagnie de la divinité **Ōkuninushi, dont** nous parlerons plus loin.

Il y a cependant une raison pour laquelle ce Kami est également lié aux sources d'eau chaude, et son histoire est inscrite dans ce mythe: la légende raconte qu'au cours d'une des nombreuses aventures de Sukana- hikona avec son compagnon **Ōkuninushi, le** premier tomba malade, et son ami décida alors de se rendre aux sources d'eau chaude de Dogo pour immerger la divinité affaiblie dans les eaux. Les sources d'eau chaude ont redonné de la force au Kami et l'ont guéri. Il s'est alors mis à danser sur un rocher sur lequel étaient gravées ses petites empreintes, qui sont devenues célèbres sous le nom de *Tamanoishi*. Le rocher est conservé à ce jour à Dogo. À la suite de cet épisode, les eaux thermales ont pris de l'importance, devenant des eaux curatives fréquentées à la fois par les Kami et les mortels.

C'est cet épisode de maladie qui a donné tant de valeur à l'esprit du Kami, mais pas seulement, il a également été crédité de la préservation de la médecine et du soin des humains et des animaux. Ses capacités ont ensuite été mises à l'épreuve par l'impératrice Jingu pendant son congé de maternité : Sukana - hikona a été invoqué par la femme alors qu'elle était en voyage et qu'elle souffrait de maux, et elle a demandé sa présence pour que le fœtus soit à l'abri de toutes les calamités.

Depuis lors, le Kami est invoqué pour se prémunir contre toute calamité, tout animal rampant ou tout insecte susceptible d'endommager les cultures.

Nous avons dit que Sukana - hikona est l'inventeur du saké et que, selon la tradition, c'est lui qui a appris aux hommes à fabriquer la boisson typique à partir du riz. L'appellation lui a été donnée lors d'un verre porté à l'occasion d'un banquet organisé par l'impératrice Jingu.

C'est précisément en raison de sa proximité avec la nourriture que le Kami est souvent en compagnie d'une autre divinité, Uke- mochi.

3,5 Ōkuninushi

Liée au Kami Sukana- hikona, cette divinité cette divinité se voit attribuer la sauvegarde de l'identité nationale de l'identité nationale, des affaires, de la médecine et de l'agriculture. Selon la tradition shintoïste, il vécut dans la province d'Izumo en tant que seigneur et souverain de celle-ci jusqu'à ce qu'il soit évincé par Ninigi, petit-fils d'Amaterasu, déesse du Soleil. Pour le dédommager de sa perte royale, on lui confia alors le domaine invisible de la magie et des esprits. C'est lui qui créa le premier royaume shintoïste sur la suggestion de Sujin, le premier empereur japonais qui ait probablement existé.

Lorsque **Ōkuninushi** était à la tête de Miho, il a vu un petit bateau fait d'une fleur qui se déplaçait sur les vagues. En s'approchant, il a reconnu un petit homme à l'intérieur, presque de la taille d'un pouce humain. Le Kami l'a alors immédiatement attrapé et lui a demandé de se présenter à lui par son nom. La petite créature lui répondit en lui mordant la joue. C'est au contraire un crapaud, qui avait assisté à la scène, qui révéla la nature de ce nain et dit alors à Ōkuninushi : « C'est Sukuna-hikona, fils de Kamimusubi » Ōkuninushi fut frappé par sa taille minuscule; il ne pouvait croire que le fils d'un Nume puisse être aussi puissant qu'il était petit, aussi l'emmena-t-il immédiatement à Kamimusubi, pour obtenir de lui la confirmation qu'il s'agissait bien de son fils. La divinité confirma la nature du petit Kami et ordonna à ce dernier d'aider Ōkuninushi à achever l'œuvre qui lui avait été confiée : construire la terre japonaise.

C'est au cours de cette collaboration que Sukana-hikona a inventé divers médicaments et sortilèges pour guérir les maladies ou s'en protéger.

Les deux amis se sont quittés près des îles Amaji, lorsque Sukana-hikona a grimpé sur un grain de millet qui l'a fait plier et rebondir près du village légendaire de Tokoyo no Kuni.

3.6 Uke - Mochi

En parlant dans la section 3.4 de l'histoire de Sukuna - hikona, nous avons rencontré une divinité qui l'accompagne souvent, Uke- mochi, littéralement traduite par Déesse qui possède de la nourriture. On la retrouve également sous le nom de Ōgetsuhime-no-kami.

Dans la tradition, elle est la déesse patronne de la nourriture et des produits alimentaires. La déesse est, selon certaines traditions, l'épouse du dieu du riz, Inari.

Cette tâche lui fut confiée lorsqu'elle assista à un banquet que nous avons déjà mentionné. Uke- mochi organisa ce festin au nom de sa sœur et déesse du Soleil Amaterasu et invita le dieu de la Lune, Tsukuyomi. C'est la déesse elle-même qui préparait la nourriture en la générant à partir de son propre corps: du gibier sortait de son anus, puis se tournant vers l'océan elle crachait un poisson de sa bouche et enfin, regardant une rizière, un bol plein de riz apparaissait en toussant.

Le dieu du vent mangea d'abord ce qu'on lui offrait, car c'était décidément appétissant et savoureux, mais lorsqu'il apprit comment c'était préparé, il fut dégoûté au point de vouloir se venger du Kami qui l'avait d'abord préparé puis forcé à le manger en lui mentant, et il agit donc et tua Uke-mochi.

En effet, des grains de riz, de millet, de haricots et même, à partir des sourcils, des vers à soie ont commencèrent à apparaître et à germer à partir de son corps.

3.7 Inari

Également appelé Oinari, Inari est le Kami dédié non seulement au riz, mais aussi à la fertilité, à l'agriculture, à l'industrie (entendue comme travail et labeur) et aux renards. Inari est l'un des Kami les plus particuliers et les plus difficiles à reconnaître, car il est parfois représenté sous les traits d'un homme, en tant qu'époux de Uke-mochi, d'autres sous les traits d'une femme et d'autres encore sous les traits d'un androgyne, c'est-à-dire avec les deux caractéristiques à la fois.

On croit le plus souvent qu'Inari est un vieil homme portant du riz; selon les études de Karen Ann Smyers, il prend plutôt la forme d'une jeune déesse portant de la nourriture. Cependant, certaines représentations du

Nume en font un bodhisattva androgyne, c'est-à-dire quelqu'un qui a trouvé son propre nirvana et qui continue à le rechercher par la compassion.

Enfin, la divinité apparaît parfois sous les traits d'un serpent, d'un dragon ou, selon certaines légendes, est apparue un jour à un homme malveillant sous l'aspect d'une araignée monstrueuse et vengeresse.

En effet, il est également considéré non seulement comme une unité unique, mais comme un ensemble collectif de trois à cinq Kami dans les traditions shintoïste et bouddhiste.

Les renards (kitsune en japonais) qui sont souvent représentés avec lui, comme leur protecteur, sont blancs et agissent comme des messagers pour lui.

3.8 Ryujin

Également connu sous le nom de **Ōwatatsumi**, Ryujin est traditionnellement la divinité chargée de protéger les mers et les eaux.

Sa naissance nous est encore transmise par la religion shinto, qui nous dit que la divinité est la fille du Kami Izanagi et qu'elle est venue au monde après le célèbre voyage de son père dans l'au-delà, auprès de son compagnon et de sa sœur décédés. À son retour, la divinité a dû se purifier en se baignant dans la mer, à la suite de quoi elle a engendré Ryujin, ce qui fait de lui le maître des poissons et de toutes les créatures vivantes de la mer, ainsi que le contrôleur des marées. Il a également le pouvoir de déplacer les eaux des océans et les courants marins grâce à deux gemmes magiques, Kanju et Manju. Le Kami est de nature bienveillante, il régule la mer afin de répondre aux besoins des hommes et d'éviter les accidents ou les dommages.

Il est généralement représenté de deux manières: sous la forme d'un dragon vert à la gueule énorme, ou sous la forme d'un vieil homme sage et courageux qui vit dans un grand palais de coraux rouges et blancs au fond de la mer. Au palais, il se comporte comme un propriétaire serviable et accueillant. Il est souvent accompagné de créatures ayant la fonction de messager, les Watatsumi, c'est-à-dire des créatures marines monstrueuses. Les monstres, mais aussi toutes les créatures marines telles que les poissons, les tortues ou les méduses, sont traditionnellement ses serviteurs.

Ryujin est connu comme le père de la déesse Otohime, que nous verrons plus en détail dans la section suivante.

3.9 Otohime

Le nom le plus courant de la divinité Otohime est Toyotama- hime, qui signifie Joyau lumineux, ce qui explique qu'elle soit reconnue comme la divinité du son.

Elle est représentée comme une belle femme vêtue d'une robe toujours humide. La belle femme, cependant, au moment où elle agit conformément à ce qui lui a été confié en tant que divinité, prend la forme d'un dragon semblable à son père.

C'est son père Ryujin qui l'a mariée à Hoori, le fils de Ninigi et Konohana.

Otohime a rencontré Hoori lorsque ce dernier, voulant pêcher avec son frère Hoderi, s'est retrouvé sans tous ses hameçons et est allé les chercher au fond de la mer. Au cours de sa recherche, il aperçut Otohime et l'amour naissant entre les deux jeunes gens, ils se présentèrent au père de la déesse pour lui demander son consentement et sa bénédiction. Le dieu de la mer consentit à l'union et ordonna à ses poissons d'aider les Kami à récupérer tous les hameçons perdus. Mais ceci n'est qu'un avant-goût ; nous verrons la légende complète plus tard.

Les deux amants se marièrent et eurent un fils. C'est au cours de l'accouchement qu'Otohime se transforma en dragon pour la première fois.

La légende veut que l'empereur Jimmu soit le petit-fils d'Otohime et de Hoori, ce qui fait de Ryujn l'un des ancêtres de l'empereur.

3.10 Ebisu

Ebisu, souvent désigné sous les noms de Webisu, Hiruko ou Kotoshiro-nushi- no- kami, est le dieu protecteur des pêcheurs, des marchands, de la chance, de la bonne fortune et de la santé des enfants et des nourrissons. C'est précisément parce qu'il est le protecteur de la bonne fortune qu'il appartient au groupe des sept dieux de la fortune, dont nous parlerons à la fin de ce paragraphe. Parmi les sept, il est le seul à être d'origine japonaise.

Le nom de Hiruko, l'aîné, signifie en fait « enfant de la sangsue » L'une des légendes à son sujet veut qu'il ait été le premier des enfants du premier couple de Kami, Izanagi et Izanami. Nous avons dit dans le premier chapitre que le premier-né des deux était si faible qu'il fut abandonné dans la mer, en fait Hiruko, le divin premier-né, naquit selon certains érudits sans os, selon d'autres sans membres. Mais ce qui a causé toutes ces déficiences physiques au petit Kami, c'est une erreur commise par ses parents lors du mariage. En effet, ces derniers n'ont pas accompli pleinement l'un des nombreux rituels qui leur incombaient.

Le bébé étant incapable de se tenir debout, il a été placé par ses parents sur un bateau fait de fleurs et de joncs et abandonné dans la mer, où il a dû lutter longtemps pour rester en vie. La mer l'a cependant amené jusqu'aux côtes d'Ezo, l'une des huit îles du nord du Japon. C'est là qu'il a été recueilli et élevé par Ebisu Saburo, un homme de la population Ainu.

Lorsque la petite divinité atteignit l'âge de trois ans, ses jambes, puis l'ensemble de son squelette commencèrent à grandir, devenant ainsi la divinité Ebisu. Il ne retrouva jamais complètement l'ouïe, mais on le décrit souvent comme un esprit gai et joyeux; c'est pourquoi on l'appelle aussi le Dieu rieur.

D'autres légendes racontent au contraire qu'Ebisu et Hiruko sont deux divinités différentes, mais associées en raison d'une mauvaise lecture des caractères entre eux très similaires. Ebisu, en fait, serait le Kami d'Ikki, Hiruko par contre est le frère cadet de la divinité du Soleil Amaterasu.

Selon une autre légende, les deux Kami sont souvent confondus à Nishinomiya où le Kami du sanctuaire local s'appelle à la fois Ebisu et Hiruko. En effet, une autre légende raconte qu'avant la conquête des anciennes civilisations japonaises par l'empereur Jimmu et l'établissement de l'empire japonais, l'archipel était habité par des peuples d'origine barbare rassemblés sous le nom d'Ebisu ou Emisu, ce qui signifie barbare. Pour conquérir les terres du Japon, l'empereur dut partir de l'île de Kyushu, jusqu'à la province de Settsu où il soumit la population Ebisu qui commença à se mêler aux envahisseurs.

MYTHOLOGIE JAPONAISE

Les noms des Kami se sont superposés lorsque le nom du peuple Ebisu a été confondu avec celui de la divinité adorée, Hiruko no mikoto.

Nous en venons donc, comme promis, à parler des sept dieux de la fortune. Ils sont aujourd'hui un symbole de la mythologie japonaise et sont reconnaissables à leur iconographie.

Les divinités ont des origines différentes: bouddhisme, taoïsme, shintoïsme et hindouisme.

Les dieux qui composent le groupe protecteur de la fortune sont:

- Bishamonten, le dieu patron des guerriers. La divinité est représentée portant une armure de soldat;
- Daikoku, le dieu de la prospérité, tient dans sa main gauche un grand sac rempli de riz et dans sa main droite une cape symbolisant la protection;
- Fukurokuju, le dieu du bonheur et de la richesse. Cette divinité prend la forme d'un vieil homme à la tête allongée. Il s'appuie sur un roseau auquel est attaché un rouleau. Il tient un éventail dans une main;
- Ebsu, le dieu des pêcheurs, tient une ligne de pêche sous un bras et une grosse carpe rouge dans l'autre;
- Hotei, le Dieu du bonheur et de la joie, a l'apparence d'un Bouddha heureux. Il tient dans une main un sac rempli de trésors et dans l'autre un éventail;
- Benzaiten, la déesse de la musique, des arts et de la sagesse, est représentée par l'un des instruments de musique les plus connus de la tradition japonaise, le biwa, ou luth;
- Juroujin, le dieu de la vie et de la longévité. Cette divinité prend également la forme d'un vieil homme avec un sourire constant sur les lèvres. L'homme est chauve, porte une longue barbe blanche et

se tient en compagnie d'un cerf. Il s'appuie enfin sur un bâton et tient également un éventail.

Non seulement les sept divinités sont regroupées sous le nom de fortune, mais elles représentent chacune l'une des sept vertus (sagesse, force, chance, joie, longévité, richesse et bonheur), ce qui explique qu'elles soient de bon augure et qu'elles symbolisent le Nouvel An japonais, en tant que symbole de renaissance et de prospérité.

3.11 Daikokuten

Nous avons déjà mentionné Daikokuten juste au-dessus, car, sous le nom de Daikoku, il fait partie des sept divinités de la fortune. Nous savons donc qu'il est le Kami symbole de la prospérité, mais pas seulement, il est aussi le représentant de l'obscurité et des cinq grains.

Cette divinité est issue, contrairement à beaucoup d'autres, de la tradition indienne et a pris le nom de Shiva entrelacé avec la divinité shintoïste Okuninuschi.

Le Kami est bien connu des habitants de la ville et apparaît souvent dans leurs maisons, car son effigie même apporte de la gaieté: son visage est très large et un grand sourire l'éclaire. Il porte sur la tête un chapeau noir, plat et doux. Il porte le traditionnel Uchide no kozuchi, un manteau d'or connu sous le nom de « baluchon de la chance » Il est souvent immortalisé sur des balles de riz entourées de rats, qui symbolisent classiquement l'abondance de nourriture.

Ce Kami est bien connu au Japon et dans la tradition mythologique comme étant associé à la prospérité et à la richesse; c'est pourquoi il est souvent victime de ce que l'on appelle le vol de fortune, fukunusubi en japonais. La légende raconte qu'au Japon, la population était convaincue que le vol d'images des dieux permettait au voleur, qui n'était pas pris sur le fait, de bénéficier de la chance. La tradition s'est transformée en marché des effigies divines: de nombreuses petites échoppes ont été ouvertes au marché de fin d'année, le toshi no - ichi de Senso- ji, qui vendaient illégalement les petites représentations. Parmi les images les plus populaires vendues sur ces étals, on trouve celle de Daikokuten, protecteur du bonheur, de la richesse, de la famille et même de la cuisine. Symbole de richesse, il figurait également sur le premier billet de banque japonais.

3.12 Benzaiten

Faisons maintenant connaissance avec une autre des divinités faisant partie des sept divinités de la fortune, Benzaiten. Il s'agit en fait du seul Kami féminin du groupe. Cette divinité est cependant issue de la tradition hindoue et de la déesse Sarasvati, qui signifie « celle qui coule», c'est-à-dire la divinité protectrice des rivières.

Les origines du Kami se trouvent dans la culture indienne, en tant que personnification de la rivière indienne Sarasvati, et ont ensuite été introduites au Japon par les Chinois.

Benzaiten est également appelée Beneten et reste dans la culture japonaise la divinité liée non seulement aux rivières, mais aussi à tout ce qui coule, donc au temps, à la musique, aux mots et à la connaissance. Au fil du temps, la divinité a également pris d'autres connotations et est aujourd'hui considérée comme la déesse de l'éloquence, de la beauté, des étoiles et de la musique.

Nous avons déjà mentionné qu'iconographiquement, elle est représentée avec l'intention de jouer d'un luth japonais, le biwa, de deux manières: complètement nue, ou assise au bord d'une rivière au pied d'une chaîne de montagnes et vêtue d'habits élégants.

On trouve également la divinité sous d'autres formes, l'une d'entre elles la représentant comme une divinité non humaine avec huit bras. Ces images remontent toutefois à la fin des XIe et XIIe siècles, époque à laquelle la Kami a pris le nom de Happi et a souvent été juxtaposée à la divinité du serpent protecteur de la nourriture, Ugajin. C'est précisément en raison de cette affinité que la femme martiale portait souvent une coiffe représentant un serpent blanc au visage humain et âgé dans les représentations de cette période.

La légende raconte que la déesse était la fille d'un roi dragon, qui la força à se marier avec un autre dragon connu pour son appétit pour les enfants et les nourrissons. Mais la déesse, grâce à sa beauté et à sa douceur, parvint à faire tomber le monstre amoureux d'elle, qui cessa de manger des nourrissons.

3,13 Fukurokuju

Kami Fukurokuju rejoint le groupe des sept divinités de la fortune en tant que protecteur de la sagesse, de la longévité et du bonheur.

Fuku signifie littéralement chance, Roku en revanche prospérité et Ju longévité.

La légende veut que le Nume ait été généré par Taizan Fukun, le dieu du Mont T'ai, une montagne sacrée située en Chine.

Issue de la culture chinoise du taoïsme, la divinité prend la forme d'un homme au front haut dépourvu de cheveux, portant une longue moustache et un bâton. Le crâne est caractérisé par une longueur excessive et non naturelle. La légende veut que cet allongement du crâne soit dû aux nombreuses années d'études auxquelles le Kami s'est consacré.

Pour symboliser la longévité, une tortue, une tortue terrestre, se trouve à ses côtés, ainsi qu'une grue, confirmant sa sagesse.

Outre ces animaux, l'homme est souvent représenté avec un éventail, symbole traditionnel de puissance et de force, mais aussi moyen de conjurer le mauvais sort. Dans une main, il tient un livre, le makimono, un livre japonais utilisé pour les exercices et les activités de calligraphie et de dessin, de la taille d'un petit rouleau suffisamment grand pour être tenu dans une main. Il se lit de droite à gauche en le déroulant lentement. Entre ses mains, le livre prend une autre signification: il devient une seconde attestation de sa force intellectuelle et de sa sagesse.

Le peuple chinois, dont les Kami sont issus, vit à la recherche de l'incarnation des sept vertus et Fukurokuju représente l'incarnation humaine du bonheur. Mais ce mot résume de multiples concepts: la sérénité, la richesse et la vie éternelle.

3.14 Jurōjin

Également connu sous le nom de Gama, Jurojin est un autre Kami appartenant au groupe des divinités protectrices de la chance.

Représenté comme un vieux monsieur à la longue barbe blanche, on imagine déjà au premier coup d'œil sa fonction, à savoir le protecteur de la longévité. Très proche dans son iconographie de Fukurokuju, son crâne n'est pas allongé, au contraire, il est couvert d'un chapeau et s'appuie sur un bâton pour marcher. Il est également accompagné d'un certain nombre d'animaux, dont la tortue, le cerf et la grue, symboles, comme nous l'avons déjà mentionné, de longévité. Une autre raison de confusion avec la divinité réside dans le symbole de l'éventail qu'il tient également à la main.

La divinité est arrivée au Japon par le biais de la culture chinoise taoïste et ses origines proviennent de la figure de Zhang Guolao, également appelé Zhang Guo, un homme qui a effectivement vécu entre 684 et 705, sous le règne de l'impératrice Wu, de l'empereur Xuanzong et des Tang. La tradition veut qu'il s'agisse d'un homme particulièrement solitaire qui vivait sur les sommets des montagnes chinoises où il a vécu plus de cent ans grâce à certains pouvoirs et stratégies médicales qu'il a réussi à apprendre par lui-même.

Après sa mort, Guo a été inclus dans le groupe des huit immortels taoïstes et la tradition s'est rapidement répandue au Japon pendant la période Edo (1603-1868, période historique au cours de laquelle la famille Tokugawa détenait le plus haut pouvoir politique et militaire du pays) grâce à un courant artistique et pictural.

3.15 Bishamonten

Bishamonten est une divinité plus connue dans la tradition hindoue sous le nom de Vaisravana, qui signifie littéralement « celui qui entend distinctement » Il est en fait issu d'une divinité du nom de Kubera, mais a depuis pris des rôles, des noms et des fonctions distincts dans chaque communauté. Dans le bouddhisme, il est célébré comme le gardien du nord, mais aussi comme le gardien du ciel, et dans la tradition tibétaine, il porte le titre de roi du nord et de divinité de la richesse.

Au Japon, il a reçu le nom de Bishamonten ou Bishamon et il est connu parmi les sept dieux de la fortune comme le dieu protecteur de la guerre et des guerriers. En tant que protecteur de ces derniers, il se charge également de punir les méchants.

Un temple shintoïste lui est dédié, dont il devient le gardien et vit sur la moitié du versant du mont Sumeru.
Il est représenté comme un guerrier équipé d'une armure et d'une lance, symboles de la force guerrière. De l'autre main, il élève une petite pagode d'or représentant le pouvoir divin qui lui a été confié et qu'il est chargé de protéger mais aussi de distribuer consciencieusement.

La divinité n'est pas seulement appelée à agir de manière punitive et violente, mais elle est aussi connue comme écoutant et aimant les enseignements; en fait, on dit qu'elle est cachée dans tous les lieux de culte et qu'elle protège les espaces où Bouddha a prié.

3.16 Hotei

Nous en arrivons maintenant au dernier des sept dieux de la fortune, à savoir Hotei. Son histoire est issue de la tradition chinoise et n'a atteint que plus tard « l'Olympe » japonais.

Le Kami a alors reçu l'appellation de protecteur du bonheur et par conséquent de la partie de la population qui jouit le plus de cet état d'esprit : les enfants. Le nom signifie littéralement « sac » ou « sac à linge »

Selon la tradition, Hotei est un homme petit et dodu, à tel point que ses vêtements ne couvrent même pas son ventre. Il se caractérise par son aspect amical et porte sur son épaule le sac d'où vient son nom. Dans ce sac, selon certaines versions de la légende, il garderait des cadeaux à offrir aux enfants qui se trouvent souvent près de lui. D'autres hypothèses disent plutôt que le sac est rempli de biens, de vêtements ou de produits de première nécessité et d'usage quotidien que le Kami donne aux personnes les plus démunies.

Il porte également, comme beaucoup d'autres Kami, un éventail qu'il garde sous le ventre, confirmant ainsi sa lignée et ses pouvoirs divins.

Hotei est également connu en Occident sous le nom de Bouddha souriant, car il est précisément représenté avec une expression de sérénité et de bonheur constant.

3.17 Hachiman

Le Kami Hachiman est, selon la tradition shintoïste, le protecteur et le chef de la guerre et des guerriers samouraïs.

La légende veut que cette divinité ait rencontré un empereur, Ojin, avec lequel il s'est uni par une synchronicité des corps; le Kami est donc une sorte d'union entre un mortel et une divinité.

Ojin est le fils de l'impératrice Jingu et de l'empereur Chuai (IIIe siècle après J.-C.). Il est né lorsque l'impératrice est revenue d'une campagne de guerre invasive en Corée après la mort de son époux.

L'enfant est immédiatement éduqué à l'art de la guerre, préparé à passer une grande partie de sa vie sur le champ de bataille.

Ce n'est que quelques siècles plus tard que la rencontre avec la divinité a eu lieu et, depuis lors, de nombreux temples ont été construits où les artistes martiaux et les guerriers se réfugient avant les batailles par le biais de pèlerinages. Dans ces temples, le Kami est souvent représenté avec un étrier de cheval et un arc, signes typiques du combat. Parfois, il est également représenté accompagné d'un pigeon, l'animal qui joue le rôle de messager pour lui.

Le nom de la divinité est également lié à cette fusion des dieux avec Ojin: Hachiman signifie divinité des huit bannières. Ce nom est dérivé du nombre de bannières suspendues lors de la naissance de l'empereur.

Non seulement il protège les guerriers, mais les paysans l'invoquent aussi souvent pour obtenir sa protection et recevoir des récoltes abondantes, de même que les pêcheurs avant de partir en mer pour que leurs filets soient remplis de poissons. Il est généralement très aimé de la population japonaise, qui le considère comme le protecteur du pays tout entier.

3.18 Tenjin

La religion shintoïste nous parle d'une divinité protectrice des études, de l'intelligence, de la connaissance, de la curiosité ainsi que des universitaires et des étudiants, nommée Tenjin. Ten signifie en fait ciel et Jin divinité, il était donc initialement la divinité du ciel et il a été confondu avec Raijin, le dieu du tonnerre (chapitre 2), car il était perçu comme la cause des catastrophes naturelles. En raison de ce malentendu, le Kami était considéré comme maléfique et donc craint par la population. C'est un poète de l'époque d'Edo, Michizane, qui a commencé à raconter que Tenjin était en fait un chef de file de l'érudition et de la connaissance.

À ce jour, seule la deuxième version concernant le Kami s'est imposée ; en effet, les étudiants universitaires et les savants en général le tiennent si souvent pour responsable de leurs succès scolaires, de leur admission aux examens ou de leur réussite que leurs parents passent du temps à prier la divinité et consacrent autant de temps à la remercier pour les succès de leurs enfants.

3.19 Hiruko

Hiruko a un objectif social presque identique à celui d'Amaterasu, mais il est beaucoup moins connu et répandu au sein de la population japonaise.

Son histoire, comme beaucoup d'autres, est contenue dans l'annale « Nihongi » et il est décrit comme l'un des premiers fils d'Izanami et d'Izanagi qui ne figuraient pas sur l'acte de naissance - particulièrement fort, puissant et valeureux - et qui fut donc lui aussi abandonné. La légende veut que Hiruko ait été abandonné en raison de son apparence physique difforme, ressemblant pour certains à une méduse, pour d'autres à une sangsue. Selon la tradition, il persiste en tant que divinité protectrice du soleil.

3.20 Sarutahiko Okami

La mythologie japonaise nous apprend que ce Kami, marié à Ama-no-Uzme (déesse du bonheur, chapitre 3.2), est un chef spirituel et un protecteur de tous les terriens. La divinité représente la discipline spirituelle, la force et tous les actes de purification. Le plus important d'entre eux est le misogi, une ancienne pratique shintoïste utilisée pour nettoyer le corps des péchés, des maux et des souillures. Il est également appelé le protecteur de l'aïkido, l'un des principaux arts martiaux du Japon. De nombreux sanctuaires shintoïstes nommés Jinja lui ont été dédiés.

3.21 Takemikazuchi

Takemikazuchi est la divinité japonaise à qui l'on attribue le contrôle et la génération du tonnerre ainsi que des épées. Sur les images, il est très souvent représenté en train de se battre avec un gros poisson-chat.

La légende des épisodes de « Kamiumi » raconte qu'Izanagi, père de nombreux Kami, prit une épée, Totsuka-no-Tsurugi, et coupa la tête de Kagutsuchi (chapitre 3.1), la divinité du feu. Des giclées de sang commencèrent à jaillir du corps de ce dernier, qui, déposées sur des rochers, donnèrent naissance à de nombreuses divinités dont Takemikazuchi. Cette légende attribue donc la paternité de ce Nume à Kagutsuchi.

CHAPITRE 4

Les esprits de la mythologie japonaise

Dans ce quatrième chapitre, nous ne parlerons plus principalement des Kami ou des divinités de la mythologie japonaise, mais de tous les autres êtres, esprits, hommes, femmes, héros et protagonistes qui émaillent les récits, mythes et légendes les plus connus du pays et du monde. Nous reviendrons certainement sur les Numi décrits dans le chapitre précédent et en introduirons peut-être de nouveaux, car ce sont eux qui interviennent très souvent dans le cours de la vie et de l'univers.

Les esprits de la culture japonaise sont en moyenne connus dans le monde entier, car ils font partie du folklore du pays. Nombreux sont ceux qui connaissent Kitsune, l'esprit du renard, mais il n'y a pas que ceux qui sont connus. Dans ce chapitre, nous essaierons de pénétrer au mieux dans ce monde immatériel, si incertain et mystérieux.

Décrivons d'abord ce que sont ces esprits et ce qu'ils sont. Il existe en effet des Yokai, des Kami et des Yurei.

Nous connaissons bien ces derniers et il n'est pas nécessaire de s'y attarder. Voyons plutôt ce que sont les Yurei. Le terme se traduit littéralement par fantômes, et ce sont en fait des créatures invisibles et évanescentes, comme les feux follets, qui sont en fait des sortes de flammes bleues ou turquoises qui apparaissent généralement dans des endroits particulièrement sombres comme les cimetières ou les landes pendant les mois d'été.

Le terme Yokai, quant à lui, est traduit par plusieurs mots, dont apparition, esprit, démon ou manifestation surnaturelle. Ceux-ci prennent généralement des formes semblables aux humains, aux animaux ou à tous les êtres vivants. Parfois, sous le nom spécifique de tsukumogami, ils prennent la forme d'objets inanimés.

Cependant, les Yokai ne sont pas seulement considérés comme des esprits dotés de pouvoirs surnaturels, mais aussi comme des êtres effrayants et des entités maléfiques qui n'appartiennent pas à la dimension terrestre. Ils ne sont pas toujours mauvais ou méchants, apportant parfois la paix, la chance et l'amour. Selon la tradition japonaise, les bonnes divinités peuvent s'installer dans n'importe quel corps, même celui d'un Yokai, le rendant ainsi bienveillant. Attention toutefois, les Yokai à l'apparence amusante ne sont pas nécessairement drôles ou gentils, mais aussi catastrophiques et maléfiques.

Après cette brève mais nécessaire prémisse, nous en venons à l'examen séparé des deux groupes.

4.1 Yokai

Le mot yokai doit être scindé en deux parties pour être traduit correctement: yo signifie maléfice, mauvais œil ou sorcière, tandis que kai signifie apparition effrayante ou inquiétante. L'ensemble du terme est généralement utilisé pour parler de démons, de spectres ou d'apparitions mystérieuses et généralement effrayantes.

Mais les Yokai ne sont pas tous malveillants. Bien sûr, il existe un groupe malicieux important, mais un autre est bienveillant et est censé être porteur de bénéfices et de chance.

Tout comme les Kami, les Yokai sont de différents types, formes et destinations, aussi bienveillants que maléfiques, et agissent par le biais de pouvoirs surnaturels considérés comme particulièrement dangereux pour les hommes, car ils ont des origines et des fins sombres pour ces derniers. La tradition veut cependant que plusieurs contacts entre hommes et Yokai aient eu lieu, même de nature amoureuse, à tel point que de nombreux couples ont fini par engendrer des créatures portant le nom de han'yo.

Tous les Yokai n'entrent pas dans le monde des humains, beaucoup essaient même de vivre le plus loin possible des humains et vivent dans des endroits sauvages et inhabités; beaucoup d'autres, en revanche, souhaitent vivre parmi les humains et s'installent dans des lieux plus domestiques, attirés par la chaleur, ils sont d'ailleurs très souvent associés au feu.

Les spectres n'ont pas de forme fixe, mais ont la capacité de changer de forme et de taille en fonction de leurs besoins, bien qu'ils soient généralement représentés comme des êtres terrifiants.

On peut classer les Yokai en quatre grandes catégories en fonction de leur forme: humain, objet, animal et autre. Examinons-les individuellement.

MYTHOLOGIE JAPONAISE

Yokai humain

Les Yokai humanoïdes étaient à l'origine des êtres humains qui sont devenus des Yokai après avoir pris une caractéristique grotesque et exagérée ou un état d'esprit. Prenons un exemple: Futakuchi-onna est une Yokai humanoïde représentée avec deux bouches, dont l'une est plus en arrière que l'autre, et ses cheveux ont été transformés en tentacules. Cette transformation lui a été infligée par un esprit pour la punir de l'attention excessive qu'elle portait à son apparence physique, accentuée de façon terrible.

Rokurokubi est également une Yakai appartenant à ce groupe. Elle a l'apparence d'une femme ordinaire à qui il arrive cependant un terrible changement physique la nuit: son cou s'étire terriblement. Cette femme se comporte comme un être ordinaire et socialement actif pendant la journée, et ne se transforme en monstre que la nuit.

Ces démons, conscients de leur forme physique, sont prêts à se lier avec des hommes, mais ils ne le font qu'avec ceux qui sont peu crédibles car moins conditionnés par leur forme physique: ivrognes, handicapés physiques, aveugles, toxicomanes, etc.

Toutes les histoires ne racontent pas qu'ils sont conscients de leurs transformations lorsqu'elles se produisent. En fait, dans de nombreuses légendes, nous lisons que le matin, les êtres se souviennent de leurs mutations physiques comme d'une sorte de rêve nocturne.

Nous ne pouvons pas dire avec certitude s'il s'agit d'esprits bienveillants ou malveillants, car les histoires sont différentes et les légendes racontent les deux.

MYTHOLOGIE JAPONAISE

Objet yokai

Les yokai ayant la forme d'objets portent également le nom de tsukumogami. Ils sont devenus particulièrement célèbres à la fin du 10e siècle dans la tradition bouddhiste Shingon. Aujourd'hui, tous les objets quotidiens qui ont atteint cent ans de vie ou d'âge sans se briser sont considérés comme des objets Yokai. Lorsqu'il atteint cent ans d'âge, l'objet est réputé prendre une vitalité et une capacité de consentement.

En réalité, ces objets sont reconnaissables parce que, malgré leur longévité, ils ont l'air tout à fait parfaits et neufs, aucun signe du passage du temps n'est visible.

Le nom tsukumogami provient d'une jarre à thé utilisée pour négocier la paix entre Oda Nobunaga, un soldat japonais, et Matsunaga Hisahide, un daimyo (fonction impériale). À la suite de cet échange, on dit que la jarre a pris des capacités humaines volontaires et qu'elle a favorisé la paix.

Prenons quelques exemples :

Les jatai sont des étoffes munies de paravents, mais elles ont acquis un rôle et des capacités mystiques presque humaines.

Le Boroboroton, quant à lui, est un tsukumogami de nature maléfique et très dangereux pour les humains. Le Yokai est en fait un simple futon pendant la journée, mais la nuit, il prend vie et tente de sortir du sol dans le but d'étrangler l'être humain allongé et endormi.

Là encore, Kasa-Obake est un parapluie qui se transforme en un être doté d'une seule jambe, d'un seul œil et d'une très longue langue. Il porte un sabot en bois et un kimono. De nombreuses personnes ont émis l'hypothèse que ce Yokai était totalement fictif et n'apparaissait que dans des histoires ou des peintures fantastiques, et qu'il n'appartenait donc pas à la véritable tradition japonaise.

Animaux yokai

La tradition japonaise considère que de nombreux animaux possèdent des pouvoirs magiques et surnaturels cachés. Ils sont également appelés henge et ont parfois une apparence semi-humaine, avec des détails animaliers et d'autres anthropomorphes. On dit que ces yokai ont une attitude tendancieuse et qu'ils jouent souvent des tours aux humains.

Comme les objets Yokai, qui se transforment en démons à l'âge de cent ans, les animaux assument également cette nouvelle fonction lorsqu'ils vieillissent et changent parfois d'image, s'éloignant sensiblement de ce qu'ils étaient au départ.

L'animal Yokai le plus courant est le Kitsune, ou renard, animal symbolique de la mythologie japonaise. On dit qu'il s'agit d'un animal doté d'une grande intelligence et qui peut vivre très longtemps. Il apparaît parfois sous l'apparence de belles femmes afin de tromper les personnes qu'il rencontre. Cet animal est souvent associé à la divinité Kami Inari (chapitre 3.7) dans le rôle de son messager.

Un autre animal de Yokari est Akugyo, le poisson géant japonais. Cet animal a une apparence monstrueuse en raison de sa taille, ce qui lui permet de couler des bateaux entiers pour tuer les marins et se nourrir d'eux. Certains sont de couleur dorée ou argentée, d'autres sont utilisés pour cracher du feu.

Le dernier Yokai que nous voyons est Tsuchigumo, ou l'araignée de terre. Ce spectre est issu de la mythologie japonaise, qui raconte ses importantes qualités intellectuelles face à une taille tout aussi imposante.

L'être provient d'un peuple japonais très ancien qui vivait dans une région montagneuse, toujours sous forme de grottes. Les membres de ce peuple étaient décrits comme très, excessivement longs et d'un caractère très violent; ils sont donc associés à cette araignée de terre.

Autres Yokai

Il existe d'autres Yokai qui n'entrent dans aucune des trois catégories précédentes. Citons le Bake-yujira, qui, sous l'apparence d'un squelette de baleine, erre dans la mer dans laquelle il nageait de son vivant et apparaît les nuits de pluie dans les villages de pêcheurs.

Un autre est Gashadokuro, traduit par le squelette affamé mesurant plus de 15 mètres. Il est né de l'union des os de plusieurs personnes mortes de faim. Ce Yokai apparaît également la nuit dans des endroits abandonnés, peu habités et sombres, comme les sentiers, dans le but de kidnapper les voyageurs, de leur couper la tête et de boire leur sang. On dit que Gashadokuro ne peut être entendu que par les victimes qu'il s'apprête à engloutir.

Le dernier est Amikiri, un démon dont le but est de percer et de perforer les moustiquaires.

4.2 Yurei

Le nom Yurei, comme beaucoup de termes japonais, est un nom composé de deux parties: Yu, qui signifie évanescent ou obscur, et rei, qui signifie esprit ou âme. Ces fantômes, comme nous les avons traduits en début de chapitre, prennent parfois le nom de Borei, esprits des morts en gloire, mais aussi de Shiryo, c'est-à-dire esprits des morts en général. En résumé, les

Yurei sont les esprits et les âmes des morts qui n'ont pas pu quitter la terre et les vivants pour s'envoler vers l'au-delà. La tradition japonaise considère en effet que dans tous les corps humains se trouve un Reikon, c'est-à-dire une âme qui, au moment de la mort physique, quitte le corps et, après plusieurs rites funéraires, quitte l'humanité et retourne auprès de ses ancêtres dans le monde de l'au-delà, dans le but de protéger les vivants de sa famille ou de ses descendants. Si les rites ne sont pas accomplis ou exécutés correctement, si la mort survient soudainement ou si les émotions fortes ne sont pas résolues avant la mort physique, le Reikon ne peut se transformer en Yurei et les âmes sont laissées à l'abandon sur la terre, prenant possession d'un objet, d'un animal ou d'une personne. L'esprit peut être chassé, mais tous les rites funéraires doivent être accomplis correctement et complètement, ou les conflits émotionnels doivent être résolus.

Ces rituels prennent la forme d'un véritable rite exorciste. La première étape pour ramener les esprits dans son propre monde est de comprendre la raison pour laquelle ils ne sont pas encore partis et d'essayer de la résoudre. Pour ce faire, il est nécessaire de retrouver les restes du corps enterré.

Les souhaits des esprits ne sont pas toujours bienveillants, ils peuvent même parfois exiger la vengeance, le meurtre ou d'autres choses du même genre.

Le processus varie selon la religion qui s'en charge. Le bouddhisme, en effet, demande aux moines d'effectuer des rituels visant à la réincarnation de l'âme. Dans le shintoïsme, il faut réciter un norito, ou prière, et utiliser une feuille de papier sur laquelle est imprimé le nom d'un Kami qui prendra le pouvoir de l'esprit, le faisant ainsi sortir de terre. Un tel instrument est appelé ofuda.

MYTHOLOGIE JAPONAISE

La tradition japonaise originelle raconte que les Yurei avaient des formes humaines, mais les légendes ont changé pendant la période Edo (vers 1800), lorsque sont nées les histoires de terreur. Lors de ces jeux, les participants devaient raconter des histoires en tenant à la main de petites lampes qu'il fallait éteindre à la fin de l'histoire. La légende raconte que lorsque la dernière lumière était éteinte, un Yurei apparaissait. Intégrés dans les histoires effrayantes, les esprits sont également devenus les protagonistes de récits littéraires, de peintures et de pièces de théâtre; ils ont donc été dotés d'une apparence physique spécifique, utile pour que le public puisse les reconnaître.

Avant d'examiner quelques exemples utiles pour mieux connaître ces fantômes, voyons ce qui les caractérise en tant que groupe: les Yurei sont souvent accompagnés de deux feux follets de couleur bleue, violette ou verte, considérés comme les appendices externes des esprits. Ils sont généralement couverts d'une robe blanche, très semblable au linceul blanc traditionnel des fantômes, mais beaucoup plus proche du kimono funéraire. Sur la tête, ils portent plutôt un foulard ou un bandana blanc de forme triangulaire, dont la pointe est dirigée vers le haut. Les cheveux sont noirs et généralement très longs, car la tradition veut qu'ils continuent à pousser même après la mort physique. Les mains, en revanche, sont sans vie et pendent au bout des bras repliés vers l'avant. Les esprits, quant à eux, n'ont pas de membres inférieurs et flottent donc comme des fantômes.

Examinons maintenant quelques types de Yurei plus spécifiques.

Ubume

Le terme Ubume désigne tout un groupe d'esprits de femmes mortes pendant leur grossesse. Elles sont généralement représentées comme de simples femmes qui tiennent un nouveau-né dans leurs bras pour tenter de le remettre aux spectateurs qui les observent, puis disparaissent. Lorsqu'elles croisent un mortel et que le regard de ce dernier se pose sur le nouveau-né, celui-ci se transforme immédiatement en pierre ou en tas de feuilles pour symboliser l'échec de la naissance.

Il existe en effet de nombreuses variantes de ces traditions. Beaucoup racontent que ces femmes prennent possession du corps de certains oiseaux qui sortent la nuit pour enlever les enfants des autres, attribuant ainsi à ce Yurei un aspect maléfique et assoiffé de sang.

D'autres disent que lorsque l'esprit apparaît dans la nuit à côté du fils d'un mortel, l'enfant se transforme en rocher à l'aube.

D'autres décrivent les femmes mères comme étant entourées d'une lumière bleue.

La dernière légende, quant à elle, raconte que les Uubes apparaissent souvent sur le chemin des voyageurs pour leur délivrer leur bébé. Cependant, lorsque le vivant l'accueille dans ses bras, il est mordu au cou par l'enfant. Pour les vivants, il n'y a qu'une seule façon de survivre : essayer d'éviter l'esprit en jetant un morceau de leur vêtement comme appât, puis s'enfuir. Si, par contre, le bébé a déjà été placé dans les mains de l'humain, celui-ci doit tourner la tête pour éviter la morsure.

Goryo

Les aristocrates morts par meurtre sont représentés par le vengeur Goryo, dont le nom est composé de Go, qui signifie honorable, et de Ryo, qui signifie esprit ou âme.

La légende raconte qu'au cours de la période historique Heian (du VIIIe au XIIe siècle), cet esprit était très redouté en raison de sa grande fureur. En effet, le Goryo cherchait à venger la mort corporelle reçue injustement et déversait sa colère et ses besoins par le biais de cataclysmes naturels, de tempêtes et de phénomènes qui se déchaînaient sur les ennemis rencontrés au cours de leur vie. Ce type de vengeance était redouté précisément parce qu'il n'était pas exercé sur des individus qui avaient porté atteinte à la vie du Yurei, mais aussi sur des personnes innocentes.

La seule personne capable d'intervenir pour apaiser ces mauvais esprits est le Yamabuschi, un moine ascète errant et montagnard, traditionnellement doté de pouvoirs quasi surnaturels qui font de lui un guerrier hors pair.

Onryo

Il s'agit d'un Yurei qui reste dans le monde des humains pour se venger, motivé par des causes amoureuses telles que la trahison d'un mari ou d'un compagnon. Il s'agit généralement d'un homme, mais on pense qu'il s'agit d'un groupe de femmes; c'est pourquoi il est représenté dans les pièces de théâtre par des actrices. Il s'agit d'esprits qui errent sur terre, motivés par des raisons émotionnelles qui relèvent autant de l'amour que de la haine, dans le but de déchaîner leur colère et leur malédiction sur ceux qui les ont tourmentés dans leur vie. Leur colère n'est cependant pas exprimée de manière rationnelle et ils finissent par frapper par leurs actes tous ceux qui se trouvent sur leur chemin d'action.

Les Onryo sont des fantômes apparus à l'époque d'Edo. Comme les autres esprits, ils sont vêtus du kimono funéraire blanc classique, ont de longs cheveux noirs qui tombent de manière très ébouriffée sur leurs épaules et devant leur visage résolument pâle, mais coloré avec de l'aiguma, ou maquillage indigo. Le spectre est encore utilisé aujourd'hui dans la culture des films d'horreur occidentaux.

L'une d'entre elles est Oiwa, qui a été trahie par son mari et qui, après sa mort, est revenue pour se venger. Sa rage a cependant touché de nombreuses personnes, tandis que son traître est resté indemne d'un point de vue purement physique, tandis qu'il est continuellement tourmenté d'un point de vue psychologique par le spectre de la défunte.

Preta

Preta, terme issu du bouddhisme, signifie esprit affamé et désigne tous les esprits qui se sont réincarnés dans des êtres ayant vécu dans des conditions inférieures à celles des humains et des animaux en raison de leur tempérament émotionnel avare et jaloux. Ces âmes se sentent souvent constamment tourmentées.

Ils sont représentés comme des êtres humains avec un ventre gonflé et un gros ventre, symbolisant leur gloutonnerie, leur avidité et leur gourmandise, tandis qu'ils ont une bouche et un cou très petits, symbolisant le désir qui n'est jamais réellement satisfait. Les esprits sont perpétuellement punis par l'impossibilité de manger, car dans certaines légendes, il est dit qu'en s'approchant de la nourriture, celle-ci prend feu ou se transforme en un tas d'excréments.

Ce groupe de Yurei se caractérise par une particularité importante: ils ne peuvent être chassés par la nature car la gourmandise et la luxure sont impossibles à satisfaire. Dans les pays bouddhistes, une fête annuelle, l'Ullambana, leur est consacrée.

La tradition bouddhiste nous apprend qu'il existe même un monde habité par eux, le monde des Preta, né de la division traditionnelle en six parties des mondes de l'existence. La tradition nous dit que la roue de l'existence est divisée en six segments avec autant de mondes. Certains interprètent cette division comme une division physique, d'autres comme quelque chose de purement psychologique et mental.

Ikiryo

Nous voyons un dernier groupe de Yurei qui sont très particuliers. Ce que nous avons vu en commun avec les précédents, c'est leur apparition à la mort du corps physique pour réaliser un souhait ou accomplir un rituel. Les Ikiryo, quant à eux, sont appelés fantômes vivants car ils sont censés apparaître alors que l'être est encore en vie. Cet esprit quitte le corps et voyage pour hanter d'autres êtres vivants, même très éloignés. On dit que les Ikiryo quittent le corps lorsqu'un être humain éprouve un tel ressentiment que son âme est obligée de le quitter pour jeter des malédictions sur ceux qui ont causé ce malaise. Pour agir, ils se déplacent à l'intérieur d'un autre corps, objet ou animal, qui devient un support totalement inconscient de leur vengeance.

Il existe cependant une exception: on dit qu'il y a des Ikiryo qui ne sont pas rancuniers et qui quittent leur corps avant la mort pour se manifester auprès de leurs proches.

4.3 Autres esprits et monstres de la mythologie japonaise

Jusqu'à présent, nous avons vu de nombreux esprits de différentes sortes, les Kami, les Yurei et les Yokai.

Dans ce paragraphe, je souhaite également proposer l'histoire d'autres esprits moins connus du public parce qu'ils n'ont pas généré de folklore.

Nous verrons qu'ils sont néanmoins très curieux et fascinants. Dans ce paragraphe, il y aura donc tous les types d'esprits ou d'anime de la mythologie japonaise, rassemblés parce qu'ils partagent peu de notoriété.

Nous nous pencherons également sur les monstres plus effrayants que nous n'avons fait qu'effleurer dans les paragraphes précédents et découvrirons, lorsqu'ils sont présents, leurs origines, leurs exploits, leurs représentations et leurs légendes.

Nous en voyons quelques-uns.

Gotaimen

Gotaimen est un Yokai qui prend la forme d'une grande tête humaine légèrement déformée d'où sortent les membres: les supérieurs sur les côtés du front et les antérieurs sur les joues, se pliant comme les pattes d'une grenouille. Cet esprit a précisément la forme d'un monstre, d'un bouffon, et on dit qu'il apparaît dans les maisons lorsque leurs maîtres ont des invités dans le but de divertir les gens par des expressions faciales drôles et amusantes. Le Gotaimen se sent satisfait lorsque le public est amusé, sinon il devient furieux, détruisant l'environnement jusqu'à l'épuisement. On dit que la partie la plus noble de la population, les guerriers et les gens les plus fiers, essayaient de retenir leurs rires précisément pour le faire enrager. Les gens du peuple, en revanche, se laissaient divertir par les Yokai.

Ki no kami

Dans le Kojiki, on parle d'un arbre de la généalogie divine dont serait né le premier empereur japonais. Ki no kami est une divinité Kami générée à partir des divins Izanami et Izanagi. Selon le type d'arbre, le Kami prend différents noms et devient une sorte de pont ou de médium pour les divinités du ciel vers la terre.

Cho no yurei

Cho no yurei est un Yokai animal; cho signifie en effet papillon. Ce Yokai est considéré comme la réincarnation des âmes de personnes décédées. L'esprit provient d'une légende qui raconte la mort d'un homme au cours d'une simulation de combat lors d'une ancienne cérémonie datant de la période féodale. En mourant, l'homme est tombé dans un marécage et en touchant l'eau, son corps s'est transformé en un papillon qui ne pouvait voler que la nuit.

Ainsi, à Kanagawa, on pense que lorsqu'un papillon entre dans la maison, il représente l'âme d'un défunt qui a décidé de revenir dans le lieu qu'il a fréquenté de son vivant et qui est lié à lui par des sentiments ou des émotions fortes qui le retiennent encore dans le monde des mortels.

Seidamyojin

Le Yokai Seidamyojin est un esprit qui s'incarne dans le corps d'un singe. L'esprit est apparu pour la première fois, selon une légende d'origine chinoise, devant un champion de kemari lors de son 1000e jour d'entraînement. Le kemari est un jeu très célèbre au Japon qui implique l'utilisation d'une balle. L'entraînement fut un succès sans précédent, ce qui fit comprendre au champion que le Seidamyojin était derrière le singe. Depuis ce jour, les matchs de kemari sont joués le jour du singe à 16 heures, selon le calendrier chinois, c'est l'heure du singe.

Tamase

En fait, nous avons déjà parlé de cet esprit dans ce chapitre, car il s'agirait d'un bioluminescence qui, comme nous le savons, accompagnait les Yurei.

Tamse peut également être trouvé et écrit sous le nom de Hitodama et représente l'âme d'une personne décédée. On pense qu'elle apparaît dans les maisons des personnes avec lesquelles elle a eu un lien physique ou émotionnel fort dans sa vie et qu'elle frappe violemment les meubles et les portes de ces maisons, générant ainsi un grand bruit.

Elle est généralement représentée comme une boule jaune allumée et voltigeant dans un sillage bleu et violet. La vitesse du vol varie en fonction de l'âge auquel l'homme est décédé.

Kappa

Les Kappa sont des monstres dont le nom signifie « enfants des rivières » Ils vivent dans les ruisseaux, les puits ou tout autre endroit où l'eau est présente. Leur lien avec les enfants est dicté par le fait que leur taille est très proche de celle des enfants, mais que leur force est égale ou supérieure à celle des adultes.

Dans les textes de la mythologie japonaise, ils peuvent également être écrits comme Kawataro ou Kawako.

Très maladroits pour marcher sur la terre ferme, ils sont en revanche d'habiles nageurs et chasseurs sous-marins.

Son apparence est très étrange, entre celle d'un être humain et celle d'un poisson. Malgré son apparence semi-humaine, son corps est recouvert d'écailles et sa bouche est semblable à celle d'une tortue, dont il a également hérité de la carapace qu'il porte sur le dos. Cette dernière doit être maintenue humide pour assurer la survie du monstre.

Le Kappa est en fait assez bien connu dans la tradition et le folklore japonais, au point que de nombreuses légendes ont été écrites à son sujet, racontant l'existence de deux démons différents: l'un pacifique, bienveillant et bon, l'autre malveillant et diabolique.

Oni

L'Oni est l'un des démons les plus représentatifs de la culture mythologique japonaise en raison de son apparence effrayante. Ce démon a tendance à naître dans des lieux dominés par la rage, notamment les champs de bataille ou les espaces où la violence a fait de nombreuses victimes.

Ils sont physiquement très semblables aux orcs, avec un corps humanoïde et un visage ressemblant à celui d'un animal. Ils ont souvent deux grandes cornes d'élan, de dragon ou de cerf. Ce sont en fait les cornes qui donnent aux Oni leur véritable pouvoir, qui varie en fonction de leur taille.

Le corps est généralement recouvert d'une peau de tigre, ce qui accroît considérablement la peur du démon.

Les Oni ont un tempérament résolument maléfique et nullement bienveillant; en fait, ils ont l'habitude de massacrer des vies humaines à mains nues ou avec des armes d'apparence et d'effet horribles.

Hannya

Une version féminine d'Oni est Hannya, le démon représentant toutes les femmes qui ont été consumées par la jalousie, un sentiment qui les a transformées en monstres avant même qu'elles ne quittent le royaume des vivants.

Les Hannya portent généralement des masques, connus précisément sous le nom de masques Hannya, qui sont devenus partie intégrante des costumes de la tradition théâtrale japonaise. On les voit souvent dans les représentations du théâtre nô japonais.

Nous avons dit que les Oni étaient très méchants et malveillants, leur version féminine a plutôt été décrite comme une créature caractérisée par la possibilité de se racheter pour reprendre sa vie et réintégrer le corps encore présent sur terre. Ce retour se produit en moyenne par le biais de rituels religieux d'origine bouddhiste.

Comme leurs homologues masculins, ces démons sont également dotés de cornes, mais elles sont plus minces. Si nous avons dit précédemment que la taille des cornes est le support de la force démoniaque, la taille de ces monstres est donc plus légère. Néanmoins, ils sont extrêmement dangereux car ils sont dotés de pouvoirs d'enchantement. Même sous leur masque, ils ont une apparence effrayante, car leur bouche ressemble à celle d'un serpent aux dents acérées et ils ont la capacité de cracher du feu. Ils portent un long kimono blanc traditionnel.

Yamauba

Nous verrons dans ce paragraphe et dans les deux suivants des monstres habitant les montagnes.

Le premier s'appelle Yamauba et n'est rien d'autre qu'une sorte de sorcière maléfique qui vit dans de petits abris ou huttes inaccessibles, cachés dans les montagnes. Dans ces abris, elles offrent souvent un logement et de l'aide aux voyageurs. Mais pendant la nuit, les sorcières Yamauba utilisent la magie noire pour immobiliser les hôtes et finissent par les dévorer d'une seule bouchée.

Elles se présentent comme de simples vieilles femmes inoffensives, à l'instar des sorcières maléfiques des contes de fées, mais elles cachent une véritable apparence démoniaque composée de crocs et de cornes acérées.

Aujourd'hui encore, les parents d'enfants japonais ont l'habitude de raconter à leurs enfants des légendes sur les Yamaubas lors d'excursions en montagne afin de les en éloigner.

Tengu

C'est ici qu'intervient le deuxième type de monstres montagnards, les Tengu. Ce groupe de démons ressemble beaucoup aux moines bouddhistes qui vivent isolés sur les sommets des massifs. Eux aussi vivent dans la méditation, à la recherche de la perfection, ce qui fait d'eux des monstres bienveillants, notamment parce qu'ils vivent loin des hommes.

Leur apparence est également humaine et ils s'habillent comme des moines ascétiques. Ce qui les distingue de ces derniers, c'est leur visage, qui a également inspiré de nombreux masques de théâtre: entièrement coloré en rouge vif et doté d'un nez très long et fin. La longueur du nez, comme celle des cornes pour d'autres, influe sur la puissance. En outre, ils portent sur le dos de très grandes ailes remplies de plumes, comme des aigles.

Les légendes les décrivent comme des êtres très calmes, tranquilles et sages s'ils ne sont pas provoqués, sinon ils peuvent se déchaîner et exprimer leur colère par des catastrophes naturelles telles que des tremblements de terre, des raz-de-marée et des incendies.

Kirin

Le Kirin est un Yokai animalisé dont on dit qu'il s'est transformé en cheval avec un visage de dragon. Son souffle et une grande partie de son corps, compte tenu de l'origine du monstre, sont enflammés. Dans l'iconographie japonaise classique, il porte une ou deux cornes, selon la tradition. Lorsqu'il n'est représenté qu'avec une seule corne, c'est pour rappeler l'image fantastique occidentale de la licorne.

On dit que le Kirin peut vivre jusqu'à 2000 ans sans être vu par les humains, sauf à un moment: la naissance d'un puissant et grand empereur japonais.

Bakou

Les Bakou sont des êtres animaliers originaires de Chine. Ce monstre a une apparence tout à fait particulière, car son corps est le résultat de l'union de plusieurs animaux: le torse est celui d'un ours, la tête d'un éléphant, les yeux d'un rhinocéros, les pattes d'un tigre et la queue d'un bœuf.

Les Bakou sont connus dans la tradition pour se nourrir des rêves nocturnes des êtres humains, ce qui, selon le rêve lui-même, peut les rendre bienveillants ou malveillants. Dans certains cas, les Baku interviennent pendant les cauchemars pour y mettre fin, alors que dans d'autres cas, ils entrent dans les rêves de manière désagréable en dévorant les désirs ou les ambitions des personnes endormies.

Kodama

Les Kodama sont les esprits qui habitent les arbres et les forêts les plus anciennes et les plus denses.

Les Kodama sont représentés comme de petits êtres verts semblables à des arbustes, mais aux traits presque humanoïdes. Comme ils sont les protecteurs des forêts, ils vivent dans les arbres et jouent de petits tours aux humains en émettant des bruits, des voix ou des échos étranges qui effraient les voyageurs, les troublent et les font perdre.

Ces petits monstres sont en fait vénérés comme s'ils étaient des dieux, car la légende veut que des esprits habitent à l'intérieur des arbres et que lorsque les arbres sont taillés, ils suscitent la colère des monstres qui finissent par se venger en provoquant de terribles catastrophes naturelles. En outre, on pense que le bruit d'un arbre que l'on coupe est le dernier cri d'un Kodama blessé et donc tué.

Nagasaki no suiko

Nous en sommes donc au dernier monstre de cette très longue série, mais rappelons que celle-ci n'épuise pas complètement tous les types de démons, car ils sont très nombreux.

Cette créature effrayante tire son nom de la ville de Nagasaki car il s'agit en fait d'un tigre de mer qui est apparu pour la première fois dans le port de ladite ville pendant la nuit et a effrayé une servante qui se trouvait sur la plage. Cette dernière, terrifiée, a agi en coupant le monstre d'une rampe afin qu'il gémisse et hurle au point de réveiller toute la population de la ville.

La servante est alors retournée chez son maître à qui elle a donné la patte coupée. Ce dernier, entendant les cris de la bête, a décidé de la lui rendre à condition qu'elle n'effraie plus personne. On dit que Nagasaki no suiko erre dans les eaux du Japon et de la Chine avec une taille égale à celle d'un enfant de trois ans.

CHAPITRE 5

Héros japonais

Les héros de la mythologie japonaise n'ont pas seulement été capturés dans des textes épiques ou dans la littérature japonaise, mais ils ont volé dans le monde entier, faisant résonner leur célèbre nom de samouraï à chaque coin de rue.

Au départ, il s'agissait de simples guerriers, comme ceux que l'on trouve dans tous les contes de fées et les histoires, mais leurs caractéristiques mythologiques et la puissance qu'ils exprimaient sur le champ de bataille les ont fait connaître à tous, faisant d'eux des héros dans le monde entier. Cependant, nous avons tendance à connaître davantage leur aspect épique que leur aspect réaliste.

Cependant, le mot samouraï est utilisé pour classer tous les guerriers qui ont vécu pendant la période féodale japonaise. On pourrait les comparer aux chevaliers médiévaux européens, mais ces derniers n'ont pas eu la même évolution et la même fin de vie. Leur disparition aux alentours du XIXe siècle coïncide avec le début du shogunat Tokugawa, le dernier gouvernement féodal. Durant cette période, l'empire est frappé par de nombreux conflits qui aboutissent à un renouveau avec la restauration Meiji et le règne du Shogun qui entraîne une restauration de l'armée qui devient européenne.

Après ce changement radical, les samouraïs sont devenus les protagonistes de récits légendaires, de pièces de théâtre, de séries télévisées, de mangas, de bandes dessinées pour tous les goûts et tous les publics.

Les samouraïs se battaient et faisaient la guerre à l'aide d'une grande variété d'armes qui les différenciaient grandement des armées occidentales. Ce qui les rendait si spéciaux et différents, c'était la conviction qu'il n'y avait pas d'armes déshonorantes, mais seulement des armes utiles et inutiles, efficaces et inefficaces. Les armes à feu n'ont guère été introduites, elles ont même été interdites par le shogun Tokugawa au XVIIe siècle. Au lieu de cela, on croyait, sous l'influence du zen, que l'âme du samouraï résidait dans l'arme qu'il portait toujours sur lui, le katana, ou sabre.

Les samouraïs étaient formés à la vie militaire dès leur plus jeune âge et, à l'âge de treize ans, ils recevaient leur premier sabre, un wakizashi, accompagné de l'attribution de leur nom d'adulte qui leur permettait de devenir ce qu'en Occident nous appelons généralement des vassaux, alors qu'au Japon, ce sont des samouraïs. Le samouraï est donc le guerrier au service d'un seigneur. Nous savons que le vassal occidental doit obéir, respecter et prêter allégeance à son seigneur, ce qui était également le cas au Japon.

Le fait d'être nommé adulte permettait aux jeunes guerriers d'être autorisés à porter le katana en même temps que le wakizashi.

En 1523, l'accès à la classe des guerriers a également été interdit à l'ensemble de la population; seuls les enfants des membres des classes supérieures pouvaient y accéder. Cette interdiction a été ajoutée parce que le port de deux épées par toutes les classes de la population avait trop souvent conduit à des émeutes sanglantes, en particulier dans les couches sociales inférieures.

Jusqu'au XVIe siècle, les samouraïs portaient également une autre arme d'origine shintoïste: l'arc. Cette arme était très puissante, car sa taille permettait de tirer avec une grande précision des objets de formes et d'usages différents, y compris des flèches enflammées ou des objets de signalisation. Il était possible de lancer des objets à une distance de près de deux cents mètres.

Pour se défendre, ils portaient devant eux un grand bouclier en bois, appelé tedate, qu'ils utilisaient surtout pour se protéger en tirant des flèches. Ils marchaient et combattaient souvent à pied, mais pouvaient aussi utiliser un cheval. L'utilisation de l'arc à cheval deviendra plus tard une tradition shintoïste appelée yabusame.

D'autres armes souvent utilisées pour se défendre contre les envahisseurs mongols ou chinois étaient les arbalètes et les lances. Ces dernières, appelées yari, sont devenues très populaires, remplaçant le naginato, une sorte d'épée composée d'une très longue lame. Ce changement a permis aux guerriers de mieux s'organiser sur le champ de bataille. C'est encore le katana qui est utilisé dans les grandes charges, le fameux et très célèbre sabre avec lequel les samouraïs sont souvent représentés.

La principale règle de vie des samouraïs était l'honneur et le bushido, littéralement traduit par la voie du guerrier. On dit même que tout au long de la vie du samouraï, le bushido était toujours le même et ne changeait jamais, adhérant toujours au même code d'honneur. Ce dernier est basé sur l'obéissance aveugle à son seigneur, le perfectionnement de soi et le respect du savoir. En effet, le samouraï devait être cultivé et devait connaître la philosophie

Au cours de l'histoire, les préceptes ont toutefois été quelque peu modifiés, principalement en raison des différents courants spirituels qui ont traversé le Japon. En l'an 1000, par exemple, une forte influence shintoïste incitait les samouraïs à être des guerriers loyaux à l'empereur et habiles à la guerre.

Ce qui distinguait les samouraïs, c'était le respect du rituel, de l'ordre et de la rigueur dans les règles. C'est pourquoi il est bon, lorsqu'on parle d'eux, de mentionner également le seppuku, un terme japonais souvent remplacé par harakiri en Occident. Ces deux mots désignent le rituel de suicide en usage chez les guerriers samouraïs. Les deux mots, bien que confondus l'un avec l'autre, ont en réalité deux significations différentes: seppuku signifie se couper l'estomac, tandis que harakiri signifie se couper le ventre et était pratiqué de manière très codifiée et contrôlée dans le but d'expier une faute ou une erreur commise par le samouraï afin d'échapper à une mort déshonorante aux mains de l'ennemi. Le rite prévoyait l'incision du ventre qui, selon la tradition, représentait le siège de l'âme. En l'attaquant et en le tuant, on pouvait en quelque sorte purifier l'âme et se montrer irréprochable dans l'au-delà.

Le samouraï devait se mettre à genoux, en position seiza, les orteils pointant vers l'arrière, et l'incision devait être faite de gauche à droite, puis de haut en bas. Cette pratique avait pour but d'éviter une chute du corps vers l'arrière, car le guerrier mort devait toujours tomber vers l'avant pour des raisons d'honneur. C'est justement pour une raison d'honneur que le guerrier était accompagné d'un compagnon de confiance, le kaishakunin, qui était appelé à décapiter le samouraï dès que celui-ci lui avait poignardé l'estomac afin de ne pas défigurer le visage du héros. Cette action devait être réalisée par une main experte afin de ne pas infliger d'autres blessures physiques et douleurs au mourant. La décapitation est l'action qui différencie harakiri de seppuku, car dans le premier cas, elle n'est pas effectuée, ce qui rend le moment moins solennel car il lui manque une partie importante.

Après cette introduction un peu longue mais néanmoins importante pour comprendre la personnalité de ces héros et les motivations qui les ont poussés à accomplir certaines actions, nous pouvons nous plonger dans certaines de leurs histoires et en apprendre davantage sur leurs personnalités et leurs aventures.

5.1 Minamoto No Yoshitsune

Nous commençons par ce personnage historique, Minamoto no Yoshiture, parce qu'il est l'un des plus appréciés et des plus aimés des Japonais, même aujourd'hui.

Le héros a vécu entre 1159 et 1189 et a eu une enfance très perturbée: son père a été tué lors d'une rébellion à Heiji en 1160. En raison des idéologies de son père, toute la famille fut condamnée à mort, mais les plus jeunes enfants furent épargnés. Minamoto n'a alors qu'un an et se retrouve avec deux de ses frères, qu'il ne peut pas avoir près de lui, car ils ont été exilés du pays par ses ennemis paternels, le clan Taira.

L'histoire de sa seconde enfance et de sa jeunesse est perdue et seule une partie est transmise dans une légende qui raconte sa descendance des Tengu, c'est-à-dire des esprits des bois à moitié hommes et à moitié corbeaux destinés à protéger les guerriers. C'est donc cette légende qui expliquerait ses talents de combattant et ses stratégies militaires.

MYTHOLOGIE JAPONAISE

Nous trouvons quelques informations à partir de 1180, lorsque la guerre de Genpei éclata et dura cinq ans. Deux clans s'affrontèrent, le clan ennemi de la famille de Minamoto no Yoshitsune, les Taira, et le clan Minamoto, dirigé par son frère aîné Yoritomo. Yoshitsune est alors appelé à diriger les armées du clan tandis que son frère reste à la base de Kamukura. C'est au cours de ces cinq années que les deux frères se révélèrent d'excellents stratèges, au point de remporter de nombreuses victoires, dont celle, décisive, de la bataille d'Awazu en 1184, mais aussi l'attaque surprise de la forteresse d'Ichi-no-Tani, celle près de la ville de Yashima ou encore l'affrontement de Danno-Ura. À l'issue des batailles, Yashitsune remporta la guerre de Genpei avec son frère aîné, mais lorsque ce dernier prend le titre de chef militaire, en japonais shogun, il attaqua son frère cadet de peur que sa force ne l'éclipse et il attaqua tous les membres forts du clan.

Yoshitsune jouissait d'une grande popularité parmi les frères du clan en raison de ses grandes victoires et de ses succès au combat. Il fut donc attaqué par l'armée personnelle de Yoritomo et fut contraint de se réfugier dans le nord du pays.

En 1189, il a dû se suicider parce qu'il se sentait encerclé par l'armée ennemie et qu'il ne voulait en aucun cas être capturé.

Au lieu de cette fin tragique, une légende est née selon laquelle le héros n'a jamais été rattrapé par l'armée ennemie, car il s'est échappé au nord du Japon et a ensuite pris la mer pour naviguer vers l'Asie afin de changer de nom et de vie et de devenir ainsi le célèbre Gengis Khan.

Aujourd'hui encore, on se souvient du héros près de la ville de Kyoto, à environ une demi-heure de route, où se trouve le mont Kurama, un endroit où Yoshitsune a passé plusieurs années de sa jeunesse à être formé par le maître tengu Sojobo.

5.2 Taira No Masakado

Taira no Masakado est considéré comme le premier samouraï. En réalité, ces guerriers existaient déjà avant sa naissance, mais il est le seul à avoir réussi à créer un gouvernement indépendant de celui des empereurs.

Masakado est né en tant que seigneur de guerre de la région de Kanto, c'est-à-dire dans la région de l'actuelle Tokyo. Cette région était très convoitée car elle était considérée comme très riche et prospère et était source d'un grand équilibre économique dans le pays, car elle était située au nord-est et déplaçait ainsi le centre du pouvoir loin de Kyoto.

En établissant son gouvernement autonome, Masakado est cependant contraint de mener de nombreux conflits avec la cour impériale et divers clans et membres de la famille impériale proches de l'empereur, dont les Taira.

Masakado a atteint l'apogée de son pouvoir lorsqu'il a commencé à agir en tant que véritable souverain du Kanto et a décidé de s'allier à un rebelle de la région. Ensemble, ils ont conquis le nord-est et se sont proclamés empereurs sous le titre de Shinno.

L'année suivante, l'empereur envoya une armée qui parvint à détruire et à vaincre les troupes, puis Masakado fut tué par une flèche.

Avant même sa mort, le samouraï était une véritable légende, à tel point que l'on disait qu'il mesurait plus de deux mètres et qu'il n'avait qu'un seul œil, le gauche, avec deux pupilles.

On dit aussi que sa mère était un serpent qui l'a rendu inattaquable et invincible, mais avec un défaut à un endroit vulnérable. On ne sait pas exactement où se trouve cet endroit: certains prétendent qu'il se trouve sur sa tempe droite, d'autres sur son front, à l'endroit où il a été touché par la flèche perdue.

Enfin, on raconte qu'après sa mort, la tête a été fendue en deux et que l'empereur en est ressorti. Le crâne est ensuite arrivé jusqu'à Tokyo, dans le quartier d'Otemachi, et a été découvert lors d'une partie de pêche par un groupe de pêcheurs.

Pour le commémorer, un monument en forme de tête de Masakado a été érigé.

5.3 Minamoto No Tametomo

Minamoto no Tametomo a vécu entre 1139 et 1170.

Nous avons vu dans l'introduction de ce chapitre que l'on se souvient souvent des samouraïs pour leur proximité avec le sabre katana, mais celui-ci n'était qu'une des armes qu'ils utilisaient dans la guerre, qui commençait souvent par l'arc, se poursuivait par le sabre et se terminait, au corps à corps, par la dague ; il arrivait aussi que le combat se termine par une lutte à mains nues. On dit même que les premiers samouraïs ne travaillaient que comme archers à cheval et qu'ils étaient appelés à poursuivre le kyuba no michi, la voie du cheval.

On se souvient de ce héros samouraï précisément par le nom du grand archer.

Nous ne sommes pas certains de son histoire, car elle est très contaminée par des légendes et des histoires fantastiques. Certains racontent par exemple que cet homme avait le bras gauche plus long que le droit d'environ quarante centimètres, ce qui lui permettait d'utiliser l'arc de manière extraordinaire, car il pouvait être tendu plus loin. Ce défaut physique lui permettait de porter et d'utiliser ce que l'on appelle l'arc à cinq branches, alors que les autres samouraïs utilisaient le type plus courant à trois branches.

Son histoire est devenue célèbre en même temps que celle de la guerre civile de Hogen en 1156. Au cours de cette guerre, l'épisode du siège du palais Shirakawa, dont Tametomo défendait la porte ouest, s'est produit. L'assaut a été mené de nuit et à l'aube pendant trois jours consécutifs. Son travail était si minutieux et précis qu'il devint célèbre dans tout le pays, car on disait qu'une de ses flèches était capable de traverser le corps d'un ennemi puis de percer l'armure d'un autre guerrier.

À la fin de la bataille, grâce à lui, l'armée ne comptait que deux pertes et deux blessés, tandis que l'ennemi comptait deux cents blessés et cinquante-trois pertes. Ces derniers sont alors contraints d'incendier le palais afin de tromper l'imbattable samouraï.

Pendant l'incendie, Tametomo s'est échappé et a réussi à se sauver. Cependant, il a dû se cacher pendant plus d'un mois lorsqu'il a été retrouvé et capturé, puis exilé sur l'île d'Oshima.

Il s'agit d'une île volcanique située au large de Tokyo, destination favorite des randonneurs japonais.

À la fin de la rébellion, les Taïra reprirent le contrôle et n'oublièrent pas ce valeureux guerrier au bras long. Ils envoyèrent donc des navires vers l'île de l'exil dans le but de le tuer. Mais Tametomo, averti de l'embuscade, se prépare une fois de plus: d'une seule flèche, il coule l'un des navires et parvient à se réfugier dans la maison où il enlève son armure et pratique le seppuku, le suicide volontaire.

5.4 Miyamoto Musashi

Nous allons maintenant parler d'un samouraï qui est considéré comme le plus grand maître du sabre et c'est son habileté avec l'arme qui l'a rendu si connu et célèbre en Occident, où il est devenu une source d'inspiration pour les jeux, les jeux vidéo, les films et les séries télévisées. Il a vécu entre 1584 et 1645 et s'est fait connaître en tant qu'instructeur de sabre au service du clan Shinmen, qui s'est rangé du côté de la coalition Toyotomi lors de la bataille de Sekigahara.

Musashi a également commencé à participer à des batailles alors qu'il n'avait que seize ans et, malgré les maux de l'armée, il a réussi à se sauver et a erré pendant longtemps sans maître, en tant que ronin, c'est-à-dire apprenti.

C'est toutefois sa dextérité au sabre qui le rendit célèbre, car à l'âge de seize ans seulement, il fut proclamé vainqueur d'un tournoi et l'on dit qu'au cours de sa vie, il fut capable de remporter jusqu'à soixante duels, un record inégalé parmi les samouraïs japonais.

Comme son père, vers l'âge de cinquante ans, il décide de se consacrer à l'éducation et à l'enseignement de la technique du sabre et de la stratégie militaire. Il devient également écrivain et commence à rédiger un manuel sur l'art du sabre.

Ce samouraï a passé le reste de sa vie à se consacrer aux arts, puis s'est retiré dans une grotte où il a achevé son dernier ouvrage : « Le livre des cinq anneaux »

5.5 Kusunoki Masashige

J'ai pensé à raconter les exploits de Kusunoki Masashige car il est resté dans l'histoire comme le symbole d'un des principaux idéaux des samouraïs : la loyauté. En effet, le héros a été envoyé au combat en sachant qu'il n'avait aucune chance de victoire, mais malgré cela, il a décidé de mener la charge et donc de mourir en tant que samouraï en proclamant son désir de renaître sept fois de plus afin de continuer à servir son pays.

Kusunoki a vécu entre 1294 et 1336. Il est né sous le shogunat de Kamakura, à une époque particulièrement agitée où son pays venait de remporter une guerre contre l'armée mongole. Mais après la victoire, les samouraïs ne reçoivent pas les récompenses qui leur sont dues. L'empereur Go-Daigo profite de ce mécontentement pour renverser le shogunat lui-même et s'adjoint l'aide d'un de ces samouraïs mécontents, Kusonoki Masashige. Avec lui, il réussit à reprendre le pouvoir, mettant fin à la période Kamakura en 1333.

Cette restauration est de courte durée, car dès 1336, le général Takauji mène une révolte subversive contre le shogunat. Kusonoki suggère alors à l'empereur de fuir au mont Hiei où il pourrait être sauvé avec l'aide de moines guerriers. Mais l'empereur Go-Daigo ne veut pas suivre ce conseil et ordonne aux samouraïs de s'opposer à l'armée ennemie au niveau de la rivière Minato. Le guerrier, fidèle à son credo et à son empereur, exécuta l'ordre et partit au combat, conscient d'une mort certaine. L'homme dit adieu à son fils de dix ans et combattit avec ses troupes jusqu'à la fin. Entouré d'ennemis, il fut blessé de onze balles, puis parvint à s'échapper et à se réfugier chez des paysans. Ceux-ci le remercient par des prières bouddhistes d'avoir aidé le village, puis, avec son frère Masasue, ils s'entretuent à l'aide d'un poignard.

5.6 Sanada Yukimura

Si nous avons déjà raconté l'histoire du samouraï le plus loyal, faisons maintenant connaissance avec celui que la mythologie japonaise considère comme le plus courageux de tous les guerriers japonais.

Selon certaines sources, Yukimura est né en 1567 dans le clan Sanada sous le nom de Nobushige. Il s'est fait connaître dans le clan parce qu'il a participé à plusieurs conflits militaires dans lesquels son groupe était souvent en opposition avec le clan Tokugawa.

Son clan s'était installé dans le château d'Ueda, près de l'actuelle préfecture de Nagano. En 1600, le futur shogun Tokugawa attaqua le château, mais n'y parvint pas malgré la surabondance de son armée.

En 1614, Sanada est à nouveau appelé à défendre le clan contre une seconde attaque des Tokkugawa, mais ces derniers décident de renoncer à la conquête et à la destruction du château et envisagent un règlement. Les hostilités reprennent cependant l'année suivante, alors que le clan Tokugawa prépare une armée encore plus forte et plus nombreuse. L'habile samouraï Sanada Yukimura est alors envoyé pour les affronter, mais il trouve la mort.

5.7 Les trois unificateurs : Oda Nobunaga, Yoyotomi Hideyoshi et Tokugawa Ieyasu

Ces trois samouraïs sont connus dans le monde entier parce qu'on dit qu'ils ont unifié le Japon, le transformant en ce que nous connaissons aujourd'hui, alors qu'au cours des siècles précédents, il était divisé et fragmenté en de nombreux petits États qui se battaient constamment les uns contre les autres. Au cours de cette période de luttes intestines, Sengoku jidai était à la tête du pouvoir et ce sont ces trois samouraïs qui l'ont vaincu, l'ont déposé et ont mis fin à la période de guerre.

Faisons donc connaissance avec chacun d'entre eux, car ils méritent tous les trois une petite place dans ce livre pour leurs réalisations.

Le premier est Odo Nobunaga, qui a vécu entre 1534 et 1582. La tradition parle d'un homme impitoyable, impatient, vorace et obstiné qui, à l'âge de vingt-cinq ans seulement, avait déjà atteint le sommet du pouvoir dans son clan en éliminant tous ses concurrents. Grâce à cette stratégie, mais aussi à de nombreuses victoires et au destin malveillant de son adversaire Uesugi Kenshin, il parvint à étendre son pouvoir et sa domination même sur des terres situées dans le reste du pays.

Il révolutionne l'armée, encourage l'utilisation des armes à feu et dispose pour la première fois les arquebusiers sur trois rangs, afin qu'ils puissent tirer à tour de rôle et générer un barrage continu. C'est ce qui lui a permis de remporter la bataille de Nagashino en 1575.

La tombe d'Oda Nobunaga est conservée au mont Koya, où se trouve le cimetière bouddhiste d'Okunoin. Le sanctuaire du défunt a été construit en 1599 pour commémorer sa mort et remercier ses actes. La dépouille de

Tokugawa Ieyasu, dont nous parlerons plus tard, est également conservée avec lui.

Passons maintenant au deuxième héros, Toyotomi Hideyoshi, qui a vécu à la même époque que les samouraïs précédents, entre 1537 et 1598. On se souvient encore aujourd'hui de ses remarquables talents de négociateur et de diplomate qui l'ont conduit à une brillante carrière politique et militaire dès sa jeunesse. Ses humbles débuts l'ont aidé à accroître son engagement militaire, ce qui l'a amené à se mettre au service d'Oda Nobunaga, dont il est devenu l'un des généraux les plus éminents et les plus importants. Après la mort de ce dernier, Hideyoshi prit le contrôle du pays en lui succédant. Ses origines trop humbles ne lui ont cependant pas permis d'obtenir le titre de shogun, mais il a assumé le rôle de kanapaku, ou régent. Même en cette qualité, il poursuit l'œuvre d'unification et soumet les îles Shikku et Kyushu. Plus tard, entre 1592 et 1598, il tente également d'annexer la Chine au Japon via la Corée. Ce plan n'a toutefois pas eu l'effet escompté.

Enfin, examinons de plus près l'histoire de Tokugawa Ieyasu, qui a vécu entre 1543 et 1616. Le samouraï est devenu connu et célèbre grâce à la patience, au calme et à la prudence avec lesquels il agissait. En effet, nous savons qu'il n'a jamais forcé aucun événement et qu'il avait la capacité d'attendre le bon moment. Il prit le pouvoir après la mort de Toyotomi Hideyoshi et remporta immédiatement plusieurs victoires, dont la bataille de Sekigahara en 1600. Cette dernière victoire permet au samouraï de prendre le titre de shogun.

Grâce à lui, le Japon peut enfin entamer une longue période de paix qui durera environ trois siècles dans l'unité et la stabilité sous ses descendants : la famille Tokugawa.

5.8 Sakamoto Ryoma

Voyons maintenant l'histoire de l'un des derniers samouraïs connus au Japon, Sakamoto Ryoma. Il est connu pour son esprit romantique mais néanmoins libre, innovant et entrepreneurial.

Le héros japonais est né en 1836 à Kochi, sur l'île actuelle de Shikoku, sous la domination de Tosa. Son père le convainc d'étudier l'art du sabre à Edo, où il est envoyé chez un maître, qui remarque immédiatement la maîtrise de l'élève et, à la fin de ses études, alors très sérieuses et rigoureuses pour les samouraïs, il obtient les meilleures notes et le meilleur score de l'école.

En 1856, il retourne dans la ville natale de son père, où il souhaite soutenir une faction rebelle qui s'oppose au seigneur local, mais il envisage ensuite de quitter ses camarades et décide d'abandonner Tosa, car il a d'autres idées: il ne veut pas renverser l'ordre territorial, mais réformer la nation tout entière en restaurant et en renouvelant le pouvoir impérial.

L'histoire du samouraï raconte que les navires du commodore anglo-saxon Matthew Perry arrivèrent plus tard, en 1853, dans la baie d'Edo, où le guerrier avait étudié, et choquèrent le pays, isolé depuis quelque deux siècles. Ryoma devient alors un ronin et réalise que son shogunat Tokugawa est arrivé à son terme. Il décide alors d'intervenir en tuant un homme très influent proche de ce dernier, Katu Kaishu, dans le but de prendre sa place et de n'avoir aucun rival dans l'ascension politique. Il réussit malgré tout à se sauver et obligea Ryoma à se soumettre en devenant un partisan de sa politique. Kaishu ne visait pas un renouveau politique et impérial, mais une amélioration générale de l'appareil militaire japonais.

Au départ, Ryoma n'a pas cédé, mais on raconte que c'est une très longue discussion avec Kaishu qui l'a fait changer d'avis et, à la fin de la discussion, le ronin aurait admis : « J'ai honte de ma bigoterie obtuse et je vous supplie de me laisser devenir votre disciple ».

En 1864, Ryoma décide de fonder une société commerciale à Nagasaki avec l'aide de vingt collègues et amis. La société prend le nom de Kameyama Shachi et sera plus tard connue sous le nom de kaientai, ou « force navale auxiliaire » La société deviendra rapidement la plus puissante de l'histoire du Japon.

Ryoma favorise ensuite les alliances entre clans, notamment entre Satsuma et Choshu. Ce dernier est alors en mesure de vaincre l'armée de Tokugawa, ce qui lui permet d'avancer à nouveau dans sa carrière, entraînant la démission du shungan en 1867 et l'arrivée au pouvoir de la famille Meiji. Le samouraï n'a pas pu voir les retombées de son travail puisqu'il a été tué dans une auberge de Kyoto à l'âge de trente et un ans.

5.9 Saigo Takamori

Nous arrivons à la fin de ce chapitre et consacrons le dernier paragraphe au dernier samouraï vivant, Saigo Takamori. Né en 1829 à Kagoshima, dans le sud du Japon, Takamori était issu d'une famille modeste mais fière de sa lignée de samouraïs.

Cependant, au cours de la première moitié du XIXe siècle, le Japon traverse une phase de changements, à tel point que, comme nous l'avons vu avec l'histoire du samouraï précédent, la lignée du shogunat change, passant des Tokugawa aux Meiji, ce qui conduit le pays à s'ouvrir au commerce avec l'Occident et à entreprendre des réformes structurelles en faveur de la modernité. En 1871, le système féodal a même été aboli, ce qui a également mis fin, comme nous l'avons vu dans l'introduction de ce chapitre, à la période des samouraïs. La fin de cette tâche guerrière a également entraîné l'interdiction de la coiffure typique des chonmages et du port en public d'armes de guerre telles que les épées.

À cette époque, Saigo était occupé en tant que bureaucrate et travaillait donc à la rénovation et à l'ouverture du pays, sans pour autant soutenir l'élimination de l'armée et des samouraïs; au contraire, il insistait depuis longtemps pour que cette partie du système soit également prise en considération, avec des facilités et des améliorations réfléchies. Il a également proposé d'envahir la Corée, mais toutes ses idées sont restées lettre morte. Il a donc décidé de démissionner de toutes ses fonctions publiques pour commencer à fonder de nouvelles écoles militaires à Kagoshima. Ces académies devinrent si populaires qu'en 1877, elles comptaient 20 000 membres et étaient devenues une armée à part entière.

Le gouvernement central, ayant pris connaissance des écoles de samouraïs et de leur puissance, décida de se protéger en saisissant les armes sur tout le territoire de Kagoshima ; cette tentative échoua lamentablement.

Cette action du gouvernement a engendré ce que l'on craignait: une révolte. À la tête de cette dernière, Saigo Takamori lui-même, qui a entraîné tous ses étudiants contre le gouvernement Meiji.

L'affrontement se poursuit de février à septembre 1877 avec l'explosion de la bataille de Shiroyama au cours de laquelle les rebelles sont réprimés et le dernier samouraï tué.

C'est de cette histoire que s'inspire l'un des films les plus connus sur le folklore et la culture japonaise : « Le dernier samouraï »

Saigo Takamori est rappelé dans le parc Ueno de Tokyo, où une statue représentant un homme massif tenant en laisse un petit chien a été érigée pour rappeler la force du samouraï, mais aussi sa douceur et son amour pour les animaux.

CHAPITRE 6

Mythes et légendes

Nous avons appris à connaître les Kami, les esprits, les héros et les êtres les plus étranges dans tous les chapitres précédents, et nous avons découvert leurs histoires, leurs pouvoirs et même certains des actes qui les ont rendus si importants et si connus. Mais il est maintenant temps d'apprendre comment ils sont intervenus dans l'histoire du Japon, comment ils ont fait de cet État ce que nous connaissons aujourd'hui et comment dans l'antiquité on avait l'habitude d'expliquer certains changements dans le monde.

Le mythe est né précisément dans le but d'expliquer ce que l'homme n'est pas en mesure de démontrer par ses propres connaissances, et dans ces lacunes interviennent des esprits et des êtres irréalistes.

Nous allons donc nous plonger dans ce chapitre, qui sera rempli de nombreuses histoires différentes, certaines déjà connues dans les pages précédentes et d'autres complètement nouvelles.

6.1 Exploits de ryujin

Nous avons rencontré Ryujin au chapitre 3.8 et découvert qu'il est l'esprit lié aux mers, aux eaux, à leur vitalité et à leur protection.

Empress Jingu

La légende veut que l'impératrice Jingu ait été appelée à attaquer la Corée, dont la marine était réputée belliqueuse. C'est donc Ryujin qui intervint pour l'aider à remporter une célèbre victoire. Le Kami décida de donner à l'impératrice deux gemmes qui lui permettraient de contrôler les masses d'eau. C'est par la ruse et l'intervention divine que la bataille fut gagnée et non par la force des armes.

Lors de l'affrontement avec l'armée de mer coréenne, l'impératrice Jingu se trouva en difficulté et décida d'utiliser les cadeaux qu'elle avait reçus: elle jeta d'abord la gemme Kanju (traduite par « gemme de la marée basse ») dans la mer et les eaux se s'apaisèrent.

L'abaissement des eaux provoqua l'échouage des navires ennemis et les soldats furent contraints de quitter leurs postes en descendant dans les eaux peu profondes pour avancer à pied et engager le combat au corps à corps. L'impératrice ne perdit pas de temps et décida d'utiliser immédiatement la deuxième gemme, la « gemme de la marée haute», Manju, et les eaux remontèrent immédiatement, engloutissant les navires et les soldats coréens, qui se noyèrent tous rapidement, faisant du Japon le vainqueur automatique de la guerre.

MYTHOLOGIE JAPONAISE

Pourquoi les méduses n'ont-elles pas d'os ?

Il existe une autre légende impliquant le Kami Ryujin et c'est l'histoire qui explique pourquoi les méduses n'ont pas d'os aujourd'hui.

Le mythe raconte qu'un jour le Kami souffrait beaucoup et voulait manger du foie de singe, connu parmi les esprits comme un médicament contre les démangeaisons, et qu'il envoya une méduse capturer l'un de ces animaux pour lui.

La méduse se mit en route et une fois entrée dans la jungle, elle trouva un spécimen de singe, mais en s'approchant, elle fut séduite par l'animal qui réussit à échapper à l'aide de Ryujin. Le singe, en effet, dit au mollusque qu'il avait laissé pour le Kami son foie dans une jarre qu'il pouvait trouver au cœur de la forêt, mais c'était à elle d'aller le chercher.

Jellyfish passa toute la journée à chercher cette jarre et ne la trouva pas . Elle décida donc de retourner voir Ryujin pour lui raconter ce qui lui était arrivé.

Cependant, lorsqu'elle retourna voir le Kami et lui raconta l'histoire, celui-ci ne lui fit pas bon accueil; au contraire, il la punit d'avoir été assez stupide pour avoir cru à la tromperie du singe et battit rageusement la méduse jusqu'à ce qu'elle lui brise tous les os.

6.2 les exploits du Bishamonten

Nous savons que Kami Bishamonten est également une divinité sous le nom hindou de Vaisravana dans la section 3.15.

Nous allons maintenant aborder une légende qui cherche à justifier la présence de cette divinité dans l'Olympe japonais, car Bishamonten aurait des origines indiennes.

Le mythe raconte l'histoire d'un homme riche qui avait une fille nommée **Bunshō**, identifiée à la déesse Benzaiten, la déesse de la musique. Cette fille fut donnée en mariage à un homme, Shinyosu **Daimyōjin**.

Les deux époux restèrent mariés pendant de nombreuses années et essayèrent longtemps d'avoir un héritier, mais **Bunshō** ne parvenait pas à donner naissance à un fils. Les jeunes mariés essayèrent également de prier les Kami et de leur offrir de nombreux cadeaux, mais rien ne changea la situation jusqu'à ce que la jeune fille tomba enceinte, mais lorsqu'elle accoucha, elle ne produisit pas d'enfant, mais 500 œufs.

Bunshō était terrifiée car elle ne savait pas ce que ces œufs pouvaient contenir et surtout ce qui en sortirait à l'éclosion, aussi ordonna-t-elle à un serviteur de les placer dans un panier et de les jeter dans la rivière.

Le serviteur fit diligemment ce qui lui était demandé et laissa le panier naviguer jusqu'à ce qu'il soit trouvé par un pêcheur qui le ramassa et l'apporta à sa femme, convaincu qu'il s'agissait d'œufs de poule ordinaires abandonnés sur une berge et ramassés accidentellement par les eaux.

La femme, espérant que les œufs produiraient des poussins, décida d'essayer de les faire éclorer et les plaça dans le sable chaud, mais une fois éclos, au lieu de 500 poussins, 500 bébés naquirent.

Le couple de pêcheurs, peu fortuné, réussit au prix de grands efforts à subvenir aux besoins de la multitude de nourrissons jusqu'à ce qu'ils soient capables de marcher et de parler. Ils décidèrent alors de les envoyer au seigneur local et à sa femme **Bunshō**, dans l'espoir de recevoir leur aide et qu'ils prennent en charge tous ces enfants qui n'étaient pas les leurs.

Les 500 enfants se rendirent ensemble au château où on leur demanda de raconter l'histoire qui les avait conduits au seigneur. Ils racontèrent qu'ils étaient nés de 500 œufs trouvés dans un panier bercé dans les eaux du fleuve par un marin et sa pauvre femme.

Bunshō reconnut l'histoire parce qu'elle était la sienne et réalisa qu'il s'agissait de ses enfants et les autorisa à vivre à l'intérieur du château.

C'est cette légende et cette histoire de prospérité qui valut à **Bunshō** d'être placé au rang de Kami et d'être vénéré et respecté avec une extrême dévotion.

6.3 Tsuchigumo

Nous avons parlé de ce Yokai de forme animale au chapitre 4.1.3, le décrivant brièvement comme une araignée de terre. Le mythe le plus connu sur Tsuchigumo est celui qui l'associe soit à un héros épique du nom de

Minamoto no Yorimitsu, un samouraï dont nous n'avons pas encore raconté les exploits et mieux connu sous le nom de Minamoto no Raiko.

Comme l'histoire que nous allons évoquer est très connue, il existe de multiples versions dans lesquelles Tsuchigumo apparaît sous les traits d'une belle femme séduisant le héros, dans d'autres sous ceux d'un garçon au service des samouraïs et dans d'autres encore sous ceux d'un moine bouddhiste. Dans tous les cas, l'araignée réussit à dissimuler son apparence grâce à des illusions d'optique.

En tout cas, Raiko, dans la légende, ne s'était pas rendu compte que la personne qui l'avait approché cachait une apparence horrible et effrayante, la seule chose qui lui paraissait étrange étant que depuis que l'être se tenait près de lui, la santé du héros était devenue de plus en plus précaire. Cependant, le samouraï commença à se méfier de l'hôte et pensa à le prendre par surprise afin de le démasquer. Il décida de l'attaquer en le frappant soudainement, mais alors que la créature commençait à fuir, les illusions qu'elle avait créées se dissolvaient, révélant une toile d'araignée qui grimpait autour de **Raikō**. Ce dernier fut contraint de s'arrêter et de demander de l'aide à ses hommes pour se libérer et reprendre sa poursuite de l'araignée.

Ce qui a sauvé les samouraïs, c'est la trace de sang que la créature a laissée sur la blessure, et cette trace les a menés à une grotte.

La fin de la légende connaît également plusieurs versions: selon l'une d'elles, l'araignée a été retrouvée se vidant de son sang à la suite de la blessure que lui avait infligée Raiko; selon d'autres, la créature a été retrouvée vivante dans son antre et un combat final s'y est déroulé, dont le héros et ses compagnons sont sortis vainqueurs.

Le démon représenterait un groupe de bandits, car il est traditionnellement associé à une population réelle aux caractéristiques guerrières et rudes, exactement celles que les Occidentaux attribuaient aux barbares.

6.4 Légendes sur Yurei

Nous en arrivons maintenant à l'un des mythes concernant les esprits Yurei (voir chapitre 4.6). Toutes les légendes sont issues du folklore, des histoires que les parents racontaient à leurs enfants pour les effrayer et mieux les contrôler, mais aussi des histoires d'horreur que les garçons se racontaient la nuit pour se faire peur et s'amuser.

Hitodama

Nous avons déjà mentionné que les Yurei étaient souvent accompagnés de feux follets, c'est-à-dire d'âmes sous forme de flammes colorées en bleu, vert ou violet, et qu'au Japon ils sont plus connus sous le nom de Hitodama. La tradition associe généralement ces apparitions aux âmes des personnes proches de la mort, car on croit que l'âme quitte le corps quelques jours avant la mort physique.

La légende veut qu'un feu follet ait été aperçu près de Tone, et que l'homme qui avait subi l'apparition ait décidé de le suivre pour découvrir l'âme contenue dans l'esprit. L'homme finit par croire que ce qu'il avait vu n'était que le fruit d'un rêve.

Le protagoniste était un employé du bureau municipal de Tono et, dans les jours qui ont suivi sa rencontre avec le feu follet, il raconta avoir vu un esprit dans la nuit, une lumière qui s'élevait et sortait d'une grange et commençait à voltiger à l'intérieur des pièces du bureau. L'employé s'est alors mis à poursuivre le feu avec un balai jusqu'à ce qu'il le coinça dans un évier.

Quelques heures plus tard, l'homme fut été appelé par des membres de sa famille pour rendre une visite urgente à un oncle mourant. Avant de s'y rendre, il décida de libérer l'Hitodama car il était certain que l'âme du parent était enfermée en lui.

Lorsqu'il arriva au chevet de son oncle, il le trouva déjà mort, mais après quelques instants, l'oncle revint à la vie dans le but d'accuser son neveu de l'avoir malmené avec un balai et de l'avoir finalement attrapé. A la fin de l'accusation, le vieil homme revint sans vie.

6.5 les six statues au chapeau de paille

Il était une fois un couple de vieux messieurs dont le mari, pour assurer son salaire et soutenir sa femme, fabriquait des chapeaux de paille, mais cet emploi ne les empêchait pas de vivre dans une situation économique pauvre et modeste, au point qu'une année, pour le réveillon du Nouvel An, ils n'avaient même pas l'argent nécessaire pour acheter les traditionnels biscuits de riz. Le grand-père décida alors de se rendre en ville pour augmenter les ventes de chapeaux de paille, alors il en prit cinq et partit à pied. La ville est très éloignée de la maison et pour y arriver, il faut traverser toute la campagne. Arrivé à destination, il se mit à parcourir les rues principales en s'annonçant et en proposant ses chapeaux à haute voix, comme un vendeur au marché.

À cette époque, si proche du Nouvel An, la ville était remplie de gens désireux de faire toutes sortes d'achats, des produits typiques tels que le saké, le poisson et les biscuits de riz, aux décorations de dernière minute. Les gens se pressaient d'un magasin à l'autre et personne ne faisait attention aux produits du vieil homme, car à cette époque, les gens restaient à l'intérieur et personne n'avait besoin d'un chapeau de paille.

Le vieil homme, cependant, n'abandonna pas et passa toute la journée à essayer de vendre ses cinq chapeaux, mais le soir venu, il dut admettre qu'il ne pouvait pas acheter de biscuits de riz à sa femme et il dut prendre le chemin du retour.

Une fois qu'il se mit en route vers la campagne, il commença à neiger, tellement fatigué qu'il se traîna vers la maison, mais sur le chemin, il aperçut les Ojizousama, les statues qui - selon la tradition - représentent les divinités des esprits des enfants morts.

Le vieil homme réussit à en compter six alors qu'il neigeait à gros flocons, il pensa donc que ces divinités avaient peut-être aussi froid et décida de leur donner les cinq chapeaux qu'il n'avait pas réussi à vendre. Comme il y avait six statues et seulement cinq chapeaux, le grand-père enleva le sien et le fit porter au dernier Ojizousama, en s'excusant parce que ce chapeau était vieux et usé.

Ceci fait, il reprit sa marche dans la neige pour rejoindre sa femme avant le Nouvel An.

Quelques heures plus tard, il arriva enfin à la maison où la vieille dame le vit entrer tout couvert de neige et sans son chapeau. La femme lui demanda alors ce qui s'était passé et il lui raconta l'histoire des statues d'Ojizousama. La femme, d'abord inquiète, félicita son mari pour le geste qu'il avait fait et pour sa grande bonté, puis l'assit près du feu, grelottant de froid, en attendant que le dîner soit prêt.

Les deux vieillards dînèrent avec le peu de riz et de légumes qui restaient et allèrent se coucher sans avoir mangé les biscuits de riz.

Vers minuit, le couple âgé fut réveillé par un bruit très étrange, semblable à une chanson, qui s'approchait lentement de la maison.

Selon la légende, la chanson se déroule comme suit:

« Grand-père a donné six chapeaux à Ojizousama
Où se trouve son domicile ?
Où vit-il ? »

Tous deux se levèrent, surpris et étonnés à la fois, mais soudain, ils entendirent le bruit de la porte qui claquait, comme si quelqu'un s'était précipité hors de la maison. Ils coururent immédiatement voir ce qui s'était passé et sur le pas de la porte, ils trouvèrent toutes sortes de cadeaux: du riz, du saké, du poisson, des décorations, des couvertures, des vêtements, des kimonos, des biscuits au riz et bien d'autres choses encore.

Tous deux levèrent la tête et aperçevèrent au loin les six statues, chapeaux de paille sur la tête, qui s'éloignaient dans la nuit.

Les Ojizousama avaient décidé de remercier le vieil homme de leur avoir donné le peu qu'il avait et d'avoir fait preuve de bonté et de générosité envers les dieux et les esprits.

6.6 La naissance de la mort

Voyons maintenant le mythe qui raconte la naissance de la mort, qui n'est pas représentée par un nouveau Kami ou esprit, mais par deux divinités que nous avons déjà rencontrées et dont l'histoire changera à jamais le destin des hommes.

Dans les premiers chapitres de ce livre, nous avons raconté l'histoire d'Izanami et d'Izanagi, ainsi que certaines des naissances et des exploits de leurs enfants. Nous avons également mentionné brièvement qu'à la fin de la dernière naissance, Izanami perdit la vie et que son frère compagnon fut appelé à descendre dans le monde souterrain, le Yomi, pour la récupérer.

Le Yomi se présenta au Kami comme un endroit moins terrifiant que ce à quoi tout le monde s'attendait, sinon il était tout simplement plongé dans une grande et effrayante obscurité. Continuant à marcher, malgré la mauvaise vue, Izanagi parvint à retrouver sa sœur compagne et lui demanda de le suivre sur terre, mais elle fut obligée de refuser car elle avait déjà consommé la nourriture du monde souterrain et cela ne lui permettait plus de revenir dans le monde des vivants.

Izanagi écouta la justification, mais ne comprenant pas les raisons de sa compagne, il décida de l'emmener contre son gré: il attendit qu'Izanami se soit endormie, puis il alluma un feu dans le but de mieux l'observer. Mais lorsque les flammes illuminèrent le corps de la déesse, Izanagi se rendit compte que son apparence avait complètement changé: elle était pleine de larves qui la rendaient hideuse et dégoûtante, au point de l'effrayer. Le Kami se mit alors à fuir le corps de sa compagne qui commençait à se réveiller et, voyant son frère effrayé, tenta de le poursuivre en faisant appel à d'autres créatures infernales dans le but de le convaincre de rester avec elle dans le Yomi.

Izanagi, sans grand effort, parvint finalement à sortir du monde souterrain et à fermer la porte d'entrée avec un gros rocher, au-delà duquel il pouvait entendre les cris furieux d'Izanami, qui le menaçait en lui ordonnant d'enlever le rocher, sinon elle tuerait mille humains par jour pour l'éternité. Le Kami répondit que si elle le faisait, il réagirait en générant mille nouveaux hommes et femmes chaque jour.

C'est ainsi que les Japonais expliquent pourquoi nous mourons et naissons.

6.7 Princesse Kaguya

Laissons de côté les mythes concernant les dieux et leurs vicissitudes relationnelles pour en venir à un mythe concernant la tradition populaire japonaise.

Cette histoire, appelée par beaucoup le « conte du coupeur de bambous » mais aussi le « conte de la princesse Kaguya », remonte au 10e siècle et est considéré comme le plus ancien texte narratif de la littérature japonaise.

La légende raconte qu'Okina était un coupeur de bambous et qu'une nuit, alors qu'il était occupé à son travail, il vit une canne de bambou différente des autres car elle était beaucoup plus brillante. L'homme décida alors de la couper et d'y jeter un coup d'œil. Lorsqu'il regarda le creux à l'intérieur, il vit une toute petite fille, aussi grande que son pouce. Okina prit la petite créature et la ramena chez lui à sa femme, espérant que l'absence d'enfants l'inciterait à l'adopter. Le couple éleva l'enfant et lui donna le nom de Kaguya, qui signifie « Nuit brillante »

Okina se remit au travail le lendemain matin, mais se rendit compte que quelque chose avait changé : chaque fois qu'elle coupait le bambou, elle trouvait une petite pépite d'or dans le creux intérieur et réalisa que cette magie était en quelque sorte liée à l'enfant et provoquée par lui.

Kaguya fut élevée de manière traditionnelle et aimante par ses parents adoptifs, qui devinrent riches grâce aux pépites et purent lui offrir une éducation saine et aisée. L'enfant grandit et devint une belle femme constamment observée et convoitée par tous les hommes malgré le fait qu'elle était discrète et que ses parents faisaient tout pour la cacher aux nombreux prétendants qui voulaient se l'approprier.

Cependant, lorsque la jeune fille atteignit l'âge de se marier, cinq prétendants se présentèrent à la maison familiale pour demander la main de la jeune fille. La jeune fille n'étant pas prête à se marier, elle décida de mettre les cinq garçons à l'épreuve en leur faisant des demandes absurdes et impossibles à satisfaire en guise de gage d'amour.

Au premier, elle demanda de lui apporter le bol sacré du Bouddha, au second une branche coupée d'un arbre au tronc d'or et aux feuilles argentées, au troisième la peau d'un rat de feu, au quatrième un joyau qui se trouvait pourtant sur la tête d'un dragon, au quatrième et dernier un coquillage qui était caché dans le ventre d'une hirondelle.

Naturellement, aucun prétendant ne put accomplir la tâche assignée et personne ne put obtenir sa main.

Kaguya était tellement convaincue de ne pas vouloir se marier qu'elle finit même par refuser la main de l'empereur du Japon lui-même, qui, ayant entendu son histoire, était tombé amoureux d'elle et était venu la trouver en vain. La jeune fille se justifia auprès de lui en lui disant qu'elle venait de la lune et qu'elle y retournerait bientôt, et qu'elle n'avait donc aucune raison de se marier sur terre.

Mais l'empereur, fou d'amour, fit tout ce qu'il put pour empêcher son départ, il envoya même de nombreux soldats, mais les êtres célestes descendirent quand même pour prendre la jeune fille car elle était leur princesse et pour que personne ne puisse les arrêter, ils aveuglèrent toutes les personnes présentes et la jeune fille disparut.

Avant de partir, Kaguya écrivit une longue lettre et la laissa avec une goutte d'élixir de longue vie. Lorsque l'empereur vit les cadeaux, il décida, sous le coup de la colère de l'abandon, de les porter au sommet du mont Fuji et de les brûler.

Les Japonais utilisent cette légende pour expliquer pourquoi on voit de la fumée sortir de la montagne volcanique, qui serait générée par l'élixir de vie qui prendrait feu. Ils expliquent également l'origine de son nom, qui dérive de fushi, qui signifie immortalité.

6.8 Le Tanabata

Dans cette section, nous allons découvrir l'histoire de Tanabata, la septième nuit, la fête des étoiles ou encore la fête des étoiles amoureuses.

Cette fête est issue d'une tradition chinoise et vise à célébrer la réunion de deux divinités: Orihime, l'étoile Véga et Hikoboshi, l'étoile Altaïr. La fête est alors célébrée le septième jour du septième mois lunaire du calendrier lunisolaire. Ce jour, qui n'a pas de date fixe, tombe entre la mi-juillet et la mi-août, et certains ont l'habitude de nommer la célébration « fête du double sept » Lors de cette fête, les villes sont illuminées par des lampes en papier, de grandes décorations et des concours de beauté à tous les coins de rue.

Voyons donc l'origine du Tanabata.

La protagoniste de cette histoire ancienne est Orihime, la plus jeune fille du dieu du ciel Tentei, qui vivait sur les rives de la Voie lactée qui coulait sous le nom de Fleuve céleste. La jeune fille était en fait la réincarnation de l'étoile Vega et était chargée de la couture divine; ainsi, elle raccommodait et réparait tous les vêtements des dieux sans jamais avoir de temps pour elle. Lorsque son père la vit toujours seule et émaciée, il décida de lui trouver un mari qui serait un travailleur acharné comme elle et trouva la réincarnation de l'étoile Altaïr, à savoir Hikoboshi, qui était chargé de faire paître des bœufs sur les rives du Fleuve Céleste.

Les deux jeunes gens sont immédiatement tombés follement amoureux, à tel point que pour être ensemble, ils ont négligé leurs obligations professionnelles, ce qui a bientôt conduit à laisser les dieux sans vêtements et les bœufs paître partout de manière anarchique.

Le père, se rendant compte de la situation et furieux, fut obligé d'intervenir pour séparer les deux amants, il les assigna aux deux rives différentes de la Rivière Céleste, ce qui les empêcha de se voir et les obligea à retourner à leurs occupations.

Orihime passa les jours suivants à pleurer et à se désespérer sans discontinuer, si bien que son père fut à nouveau saisi de désespoir et de pitié et décida de n'accorder aux deux amants qu'une seule rencontre par an, afin de leur faire plaisir sans les distraire de leur travail. Le jour de la rencontre fut fixé au septième jour du septième mois, lorsqu'une volée de pies voleuses arriva sur le Fleuve Céleste et alla construire de ses ailes un pont pour relier les deux rives. Dès qu'elle l'aperçut, Orihime grimpa immédiatement et courut vers son bien-aimé Hikoboshi.

Si nous observons le ciel pendant les mois d'été, nous pouvons constater que le lien entre Vega et Altari est vrai. En effet, en observant la voûte céleste, nous remarquons que les deux étoiles, avec l'étoile Daneb, forment le Triangle d'été qui est traversé par la Voie lactée.

6.9 La Légende de Sakura

Nous avons déjà mentionné qu'il y a plusieurs siècles, le Japon a été ravagé par de nombreuses guerres intestines dictées par la soif de pouvoir des différents empereurs et des samouraïs à leur service, et c'est à cette époque que serait née la légende dont nous allons parler.

Indépendamment de la guerre, la nature suivait son cours normal, les arbres poussaient, les fleurs s'épanouissaient et les fruits mûrissaient. Tous les arbres suivaient leur cours naturel, à l'exception d'un arbre solitaire. Mais un jour, une fée remarqua son étrange état et, prise de pitié, elle décida d'intervenir en lui donnant la possibilité de s'épanouir grâce à ses émotions. Elle s'approcha donc de lui et lui dit : « Tu pourras ressentir des sentiments humains et te transformer en homme quand tu le voudras; mais si, d'ici vingt ans, tu ne récupères pas ta vitalité, tu mourras.

L'arbre se transforma plusieurs fois en homme, mais de l'humanité il ne pouvait percevoir aucune émotion ou sentiment positif, mais surtout la haine et la guerre. L'homme-arbre, déçu par cette expérience de vie et désormais sans espoir, s'approcha un jour d'une rivière où se trouvait une jeune fille qui se reposait à l'ombre. Ils se présentèrent tous les deux et l'homme-arbre apprit qu'elle s'appelait *Sakura*, puis il lui dit qu'il s'appelait *Yohiro*. La jeune fille était gentille, attentionnée et douce et cela éveilla en lui tous les sentiments que la fée lui avait promis et permis de trouver dans le corps d'un homme.

Les deux devinrent de si bons amis qu'un jour, Yohiro décida de s'ouvrir complètement à elle et de se déclarer à elle: il lui révéla d'abord son amour, puis lui parla de son passé et du pacte qu'il avait conclu avec la fée. Sakura, qui partageait ses sentiments amoureux, fut d'abord choquée par son histoire, au point qu'elle s'éloigna de lui pendant un certain temps. Pendant ce temps, le temps passait inexorablement et il était temps pour Yohiro de redevenir un arbre triste et plein de mélancolie d'abandon.

C'est alors que la fée du début de l'histoire apparut devant elle et Sakura, follement amoureuse, lui demanda si elle put fusionner avec Yohiro sous la forme d'un arbre. La fée exauça sans hésiter le souhait de la jeune fille, les deux amants fusionnèrent et l'arbre put enfin commencer à fleurir.

6.10 La Légende d'Urashima Taro

Urashima Taro était un pêcheur et la légende raconte qu'il y a environ 1500 ans, il décida de sortir en mer une nuit d'été. Il ne tarda pas à attraper quelque chose et, croyant qu'un poisson était attaché à sa ligne, il décida de la tirer en arrière, mais ce qu'il trouva était une tortue, la créature protectrice du dieu dragon des mers, Ryujin (chapitre 3.8). Le pêcheur libéra bientôt l'animal, espérant qu'il n'avait pas fâché la divinité, puis il s'endormit sous le soleil d'été.

Pendant son sommeil, comme dans une sorte de rêve, Urashima Taro rêva d'une belle jeune fille, qui se présentait sous le nom de fille du Dieu Dragon des Mers, qui était venue à lui pour le remercier et le reconnaître d'avoir libéré la tortue sacrée de son père. Elle lui demanda ensuite de la suivre jusqu'à l'île où l'été règne perpétuellement, à savoir Horai, et de l'épouser.

L'homme, subjugué par la beauté de la déesse, décida de se rendre immédiatement sur l'île où il épousa la femme et ils vécurent ensemble pendant trois ans. Mais entre-temps, Urashima se souvint qu'il avait laissé ses parents l'attendre à son retour de la pêche. Il avertit donc sa fiancée, qui lui répondit : « Je sens que je ne te reverrai plus jamais; prends ce **cercueil** que j'ai fermé avec un ruban de soie, mais ne l'ouvre jamais, il te ramènera ici. Si tu l'ouvres, nous ne pourrons plus nous voir ».

Urashima prit le cadeau et s'embarqua pour sa terre natale. Une fois arrivé sur la côte, tout lui sembla étrange: il ne trouva pas la maison familiale et, lorsqu'il demanda son chemin, un passant l'avertit que sa recherche était totalement vaine car M. Urashima Taro était mort depuis quatre cents ans au cours d'une partie de pêche en mer.

Urashima voulait une confirmation, il se renda donc au cimetière de la ville et y découvrit non seulement sa propre pierre tombale, mais aussi celles de toute sa famille.

Complètement choqué et attristé, l'homme repensa à sa femme et se rappela du cercueil qu'elle lui avait offert. Il pensa donc à l'ouvrir pour retrouver un peu de bonheur, mais dès qu'il l'ouvrit, un vent froid s'en échappa et peu de temps après, la vie quitta son corps.

Avec cette légende, les Japonais tentent d'enseigner comment vivre une relation: il est important de donner de l'amour, du bonheur et du bien-être, mais aussi de la liberté en échange de la confiance et de la loyauté.

6.11 La Légende de Sayohime

La légende se déroule en 537, durant la période appelée Yomato. Cette année-là, le Japon décida d'aider avec une flotte de navires Kudra, l'un des trois royaumes de la péninsule coréenne, menacé par le royaume voisin de Silla et la dynastie chinoise des Tang. Le plan prévoyait que les navires partent du port de Matsuura, une petite ville de la baie de Karatsu, en compagnie du général des forces armées, Otomo no Satehiko. Sur la baie, avant le départ, le général se vit confier quelques tâches bureaucratiques de routine et un groupe de personnel de soutien, dont Sayohime, une jeune fille.

Comme c'est souvent le cas, les deux hommes tombèrent très tôt amoureux et finirent par se marier, mais Satehiko savait qu'il devrait bientôt laisser sa bien-aimée derrière lui. En guise de gage d'amour, le général décida d'offrir à sa fiancée Sayohime un magnifique miroir. Au moment de le lui remettre, il lui dit : « Tenez-le comme si c'était moi », puis il s'embarqua et partit.

Elle courut immédiatement vers le mont Kagami et grimpa au sommet pour le saluer et le regarder le plus longtemps possible. De là, elle se mit à l'appeler par son nom et à agiter ses bras couverts par les manches d'un kimono jusqu'à ce que le bateau s'éloigne trop et qu'elle le perde de vue.

Cette salutation ne suffit pas à la femme, qui veut être le plus près possible de son bien-aimé; elle descenda donc de la montagne et traversa la rivière en courant jusqu'à l'île de Kabe. Arrivée là, elle n'abandonna pas, mais comme elle ne pouvait aller plus loin, elle fut soudain attristée à l'idée de ne plus voir l'homme qu'elle aimait et se transforma en pierre.

6.12 La légende d'un amour tumultueux

Il s'agit d'une légende d'amour tumultueuse qui se déroule près d'*Enoshima, une* petite île située sur la côte japonaise, à proximité de la ville balnéaire de Kamakura.

Il y a très longtemps, cette île n'existait pas et le littoral était saisi et torturé par la présence d'un *dragon à cinq têtes* que les habitants appelaient *Gozuryu*. Ce monstre était redouté en raison des tremblements de terre et des catastrophes naturelles qu'il provoquait constamment.

Cette attitude du dragon continua jusqu'à ce que la déesse Benzaiten (chapitre 3.12), reconnue comme la divinité des cours d'eau et de la musique, intervint. Elle descendit alors du ciel et émergea des eaux, s'installant sur l'île d'Enoshima. Tous les habitants purent assister à l'apparition de la déesse et le dragon lui-même fut captivé par l'événement, mais son intérêt ne s'arrêta là, car il tomba immédiatement amoureux de la divinité.

Ce n'est pas la première fois que les légendes japonaises voient la naissance d'un amour fou entre une déesse et un dragon, et ce fut également le cas de Gozuryu et Benzaiten, car la seconde confirma et lui rendit les sentiments. Parce qu'il était éperdument amoureux, le dragon demanda la main de sa bien-aimée, mais celle-ci lui demanda un pacte en échange de son consentement: elle ne l'épouserait que si le dragon changeait d'attitude à l'égard des terres qu'il terrorisait et détruisait, et s'il allait les aider et les protéger.

Le dragon Gozuryu, ainsi épris, accepta et honora sa promesse jusqu'à la fin de ses jours.

À sa mort, il laissa tomber son corps gigantesque entre les villes actuelles de Kamakura et Fujisawa.

6.13 La légende du fil rouge

Nous poursuivons avec l'une des légendes de la tradition populaire japonaise sur le thème de l'amour. La légende la plus connue est celle qui nous raconte l'histoire du fil rouge du destin. Ce fil partirait de notre petit doigt et, irrigué par la même artère que celle qui traverse le majeur, associerait en quelque sorte la transmission et le transfert des sentiments à ceux d'une autre personne que nous n'avons peut-être pas encore rencontrée, mais qui est destinée à entrer dans notre vie et à y occuper une place prépondérante. Cette association émotionnelle est généralement basée sur des liens d'amour.

MYTHOLOGIE JAPONAISE

Il existe de nombreuses versions de l'histoire, nous allons donc nous pencher sur l'une d'entre elles.

La légende raconte qu'il y a de nombreuses années, un empereur japonais fut averti qu'il existait dans son royaume une puissante sorcière ayant la capacité unique de voir le fil rouge du destin qui lie les gens entre eux. L'empereur, intrigué par son propre destin, ordonna à ses hommes de trouver la magicienne et de l'amener immédiatement devant lui, car il voulait désespérément savoir qui serait sa future épouse et où il la trouverait.

L'empereur fut donc bientôt amené devant la sorcière, qui accepta de répondre à ses questions et commença à suivre le fil du destin impérial, et ils arrivèrent ensemble à un marché.

Arrivée sur place, la magicienne s'arrêta à l'étal d'un pauvre paysan qui vendait les quelques produits qu'il possédait en tenant sa fille dans ses bras. Alors la magicienne, un peu effrayée par les conséquences, avertit l'empereur que c'est là que s'arrêtait son fil. L'empereur pensa d'abord que la magicienne se moquait de lui, qu'il n'était pas question que son destin soit lié à un roturier, et il se mit à pousser le paysan, faisant tomber la petite fille qu'il tenait et lui causant une large blessure à la tête.

Après avoir blessé le roturier, il décida de punir également la sorcière pour s'être moquée de lui et ordonna son exécution, puis retourna au palais.

Plusieurs années s'écoulèrent depuis cette rencontre avec la sorcière et le roturier, et l'empereur décida d'épouser la fille d'un des plus importants généraux du pays; il demanda donc l'aide de ses conseillers personnels. Ses hommes l'aidèrent à choisir une jeune fille, mais l'empereur ne put la voir que le jour du mariage.

Lorsque le jour fixé pour le mariage arriva, l'empereur rencontra sa future épouse et réalisa en voyant son visage pour la première fois qu'elle avait une grande cicatrice sur le corps qui, selon elle, avait été causée par une chute des bras de son père lorsqu'elle était enfant. L'empereur comprit tout: cette jeune fille était la fille de ce paysan dont il s'était moqué et qu'il avait battu des années auparavant, et cette sorcière injustement tuée avait donc raison: son destin était lié à celui de la fille d'un roturier.

6.14 Myoken et Buko

Examinons un dernier mythe concernant l'amour et clôturons ce petit groupe thématique avec une légende japonaise sur l'amour. Cette histoire a été connue de la plupart des gens non pas tant pour son contenu que pour les célébrations et les festivals qui s'y déroulaient et que nous verrons à la fin de l'histoire.

Cette histoire raconte l'amour qui s'épanouit entre deux divinités: la déesse Myoken, également connue sous le nom de Crépuscule des Dieux ou d'Étoile du Nord, et le dieu Buko, protecteur d'une montagne. Tous deux tombèrent amoureux, mais leur idylle ne put pas se dérouler comme ils l'auraient souhaité, car Buko était déjà marié à son épouse Suwa. Or, lorsque cette dernière apprit qu'un amour clandestin s'était développé entre les deux divinités, elle ne les laissa naturellement pas se rencontrer. Il y avait cependant un accord entre Suwa et son mari: Buko pouvait disposer d'un jour de liberté totale par rapport au mariage une seule fois par an, le 3 décembre. Le dieu attendit donc ce jour et l'utilisa pour rencontrer sa bien-aimée Myoken.

L'histoire de cet amour est considérée comme très similaire à celle de la légende de Tanabata, au point que certains disent qu'il s'agit de la version hivernale du conte.

Chaque année, l'amour entre les deux est célébré lors d'un festival grandiose et très apprécié, le Chichibu Yomatsuri Night Festival, qui a lieu les 2 et 3 décembre. La légende et les deux divinités sont célébrées par des chars, des fêtes et des feux d'artifice.

6.15 La légende de Yuki Onna

Cette légende a pour personnage principal un Yokai nommé Yuki-Onna, un esprit qui prend une forme féminine et qui a l'habitude d'apparaître pendant les nuits d'hiver enneigées pour se nourrir de la vitalité des voyageurs perdus dans l'endroit où ils vivent et les transformer en statues de glace.

Yuki-Onna est le sujet et le protagoniste de nombreuses légendes japonaises sur la mort par le froid. Jetons un coup d'œil à l'une des plus célèbres d'entre elles.

La légende raconte l'histoire de Mosaku et Minokichi, deux jeunes bûcherons et charpentiers. Ce dernier était l'apprenti du premier et, à la fin de leur journée de travail, alors qu'ils rentraient de la forêt, une tempête de neige s'abattit sur eux. Ils pensèrent alors à se réfugier dans une grotte et comme la tempête ne cessait pas, ils décidèrent d'y passer la nuit et barricadèrent l'ouverture de la grotte.

Le maître et l'apprenti s'endormirent aussitôt, mais bientôt la porte fut violemment ouverte par une rafale de vent qui pénétra dans la grotte accompagnée d'une femme vêtue de blanc. Elle s'approcha d'abord de Maître

Mosaku, absorba son énergie vitale et le figea sur place. Le jeune Minokichi, qui s'était réveillé soudainement, regardait la scène, paralysé. Yuki-Onna remarqua sa peur et, le voyant si jeune, décida de le sauver à condition que le garçon ne raconte jamais à personne ce qui s'était passé ni ne dise quoi que ce soit sur le pouvoir de la divinité ; s'il ne respectait pas la démarche, les Yokai le tueraient. Le jeune homme n'hésita pas à accepter.

Un an s'écoula depuis cette nuit malheureuse et Minokichi rencontra une fille dont il tomba amoureux et qu'il décida d'épouser. Cette fille s'appelait O-Yuki et après des années d'amour heureux, ils eurent des enfants.

Un jour, cependant, le marié, saisi par son secret avec l'esprit Yuki-Onna, décida de se libérer en racontant à sa femme ce qui lui était arrivé cette nuit-là. C'est alors qu'O-Yuki se transforma, révélant que sous sa fiancée se cachait bel et bien Yuki-Onna, et se prépara immédiatement à tuer Minokichi pour l'avoir trahie.

Cependant, la divinité fut touchée par un dernier acte de miséricorde: ayant vu les talents de père de l'homme et l'amour qu'il éprouvait pour leurs enfants, elle décida de laisser l'homme vivre pour élever les enfants, puis elle partit, abandonnant maison et famille.

6.16 La légende du moineau à la langue coupée

Les légendes évoquées jusqu'à présent étaient utiles aux Japonais pour expliquer des phénomènes naturels, mais aussi des événements ou des changements de saisons et l'alternance du jour et de la nuit. Certaines légendes anciennes avaient peut-être un autre but: elles prenaient la forme d'une fable et montraient aux enfants, en particulier, le prix de la cupidité, la beauté de la vertu, de la bonté et de la modération.

Un exemple de cette catégorie est la légende du moineau à la langue coupée, Shita-kiti Suzume.

Un jour, un vieux noble connu pour sa générosité et sa gentillesse se rendit dans la forêt pour couper du bois, mais il tomba sur un petit moineau blessé. Le vieil homme eut beaucoup de pitié pour l'oiseau et décida de le ramasser et de l'emmener chez lui pour le soigner, l'entretenir et le nourrir.

Bien que cet homme fût vertueux et noble d'esprit, sa femme était à l'opposé, c'était en fait une femme avide et cruelle et lorsqu'elle vit son mari revenir sans bois mais avec un animal mourant, elle ne le soutint pas. Cette attitude de la femme n'arrêta pas le vieil homme.

Grâce aux soins de l'homme, l'oiseau commença bientôt à guérir et un jour, alors que son nouveau maître était dans la forêt et sa femme loin de la maison, l'oiseau resta seul et se mit à voltiger dans la cuisine, où il trouva de la farine de maïs, qui fut bientôt entièrement dévorée.

Mais la première personne à rentrer dans la maison fut la vieille femme qui, furieuse du vol de la farine, décida de punir le moineau en lui coupant la langue et en le chassant de la maison.

Plus tard, lorsque le vieux bûcheron rentra à son tour à la maison, il ne trouva pas l'oiseau, demanda des explications à sa femme et découvrit ce qui s'était passé. Il partit immédiatement à sa recherche dans la forêt, en demandant de l'aide à tous les moineaux qu'il rencontrait, et grâce à eux, il découvrit l'existence d'une auberge de moineaux. L'homme fut emmené par les oiseaux à l'auberge où il fut si bien accueilli qu'il put revoir et saluer son petit ami.

Tous les moineaux, pour remercier le vieil homme d'avoir sauvé leur compagnon, lui demandèrent de choisir entre deux paniers en guise de cadeau: un grand et un petit. Le vieil homme, par nature, choisit immédiatement le plus petit, mais il ne réalisa que plus tard qu'il contenait un trésor de grande valeur.

Il retourna auprès de sa femme et lui raconta ce qui s'était passé. La femme fut immédiatement en colère contre son mari parce qu'il n'avait pas choisi le plus grand panier, elle prit donc le plus petit et alla à l'auberge pour demander aux moineaux de l'échanger.

Les oiseaux décidèrent d'accepter l'échange, mais en promettant que le panier ne serait pas ouvert avant que la femme n'arrive chez elle. La femme, qui n'était pas très vertueuse, décida de les ignorer et, s'étant suffisamment éloignée des oiseaux, ouvrit le cadeau et en sortit plusieurs monstres qui l'effrayèrent tellement qu'elle tomba du haut d'une falaise et perdit la vie.

6.17 La légende de la fille du train

La légende de Teke-teke est l'une de ces histoires effrayantes que les enfants se racontaient les soirs d'épouvante pour se distraire. L'histoire parle en effet de Teke-teke, une jeune fille comme beaucoup d'autres, sans facultés divines ni ascendance particulière, si commune que, comme cela arrive souvent dans la vie réelle, elle était victime de brimades à l'école. De son vivant, la jeune fille subissait constamment des humiliations, des taquineries et des coups dont elle ne pouvait se défendre.

Un jour, à la fin des cours, Teke-teke se retrouva à la gare en attendant le train du retour. La jeune fille était tranquillement plongée dans ses pensées lorsqu'elle a été aperçue par quelques-unes de ses brutes habituelles. Ils décidèrent alors de profiter de la distraction de la victime pour lui faire une farce : ils coururent dans la rue et ramassèrent une cigale, puis s'approchèrent de Teke-teke et lui lancèrent l'animal dans le dos de sa chemise. L'animal atterrit sur son dos et se mit à chanter, effrayant la pauvre fille qui, prise de peur, perdit l'équilibre et tomba sur la voie ferrée au moment où un train arrive. Teke-teke perdit la vie, écrasée et brisée en deux parties par le train.

Ceux qui ont été témoins de l'accident et qui ont continué à fréquenter la station ont commencé à affirmer avec certitude que la jeune fille ne mourrait que physiquement, tandis que son esprit ne parviendrait jamais à quitter le monde des mortels parce qu'il avait encore tant de choses à faire. On dit que depuis le jour de l'accident, on peut entendre et voir dans les couloirs de la station la moitié supérieure du corps de Teke-teke errer à la recherche de sa moitié inférieure d'une manière désespérée et en colère. Lorsqu'elle croise un mortel, elle a coutume de lui demander où sont ses jambes et parfois, lorsqu'elle est particulièrement en colère, elle l'attaque avec ses griffes, allant jusqu'à le tuer et le transformer en esprit qui, comme elle, erre à la recherche de sa moitié inférieure.

6.18 Le chasseur hoori

La légende Hoori est véhiculée par les deux textes traditionnels les plus connus : le « Kojiki » et le « Nihon Shoki »

L'histoire raconte que Hoori était chasseur et qu'un jour, comme cela arrive souvent entre frères, il se disputa avec son frère Hoderi, pêcheur. Les deux se disputèrent parce que son frère aîné lui avait prêté un hameçon et qu'il l'avait perdu.

Comme Hoderi était convaincu que chaque instrument avait une âme et était unique, il obligea son jeune frère à retrouver son hameçon sans essayer de rattraper l'erreur avec un autre, car cela n'aurait pas été la même chose.

Hoori, pris de culpabilité, descendit alors au fond de la mer dans une tentative désespérée de retrouver l'objet perdu, mais il n'y parvint pas du tout.

Au cours de ses recherches, il trouva <u>Toyotama-hime</u>, la fille de Ryujin, le dieu de la mer (chapitre 3.8). Après s'être lié d'amitié puis d'amour avec la fille, le dieu de la mer se mit à la disposition de Hoori pour l'aider à retrouver le crochet perdu de Hoderi, puis donna sa bénédiction et fait épouser Hoori à sa fille Toyotama-hime.

Le jeune marié décida alors d'aller vivre avec sa femme au fond de la mer et y resta pendant environ trois ans, jusqu'à ce que son frère commença à lui manquer et qu'il désirait ardemment son pardon, de sorte qu'il partit pour retourner dans son pays d'origine.

De retour chez lui, il rendit d'abord l'hameçon trouvé à son frère, qui lui pardonna rapidement, puis le marié retourna au palais sous-marin, car sa femme attendait la naissance de leur premier enfant, <u>Ugayafukiaezu</u>.

Pendant que Toyotamahime donnait naissance à son fils, elle fit jurer à son mari de ne pas la regarder pendant l'accouchement afin qu'il ne découvra pas sa véritable apparence physique. Mais l'homme, trop curieux, décida de rompre sa promesse, regarda sa femme et découvrit qu'elle n'était pas la belle femme qu'il montrait à tout le monde, mais un dragon et en particulier un wani (crocodile ou requin).

La jeune dragonne avait tellement honte qu'elle alla se réfugier chez son père et se faire consoler sans jamais trouver le courage de sortir et d'être revue par son mari.

Une fois adulte, Ugayafukiaezu épousa Tamayori-hime, la sœur de celle qui l'avait élevé depuis son enfance, Toyotama-hime. C'est sa « marraine » qui donna naissance au premier empereur du Japon.

Hoori prit le titre de roi de Takachiho (c'est-à-dire l'une des provinces Hyuga) pendant 560 ans.

Hoori est toujours vénéré comme une divinité et on lui attribue principalement la protection du blé et de toutes les céréales en général.

CHAPITRE 7

La tradition aujourd'hui

Dans ce septième et dernier chapitre, nous nous consacrerons à deux grands thèmes: tout d'abord, nous examinerons comment la tradition est vécue au Japon aujourd'hui, quel poids elle prend, quelle est son importance et comment les gens sont encore si attachés au passé. Ensuite, nous verrons comment elle est transmise, comment les gens s'intéressent à une histoire si lointaine, ce qui les motive à s'y accrocher encore et comment ils célèbrent ce qui continue à être important et pertinent.

Dans la deuxième partie du chapitre, nous tirerons cependant quelques conclusions sur l'ensemble du livre et quelques considérations finales sur le chemin parcouru tout au long de ces pages.

À la fin de ce chapitre, cependant, vous trouverez une section de glossaire. Un tableau rassemblera en effet les noms de tous les personnages majeurs du livre accompagnés de leur signification ou rôle.

Nous arrivons alors à la découverte de ce dernier chapitre.

7.1 De la tradition à nos jours

Nous arrivons donc à la première section du chapitre, qui permet de découvrir comment toutes les traditions que nous avons essayé de connaître un peu mieux jusqu'à présent sont vécues dans le Japon d'aujourd'hui.

Nous avons déjà dit dans le premier chapitre que pour les légendes et tout ce qui concerne la tradition divine et religieuse japonaise, on se réfère à deux grands textes: le « Kojiki » et le « Nihongi », qui ne sont rien d'autre que deux grands tomes historiques appelés aussi annales. En bref, il s'agit de textes qui suivent servilement le cours de l'année, sur lesquels sont notés avec précision et rigueur tous les événements qui se sont déroulés et la succession des personnes les plus influentes, la variation de la population, de la nourriture mais aussi de la religion et des croyances du peuple.

Nous avons vu que les Kami mais aussi les esprits sont partout, dans chaque force, objet, variation inexplicable ou élément de la nature, c'est pourquoi on trouve tant d'informations à leur sujet dans les annales: lorsqu'une violente tempête éclatait, le phénomène était noté avec l'explication que la tradition lui attribuait.

Les Japonais ont l'habitude de conserver nombre de leurs traditions les plus anciennes et tentent notamment de maintenir en vie les rituels d'action de grâce et de prière aux dieux, afin que ceux-ci veillent sur eux, les protègent et, surtout, ne se fâchent pas.

Afin de s'attirer la bienveillance des Kami ou des autres monstres et êtres spirituels que nous avons déjà mentionnés, le mot Matsuri est utilisé au Japon pour désigner toutes les nombreuses festivités, célébrations et grands événements qui font des légendes et des esprits quelque chose de moderne.

Pendant le Matsuri, on peut assister à des défilés de chars, de dashi, de tambours, de flûtes et d'autres instruments de musique. Au Japon, les festivals se succèdent tout au long de l'année; certains ont un caractère religieux, d'autres ont un lien historique ou culturel avec le lieu où ils sont célébrés.

Jetons un coup d'œil ensemble aux deux plus grandes et plus célèbres fêtes populaires japonaises qui maintiennent la tradition vivante et contribuent particulièrement à la transmettre.

Tanabata Matsuri

Au chapitre 6.8, nous avons raconté l'histoire de deux étoiles, Kengyu et Shokujo, séparées par la Voie lactée mais qui ne peuvent se rencontrer qu'une fois par an, le septième jour du septième mois du calendrier chinois. Cette fête de l'amour éternel et de la distance s'appelle le festival Tanabata Matsuri, également connu sous le nom de festival des étoiles amoureuses. Aujourd'hui encore, Tanabata est célébré le 7 juillet. Il a de nombreuses significations et est devenu l'une des traditions folkloriques japonaises les plus connues dans le monde entier. Cette journée se caractérise par de grandes décorations colorées et attrayantes, des branches d'arbres remplies de cartes en papier sur lesquelles les gens écrivent leurs prières et leurs souhaits aux étoiles, des défilés, des parades musicales et beaucoup de nourriture traditionnelle. Les décorations sont généralement en papier et des origamis représentant des grues sont construits, mais des filets de pêche, des petites bourses et des bandes de papier coloré suspendues sont également utilisés.

La population japonaise profite également de ce jour de fête pour revêtir son Yuata, ou kimono traditionnel, puis participer à des défilés, des festivités, danser, jouer et s'amuser.

La journée se termine toujours par un jeu de feux d'artifice afin de remercier et de célébrer le grand amour entre Vega et Altair, qui, en ce seul jour de l'année, peuvent enfin se réunir et revivre leur amour.

Semaine de l'or

La Golden Weeek, ou Long Bridge, est l'une de ces périodes où l'équilibre du travail au Japon est interrompu pour laisser place à la créativité et à la célébration. Cette semaine a lieu du 29 avril au 5 mai depuis le décret de 1948. La semaine a donc été créée dans le but de célébrer et de fêter l'anniversaire de l'empereur. Cette pause et ce Matsuri ont été établis comme une occasion fixe parce que l'empereur était et est toujours considéré au Japon comme un Kami ou une divinité; il est donc important et obligatoire de le célébrer de la meilleure façon possible.

La semaine s'ouvre sur le premier grand festival en l'honneur de l'empereur Showa; ce jour est d'ailleurs appelé « Showa Day »

Le 1er mai est célébré par des défilés et des événements, mais il ne s'agit pas d'un jour férié, et ce jour n'est donc pas considéré comme un jour férié.

MYTHOLOGIE JAPONAISE

Le 3 mai est considéré comme le jour de la Constitution et des événements sont organisés pour mettre en valeur les traditions, les coutumes et les costumes folkloriques japonais.

Le 4 mai s'appelle la fête verte et c'est une émeute de couleurs, de fleurs, de parcs et de jardins décorés en l'honneur du printemps et de la renaissance qu'il apporte.

Le 5 mai est le Kodomo no hi, ou jour des enfants, un moment privilégié pour les enfants. Dans les maisons, on expose les armures des samouraïs, dont on dit qu'ils sont les protecteurs des enfants, et on suspend des carpes en papier mâché, qui ont la capacité de remonter les cours d'eau, représentant ainsi la force et la vitalité des enfants. Ce jour-là, les enfants prennent un bain avec des fleurs d'iris et reçoivent au petit-déjeuner du Kashiwa Mochi, un mochi de riz très sucré et moelleux, préparé uniquement en l'honneur de ce jour, car il est adoré par les petits.

Kashiwa Mochi

Conclusions

Nous voici donc arrivés à la fin de ce livre consacré à la tradition religieuse japonaise, aux esprits, aux divinités, aux légendes et aux êtres les plus étranges et les plus redoutés de la population.

Il est évident que toute la tradition qui régit la religion, les coutumes et même l'appareil bureaucratique et politique d'un peuple ne peut être contenue dans un seul livre. Ce concept est encore plus valable lorsqu'il s'agit du peuple japonais, qui s'appuie presque exclusivement sur de telles traditions.

Mais le chemin parcouru dans ce texte a été long; nous avons rencontré tant de personnalités, d'esprits et d'histoires qui ont certainement laissé quelque chose en nous, même si nous sommes si éloignés d'un peuple à la culture si profonde, et c'est précisément la profondeur de cette culture qui est le moteur d'un livre comme celui-ci, qui n'est ni un manuel ni un recueil, mais un texte qui vise à rapprocher tous les lecteurs du peuple japonais.

Nous avons vu que la culture japonaise est si complexe, si articulée et beaucoup plus difficile que beaucoup d'autres, parce qu'elle est fondée sur une série de légendes et de mythes dont nous savons qu'ils n'ont pas toujours une base écrite à partir de laquelle on peut tirer la vérité des faits ou des épisodes, c'est pour cette raison que nous ne savons pas toujours comment classer ce que nous lisons dans l'ordre chronologique. L'absence d'ordre et de datation ne fait que compliquer la culture. De plus, la tradition japonaise a subi de nombreuses influences, chinoises mais aussi occidentales.

MYTHOLOGIE JAPONAISE

Ce que nous ne devons jamais oublier, cependant, c'est la quantité de concepts et d'émotions qu'une culture aussi profondément enracinée, aussi éloignée dans l'espace et dans le temps, a également apportés au reste du monde. Oui, une petite île a influencé le monde entier et est si bien connue, tant sur le plan historique que culturel.

La tradition japonaise vise avant tout à transmettre l'importance du souvenir, et il est bon de voir la nécessité de la transmission de la culture dans un pays si avant-gardiste mais aussi si attaché à son passé. Les contes, les célébrations et les festins sont donc fondamentaux.

Là encore, la tradition japonaise veut nous montrer à quel point le lien avec la nature est important, à quel point il est utile et nécessaire de rendre grâce pour le lieu où l'on vit, de le connaître, de le garder et de le respecter, sous peine de subir des conséquences négatives, d'être victime de cataclysmes ou de catastrophes naturelles, de pestes et de maladies. Selon les Japonais, en effet, il est important de respecter et d'honorer les Kami qui veillent sur un certain détail ou facteur de la nature, du plus grand comme le soleil, au plus petit comme une simple pierre ou une petite tortue de mer. Ce sont les légendes qui montrent que si l'on néglige la nature et les dieux, on finit par en être victime, mais que si on la respecte, on ne peut qu'en profiter pleinement.

Les personnages de ce livre sont nombreux, c'est vrai, et c'est pourquoi j'ai pensé à ajouter un glossaire à la fin du texte pour vous aider dans votre lecture afin que vous puissiez garder un œil sur les noms des personnages principaux mais aussi sur leurs caractéristiques, leurs pouvoirs et leurs particularités.

MYTHOLOGIE JAPONAISE

Mythologie Nordique

Introduction

Existe-t-il une question capable de titiller la fantaisie, d'enflammer l'imagination et de générer des labyrinthes de mondes lointains dans lesquels les dieux, les héros et les géants sont les protagonistes d'événements aussi évocateurs que fascinants ? *Cher lecteur,* je suis assis à mon bureau, cherchant les mots justes pour vous accueillir entre les pages du livre que vous tenez entre vos mains: un voyage littéraire à la découverte de la mythologie nordique, de ses protagonistes et des événements qui ont contaminé - surtout ces dernières années - la culture pop occidentale dont nous nous nourrissons quotidiennement. Et pourtant, à la base de tout cela, il y a un besoin urgent de mettre de l'ordre dans le chaos de l'univers.

Au fait, *comment l'univers est-il né ?* La cosmogonie - littéralement, la naissance du cosmos - est l'outil que l'être humain utilise, depuis la nuit des temps, pour donner un sens à lui-même et aux choses qui l'entourent. Cette quête incessante s'exprime de mille manières différentes. Au cours de la longue période médiévale que les historiens appellent communément « l'âge des Vikings », la culture nordique se répand en Europe et laisse une empreinte indélébile et tangible. L'influence littéraire et religieuse des terres nordiques vers lesquelles les Vikings s'étaient aventurés dans la dernière décennie du VIIIe siècle par esprit de survie, d'aventure et d'audace est devenue le cadre d'un système mythologique complexe inextricablement lié à la tradition des « hommes du Nord » La question se pose donc: si l'Europe des Vikings s'étend sur plus de deux siècles et demi, on peut se demander pourquoi cette lignée d'habiles combattants a réussi à marquer de son nom toute une période historique. Pourquoi l'héritage nordique est-il digne d'intérêt ? Et surtout, quelles sont les propositions culturelles qui méritent encore aujourd'hui d'être lues et explorées ?

Le monde nordique et son lien avec la diffusion de la mythologie nordique

La diffusion de la mythologie nordique s'explique avant tout par une nécessité intrinsèque de migrer: les maigres moyens de subsistance auxquels les peuples du Nord étaient condamnés - je veux parler de la pêche et de la chasse - étaient soumis aux caprices d'une nature indomptée et implacable. Le vent, les blizzards, la glace et les pluies torrentielles empêchaient de répondre aux besoins d'un peuple en quête de stabilité, de richesse et d'approvisionnement constant. C'est pourquoi les premiers villages vikings de la côte baltique - des tribus suédoises connues sous le nom de Varenghi, Rus' ou Variaghi - ont été le point de départ d'un lent et implacable processus de conquête de l'Europe méridionale. Alors que les Norvégiens débarquèrent dès l'aube du IXe siècle en Islande, territoire totalement inexploré, où vivaient quelques Irlandais qui se soumettaient rapidement à la domination guerrière des nouveaux venus, certains chefs habiles décidèrent de s'installer au Groenland. D'autres encore suivèrent le cours des fleuves et traversèrent la mer Caspienne et la mer Noire, atteignant l'ancienne Constantinople, et même jusqu'au cœur de Bagdad et du monde arabe. Du côté danois, les Vikings ont été tout aussi prodigues en explorations et en conquêtes: ils ont débarqué en Normandie animés d'une férocité sans précédent et, dans une période de lent effritement du règne de Charlemagne défunt, ont réussi à pénétrer les territoires locaux. Sans entrer dans les détails historiques et géopolitiques de la situation européenne aux VIIIe et XIe siècles, la question reste posée de la seconde motivation majeure qui a poussé les Vikings sur la voie de la conquête méridionale et orientale. En bref, pourquoi les « hommes du Nord » ont-ils décidé de quitter leur patrie de manière massive et désorganisée, chaque tribu pouvant s'installer tantôt dans l'actuelle Turquie, tantôt dans le sud de l'Italie, tantôt dans le nord de la France, tantôt au Groenland ? Les historiens de l'époque s'accordent à dire que la surpopulation progressive des Vikings a mis à mal les maigres territoires que les Nordiques possédaient à l'origine. Les ressources de la mère patrie étaient rares, le climat norvégien féroce faisait des victimes et les perspectives de vie des générations futures laissaient place au doute, à la peur et à la perplexité.

Pourtant, il serait réducteur de réduire les entreprises vikings à une simple succession de besoins fondamentaux, c'est-à-dire liés à la survie de la race. La population des « hommes du Nord » était animée par un besoin ardent d'explorer, de construire et de sillonner les flots. Marins émérites, ils sont soumis à des rythmes et des climats si hostiles qu'ils ont développé une tolérance physique bien supérieure à celle des Européens du Sud. En particulier, les navires utilisés par les Vikings pour débarquer sur les côtes ennemies étaient construits avec une grande précision technique et étaient capables d'affronter les vagues de l'océan sans subir de dommages majeurs, même au milieu de fortes tempêtes. En même temps, ils étaient minces et facilement manœuvrables, ce qui leur permettait de remonter les courants fluviaux en un temps record. Enfin, les navires de guerre abritaient jusqu'à quatre-vingts soldats armés jusqu'aux dents, ce qui a valu aux Vikings le surnom de « rois de la mer » *Comme ils étaient fiers !*

Cette brève parenthèse historique a un but bien précis: illustrer pourquoi la mythologie nordique s'est répandue dans toute l'Europe de manière aussi capillaire et imprévisible, favorisant l'exaltation de la culture et des valeurs vikings. Celles-ci reposent sur quelques fondements simples: les jeunes hommes atteignent la majorité à douze ans seulement, les tribus en guerre sont liées par un serment d'allégeance à un seul et unique chef, tandis que l'honneur viril est étroitement lié à l'habileté militaire, au courage et à la débrouillardise de l'individu.

Ce peuple de guerriers habiles et de marins indomptables a pour toile de fond une nature brutale, dont les caprices rendent l'existence des Vikings difficile et brutale. *Et surtout isolée.* L'isolement des communautés nordiques est l'une des principales raisons pour lesquelles la religion païenne - dans la version transmise jusqu'à nos jours - ne se présente pas du tout sous la forme d'un système mythologique cohérent et ordonné, mais plutôt comme une collection de fragments et d'informations parcellaires qu'il incombe à la postérité d'interpréter et d'organiser dans la mesure du possible. Ce que l'on appelle le « panthéon nordique » est imprégné de mythes, de protagonistes et de légendes souvent contradictoires. Les nombreuses divinités jouent des rôles différents, tout comme les thèses sur l'origine et l'importance de chaque protagoniste dans l'univers religieux nordique. À cet égard, il convient de rappeler que la Scandinavie est depuis longtemps le théâtre de peuples qui se contaminent, s'affrontent, s'influencent et s'influencent encore et encore. Ce long cycle de manipulations mythologiques est, aujourd'hui encore, à l'origine de la polyvalence de la culture nordique. Par conséquent, toutes les informations contenues dans les chapitres suivants n'ont pas pour but d'épuiser la richesse d'une culture aussi complexe que fascinante, mais simplement de vous fournir un guide pratique, agréable et concret qui vous aidera à faire vos premiers pas dans le macrocosme de la religion viking.

Sources, attitude religieuse et importance des forces surnaturelles

Selon les sources que j'ai utilisées pour rédiger ce manuel - Edda *poétique* et *Edda en prose*, sans oublier l'*hymne de Caedmon, Beowulf* et *Voluspa* - la principale préoccupation des tribus nordiques réside dans la définition d'une cosmogonie, d'une naissance du cosmos capable d'éclairer les manifestations souvent perverses auxquelles la nature a habitué les Vikings. *Le début des choses* est passionnant et fera l'objet du prochain chapitre. En revanche, l'image que nous renvoie la lecture des mythes nordiques dessine l'identité d'un peuple qui, dominé par de longues nuits d'hiver et des journées d'été tout aussi interminables, nourrit un profond scepticisme à l'égard de la divinité, tout en craignant son pouvoir et son jugement. Le respect des Vikings n'est pas sacré - si vous me permettez cette comparaison entre la mythologie nordique et la religion chrétienne - mais fondé sur une forme de crainte révérencielle semblable à celle qu'un fils a pour son père sévère et un écolier pour son maître intransigeant.

Le « panthéon du Nord » est contaminé par un *naturalisme* sans précédent: la vision du monde est imprégnée d'un lien étroit avec les manifestations de la nature et, plus tard seulement, d'une relation personnelle et/ou intime avec les divinités. Il suffit de connaître « par ouï-dire » les histoires d'Odin, de Thor et de Loki pour se rendre compte à quel point le regard de l'homme nordique est plus objectif, plus pragmatique et plus dépourvu de préjugés que celui de son homologue hellénique, romain ou chrétien. Attention cependant: ne tombez pas dans l'erreur de croire que les récits mythologiques nordiques se concentrent exclusivement sur des questions tirées de la « vie vécue » Loin de là. Les récits nordiques ont toujours pour objet le déploiement puissant et incontrôlable de forces surnaturelles. Celles-ci sont toutefois liées à la réalité pratique et concrète dans laquelle les « hommes du Nord » sont contraints d'agir. La nature dont le Viking est à la fois maître et victime subit donc l'influence d'actions mythologiques où tout est permis, où les canons de la rationalité sont subvertis de A à Z. Les figures religieuses sont ainsi le prétexte à la création d'un réseau dense de symboles et de corrélations entre la nature et l'être humain que le peuple nordique utilise pour se reconnaître et mener son existence.

Le mythe ne se réduit pas aux événements de la vie quotidienne mais contamine inévitablement la vie quotidienne des « hommes du Nord ».

Le résultat ? Un mélange savamment équilibré d'humain et de divin, d'universel et de particulier, d'éternel et de mutable.

Accepter la complexité mythologique est le premier pas pour accueillir les interprétations évocatrices de la cosmogonie nordique. Si, dans l'*Edda en prose de* Snorri, Odin dialogue avec le monarque suédois Gylfi et retrace la naissance et la fin du monde peuplé d'hommes et de dieux, dans l'*Hymne de Caedmon,* le protagoniste est un moine qui rêve vivement de la cosmogonie nordique et apprend par cœur les vers qui racontent « le commencement des choses » Dans *Voluspa*, la prophétesse rappelle des informations anciennes sur l'origine et la formation du monde sensible. Enfin, dans *Beowulf* - le poème aux plus de 3 000 vers allitérés - le chantre-protagoniste se laisse gagner par le récit par excellence, celui qui rend une nouvelle fois hommage à la naissance de la terre, de la lune et des étoiles. Une dernière fois.

Quoi qu'il en soit, abstraction faite des composantes sociales, politiques et géographiques de la population scandinave, il convient de rappeler que la mythologie nordique célèbre les coutumes et la vision du monde - ce que l'histoire de la philosophie et la critique littéraire appellent la *Weltanschauung* - des peuples du nord de l'Europe, nos ancêtres. Par conséquent, peu importe la part de l'héritage nordique qui nous est parvenue, ce que nous pouvons encore apprendre sur les Vikings et leur tendance à l'émigration, ou les stratégies qu'ils ont utilisées pour tolérer les manifestations naturelles d'une terre inhospitalière. La complexité du « panthéon du Nord » est le reflet impitoyable d'une histoire, celle du Vieux Continent, qui nous permet encore de nous sentir ancrés dans des racines millénaires, fascinantes et pleines de sens à révéler. Des Vikings, nous avons hérité la même tendance à l'exploration, à la curiosité et au besoin d'établir une relation conflictuelle mais pacifique avec les manifestations de notre planète. Dans un scénario aussi complexe et multiforme, je crois que le moment est venu de passer au vrai récit mythologique, celui que vous attendez avec impatience.

Cher lecteur, j'espère que le livre que vous tenez entre vos mains saura vous divertir, vous intéresser et vous enthousiasmer. J'espère qu'il a tout ce qu'il faut pour titiller votre imagination et vous inviter à combler les nombreuses lacunes que le passage des millénaires nous a impitoyablement imposées. Enfin, je vous propose de lire les histoires des pages suivantes avec l'intention de vous les approprier. Partagez-les avec votre groupe d'amis la prochaine fois qu'une nuit venteuse et glaciale vous obligera à regarder la neige derrière la vitre, les joues rouges et le nez retroussé. Je vous propose également de raconter l'histoire du marteau de Thor ou du monde des Asiatiques, Ásgarðr, au milieu d'une soirée d'été, d'une journée si interminable qu'elle semble... *scandinave*. Elles vous feront sourire et vous donneront l'impression d'être une petite partie du cosmos qui vous entoure, qui est au-dessus et au-dessous de vous; ou plus simplement, elles tiendront en haleine votre heureux auditoire !

CHAPITRE 1

La cosmogonie et la cosmologie des neuf mondes en moins de cinq minutes

Cher lecteur, la première fois que j'ai entendu parler de la mythologie scandinave, j'avais douze ou treize ans. Non pas que les histoires d'Odin, de Thor et de Loki m'intéressaient pour le plaisir de savoir, bien au contraire. Ma passion pour l'univers Marvel - que je dois en partie à mon père, véritable dévoreur de bandes dessinées - avait suffi à réveiller ma veine curieuse d'enfant. C'est dans un moment d'ennui que j'ai demandé à table: « Papa, qui a inventé le marteau de Thor ? Et vous savez quoi ? Je n'aurais jamais cru que ma mère s'érigerait en championne de la mythologie nordique: elle a jeté un coup d'œil à mon père qui, entre-temps, s'était mis à débiter des informations comme un vrai intello, et m'a fait remarquer que non, aucun dessinateur d'outre-mer n'avait eu ce coup de génie. Thor et son inséparable marteau sont issus d'un système mythologique millénaire qui n'est pas sans rappeler celui de Zeus *et compagnie*. Quelques mois plus tard, j'ai déballé un paquet cadeau mystérieusement déposé sur mon lit et - *voilà* - je me suis plongé dans la lecture d'une encyclopédie illustrée de la mythologie dont je ne me souviens plus du nom. *J'ai cherché sur le web pendant des heures, mais rien !* Quoi qu'il en soit, l'ouvrage s'intitulait « The Big Book of Mythology » ou quelque chose comme ça. À ma grande surprise, je me suis rendu compte que les bandes dessinées dont mon père était un fervent défenseur n'avaient rien à voir avec le macrocosme complexe et millénaire dont parlait mon nouveau livre préféré. Pour la première fois, j'ai été frappé par l'idée que même les dieux - même le blond et puissant Thor que j'imitais dans le jardin pour faire fuir les pigeons ou effrayer le chat du voisin - étaient destinés à leur propre apocalypse: le Ragnarok. L'univers allait imploser et renaître, anéanti et reconstitué à partir de ses propres cendres. L'idée me terrifiait et, au fond de moi, me tenait en haleine. Qu'allais-je apprendre de plus sur la mythologie nordique ? Quelles sont les influences dont la culture germanique a contaminé et inspiré les peuples du Grand Nord ? J'ai commencé à dessiner dans mon esprit l'image d'un Viking grand et costaud, aux mains calleuses et aux épaules puissantes. C'est vers lui que je me tourne lorsque je lis à haute voix les histoires de Loki et de Thor, qui entre-temps a perdu (presque) tout son charme sur moi. C'est vers lui que je me tourne lorsque j'essaie de démêler l'écheveau du récit, lorsque j'entreprends d'expliquer en quelques pages la cosmogonie et la cosmologie scandinaves.

Cher lecteur, avant de vous parler de mythes et de légendes dont vous n'avez probablement jamais entendu parler, j'ai pensé satisfaire votre besoin d'ordre et de clarté. Dans ce qui suit, je voudrais résumer la structure d'*Yggdrasil*, l'arbre cosmique d'origine germanique, et vous parler brièvement des nouveaux mondes qui y sont liés: parmi beaucoup d'autres, je mentionnerai le royaume d'Ásaheimr, d'où sont originaires les Æsirs, la ville d'Ásgarðr, où vivent les dieux Asi, et *Midgard*, dont la traduction littérale est « le jardin du milieu », c'est-à-dire la Terre habitée par les êtres humains.

« Je connais un frêne, qu'on appelle Yggdrasill, un grand arbre aspergé d'argile blanche; de là viennent les gouttes de rosée qui tombent dans les vallées, il est toujours vert, au printemps d'Urðr. »[1]

Si les humains habitent Miðgarðr, les Asiatiques habitent Ásaheimr, les Vanir sont les habitants du monde de Vanaheimr - ils se trouvent dans la partie supérieure de la cosmologie nordique -, les nains vivent à Nidavellir, les géants des glaces à Jötunheimr et les géants du feu à Muspellheim. Enfin, il y a Hel - le royaume des enfers - Alfheim - le pays des elfes de lumière - et Svartalfheim, le monde des elfes noirs. Avant d'aller plus loin, les événements religieux nous obligent à développer brièvement l'origine de la guerre entre les Vani et les Asi. Il est très probable - bien que certaines sources ne le permettent pas - que certaines tribus nordiques vénéraient les premiers, et d'autres les seconds.

Les habitants de Vanaheimr étaient, selon la tradition, des dieux inextricablement liés au culte de la nature, de la fertilité et du plaisir. Les cycles de la Terre devenaient le prétexte à la maîtrise de la magie et des liens avec les humains et les manifestations surnaturelles. Les Asi, en revanche, sont les dieux supérieurs : installés dans la forteresse d'Ásgarðr, construite au sommet des montagnes de l'*Ásaland,* située selon la légende au centre du monde, ils gouvernent la planète et ses éléments. La guerre entre dieux supérieurs et inférieurs est inévitable et fera l'objet des prochains chapitres. La trêve mythologique, en revanche, reflète probablement les événements humains partagés par les peuples nordiques aux multiples facettes. Les reconstitutions historiques tendent à souligner que l'invasion des tribus liées au culte des

---

[1] *Extrait de la* **Voluspa** *: «Ask veit ek standa, heitir Yggdrasill, / hár baðmr, ausinn hvítaauri ; / þaðan koma döggvar, þærs í dala falla, / stendr æ yfir, grænn Úrðar brunni. »*

divinités d'Ásgarðr au détriment des peuples dévoués aux Vani a d'abord été à l'origine d'épisodes de guerre, qui n'ont été réprimés que par la suite grâce à des compromis et à des accords entre les parties.

La contamination culturelle des hommes a reflété un mélange mythologique progressif.

Ce n'est pas un hasard s'il existe des Vani, je me réfère aux frères Frey et Freyja, qui vivent à Ásgarðr en compagnie des Asi. Pour savoir pourquoi, il ne suffit pas de connaître l'histoire des Vikings, de se plonger dans la mythologie ou de « deviner » Il faut mettre l'imagination en marche et combler les nombreuses lacunes que le passage du temps a imposées aux générations futures, en toute impartialité.

Il est enfin temps de faire connaissance avec Ragnarok. Non, je ne fais pas référence au troisième volet de la saga Marvel - appelé, justement, « Thor : Ragnarok » - mais au jour du jugement qui balaiera dieux et humains, nains, géants et elfes. L'apocalypse réduira en cendres le royaume d'Ásgarðr et mettra hors d'état de nuire les redoutables dieux naturels de Vanaheimr. Un jugement universel s'ensuivra. Ce dernier est raconté dans les *Muspilli*, une source poétique d'origine germanique dérivée du monde des géants du feu de *Muspellheim*. Cette image mythologique a une forte signification symbolique: le monde tel que nous le connaissons est condamné à brûler dans les flammes qui dévorent tout, qui réduisent tout en cendres. Lorsque le Ragnarok s'éteindra à son tour, il y aura un hiver froid, long et épouvantable. Il durera trois longues années, au terme desquelles il y aura des guerres, des famines et des pestes qui détruiront les liens humains. Le soleil, la lune et les étoiles disparaîtront peu à peu. Tout sera condamné à succomber, mais pas à se perdre dans les plis du temps ou à s'effacer de la mémoire. Oui, selon la mythologie nordique, la Terre est destinée à plonger dans de sombres ténèbres. Ce n'est que plus tard, sur les cendres de ce qui fut l'ordre cosmologique nordique, que se lèveront les enfants des dieux. Ces enfants qui prendront la place de *Thor, Loki* et *Odin*.

Curieux d'en savoir plus ?

Il est temps de « serrer la main » aux grands dieux de notre voyage. La triade qui est devenue un matériau fertile dans notre culture pop contemporaine et qui, même aujourd'hui, est souvent connue plus par « ouï-dire » que par une connaissance réelle des événements racontés dans les pages de la mythologie nordique.

MYTHOLOGIE NORDIQUE

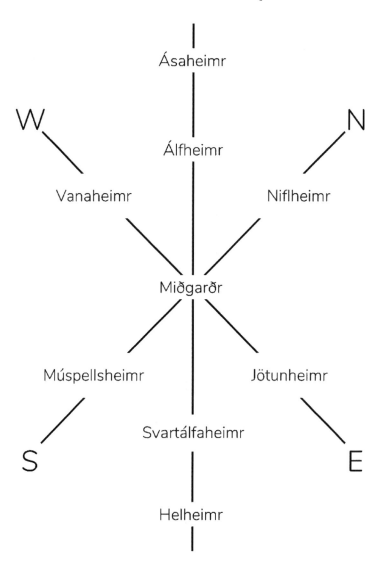

1.1 les protagonistes de la mythologie scandinave : Thor, Odin et Loki

Cher lecteur, je t'ai déjà dit que les dieux et déesses de la mythologie scandinave sont innombrables. Il y a des figures mineures trop souvent oubliées et des personnages tellement populaires qu'ils ont complètement perdu leur lien originel avec les terres nordiques. À nous de les mettre en lumière! Quoi qu'il en soit, j'ai pensé anticiper une partie du contenu que vous trouverez dans l'annexe de ce livre, en vous présentant en profondeur les trois principaux protagonistes des récits contenus dans les paragraphes suivants. Il s'agit précisément d'Odin, de Thor et de Loki.

Thor

Thor, fils d'Odin, est la divinité du tonnerre. Sa renommée est attestée dès la Rome antique. Tacite, dans son ouvrage *Germania*, juxtapose la figure de Thor à celle de Mercure, le dieu latin des arts de la guerre. L'intention du savant est en fait d'établir une corrélation aussi précise que possible entre le système mythologique des *Suèves, c'est-à-dire des* Souabes, et celui communément admis par le public romain auquel il s'adresse. Aujourd'hui, on sait avec certitude que Thor était non seulement un personnage partagé entre les nombreuses cultures d'origine nordique, mais aussi rebaptisé de plus de quinze noms différents. Si les Saxons l'appelaient *Thunar*, les Germains l'appelaient *Donar* et les Britanniques *ðunor*.

Issu de la lignée Asi, Thor est dit fils d'Odin et de Jörð (la déesse de la terre), mais aussi époux de Sif et frère de Meili. Il est également représenté en compagnie de deux fidèles compagnons contraints de le servir après le voyage vers Jötunheimr, le royaume des géants. Selon la tradition nordique, les éclairs et le tonnerre qui percent les longues nuits scandinaves sont une manifestation tangible de sa redoutable existence. En particulier, le grondement du tonnerre serait produit par le bruit du char divin traversant la voûte céleste. Ce dernier est tiré par Tanngrisnir (littéralement, « *grincement de dents »)* et Tanngnjostr (« *grincement de dents »*), deux chèvres magiques au destin peu réjouissant. La légende veut que le fils d'Odin puisse cuisiner et manger la chair des deux bêtes, puis les réassembler et les réanimer le lendemain matin à l'aide des os et de la peau restants.

L'histoire est racontée *en prose dans l'Edda* :

« Le soir, Thor prit ses chèvres et les tua toutes les deux, après quoi elles furent dépecées et rôties dans le chaudron. Lorsqu'elles furent cuites, Thor se mit à table avec ses compagnons et invita le fermier, sa femme et leurs enfants à manger. Le fils du fermier s'appelait Þjálfi et sa fille Röskva. Thor éloigna les peaux de chèvres du feu et dit au fermier et à ses serviteurs de jeter les os des chèvres sur les peaux. [Thor resta là toute la nuit, mais quand vint ótta, avant le jour, il se leva, s'habilla et prit le marteau Mjöllnir, le balança

et bénit les peaux de chèvres. Les chèvres se levèrent alors, mais l'une d'entre elles boitait sur l'une de ses pattes arrière. Thor s'en aperçut et dit que le fermier ou l'un de ses serviteurs n'avait pas fait attention à l'un des os de la chèvre. Il s'en aperçut parce que l'os de la cuisse était cassé.

Pourtant, la renommée de notre célèbre Thor est solidement ancrée dans son arme, Mjöllnir, le Dispensateur. Ce dernier est le marteau dont nous avons tous entendu parler au moins une fois - *oui, même si nous ne sommes pas des fans des bandes dessinées et des productions cinématographiques de Marvel* ! La puissance du broyeur est attribuée à l'habileté des nains, les artisans qualifiés qui ont forgé Mjöllnir. Pour augmenter son efficacité dévastatrice, Thor utilise de puissants gants de fer qui lui permettent de lancer des attaques cataclysmiques sans... *être électrocuté* ! Pour cette raison, tout le monde le craint: géants et elfes, trolls et autres divinités. De plus, il est l'unique détenteur de la ceinture de force, le Megingjord: s'il la porte au combat, Thor double son énergie destructrice. En vertu de sa puissance irrépressible, le dieu est considéré à juste titre comme le protecteur de Midgard et d'Ásgarðr. L'épouse de la divinité scandinave est plutôt Sif, célèbre pour ses longs cheveux d'or. De leur union sont nés les deux fils Magni et Modi, et la fille unique Thrud, la Valkyrie[2]. Cette dernière est mentionnée dans les pages de l'*Edda poétique* et de l'*Edda en prose* de Snorri Sturlusun. Parmi les nombreux événements qui la mettent en scène, il n'y en a qu'un que je souhaite raconter ici afin de mettre en lumière le caractère manipulateur et trompeur de Thor. La main de Thrud est accordée à un nain, Alvis, à condition que la fiancée accepte de forger des armes pour les dieux Asi. De son côté, le dieu du tonnerre n'est pas du tout satisfait de la liaison à laquelle la jeune fille est destinée et décide de mettre

---

[2] Dans la mythologie scandinave, les Valkyries sont au service d'Odin. Elles ont pour mission de déterminer ceux qui, tombés au combat, sont dignes de passer le *post-mortem* au Valhalla, la salle de l'au-delà où les élus se préparent à affronter la bataille finale contre le Ragnarok aux côtés d'Odin.

au point un stratagème pour se débarrasser du futur « gendre » Après l'avoir convoqué en sa présence, il l'informe qu'en raison de sa petite taille, il sera nécessaire de tester sa sagesse et son tempérament. Le nain imprudent accepte et se soumet à l'interrogatoire divin. Thor commence à lui poser des questions incessantes jusqu'à ce que le soleil commence à dépasser la ligne d'horizon. Et comme les nains se pétrifient instantanément lorsqu'ils sont exposés aux timides rayons du soleil levant, le pauvre Alvis finit par se transformer en un *ornement de mauvais goût* et Thrud est libéré des liens du mariage.

Enfin, sachez que le destin de Thor est indissociable du Ragnarok. Dans les pages de Voluspa, la prophétesse raconte la terrible mort du dieu Thor lors de l'affrontement avec le serpent de mer Jörmungandr. La créature de Midgard, de taille colossale, parvient à griffer le dieu du tonnerre avec son puissant venin, mais finit par succomber sous le marteau de Thor. Ce dernier n'aura plus que neuf mois à vivre avant que le sérum venimeux de la bête ne le fasse succomber. Ce n'est qu'à ce moment-là, selon la prophétie du voyant, que le ciel s'éteindra et que les flammes du feu envelopperont la Terre. Lorsque le monde sera enfin recouvert de vapeur et d'eaux vivifiantes, les cendres de la planète se transformeront en étendues verdoyantes. Le sacrifice de Thor, son courage, ne seront pas vains.

Curiosité - Bien que l'on se souvienne surtout de Thor pour ses fascinants exploits guerriers, une rapide esquisse du caractère et du comportement du dieu du tonnerre s'impose. En effet, la force de son Mjöllnir, le Shatterer, semble être contrebalancée par une faible sagacité et un manque de ruse presque proverbial, souvent compensé par la rapidité mentale de Loki. Par ailleurs, il est intéressant de souligner que - bien que les relations entre Asiatiques et géants soient souvent tendues - du sang de *demi-géant* coule en Thor: son père Odin est le fils, à son tour, de la géante au sang plein Jord, la Terre. D'autre part, il suffit d'étudier les généalogies scandinaves dans leurs grandes lignes pour se rendre compte que le mélange d'entités appartenant à des mondes différents est tout sauf rare. Asiatiques et géants ont l'habitude d'entretenir des relations non seulement d'inimitié, mais aussi de camaraderie. Enfin, je voudrais conclure ce tour d'horizon d'informations « diverses » par une réflexion historique importante: la figure de Thor peut en effet être rapprochée de celle de plusieurs divinités d'Europe centrale. Je pense au Taranis celtique, mais aussi à certains personnages de la tradition moyen-orientale. Parmi ceux-ci, Indra se distingue; cette divinité hindoue est le créateur de la foudre et des tempêtes, ainsi que le dernier rempart contre la propagation des mauvais esprits dans le monde humain - l'homologue de Midgard.

Loki

Cher lecteur, t'es-tu déjà demandé qui se cachait derrière le sourire malicieux et rusé du super-héros qui s'est fait connaître grâce à Marvel Comics ? Le méchant le plus aimé de la bande dessinée américaine a un passé tout aussi fascinant. Le Loki de la mythologie scandinave est beau, rusé, intelligent et astucieux. Ses capacités lui permettent de se distinguer par son ingéniosité par rapport à la divinité moyenne qui habite Ásgarðr. Il n'est donc pas surprenant qu'il soit le dieu de la ruse et de la tromperie, de la manipulation et de la persuasion. Selon le récit mythique, c'est la cruauté de Loki qui est à l'origine de la longue série d'événements catastrophiques connue sous le nom de Ragnarok. Se plaçant à la tête d'une armée de morts et d'esprits maléfiques, il mènera ses troupes obscures contre les dieux d'Ásgarðr avec l'intention d'utiliser l'aide des géants et leur force brutale.

Bien que le Seigneur de la tromperie appartienne à la lignée des Asi, il représente la divinité gouvernée par une ambivalence profonde et irréconciliable: d'une part, sa figure salvatrice lui permet de protéger l'ordre d'Ásgarðr dans les situations de danger les plus disparates et, d'autre part, il incarne l'incohérence caractérielle d'un démon maléfique hostile à l'ordre cosmique dont les Asi sont les partisans. Dans un scénario aussi complexe, on peut s'interroger sur la relation de Loki avec Odin et Thor. Selon la tradition, Loki est le fils de Laufey - également connue sous le nom de Nal - dont le sens littéral est « aiguille » Elle est en effet connue pour être aussi belle qu'elle est... rusée et piquante. Son père, quant à lui, est le géant Farbauti, dont l'étymologie remonte à « celui qui donne des coups puissants »

Loki parcourt la voûte céleste dans ses chaussures ailées et est doté d'un pouvoir aussi éclectique que multiforme: il peut prendre l'apparence d'un homme ou d'un animal à volonté, afin d'instiller le doute dans l'esprit de ses interlocuteurs et de prendre l'apparence de quiconque devient la cible de ses pièges. Il n'est donc pas étonnant que Loki ait été extrêmement prolifique: père de nombreux enfants, il s'est rapidement entouré d'une progéniture peu ordinaire en raison des stratagèmes qu'il a utilisés pour prendre l'apparence (également) de maris et de bêtes. Sleipnir, le cheval à huit pattes d'Ásgarðr, que Loki a engendré après s'être transformé en pouliche, en est un bon exemple. *Oups !* Une chose est sûre: personne n'est plus rusé que lui, ni Odin, auquel il est lié par un lien de sang, ni Thor. Les divinités du panthéon scandinave le tolèrent avec déplaisir pour deux raisons simples: Loki est capable de s'assurer les faveurs du plus grand nombre et de dénouer les situations épineuses aux moments les plus critiques, ceux où les Asiatiques savent qu'ils sont en difficulté. Le dieu de la suggestion est aussi le père des sorcières: on raconte qu'il a trouvé le cœur d'une femme dans les cendres d'un bûcher. Après s'en être nourri, il aurait donné naissance à ces êtres mythologiques effrayants.

L'apparente criticité de la figure de Loki s'explique par le rôle qu'il joue dans la mythologie nordique: il est à la fois l'ami et l'ennemi des dieux Asi, leur partisan et leur détracteur. Son aura ambivalente et irisée se manifeste de différentes manières. Une chose est sûre: il ne peut y avoir d'ordre cosmique sans la figure du Trickster, c'est-à-dire celui qui, en favorisant la propagation du mal, permet l'accomplissement du destin auquel le monde sensible est voué depuis la nuit des temps: la destruction. Dans un tel scénario, Loki est le personnage qui, bien qu'apparemment rusé et libre des contraintes comportementales imposées à ses « collègues » asi, renonce à son libre arbitre pour satisfaire un besoin supérieur, cosmique. S'il ne peut y avoir de jour sans nuit, de chaleur sans froid, d'amour sans haine, alors même le mal est fonctionnel à la définition de ce qui est bon, de ce qui est juste. Le dualisme n'est cependant qu'apparent : Loki coopère avec les dieux - et aide même Thor à récupérer son broyeur, le marteau qui garantit la domination des Asiatiques sur les géants - en vue du Ragnarok. Ce n'est qu'à ce moment-là qu'il pourra enfin déverser son redoutable venin sur Midgard et Ásgarðr. Ce n'est pas un hasard si Snorri l'appelle le « forgeron des maux » Ses qualités de bouffon et de manipulateur en série, de narcissique et d'habile persuadeur nous permettent d'apprécier la figure d'un anti-dieu, d'un *outsider*, d'une voix hors du chœur qui s'élève en gémissant et en criant au-dessus des schématismes rigides chers aux dieux asiatiques.

Curiosité - Sur le plan étymologique, il est possible que le nom Loki soit une abréviation dialectale de Lóðurr ou Loptr (également dans la version Loftr). Dans ce cas, le terme serait assimilé aux mots « air » et « vent », probablement en rapport avec le moyen de transport aérien favori du dieu:

les chaussures ailées. Par ailleurs, le folklore scandinave permet d'éclairer davantage l'origine de l'appellation divine: Loki serait en fait une forme d'expression dérivée de Locke, « araignée » Et en effet, il suffit de réfléchir à la validité de cette corrélation possible pour se rendre compte que la figure de l'arachnide est elle aussi ambivalente: elle tisse la toile - tout comme Loki est capable de se façonner et de se *mouler* au monde qui l'entoure - et, en même temps, elle met en œuvre des stratégies et des pièges malveillants. Une chose est sûre: la nature contradictoire d'un personnage aussi inconfortable que fonctionnel dans la définition de l'ordre cosmique sert de bouc émissaire. En Scandinavie, patrie du dieu filou, on n'a retrouvé aucun artefact, territoire ou produit culturel portant le célèbre nom du seigneur de la tromperie. Loki a disparu, il a été frappé par une *damnatio memoriae qui* dure depuis des millénaires. Aujourd'hui, nous sommes peut-être en mesure de tolérer avec plus d'objectivité le rôle (prédominant) que joue le mal dans la définition de l'équilibre cosmologique et d'apprécier ceux qui, malgré eux, en ont été les créateurs et les destructeurs.

Odin

Je sais, c'est le dieu le plus célèbre et le plus mystérieux de la mythologie nordique. J'ai délibérément choisi de conclure le chapitre 1 du livre que vous tenez entre les mains par une brève esquisse de la contrepartie scandinave de Zeus, le souverain de l'Olympe hellénique. Comme nous l'avons déjà mentionné dans la brève biographie de Thor, Odin est le fils d'une géante au sang plein, la Terre. C'est peut-être la raison pour laquelle, bien qu'il soit lié à toutes les manifestations naturelles, il n'est esclave ni des choses appartenant au monde sensible, ni des pouvoirs surnaturels d'Ásgarðr. *Il est le tout, mais il n'est nulle part.* L'étymologie de son nom remonte à la racine indo-européenne WAT- (liée au concept de pouvoir, de sagesse et de prestige). Ce n'est pas un hasard si Odin a décidé de troquer l'œil contre une compétence qui lui était chère, la sagesse.

Mais ce n'est pas tout: dans l'intention d'apprendre à lire les runes, il se sacrifie en passant neuf longs jours et neuf longues nuits suspendu aux branches d'Yggdrasil (l'arbre du cosmos d'où se propagent les neuf mondes), constamment transpercé au flanc par une lance si tranchante qu'elle lui cause de profondes et douloureuses blessures. Ainsi, alors que le vent fouettait son corps impuissant et que le manque d'eau et de nourriture le laissait pourrir dans un état d'inactivité et de souffrance, Odin arriva à un point de non-retour: à un pas de la mort, du froid qui engloutit et annule tout, son sacrifice fut récompensé. Dans un moment d'égarement extatique, il regarde vers le bas, vers la terre qu'il ne pourra plus jamais toucher, et découvre que ses efforts ont été récompensés. Là, devant lui, le pouvoir des runes se révéla dans toute son énergie lumineuse. Les cordes qui le retenaient prisonnier d'Yggdrasil se rompirent et Odin tomba sur le sol, hurlant de joie et de souffrance qu'il avait été contraint d'endurer depuis si longtemps. C'est alors qu'il comprit que le chemin qu'il avait emprunté allait enfin lui permettre de maîtriser et de contrôler les manifestations sensibles: *il savait*.

La renommée d'Odin se répand rapidement et alimente le mystère lié à son nom. Il est appelé le dieu de la potence, du commerce et des prisonniers de guerre; il est admiré et vénéré; des constructions humaines lui sont dédiées. On se souvient de lui sous les surnoms de Third et Grimnir. Contrairement à Loki, il joue un rôle de première importance pour « l'homme du Nord »: il est le dieu qui voit tout et sait tout, la divinité à laquelle est confié l'équilibre de Midgard. On dit qu'il franchit le seuil des neuf mondes et se manifeste dans la foule sous la forme d'un homme grand et costaud, vêtu d'une chevelure et d'un manteau long comme le pied. Il est toujours escorté par deux corbeaux, Munin et Hugin, ou par deux loups sauvages, Gere et Freke. Il est donc un voyageur, un sage, un poète et un guerrier à l'obstination indomptable. Époux de Frigga - la divinité oraculaire - et père de Balder, le dieu de la beauté sans nom qui fut tué dans un piège concocté, comme on peut aisément l'imaginer, par le dieu de la tromperie Loki, Odin est célèbre pour ses différentes unions matrimoniales. Parmi ses enfants figurent Thor, Vidar - conçu de l'union d'Odin et de la géante Gridr, il jouera un rôle clé après la mort de son père lors du Ragnarok - et Bragi, le fils issu de l'union d'Odin avec une autre géante (Gunnlond). Ce dernier est le chantre et le poète d'Ásgarðr, un orateur habile et un musicien au charme indicible.

De plus, Odin est l'heureux possesseur de Sleipnir, le destrier enfanté par Loki. Avec son pelage grisâtre et ses huit pattes qui le rendent rapide et nerveux, l'animal est capable de traverser les eaux et le ciel d'un bond fulgurant, escortant son maître aux quatre coins des neuf mondes. Ce n'est pas un hasard si l'étymologie du nom Sleipnir remonte à « celui qui glisse rapidement » et si Odin l'a désigné comme son destrier *ad honorem en raison de sa* puissante musculature et de ses capacités surnaturelles. Selon certaines sources, le cheval d'Ásgarðr aurait des runes gravées sur ses dents, preuve de la sagesse de son cavalier.

Curiosité - Odin est un personnage extrêmement fascinant. La tradition scandinave le représente assis sur le trône de Hlidskjalf, dont la hauteur considérable lui permet de surveiller tout ce qui se passe dans les neuf mondes. Il réside à Válaskjálf, le palais royal qui accueille les dieux. Le poète Snorri Sturluson mentionne l'installation du dieu dans sa célèbre *Edda en prose*, réitérant l'importance de cet événement incroyable dans quatre passages différents de la source :

« Dans cette salle se trouve Hliðskjálf [autre nom d'Odin], le haut siège, comme on l'appelle, et quand Allföðr s'assoit sur ce trône, il voit le monde entier ».

Puis il reprend :

« Il y a là un endroit appelé Hliðskjálf, et quand Odin s'y est installé sur le siège élevé, il a vu le monde entier, les actes de chaque homme, et il a compris tout ce qu'il voyait ».

C'est avec l'aide du trône Hlidskjalf qu'Odin parvient à retrouver le fugitif Loki, qui s'est échappé à la suite des terribles événements qui ont entraîné la mort du fils d'Odin, Baldr - le *récit fera l'objet des prochains chapitres !*
En outre, la figure d'Odin est indissociable des pratiques de l'au-delà. Chaque bataille humaine naît de la volonté du dieu, chaque mort à la guerre est trahi et réduit en poussière par la décision de la divinité omnisciente d'Ásgarðr. Si le héros meurt vaillamment, les Valkyries - les guerrières chargées de sélectionner les combattants dignes d'être honorés - reçoivent l'âme de « l'homme du Nord » et la conduisent dans la grande *salle d'attente* appelée Valhalla. Là, l'être humain entre dans la légende, ressent la faveur des dieux : il s'entraîne, festoie et se plie aux décisions de fer de son chef, Odin. L'être humain franchit ainsi les frontières de Midgard et, dans la mythologie scandinave, devient une partie du tout, une partie de l'ordre cosmique, une partie (aussi) du Ragnarok.

CHAPITRE 2

La naissance du monde - l'avant et l'après dans la mythologie scandinave

Le néant est un gouffre donnant sur le vide.

Dans la Voluspa, il est raconté que:

« C'était au début des temps, quand rien n'existait, il n'y avait ni sable, ni mer, ni vagues glaciales, il n'y avait ni terre ni ciel là-haut, il y avait l'abîme des profondeurs, mais il n'y avait pas d'herbe ».

Le gouffre dans lequel le néant est contenu s'appelle Ginnungagap. C'est un abîme dépourvu de vie et de couleur, de bruit et de vitalité. Le temps n'existe pas, ni les saisons, ni les vagues de la mer ne se succèdent. L'étendue est aussi désolée que plongée dans des limbes où rien n'est, rien ne se passe. Dans cette lande d'où dérive le monde, il est possible de distinguer deux environnements opposés, antithétiques l'un de l'autre: d'un côté le Muspelheim, de l'autre le Nifelheim. Si le premier se déploie dans les terres du nord et est imprégné d'un climat torride et brûlant, au point d'incinérer toute forme de vie timide, les territoires du sud sont animés d'un froid et d'une obscurité perpétuels, ainsi que gouvernés par la monarchie des vents:

des vents froids qui hurlent au cœur de la nuit, transportant des fragments de glace qui voyagent à la vitesse des flèches tirées des doigts d'un archer expérimenté. Une brume dense et boueuse enveloppe un environnement où le mot « vie » semble interdit. Dans les terres du sud, appelées Nifelheim par les anciens hommes du Nord, se trouve un puits dont il est impossible de voir le fond. Il s'appelle Hvergelmir et est la source de onze rivières rugissantes, tumultueuses, puissantes et redoutables. Leur nom est Elivàgar[3].

La légende raconte que ces ruisseaux se sont tellement éloignés de leur Hvergelmir qu'ils ont atteint la surface. Là, les nébuleuses venimeuses émises par leurs dangereux courants stagnants se transformèrent en givre, pleuvant sur les terres de Ginnungagap et se stratifiant siècle après siècle, millénaire après millénaire. Au même moment, les étincelles torrides du climat de Muspelheim commencèrent à se répandre dans la direction opposée, en effaçant la faible frontière entre les deux territoires. Celle-ci était gardée nuit et jour par le regard vigilant du gardien des terres du nord, le géant Surtr à la puissante épée de métal enflammé. Soudain, le gel glacé de Nifelheim se mêla à la brise chaude de Muspelheim, et de ces timides gouttes imprégnées de contrastes et de dualisme naquit la vie.

La vie prit la forme d'Ymir, rebaptisé plus tard Aurgelmir par les géants populeux des terres gelées. Il était le noble géniteur de sa lignée. On raconte que, pendant un long sommeil réparateur, il fit couler quelques gouttes de sueur de la paume de ses mains: sous le dôme de ses doigts naquirent un homme et une femme. De la plante de ses pieds, Aurgelmir créa également un être à six têtes: le géant Thrudgelmir, qui engendra à son tour le géniteur de tous les géants de givre, Bergelmir. De plus, les membres d'Aurgelmir étaient tellement colossaux et mammouths qu'ils couvraient chaque parcelle

---

[3] Littéralement, les vagues de glace.

de terre. Lorsque le géant s'allongea, lassé par le silence et l'immobilité d'une terre qui lui avait accordé un corps presque comme une plaisanterie du destin, il se laissa bercer par un long sommeil réparateur. Le sommeil d'où tout (et tout le monde) est issu. Les premiers êtres vivants se sentaient perdus, perdus et en deuil. Nifelheim et Muspelheim étaient hostiles et inaccessibles. Sans moyens de subsistance, les hommes et les géants sentaient que la fin était proche pour les uns comme pour les autres. Pourtant, du mélange de chaleur et de froid était née une seconde créature à l'aspect redoutable, en plus du géant géniteur Aurgelmir : une vache de taille colossale que les hommes du Nord appelaient Audhumla. Aurgelmir s'abreuva longtemps à ses mamelles pour survivre au néant de Ginnungagap. Audhumla, en effet, se procurait la subsistance dont elle avait besoin en léchant des pierres glacées salées, qui alimentaient les quatre rivières prospères qui coulaient sans cesse de ses mamelles.

Dès les premières heures de sa vie, la vache Audhumla a commencé à lisser de sa langue rugueuse les parois rocheuses qui l'entouraient de toutes parts. Trois jours de stase se sont écoulés. Trois jours d'attente. Au coup de la soixante-douzième heure, la silhouette du premier homme émergea: cheveux, tête et corps s'animèrent. Buri - c'est son nom - est vigoureux et fort, musclé et beau. Pour propager l'espèce, il s'associa à la fille du géant Bölþorn, appelée Bestla. De l'union des deux races naquirent trois enfants: Vili, Vé et Odin, les premiers dieux. Les créatures en question étaient en fait bien différentes des géants des glaces et n'avaient rien à voir avec les descendants d'Ymir, appelé Aurgelmir par son peuple. Pour ne rien arranger, ils se mirent à mépriser la race qui partageait avec eux la lande de Ginnungagap, la jugeant vulgaire, violente et imprévisible. En fait, la triade divine était inspirée par un projet ambitieux et salvateur: transformer le monde sensible en un lieu facile et hospitalier, où la vie pourrait proliférer en dépit de l'hostilité territoriale du nord et du sud, de Muspelheim et de Nifelheim.

MYTHOLOGIE NORDIQUE

C'est pour cette raison que, unissant leurs forces, Vili, Vé et Odin réussirent l'exploit d'assassiner le géant Ymir, noyant tous ses descendants des glaces dans son propre sang - qui jaillissait abondamment en raison de ses larges membres. Seul l'un d'entre eux, saisi d'une soudaine illumination, parvint à échapper au terrible destin que le trio divin avait imposé à son peuple. Il s'appelait Bergelmir. Il s'échappa dans une embarcation de fortune en compagnie de sa femme et devint le géniteur d'une nouvelle race de géants. Quoi qu'il en soit, son existence se déroula sous le signe de la privation et de l'exil.

Dans l'ordre cosmique que les dieux avaient imposé à Ginnungagap, il n'y avait pas de place pour une aberration de la trempe de Bergelmir - c'est d'ailleurs l'opinion que Vili, Vé et Odin avaient des descendants des géants. Bergelmir se cacha dans les terres de Jötunheimr, bordées par un cours d'eau si fort et si mugissant qu'il ne gelait jamais, Ifing. Il y passa une existence de paria, de même que ses enfants.

Les dieux restaient les seules créatures victorieuses d'un monde qui allait être modelé sur les cendres de ce qui avait été, du néant qui allait enfin être supplanté par une domination de dieux éclairés. Vili, Vé et Odin pensèrent donc utiliser le squelette de mammouth d'Aurgelmir pour former d'abord les montagnes, les vallées fertilisées par les restes de son sang figé, puis les mers et les océans nourris par la sueur de l'ennemi, et enfin le ciel. Ce dernier ne serait autre que le crâne de feu Aurgelmir, géniteur d'une race répudiée par le nouvel ordre cosmique. Quatre nains[4] étaient chargés de supporter le poids de la voûte céleste: Austri, Vestri, Nordri et Sutri. Leur nom vous dit-il

---

[4] Les nains sont nés de la chair d'Ymir, le père des créatures. Quoi qu'il en soit, la légende veut que ce soient les dieux qui leur aient donné la raison et l'intelligence, la maîtrise et la culture millénaire.

quelque chose ? Ils furent placés aux quatre coins de la terre et devinrent le point de référence à partir duquel on organisa et cartographia l'ordre des choses: le *nord, le sud, l'est et l'ouest*.

Cher lecteur, regarde autour de toi. Peux-tu distinguer les nuages dans le ciel ? Ils étaient autrefois le cerveau d'Ymir. Peux-tu voir les rochers qui clapotent à l'horizon ? Ils me remplissent toujours d'émotion et de mélancolie. Et sais-tu pourquoi ? Eux aussi, comme les sommets des montagnes, sont les restes osseux d'un géant qui n'est plus. Et les étoiles qui scintillent dans le ciel et vous laissent bouche bée lors de la Nuit de la Saint Laurent, lorsqu'elles pleuvent sur votre tête comme pour vous rappeler que vous n'êtes qu'un minuscule fragment du tout, regardez bien: ce sont les jaillissements des feux qui brûlent dans les terres du nord, à Muspelheim. Regardez autour de vous et appréciez les récits de la mythologie scandinave qui entrent et sortent de vous. Ils sont inextricablement liés à un passé qui, bien qu'il soit le produit de l'activité imaginative des hommes, raconte une histoire qui mérite d'être préservée et racontée aux générations futures. *Encore et encore.*

Voluspa nous vient en aide une fois de plus:

« C'est de la chair d'Ymir qu'a été faite la terre, de son sang la mer, de ses os les montagnes, de ses cheveux les arbres, de son crâne le ciel. C'est de ses sourcils que les dieux bénis de Midgard ont été créés pour les fils des hommes; c'est de son cerveau qu'ont été créés tous les nuages d'orage ».

CHAPITRE 3

L'origine des hommes et de midgard

L'origine de la race humaine est un thème très cher à la mythologie scandinave. Dans ce chapitre, je souhaite donc passer en revue les interprétations nordiques qui nous sont parvenues jusqu'à aujourd'hui, en mettant l'accent sur les sources que nous avons pu apprécier au cours des pages précédentes.

Les cheveux d'Ymir furent donc utilisés pour créer des forêts luxuriantes et florissantes. Après avoir façonné la terre, la triade divine Odin, Vili et Vé décida de donner naissance à une nouvelle espèce. Elle habiterait cette terre plate et circulaire, bordée par les vagues de la mer qui s'écrasaient nuit et jour sur la côte déserte. Enfin, au cours d'une promenade rafraîchissante sur les rives de leur chef-d'œuvre inachevé, les dieux furent intrigués par deux troncs d'arbre flottant sur le miroir de la rivière. En quête d'inspiration pour générer la race à laquelle ce territoire favorable serait destiné, ils ne purent s'empêcher d'arrêter leur démarche près du filet d'eau. La première souche provenait d'un frêne, la seconde d'un orme. Odin crut alors avoir trouvé la solution à l'énigme et, après avoir fusionné les matières premières, émit le souffle vital qui anime tout, qui rend tout sensible. Vili achève l'œuvre de création en inculquant la motricité et la conscience de soi, tandis que Vè donne à la nouvelle créature les capacités sensorielles nécessaires à la propagation de l'espèce. À la fin de leur travail, les trois frères s'arrêtent pour réfléchir à la validité de leur réalisation. Bien que les deux êtres façonnés à partir de l'orme et du frêne aient une origine unique, ils apparaissent à leurs yeux très différents l'un de l'autre. Le prototype taillé dans le frêne fut appelé Ask, le premier homme, tandis que la figure taillée dans la souche de l'orme devint Embla, la femme.

Alors que le frêne a des racines profondes, est solide et ne se fend pas facilement, le bois d'orme possède toutes les qualités qui favorisent une exécution élégante et gracieuse, c'est-à-dire fine. Les deux rondins de bois ont donc été travaillés par les mains habiles de Vè: d'abord les oreilles ont été sculptées pour que les êtres humains puissent entendre et s'*écouter*, puis les lèvres pour émettre des sons et communiquer entre eux, et enfin les jambes et les organes génitaux pour donner naissance aux générations futures condamnées à la course à la survie que tous les êtres sensibles sont appelés à affronter un jour ou l'autre. Ils n'étaient plus des moignons destinés à pourrir dans les eaux d'un fleuve inhabité. Ils étaient vivants et sensibles. Ils étaient Ask et Embla, les géniteurs de la lignée qui, au fil des siècles, est parvenue jusqu'à nous et dont nous faisons partie. L'existence du couple s'est cependant déroulée sous le signe de la faiblesse et de la pénurie. Si la lignée des hommes avait commencé à coloniser les territoires florissants mis à sa disposition par les dieux, celle-ci était trop fragile et trop faible pour résister aux intempéries et aux manifestations de la nature, souvent brutales et imprévisibles. C'est pour cette raison qu'Odin, Vili et Vé ont décidé de leur venir en aide. Après avoir arraché les cils du cadavre d'Ymir, désormais partie intégrante du nouvel ordre cosmique, ils façonnèrent une haute clôture au centre de la terre et la nommèrent Midgard, littéralement « clôture du milieu » Après tout, les divinités éclairées avaient compris qu'un monde ne peut être appelé tel s'il n'y a pas de créatures capables de l'habiter, de le respecter et de le modifier grâce au pouvoir de l'ingéniosité et de la technologie. Les trois frères divins fabriquèrent également des vêtements souples et résistants pour réchauffer les corps sculptés dans le bois. A Midgard, les hommes purent enfin construire des maisons et des bateaux pour préserver la survie de l'espèce et élever la descendance en paix, loin des dangers du monde extérieur, des géants qui continuaient à rôder dans les sombres territoires de Jötunheimr et qui complotaient silencieusement une cruelle vengeance contre la race divine. C'est la raison pour laquelle l'épithète d'Odin est « le père de tout » Il est en effet le père des dieux, mais aussi le créateur et le défenseur de l'ordre cosmique dont les êtres humains font partie intégrante. Et j'aime à penser que nous tous, enfants de *parents et parents d'enfants,* devons le bien le plus précieux que nous ayons - la vie - à une merveilleuse chaîne évolutive qui, tout en nous rendant mortels, nous relie à Ask, le frêne, et à Embla, l'orme. Mais aussi à la nature. *À tout.*

3.1 Le ash yggdasil, midgard et la naissance des neuf mondes

La barrière du milieu de Midgard, connue sous le nom de Midgard, est située près d'un énorme frêne, Yggdrasil. Floride et robuste, ce dernier a gagné la faveur des dieux en raison de sa perfection esthétique et de sa hauteur considérable. Il s'étend au centre des neuf mondes et les protège d'un feuillage changeant et silencieux. Il n'y a pas d'arbre plus prospère qu'Yggdrasil: si l'on lève le regard vers la voûte céleste, on peut voir les pointes de ses branches chatouiller le crâne d'Ymir et la lave bouillante de Muspelheim percer la nuit d'étoiles brillantes. Pour se maintenir en vie, Yggdrasil plonge ses racines dans trois mondes différents et reçoit de trois sources différentes la subsistance nécessaire au maintien de l'ordre cosmique. À cet égard, son emplacement mérite un examen plus approfondi. Car s'il est vrai que l'univers semble mutable et changeant, et qu'il est constitué de milliers et de milliers de facteurs apparemment antithétiques, Yggdrasil unifie toutes les manifestations sensibles et les rend, d'une certaine manière, interconnectées et destinées à subir le même sort: le Ragnarok. Le grand arbre plonge ses racines dans le monde souterrain, l'ancienne terre gelée du sud, Nifelheim, et caresse de ses branches la voûte céleste. Entre les deux, les hommes mènent leur vie protégée par un ordre général soumis aux évolutions de chaque pièce du puzzle que constitue l'univers.

La raison pour laquelle le frêne millénaire est interconnecté avec Nifelheim, le pays du sud, est due à la présence de Hvergelmir, le puits d'où s'écoulent les onze rivières de l'Elivàgar. Dans ses eaux sombres et stagnantes vit une créature monstrueuse, le dragon Nidhogg, qui atteint les profondeurs inhabitables de l'univers pour se nourrir de la première racine. Ce dernier appartient à la lignée des Linnormr, des créatures maléfiques qui prennent la forme de gigantesques serpents. Un autre dragon maléfique sera le protagoniste des événements cataclysmiques prédits par la fin du monde, le Ragnarok. Dans la Voluspa (Canto 39), il est écrit :

« 'Et vient des ténèbres le dragon qui vole, le serpent étincelant de dessous Niðafiöll. Il porte dans ses ailes, au-dessus de la plaine, Níðhöggr, les morts. Maintenant elle coule ».

La deuxième racine atteint le royaume des géants des glaces et rencontre le destin de Mimir. Connu dans les neuf mondes pour sa sagesse, il est - selon la tradition - le frère de Bölþorn et de Bestla, l'oncle maternel d'Odin. La légende raconte que le géant s'abreuvait à la source avec le Gjallarhon, la corne qui partage son nom avec celle qui sera utilisée par Heimdallr - le dieu de la surveillance - pour annoncer la fin du monde, le Ragnarok. Yggdrasil est ainsi perturbé par la présence de multiples créatures : tandis que Nidhogg en détériore les fondations, l'écureuil Ratatosk a pour mission de créer des tensions de plus en plus vives entre le dragon-serpent et l'aigle habitant les plus hauts sommets du frêne générateur de monde. L'animal instigateur s'amuse à mentir et à manipuler les informations échangées par les deux animaux habitants d'Yggdrasil avec des intrigues et des ragots, afin d'exacerber leur relation et de saper l'équilibre et l'harmonie du frêne. Comme si cela ne suffisait pas, les feuilles de l'arbre sont broutées par quatre cerfs, tandis que mille serpents dévorent ses racines dans un travail incessant et douloureux. C'est pourquoi les dieux Asi se gardent bien de grimper au sommet de l'arbre-monde.

Seul Odin, dans l'espoir de révéler le secret des runes, a osé se pendre pendant neuf longues nuits et neuf longs jours à ses branches chargées de sagesse et de pouvoir. Comme si cela ne suffisait pas, l'ancêtre des dieux s'est également abreuvé à la fontaine du géant Mimir - dont le nom norrois est en fait Mimisbrunnr - pour acquérir sagesse et conscience des choses du monde. En contrepartie, il a été contraint de sacrifier son œil gauche, qui repose aujourd'hui dans les mains du terrible gardien. Pour assurer un contrôle constant de l'activité des neuf mondes, les Asiatiques utilisent un pont arc-en-ciel appelé Bifrost. Ce dernier est également appelé Asbru - littéralement « le pont des Asiatiques » - et se caractérise par l'alternance de trois couleurs, dont le rouge; ce dernier représente le feu qui brûle sans cesse dans les terres du nord, Muspellheim. Le chemin des neuf mondes mène aux portes d'Ásgarðr, notamment au pied du rocher d'Himinbjorg. C'est là que veille la sentinelle des Asiatiques, Heimdallr. Il est responsable de la sécurité de la demeure divine et veille à ce que les géants ne soient pas tentés d'escalader le Bifrost pour pénétrer dans le royaume interdit des Asi. En revanche, ils se brûleraient les pieds à cause de la présence du feu trompeur contre lequel les divinités sont immunisées. Dans l'Edda poétique, et plus particulièrement dans le Grímnismál, il est dit que:

MYTHOLOGIE NORDIQUE

« Le frêne Yggdrasill
est le meilleur des arbres,
Skíðblaðnir des navires,
Óðinn des Æsirs,
et Sleipnir des chevaux,
Bilröst des ponts
et Bragi des chaufferettes,
Hábrók des faucons
et Garmr des chiens »

La cosmologie scandinave est donc profondément fascinante. Dans les pages de la Prophétie du Voyant, contenue une fois de plus dans l'Edda poétique, il est raconté que.. :

« Je me souviens de neuf mondes / de neuf supports / et de l'arbre maçon, hautain, / qui pénètre la terre »

Et encore, dans le discours de Vafþrúðnir :

« Des runes des géants / et de tous les dieux, / je peux dire la vérité, / car dans chaque monde je suis venu : / Je suis venu dans les neuf mondes / jusqu'à Nifhel en bas, / près de Hel, là où les morts s'arrêtent »

Avant de poursuivre, permettez-moi de raconter le destin de la dernière racine d'Yggdrasil: elle se nourrit du pouvoir bienfaisant de la demeure des Asiatiques, à Ásgarðr, où les dieux ont l'habitude de se réunir jour et nuit pour régner sur les neuf mondes avec justice et neutralité. Le jour de la fin du cosmos, le Ragnarok, des armées de dieux se rassembleront autour de la racine du frêne omniprésent, dans une tentative désespérée de contenir la destruction de l'univers sensible. Ils se réuniront autour de la fontaine d'Urd, également appelée « fontaine du destin ». *Cher lecteur*, vous me pardonnerez cette brève digression, mais je pense qu'il est intéressant d'analyser le concept de *Destin* dans la mythologie scandinave. Les eaux de la source d'Urd nourrissent le frêne de la vie, dont les feuilles distillent des gouttes de rosée qui retombent au fond du puits, *dans un cycle sans fin*. La source de l'existence naturelle et sensible, en l'occurrence, permet d'éclairer la conception du temps partagée par les « hommes du Nord » Celle-ci est non seulement cyclique - Urd représente le passé qui, après avoir vivifié les racines du frêne d'Yggdrasil, se transforme en présent et se retransforme en pluie, c'est-à-dire en un nouveau passé plus riche que le précédent - mais aussi profondément *déterministe*. La rosée qui se dépose encore et toujours dans la « fontaine du destin » montre que la nature a des lois immuables et inébranlables, auxquelles l'être humain doit adhérer passivement. Quoi qu'il en soit, la description du Destin est extraordinairement précise: le passé change constamment, précisément parce que les gouttes de rosée continuent d'alimenter sa source jour et nuit, en changeant sa conformation. Le destin devient ainsi un phare qui éclaire la route à suivre; il influence le présent et se laisse influencer à son tour par le moment présent qui devient le passé. Ce même passé est prêt à se (re)transformer en un potentiel *ici et maintenant* où tout est cyclique, tout est imprévisible. Seul le cycle est fixe et déterminé.

Seul le cycle d'Yggdrasil a été, est et sera.

En outre, la fosse d'Urd n'est pas inhabitée. En son sein vivent trois créatures extrêmement fascinantes et mystérieuses: les Norns. Si on les observe attentivement, elles prennent la forme de trois femmes qui travaillent sans relâche. Selon certaines versions, elles tissent le fil du destin de chaque être vivant, selon d'autres, elles gravent des runes mystérieuses dans le tronc d'Yggdrasil. L'étymologie du mot Norna est en fait dérivée de Nonr - dont le pluriel est Nornir - qui peut être traduit par « celle qui murmure l'avenir [ou le secret] » selon les deux interprétations différentes qui nous sont parvenues. Dans la Voluspa, nous lisons:

De ce lieu viennent trois jeunes filles pleines de sagesse, de ces eaux qui s'étendent sous l'arbre. Elle s'appelle Urðr la première, Verðandi l'autre (sur une tablette elles gravent des runes), Skuld la troisième. Ce sont elles qui décident de la loi, qui choisissent la vie de ceux qui sont nés vivants, le destin des hommes.

L'aspect fascinant des Nornes - que les amateurs de mythologie auront immédiatement ramené aux figures des trois Moires helléniques - est qu'elles sont les maîtresses incontestées du destin de tous les êtres vivants qui peuplent les neuf mondes sensibles (y compris les humains). La vie et la mort ne tiennent qu'à un fil, ou sont gravées sur le tronc du frêne dont tout est issu. En revanche, il existe une différence substantielle entre la conception grecque du destin et la conception scandinave: la première est immuable et inchangeable, c'est-à-dire qu'elle n'est pas soumise à la décision des Moires; la seconde est en perpétuel changement. Ce sont les Nornes qui choisissent quelle version du futur sera attribuée à tel ou tel être conscient. Car s'il est vrai que l'instant présent est capable d'influencer et de tordre le passé, le destin peut lui aussi être réécrit (ou plutôt regravé) sur le tronc du florissant Yggdrasil. Dans un tel scénario, la mythologie nordique accompagne le lecteur dans une dimension où le destin des *uns et des autres* peut être tordu, peut être révolutionné, d'une certaine manière, par la volonté des trois Nornes. « L'homme du Nord » est conscient que la possibilité d'écrire son propre destin est une tâche ardue: seuls quelques-uns sont capables d'agir activement sur la volonté des trois habitants d'Urd.

Les autres sont condamnés à une dimension de condescendance aveugle, qui oblige les êtres sensibles à s'incliner devant le pouvoir des manifestations naturelles (et autres). Pourtant, le destin nordique est bien plus complexe et stratifié qu'on ne pourrait le croire: outre les trois Nornes déjà mentionnées, il existe en fait de multiples *Nornes, les* nombreuses Parques - qui n'ont pas de nom propre - qui sont capables d'utiliser la magie des runes pour modifier l'avenir, tentative après tentative, intervention après intervention. Le fait de savoir que l'on peut intervenir sur le cours de la vie du frêne Yggdrasil est étroitement lié au concept d'espoir. Bien que le peuple scandinave se soit installé sur une terre par nature inhospitalière et inhabitable, il conserve un lien profond avec les manifestations du froid et du vent, la pénurie et les difficultés de la survie. C'est peut-être pour cette raison que l'âme des Nordiques nous fascine des siècles plus tard. Derrière l'image du peuple du Nord qui ne se laisse pas abattre par l'imprévisibilité d'un monde hostile à la vie, se cache le courage de tant de petites tribus animées par la certitude que le Destin - ou plutôt les Parques - peuvent faire la différence, c'est-à-dire qu'ils sont capables de transformer un avenir douloureux en sa meilleure version. La mythologie nordique constitue un système dans lequel, pour la première fois, le libre arbitre est accordé (aussi) à l'homme.

S'il est difficile, voire impossible, d'exercer une influence sur les norns, ceux-ci sont conçus pour muter et changer dans la dimension cyclique qui part de la « Fontaine du Destin » et s'étend jusqu'aux frondaisons d'Yggdrasil, où l'aigle tend l'oreille au bavardage d'un écureuil et veille sur neuf mondes qui, malgré tout, n'ont jamais été aussi proches de l'existence d'hommes et de femmes ordinaires.

CHAPITRE 4

La source, le gardien de la mémoire et l'œil gauche d'odin

Cher lecteur, dans le chapitre précédent, j'ai évoqué les curieux événements impliquant Odin, le géniteur des Asiatiques, et Mimir, le géant qui garde la deuxième racine du frêne d'Yggrasil, d'où proviennent toutes les choses sensées. Dans les pages qui suivent, je souhaite vous raconter non seulement les sacrifices auxquels le père des Asiatiques s'est soumis pour attirer à lui la sagesse et le pouvoir de la connaissance, mais je souhaite également approfondir la signification des runes en votre compagnie. Ces runes ne sont pas seulement un alphabet partagé par la grande majorité des peuples nordiques, mais un système symbolique complexe que les peuples scandinaves ont utilisé pour synthétiser une vision du monde, une *Weltanschauung*. Chaque rune renferme une signification intime et mystérieuse, et est inextricablement liée à certains des événements mythologiques les plus célèbres relatés dans le macrocosme nordique. La deuxième partie du chapitre sera donc consacrée au vade-mecum dont vous avez besoin pour démêler les liens souvent silencieux et implicites qui jouent également un rôle clé dans la définition du destin des dieux et de la chaîne d'événements cataclysmiques qui porte le nom de Ragnarok.

Procédons dans l'ordre.

Dans les profondeurs de Jötunheimr, le monde des géants à l'est, le gardien Mimir veille sur sa source. Il est sage et redoutable. Les Asi se tiennent à l'écart des territoires qui sont sous son commandement. Le géant est en effet le gardien de ce qui a été, et le défenseur de la mémoire. Tout est vu et connu par lui, chaque goutte de sang versée dans les neuf mondes tombe sous sa juridiction vigilante. C'est là où la racine d'Yggdrasil se rafraîchit que se trouve la fontaine qui dispense la sagesse. Le matin, il saisit son Gjallerhorn pour se nourrir de l'eau qui enflamme les sens et enrichit l'esprit. Jour après jour, la renommée de Mimir commence à émoustiller Odin, qui règne sans partage sur Ásgarðr et Midgard, « l'Enceinte du Milieu » mise à la disposition de sa race préférée: celle des humains.

Finalement, c'est produit. Alors que les neuf mondes venaient d'être façonnés par les restes du géant Ymir, Odin revêtit un long manteau de berger et porta un chapeau sur la tête, prenant ainsi l'apparence d'un voyageur inconnu. Il traversa le pays des géants, au péril de sa vie, dans le seul but de s'abreuver à la fontaine de Mimir. C'était son obsession, le seul discriminant qui lui permettait de régner sans partage sur les manifestations sensibles, en comprenant leurs mécanismes interdits. Le pouvoir de l'eau miraculeuse exerçait sur lui une fascination indicible. Lorsqu'il se présenta devant son oncle maternel, il demanda à être arrosé. Celui-ci refusa aussitôt et ignora les demandes de son neveu. « Je suis prêt à payer n'importe quel prix », rétorque fermement Odin. Le voyage qui l'avait propulsé au-delà des limites d'Ásgarðr, là où les Asiatiques savaient qu'ils n'étaient plus en sécurité, l'avait rendu déterminé et extraordinairement désireux d'atteindre son but. C'est alors que Mimir, observant le visage impatient de son interlocuteur, établit la loi: un œil en échange de l'accès à la sagesse de la source. Un œil en échange d'une gorgée de cette eau claire que Mimir gardait avec une dévotion maniaque. Odin ne broncha pas: il avait erré sans cesse à la recherche d'un savoir profond et salvateur. Au début, il s'était senti fatigué et incomplet, puis il s'était mis à méditer, assis près du majestueux Yggdrasil. C'est alors qu'il eut l'idée d'arracher une puissante branche du frêne universel pour forger son arme, l'Implacable - que les Nordiques appellent Grungnir. La lance amplifiait les pouvoirs du dieu à tel point qu'il était *presque* invincible. Le bois du frêne miraculeux contenait en lui la force vitale qui façonne le destin, modelant les formes du Destin. Pourtant, bien qu'Odin ait libéré Ásgarðr de la domination des géants et tué Ymir en compagnie de ses frères Vè et Vili, il ne faisait qu'errer, la tête baissée et le visage couvert par l'ombre de sa large coiffe.

Ses inquiétudes sont justifiées: la lignée d'humains qu'il avait animée à partir de deux bûches de bois était encore trop faible, fragile et grossière pour pouvoir se défendre contre les dangers des neuf mondes. L'ordre cosmique, même rétabli, était précaire et transitoire. Il le sentait. La conscience de cette incertitude brûlante qui porte le nom d'éphémère fait d'Odin le plus timide et le plus tourmenté des Asiatiques. C'est pour cette raison que, devant son oncle maternel Mimir, il demanda qu'on lui tende un couteau bien aiguisé. Lorsqu'il eut achevé son automutilation, il posa son œil sur le fond de la source. Celui-ci l'observa, grand ouvert et arrondi. Le géniteur des dieux s'en moqua. Il porta l'eau claire des géants à ses lèvres et la but avidement, restaurant sa gorge asséchée par l'infranchissable voyage.

Soudain, tout a pris des contours très nets. L'électrocution ne dura que quelques instants. Lorsqu'elle disparut, le dieu eut l'impression de n'avoir jamais vu aussi net, alors qu'il n'avait plus qu'un œil, le droit. Ce n'est pas un hasard si, depuis ce jour lointain, Odin est désigné par de nombreux noms: Hoarr, qui signifie « celui qui est aveugle», ou Blindr, « la divinité aveugle», ou encore Baleyg, littéralement « à l'œil de braise » Le sinistre reposait dans la fontaine de Mimir, impatient de retrouver son possesseur. Mais le pacte d'Odin suffit à entériner sa transformation définitive en chef des Asiatiques. Ce globe oculaire mutilé est en effet indissociable de la racine du Ash-cosmic;

s'il ne voit rien, il est conscient des moindres atteintes à l'équilibre universel qui menacent d'ébranler la stabilité des neuf mondes.

Cependant, le chemin salvateur du dieu allait encore s'avérer long et tortueux. Lorsque Odin mûrit l'idée de se pendre aux branches d'Yggdrasil avec sa propre lance pour le poignarder au côté, l'Implacable Grungnir passa des nuits et des jours de souffrance et d'appréhension. La connaissance, pour le géniteur des Asiatiques, ne suffirait jamais à combler le vide intérieur qui le tenaillait et lui coupait le souffle. Alors, tandis que le sang de la plaie suintait d'un sang cuivré qui continuait à tomber imperturbablement près des racines du frêne, le dieu tentait de donner un sens aux figures qui prenaient des contours de plus en plus définis. Les marques se nourrissaient en effet du liquide chaud qui entrait et sortait de son corps, goutte à goutte. Il plissa les yeux et se balança docilement pour empêcher la lance de le transpercer plus profondément. C'était sa dernière tentative, désespérée, pour révéler le mystère des symboles cachés dans les amas de son sang figé sur l'herbe près d'Yggdrasil. Mais la douleur lui brouilla l'esprit et le fit haleter, mourant à présent. Cela aurait-il suffi à révéler le sens des runes ? C'est alors que, dans un instant de révélation soudaine, Odin comprit quel cadeau partager avec les humains: la connaissance de son alphabet magique. Celui-ci leur donnerait la capacité de lire, de formuler des messages complexes et de se souvenir du passé pour le transmettre aux générations à venir. L'intuition l'éblouit et le pousse à retenir les dernières forces qui s'écoulent de son corps torturé. Il le ferait pour la lignée qu'il avait façonnée, celle dont nous sommes, nous aussi, *chers lecteurs, les* descendants. Alors qu'il tentait de clarifier ses pensées et d'organiser ses idées, Odin réalisa qu'il n'était pas seul. Aux pieds d'Yggdrasil, les jambes fermement plantées sur le sol, se tenait une silhouette silencieuse. Le dieu frémit. Il le reconnut. C'était un géant nommé Bolthor. Mais même s'il n'avait pas pu nommer ses traits, il aurait tremblé tout autant: lui, les membres emprisonnés par les puissantes branches du *frêne dont tout est issu*, une lance plantée dans le flanc, alors que l'ennemi était libre de l'attaquer et de le mettre en pièces - si seulement il le souhaitait. La haine entre Asi et les géants était fraîche de guerre. La mise à mort d'Ymir avait représenté le « coup d'État » qui, en renversant l'ordre cosmique, avait réussi à condamner la redoutable race des géants à une vie de misère dans les lointaines terres de Jötunheimr.

Or, Bolthor n'était pas animé d'intentions macabres. Le géant souhaitait parler, ou plutôt se féliciter de la persévérance et de la détermination avec lesquelles Odin avait résisté aux souffrances que lui infligeaient les frondaisons d'Yggdrasil, sans rien à boire ni à manger. C'est pourquoi il était revenu lui rendre visite chaque jour - encore et encore - pour tenter de comprendre les motivations qui avaient poussé le géniteur des Asiatiques à une souffrance aussi indicible. Finalement, il lui proposa de lui donner neuf chants aux propriétés magiques et miraculeuses, tous issus de la mystérieuse tradition des géants du Nord et du Sud. En les apprenant par cœur, Odin pourrait contrôler les manifestations de la nature, renversant à volonté l'ordre cosmique. C'est alors que, libéré des « chaînes » d'Yggdrasil, la divinité revigorée se rendit auprès de sa race préférée pour partager la sagesse dont il avait été doté par Bolthor.

Vingt-quatre runes.
Vingt-quatre significations.
Vingt-quatre symboles ont été générés aux pieds d'Yggdrasil à partir de son propre sang.

« Faites-en bon usage », se recommanda Odin, tournant enfin le dos à la race dont il était secrètement fier. Le sang et la souffrance ont été largement récompensés. Non seulement le dieu maîtrisait désormais la magie des géants grâce à l'intervention salvatrice de Bolthor, mais il comprenait la valeur cachée des runes. Et les hommes aussi.

L'œil gauche. Les runes. La magie des géants. La lance taillée dans les frondes florides d'Yggdrasil.

Odin était à la tête du monde sensible, enfin invincible sur son trône. Il y aspirait depuis longtemps. Pourtant, le *savoir* est un puits plus profond que la fontaine de Mimir et plus persuasif que le bruissement du frêne qui a donné naissance à tout cela. La *connaissance* n'est pas inscrite dans les chants magiques d'une lignée millénaire, ni dans les lames d'armes inégalées, ni dans les stratagèmes trompeurs. Le *savoir*, pour Odin, a une valeur cathartique: il *est désirable quand on ne l'a pas encore obtenu*. Plus les pouvoirs qu'il possédait augmentaient, plus son contrôle sur l'ordre cosmique prenait des proportions colossales, plus Odin nourrissait le besoin intime de partir à la recherche de la Sagesse avec un grand S.

Plus il en savait, plus il voulait en savoir.

C'est peut-être pour cela qu'il a erré - et j'aime à penser qu'il erre encore - dans les nouveaux mondes qui se trouvent sous sa juridiction divine. Il erre déguisé, revêtu du même manteau qui lui a permis de franchir le seuil de Jötunheimr sans être reconnu par la race ennemie. Ce n'est pas un hasard si un vieux dicton norrois invite les « hommes du Nord » à être charitables et bienveillants envers leurs voisins, envers l'étranger. Ce dernier pourrait être Odin lui-même qui, déguisé, rend visite à sa race favorite en quête d'un savoir aussi profond qu'inimaginable. Il pose des énigmes, élabore des subterfuges, soumet ses interlocuteurs à des énigmes complexes et fascinantes dans le seul but de les mettre à l'épreuve - *peut-être le plus vaillant reposera-t-il dans son Valhalla ?* - et leur demande l'hospitalité. Ce n'est qu'à la fin, fatigué de se cacher, qu'il se révèle pour ce qu'il est: le père des Asiatiques, le dieu de la sagesse et de la mémoire, le Baleyg sans l'œil gauche.

Cher lecteur, je vous rappelle qu'Odin ne voyage jamais seul: la prochaine fois que vous penserez croiser le vagabond à la soutane et à la large coiffe - peut-être au cours de vos voyages fantastiques et imaginatifs - prêtez l'oreille au rugissement de ses loups Geri et Freki, et méfiez-vous des becs de Muninn et Huginn, les oiseaux voraces nommés Mémoire et Pensée. Une fois par jour, lorsque la lumière de l'aube arrose le feuillage d'Yggdrasil et se pose sur les yeux endormis des hommes, Odin envoie les corbeaux en exploration. Les oiseaux survolent les neuf mondes, observant attentivement ce qui se passe dans chaque recoin du cosmos, et reviennent sur l'épaule de la divinité pour rapporter ce qui a *été, ce qui est et ce qui sera.*

J'aimerais citer deux sources à l'appui de ces récits fascinants.

Le premier est un extrait du poème eddique Grímnismál, XIX :

« *Geri et Freki [les loups d'Odin] nourrissent, habitués à la guerre, Heriaföðr glorieux. Mais ce n'est qu'avec du vin fier dans son armure qu'Odin vit éternellement* »

Le second décrit la nature de Muninn et Huginn dans le discours de Grímnir, Edda poétique, XX :

« *Huginn et Muninn volent haut autour de la terre chaque jour. Je crains pour Huginn qu'il ne revienne pas ; mais je crains encore plus pour Muninn* »

4.1 Un voyage à la découverte des vingt-quatre runes de la mythologie nordique

Cher lecteur, je t'ai déjà expliqué que les runes ne sont pas une simple succession de codes alphabétiques destinés à favoriser la communication entre les « hommes du Nord » Chaque symbole suintant du sang figé d'Odin contient en lui une dimension révélatrice et mystique qui ne peut être maîtrisée que par quelques élus. Dans ce paragraphe, je souhaite ramener votre attention sur le *message qui se cache derrière la lettre, dans l'*espoir de vous fournir toutes les informations dont vous avez besoin pour profiter pleinement des récits nordiques. La connaissance du système mythologique, culturel et sociologique des anciens peuples scandinaves est en effet le point de départ à partir duquel vous pouvez vous sentir partie prenante de la cosmologie nordique, un morceau de l'ensemble cendré-cosmique. Je ne veux pas m'attarder sur des bavardages futiles: j'ai tenté ci-dessous de relier quelques-unes des principales runes-alphabets au message qu'elles véhiculent, *aujourd'hui comme hier.*

La première lettre nordique est Fehu, l'équivalent de notre « A ».

Sa forme angulaire et irrégulière renvoie à la figure de la charrue, symbole de prospérité et d'abondance. Fehu est donc indissociable du thème de la fertilité et de la richesse. Il faut savoir que le monde viking, quant à lui, considérait comme une immense chance de pouvoir nourrir sa progéniture avec la viande des troupeaux qui paissaient dans les vastes étendues de champs non cultivés. Les conditions climatiques imprévisibles imposaient une dimension d'incertitude et de temporalité dont dépendait souvent la vie (ou la mort) de la progéniture. Par corrélation, la divinité responsable de la prospérité était Freyja. Charmante et puissante, elle est liée aux valeurs de fertilité et d'amour. Elle représente, en d'autres termes, le pendant nordique de l'Aphrodite hellénique. Elle porte un manteau fait de milliers de plumes de faucon tissées ensemble pour former une trame très solide et règne sur les neuf mondes à bord d'un char tiré par deux félins. Elle siège aux côtés de son époux, le dieu solaire Odur, et est connue des Asiatiques et des Vaniens pour le célèbre pouvoir du Brisingamen, le collier forgé par les nains qui lui a été offert en échange d'attentions conjugales.

MYTHOLOGIE NORDIQUE

L'histoire de l'artefact magique mérite d'être approfondie. L'étymologie du bijou est en effet constituée de deux éléments nominaux: « men », dont le sens est *collier*, et « Brisingar », qui, selon la tradition, est l'appellation de la race du *feu*, avec une référence claire à la race des travailleurs infatigables de Dvergar qui ont forgé le bijou. La légende raconte que la divinité rencontra près de sa maison quatre nains qui avaient l'intention de fabriquer un bijou magnifique et désirable. Elle leur demanda immédiatement de le recevoir en cadeau, mais Grérr, Berlingr, Alfrigg et Dvalinn - ce sont les noms par lesquels les quatre nains se désignaient - firent leur demande: la déesse devait dormir une nuit avec chacun d'entre eux et, en échange, elle serait la seule divinité d'Ásgarðr à posséder le Brisingamen. Freyja accepta et prit rapidement possession du joyau.

Lorsqu'Odin apprit la trahison de son épouse, il se mit en colère contre la déesse et chargea Loki, le Seigneur de la Malice, de voler l'objet qui avait mis Freyja sur la voie de l'infidélité. Pour réaliser son macabre dessein, Loki dut faire appel à ses capacités de métamorphose: à la faveur des ténèbres, il pénétra dans la chambre de Freyja sous la forme d'une mouche bourdonnante, et y parvint. Le Brisingamen était sa propriété. Il ne tarda pas à le remettre à Odin, l'instigateur du vol. Cette fois, c'est Freyja qui s'emporta; dans une tentative désespérée de s'emparer du joyau auquel elle se sentait inextricablement liée, elle s'accommoda des exigences du père des Asiatiques et suscita l'inimitié de deux souverains - *Högne et Heðinn* - condamnés à se battre, à mourir et à renaître, pour l'éternité. Ce n'est pas un hasard si Freyja est considérée comme une divinité aux mille visages: non seulement protectrice des récoltes, de la fertilité et de l'abondance, mais aussi animatrice des guerres et maîtresse des arts magiques et du destin. *Cher lecteur*, vous apprendrez à mieux la connaître dans les pages qui suivent.

Revenons aux sens cachés des autres runes.

MYTHOLOGIE NORDIQUE

La contrepartie de la lettre « R » est <u>Raido</u>, la rune du voyage. Il n'est pas difficile de la reconnaître: sa forme écrite évoque la figure d'un cheval de profil, dont la jambe est tendue vers l'avant, prête à donner des coups de patte et à courir vite. Si j'ai choisi de me concentrer sur un symbole alphabétique apparemment secondaire, c'est pour une raison précise: dans l'introduction de ce livre, je n'ai pas manqué de souligner à quel point l'émigration des peuples vikings faisait partie intégrante de la culture nordique. Il ne s'agit pas d'une simple bizarrerie géopolitique, mais d'un rappel de la survie et de la diffusion de la culture scandinave. Ce n'est pas un hasard si la figure du sage digne d'honneurs et de respect est incarnée par celui qui, après avoir erré à travers les neuf mondes et le vaste territoire de Midgard (la Terre), revient chez lui pour *raconter ce qu'il a vu, ce dont il se souvient et ce qu'il est susceptible d'être.* Il représente ainsi l'image du vieil homme éclairé qui sait tout, qui imagine tout. En outre, il ne faut pas sous-estimer le rôle que joue la spiritualité dans le système mythologique des « hommes du Nord » Le voyage célébré par Raido est un voyage (également) spirituel: il incarne le long processus d'étude et de sagesse dont Odin était le porte-parole. Il ne faut donc pas tomber dans l'erreur de croire que le sens de la rune en question a une valeur libératrice et changeante; le voyage contient en lui-même une valeur extrêmement déterministe. En d'autres termes, il s'agit d'une réaction obligatoire à la cruauté des manifestations naturelles, ainsi que d'une partie intégrante d'un chemin qui mène de la naissance à l'atteinte de la sagesse.

Kenza, également connue sous le nom de Kano, est la lettre de l'alphabet nordique liée à la puissance irrésistible du feu qui brûle sans cesse. *Cher lecteur*, vous l'aurez compris, la symbolique nordique est toujours plus complexe que ce que l'on veut bien nous faire croire. En effet, la rune en question a une double signification: d'une part, elle représente la fureur du combattant qui va au combat pour défendre son peuple, sa lignée, et d'autre part, elle rend hommage au concept de la lumière qui l'emporte sur le bien, d'un faisceau de lumière qui irradie les ténèbres et permet d'entrevoir tous les détails contenus dans une caverne obscure. Dans le premier cas, Kenza représente la force d'âme des Berserkir - dont le nom est souvent anglicisé en Berserker. Il s'agit des guerriers scandinaves qui, animés par l'esprit d'Odin, descendent au combat envahis par un état de fureur irrépressible. Celle-ci leur permet d'être immunisés contre la douleur physique et la démotivation qui précèdent une défaite annoncée. L'étymologie du nom Berseker est cependant incertaine : certains chercheurs s'accordent à dire que la racine « berr » est un préfixe à sens *nu* et que « sarkr » peut être assimilé à un mot d'origine écossaise que l'on peut traduire par *tricot (dans le sens d'armure)*. D'autres chercheurs, en revanche, sont enclins à écarter la première hypothèse au profit d'une analyse plus précise : « berr » serait en fait le *loup* ou l'*ours* dont la fourrure recouvrait les corps puissants des guerriers d'Odin. En tout état de cause, les sources sont contradictoires et confuses. Une chose est sûre: Kenza (ou Kano) est une fois de plus le lien entre ce qui est communiqué par les hommes et ce qui appartient au monde divin et surnaturel.

La dualité qui anime la mythologie scandinave, comme je vous l'ai déjà dit, n'est qu'apparente. La rune du feu permet à « l'homme du Nord » de s'identifier à la puissance d'un guerrier surhumain, motivé et capable de supporter la douleur qui met sa tribu à l'épreuve. Une fois de plus, la culture nordique révèle un besoin brûlant de nourrir l'espoir d'un avenir incertain, peut-être destiné à changer (pour le meilleur). Mais l'illusion et l'enchantement ne sont que momentanés. Car à la fin de tout cela se trouve le destin sanctionné par le Ragnarok: la destruction du monde sensible mettra à genoux Asi et Vani, les géants et les hommes. Pourtant, un destin commun, aussi cruel soit-il, permet de supporter les difficultés avec la force d'âme qui convient. Cette même force qui brûle de passion dans la rune Kenza. Ce même courage qui, sans jamais abdiquer, continue à nous faire apprécier le monde viking des millénaires plus tard.

La dernière rune dont je veux vous parler est Eihwaz, qui représente Yggdrasil, l'arbre cosmique. L'alphabet norrois rend hommage à l'entité supérieure qui est à l'origine de tout, qui soutient tout. Ce n'est pas un hasard si toutes les cultures habituées au chamanisme sont accompagnées de l'image d'un *axis mundi*, un élément naturel qui agit comme une colonne de soutien à partir de laquelle tout est généré, se transforme et est destiné à s'éteindre. Dans les pages précédentes, nous avons fait connaissance avec le frêne miraculeux, dont l'étymologie remonte à la « Haie d'Yggr », l'un des noms d'Odin. Le lien entre l'arbre et le géniteur des Asiatiques est apparemment indéfectible. L'un a permis à l'autre d'exercer son pouvoir, conférant sagesse et cohésion aux neuf mondes de l'univers sensible. Dans un tel scénario, on peut imaginer à quel point la rune d'Eihwaz était chère aux « hommes du Nord » L'image d'Odin suspendu pendant neuf jours et neuf nuits aux racines d'un frêne est la représentation scandinave de la figure du chaman qui, à la recherche d'une dimension proche de la compréhension et de la vision des choses, décide d'abandonner les liens terrestres et de poursuivre une voie *sui generis*, parfois incompréhensible et mystérieuse.

Cher lecteur, j'aimerais poursuivre l'interprétation détaillée de la signification symbolique des runes, mais je sais que vous êtes impatient de vous plonger dans la narration d'événements mythologiques. C'est pourquoi j'ai décidé de mentionner l'existence des autres runes - je veux parler d'Algiz, la rune de l'élan, et de Sowelu, la rune du soleil - au cours des chapitres suivants. Nous les situerons dans une dimension mythologique qui met en lumière la mystérieuse corrélation que la communication humaine entretient avec la nature et que la nature, malgré elle, ne peut s'empêcher de diffuser parmi les hommes avec son énergie débordante.

C'est tout pour le moment !

MYTHOLOGIE NORDIQUE

CHAPITRE 5

La guerre pour le pouvoir entre asi et vani

L'équilibre des neuf mondes était destiné à subir sa première et violente secousse. Car la paix n'est pas l'apanage de la race humaine, ni de la race divine qui habite Ásgarðr et qui, par sa force redoutable, a confiné les géants dans les terres lointaines et hostiles de Jötunheimr. Une fois de plus, la violence a franchi le seuil d'Yggdrasil et mis à l'épreuve l'harmonie cosmologique de l'univers fraîchement créé. Les deux adversaires, cette fois, étaient frères et sœurs: deux lignées divines en confrontation, toutes deux animées par le désir de faire taire la menace silencieuse mais imprévisible de l'autre camp. D'un côté, les Vans, dont le lien avec la puissance sensible de la nature leur permettait de modeler la force divine au même titre que le grondement de l'orage et les rafales de vent; de l'autre, les Asiatiques - menés par Odin et sa hache aiguisée - qui s'étaient illustrés comme des guerriers et des chasseurs inégalés. Dans tout l'ordre universel d'Yggdrasil, aucune proie n'échappait à l'œil vif et aux doigts rapides de la lignée des Asiatiques. *Cher lecteur*, il peut sembler que les deux factions soient différentes l'une de l'autre, quelque peu antithétiques.

Pourtant, aucune n'avait la puissance suffisante pour se débarrasser de l'autre. De même que les bêtes voraces s'observent de loin, tournent en rond avant d'attaquer leur proie, les deux lignées divines tentent de prévoir les mouvements de leurs adversaires, tendent des pièges, manipulent des informations et, surtout, tentent de discréditer leurs rivaux. La guerre dura longtemps, mais aucun des deux camps ne prit le dessus sur l'autre. Finalement, la paix fut consacrée par un pacte redoutable et contraignant : chaque lignée choisissait les membres qui se distinguaient par leur sagesse et leur bonté et, en guise d'acte de douceur, les enfermait dans le palais du camp ennemi avec la promesse que les adversaires se montreraient pacifiques et hospitaliers envers les nouveaux arrivants. L'échange d'otages divins fait partie intégrante d'un changement historique qui, selon les chercheurs, doit être imputé au long et sanglant conflit civil qui a déchiré les territoires des tribus scandinaves pendant une longue période. Une fois de plus, les événements mythologiques rencontrent la destinée humaine et créent un lien indissociable avec les craintes et les espoirs des peuples du Nord. C'est ainsi que le conflit Asi et Vani s'est transformé en prétexte à un apaisement multirace : il est fort probable que les tribus nordiques aient accepté de se mêler à leurs anciens rivaux afin d'affronter ensemble les adversités naturelles auxquelles chaque progéniture serait destinée, quel que soit le sang qui coule dans ses veines.

De même, les dieux ont également fait des compromis entre eux et ont adopté une norme de comportement social qui, à toutes fins utiles, pourrait être décrite comme *humaine*. Dans un tel scénario, les Vani décidèrent d'emmener le sage dieu de la mer appelé Njord et ses deux enfants, Frey et Freyja, au-delà des frontières d'Ásgarðr. Si le premier entretenait une relation intime avec les manifestations bienfaisantes de la nature, la seconde se distinguait par une beauté sans pareille et - comme nous l'avons appris dans le chapitre précédent - était dotée d'attitudes non seulement désinhibées, mais aussi irrémédiablement liées aux concepts de fertilité et d'abondance. Comme si cela ne suffisait pas, elle connaissait une forme de rituel chamanique totalement obscure chez les Asiatiques - même Odin devait convenir que

Freyja était, d'une certaine manière, plus sage que lui. Il s'agit du *seidr*, *qui permet de* lire le tissage complexe des fils réalisés par les mains ferventes et subtiles des trois Nornes qui habitent dans les profondeurs du puits d'Urd. Freyja est donc l'une des rares figures divines à pouvoir interpréter correctement les longues chaînes d'événements que le destin réserve à chaque être vivant habitant les neuf mondes. Par ailleurs, la déesse des moissons et de la fertilité était éperdument attirée par les bijoux et les colifichets aux pouvoirs surnaturels et, outre le collier de la discorde, le Brisingamen, elle collectionnait toutes les formes d'artefacts susceptibles de l'aider à accroître ses pouvoirs, son charme et sa capacité innée à subjuguer le corps et l'esprit de ses interlocuteurs.

Contrairement à son frère Frey, elle suscite la jalousie des divinités féminines d'Ásgarðr. Ce n'est que plus tard, lorsque son tempérament vif et généreux laissa transparaître les nombreux mérites de son caractère, que les déesses décidèrent d'accueillir Freyja à bras ouverts dans le royaume d'Ásgarðr, l'intégrant ainsi à leur ligné : les Asiatiques. Ces derniers, quant à eux, avaient choisi de rendre hommage à leur camp rival avec deux divinités qui se distinguaient par leur sagesse ainsi que par leur tempérament doux et conciliant : Honir et Mimir. Ils arrivèrent sur les terres lointaines de Vanheim pour apporter la paix et établir un pacte silencieux entre les deux parties en conflit. Plus aucune guerre ne viendrait perturber le cours de la vie d'Yggdrasil. En revanche, si Mimir se distinguait par son bon sens et sa modération - il était en effet le gardien de la source qu'Odin lui-même avait violée en échange de son œil gauche - Honir n'était pas son digne compagnon. Selon la légende, il avait fait don de son âme sensible au premier couple d'êtres humains modelés dans le bois et avait ainsi gagné l'approbation et la confiance de ses proches. Arrivés en territoire ennemi, les deux Asi furent immédiatement accueillis avec des honneurs et une attention dignes des rois. En particulier, Honir se fit immédiatement entendre dans les assemblées publiques et privées de Vanheim, car, guidé par les conseils invisibles et inaudibles de Mimir, il sut se distinguer par sa sagesse et son tempérament. En l'absence de l'autre, cependant, il devint rapidement silencieux et indécis sur ce qu'il convenait de faire, soulignant son manque de compétence dans tous les domaines militaires et naturels. D'autre part, les Asiatiques savaient que Honir était plus doué pour tromper que pour gouverner avec sagesse, et avaient décidé de le reléguer dans le royaume des Vani pour se moquer de ses anciens ennemis. Mais les Vani ne laissèrent pas échapper les contradictions de Honir, parent de sang d'Odin : beaucoup d'entre eux se rendirent compte qu'il posait des questions et trouvait des réponses moins autoritaires et sages en l'absence de l'autre divinité d'Ásgarðr, et finirent par comprendre qu'ils avaient été trompés.

C'est pour cette raison que les divinités naturelles décidèrent de se venger brutalement. Mais pas sur Honir, le soi-disant sage et beau conseiller qui ne cessait de sacrer sur des sujets qui lui étaient obscurs, mais sur Mimir : elles lui coupèrent la tête et l'envoyèrent à Ásgarðr, pour avertir Odin qu'il avait découvert le piège. Le géniteur des Asiatiques n'en a cure: il commence à frotter la tête du malheureux défunt avec des herbes médicinales qui l'empêcheront de se décomposer avec le temps. Certains dieux commencèrent à entonner des litanies et des prières miraculeuses en l'honneur de Mimir, afin que sa sagesse ne se perde pas parmi les feuillages d'Yggdrasil et les savants tissages des Nornes. C'est alors que, soudain, les yeux du dieu sur lequel les Vani s'étaient vengés s'ouvrirent, blancs et perçants. La tête parla et suggéra à Odin de la ramener, bien que coupée, près de sa source originelle.

Le père des Asiatiques obéit, il voyagea avec la tête de Mimir sous le bras et retourna à la grotte de la sagesse. Son œil gauche le regardait, baigné dans l'eau claire. Le père des dieux déposa la tête de son parent et s'assura que là, œil et tête, continuaient à se souvenir du passé, à connaître le présent et à prévoir l'avenir. Avant de laisser derrière lui le reflet brillant de l'eau de la sagesse qui brillait de la source sur les parois de la caverne, Odin mit la précieuse corne de Mimir dans sa poche. Il le remettra à Heimdall, le messager des dieux, qui s'en servira pour attirer l'attention des Asiatiques et de tous les dieux à l'arrivée du Ragnarok. Le son du Gjallerhorn est en effet capable de rugir dans la nuit, de réveiller les dieux et d'atteindre tous les coins et recoins des neuf mondes. Cet appel annoncerait le début de la fin. Odin le savait. Et Odin, malgré tout, ne dit rien. Après tout, le sacrifice de Mimir avait apaisé la soif de sang des deux factions rivales. Vani et Asi regrettèrent la perte du dieu sage et résolurent de ne plus jamais se battre l'un contre l'autre. Aussi inexplicable et douloureux qu'il ait été, le martyre de Mimir avait permis de rétablir l'équilibre entre Ásgarðr et Vanheim. *Plus de guerres*, se dirent les dieux. Pourtant, le Ragnarok continuait d'avancer, inexorable, pour aboutir à la fin à laquelle toute créature vivante est, après tout, destinée : la mort.

CHAPITRE 6

Magie, hydromel et cadeaux des dieux

Mon cher lecteur, je t'ai déjà dit que la connaissance des runes ne suffisait pas à combler le besoin de sagesse d'Odin. C'est ce qui est raconté :

« *Je sais que j'ai été pendu à l'arbre [balayé par le] vent pendant neuf nuits entières, à la lance blessée et sacrifiée à Odin, à moi-même, à cet arbre dont personne ne sait de quelles racines il pousse. Le pain [que personne] ne m'a donné ni la corne [pour boire], j'ai regardé en bas ; j'ai ramassé les runes, je les ai prises en criant, puis je suis tombé de là-haut* »

Le géniteur des dieux était en effet le seul à savoir les utiliser, les graver et les peindre sur toutes les surfaces, afin de transmettre leurs secrets aux hommes de Midgarg. C'est dans un tel scénario que les « hommes du Nord » justifient la naissance de la poésie et du chant, instruments suprêmes de rapprochement avec les neuf mondes qui se trouvent au-delà de « l'Enceinte du Milieu ». Le chanteur est celui qui, d'une certaine manière, communique avec la figure du dieu. C'est précisément pour cette raison qu'il est nécessaire que la contamination entre le monde sensible et le monde surnaturel se plie à la logique à la fois humaine et divine.

MYTHOLOGIE NORDIQUE

Dans le chapitre précédent, nous avons laissé Asi et Vani dans une période de stase, d'immobilité. Les deux lignées conclurent un pacte de paix en crachant dans un grand bassin et décidèrent de façonner un être capable de se souvenir de leurs erreurs passées. Kvasir, également connu sous le nom de Kwasir ou Qvasir, était né. C'était l'être le plus sage qui ait jamais existé dans les neuf mondes, plus sage encore qu'Odin et que le malheureux Mimir, confiné à rester sans tête dans son corps. Il n'y avait aucune question à laquelle Kvasir n'était pas capable de répondre grâce à sa sagacité et à son tempérament docile. En même temps, il entreprit un long voyage pour partager avec les peuples des neuf mondes la sagesse dont il était l'unique et irremplaçable détenteur.

Une nuit, il décida de reposer ses membres dans la maison de deux nains consanguins. Ils s'appelaient Fjalarr et Galarr. Ils avaient été habiles, les deux frères : ils l'avaient invité dans leur humble demeure et avaient eu une longue conversation avec lui sur les choses du monde, avant de le tuer. Ils l'ont assassiné sans pitié, distillant son sang dans deux coupes et un pot de taille moyenne. Ils y ajoutèrent du miel et remuèrent très soigneusement, extrayant un liquide épais et précieux que l'on appelait hydromel. Ceux qui le buvaient devenaient des chanteurs et des poètes. Les récipients contenant l'hydromel miraculeux sont appelés Són, Boðn et Óðrørir. Fjalarr et Galarr adressent alors leurs condoléances aux dieux, affirmant que le malheureux Kvasir est mort dans son sommeil, probablement étouffé par sa propre sagesse. Le même jour, ils se rendèrent chez le géant Gillingr et sa femme, les invitant à sortir en bateau, comptant sur leur sagesse maritime et leur compagnie. Or, en éloignant le bateau des océans, ils provoquèrent la chute par-dessus bord du malheureux aventurier. En effet, il est bien connu que les géants ne savent pas nager. De retour sur la terre ferme, ils annoncèrent la mauvaise nouvelle à l'épouse du défunt Gillingr, qui se mit à pleurer des larmes amères, à gémir, à se jeter à terre et à frapper le sol de ses poings serrés. C'est alors que Fjalarr, qui lui avait d'abord demandé de l'accompagner à l'endroit exact où son mari avait perdu la vie, décida de se débarrasser de la veuve ennuyée en la frappant à la tête avec une meule de moulin. Or, par une coïncidence du destin tissée par les doigts avisés des Nornes, il se trouve que le neveu du géant Gillingr, un certain Suttungr, passait par là et qu'il apprit la diabolique tromperie du couple de nains sur leur oncle et leur tante aujourd'hui décédés. Il retrouva alors la cachette des deux fugitifs, les attacha solidement avec une corde et les conduisit au large. Il y avait là un rocher qui serait bientôt englouti par la marée haute. C'est là qu'il les abandonna sans remords. Les deux frères, cependant, n'abandonnèrent pas si facilement et, priant pour leur vie, promirent à Suttungr l'hydromel miraculeux de la poésie, si seulement ils étaient sauvés et ramenés sur la terre ferme.

Le géant accepta volontiers et les lâcha près de la maison des deux oncles, repartant avec l'hydromel dans les mains. Non content, il décida de le cacher de peur que quelqu'un ne le tue et ne le prive de son précieux trésor. Il le déposa près de Hnitbjorg et y plaça sa fille Gunnlöð pour le garder. Les jours passèrent et l'on n'entendit plus parler des deux nains, du moins jusqu'à ce qu'Odin quitte Ásgarðr pour errer en vagabond à travers les montagnes et les plaines des neuf mondes, lorsqu'il croisa le chemin de neuf esclaves qui fauchaient un champ de foin le dos courbé. Il leur proposa alors de leur prêter sa main forte et sage, afin de les libérer de cette tâche laborieuse. L'ancêtre des dieux enroula les outils et les couteaux des malheureux ouvriers pour les aider dans leur travail et demanda en retour de festoyer en leur compagnie. Cependant, les esclaves, pour s'attirer les faveurs du dieu et dans l'espoir de quitter le sort cruel auquel ils avaient été condamnés par les Nornes, tentèrent de se surpasser et de s'améliorer les uns les autres. Après s'être battus, ils s'égorgent les uns les autres à l'aide d'armes qu'Odin lui-même a aiguisées pour eux. Il se trouve que le chef des neuf esclaves, un certain Baugi, frère de sang de Suttungr, était spectateur de cette terrible boucherie. Lorsque le père des Asiatiques vint lui demander asile la nuit, il révéla à son hôte qu'il était très contrarié par la mort inattendue de ses esclaves et que - à cette époque -

il n'était pas du tout facile de trouver de nouveaux travailleurs pour accomplir des tâches aussi lourdes. Le dieu - qui s'était présenté à Baugi sous un déguisement, déclarant s'appeler Bolkver - proposa de remédier à ce malheureux événement et demanda en échange une gorgée de l'hydromel livré par les nains à Suttungr. Son interlocuteur s'empressa de lui répondre qu'il ne pourrait pas le faire, car son frère gardait le breuvage magique avec une grande jalousie et parfois une certaine maniaquerie.

Même lui, Baugi, n'avait aucune idée de l'endroit où il se trouvait. Cependant, devant l'insistance de l'étranger, il est prêt à tenter sa chance. Odin ajouta foi aux promesses du géant et travailla pendant trois longs mois d'été, jour et nuit, dans le champ de foin qui était la propriété du géant ; il était capable, après tout, de faire le travail de neuf esclaves sans jamais lever la tête de la récolte ambrée. Enfin, lorsque la brise d'automne commença à caresser les champs et à faire bruisser les feuilles des frênes, le père des dieux se rendit à la demeure de Baugi pour toucher la récompense qui lui avait été promise. C'est ainsi que celui-ci, acculé, alla trouver son frère pour lui demander une gorgée du liquide miraculeux. Mais Suttungr, comme on peut l'imaginer, refusa catégoriquement.

« Tu n'auras pas de frère, je suis désolé », lui dit-il, l'invitant à reprendre la route qui le mènera, les mains vides, vers les champs dont il est l'héritier et le possesseur »

Odin, en tout cas, n'aurait jamais abandonné le butin mérité avec une telle reddition. Il proposa à Baugi d'imaginer une ruse qui trahirait la confiance de son frère. L'autre accepta sans résistance. Il sentit, en effet, une aura puissante et magique émaner des membres puissants de son interlocuteur et, surtout, une sagesse difficile à trouver chez de simples esclaves des champs se répandre dans son esprit et sa langue. Pour démontrer cette finesse d'esprit inégalée, Odin se procura une grande perceuse nommée Rati et demanda au géant de percer le rocher de Hnitbjorg d'un côté à l'autre. L'autre obéit. Mais lorsque le dieu voulut souffler sur les copeaux générés par le travail inlassable de l'autre, il se rendit compte que Baugi avait essayé de le piéger. Ce dernier n'avait en rien affecté la roche. Loin de là. Il l'avait griffée sur sa surface la plus externe afin de créer un trou microscopique à partir duquel personne - ni nain, ni humain, ni dieu, ni géant - ne pourrait accéder à la caverne secrète où Suttungr avait entreposé l'hydromel des nains. Le géniteur des Asiatiques, conscient du piège concocté dans son dos, se transforma alors en un mince serpent et tenta de ramper dans la minuscule anfractuosité. Baugi poussa un cri de stupeur et de terreur en voyant cet esclave musclé pratiquer un art magique aussi complexe et difficile à maîtriser, et, saisi d'un moment de peur mêlé de colère, tenta de frapper l'Odin-serpent avec la pointe de la foreuse Rati. Il manqua son coup. Le dieu parvint alors à ses fins et atteignit la caverne où veillait Gunnlöð. Il resta auprès d'elle pendant trois longues nuits et, à la quatrième aube, reçut la permission de boire trois gorgées d'hydromel magique. Le dieu ne se le fit pas dire deux fois : à la première gorgée, il avala tout le liquide de la coupe d'Óðrørir, à la seconde celle de Sòn, et à la dernière celle de Boðn. Il avait en effet très soif. Enfin, le ventre gonflé de sagesse, il se transforma en aigle et se dirigea vers le ciel, là où les branches d'Yggdrasil veillent sur l'ordre cosmique des neuf mondes. Il n'est pas seul. Depuis la surface de la terre, Suttungr avait lui aussi décidé de se transformer en oiseau de proie et de s'envoler avec ses ailes puissantes. Il ne laisserait pas un déshonneur impuni sans détruire de ses propres mains le responsable d'un tel affront fait à la race des géants. Lorsque les Asiatiques aperçurent au loin la silhouette d'Odin, ils s'empressèrent de déposer trois grandes coupes dans la cour d'Ásgarðr. Le père des dieux y cracha les gorgées d'hydromel qu'il avait avalées sous le regard attentif de Gunnlöð. Cependant, lorsque l'aigle de Suttungr passa à quelques mètres de ses plumes, il agit avec une célérité excessive et renversa sur le sol quelques gouttes du précieux liquide distillé à partir du sang de Kvasir. Celles-ci restent à la disposition de tous ceux qui ont envie d'apprendre le noble art de la littérature, du chant et de la poésie. Les trois coupes, en revanche, sont la propriété des Asiatiques et de quelques élus.

Neuf longs mois s'écoulèrent. Dans les profondeurs de Hnitbjorg, Gunnlöð donne naissance à un petit garçon qu'elle nomme Bragi. Dès le début, le nouveau venu montre un talent inné pour l'inspiration poétique et l'art de raconter des histoires. Ce n'est pas un hasard si, dans la tradition scandinave, le suffixe *bragr* correspond au mot qui signifie « *poésie, poétique* » C'est alors que la sombre caverne dans laquelle Gunnlöð avait passé la majeure partie de son existence commença à se sentir à l'étroit pour elle et le seul enfant qu'elle avait engendré dans les profondeurs d'Yggdrasil. Le demi-géant devint fort et téméraire, ainsi que mû par un besoin impérieux de connaître les choses du cosmos que sa mère, dans son cœur, comparait aux tendances comportementales de son père, cet Odin qui ne lui avait rendu visite que pendant trois jours et trois nuits avant de s'envoler dans le ciel. Conscient de la souffrance à laquelle Bragi était relégué dans un environnement aussi lugubre et hostile, Gunnlöð lui permit de partir à la découverte des neuf mondes. Le jeune homme partit avec sa harpe d'or sur les épaules, poussé par le désir de visiter Ásgarðr. Il y retrouverait enfin son père et la lignée des Asiatiques dont il est issu. Le voyage le mit non seulement à l'épreuve, mais l'exposa également à une longue chaîne de dangers et de difficultés auxquels le métis n'était pas du tout habitué. En effet, il avait passé une grande partie de son enfance sous le dôme de pierre de Hnitbjorg, en compagnie de sa mère. Mais la peur qui le tenait éveillé les premières nuits sous le regard attentif des étoiles du ciel se transforma vite en un désir de contempler les manifestations de la nature et, dans la mesure du possible, de se fondre en elles. L'art scandinave du chant et du conte est en effet inextricablement lié au flux des choses sensibles, au temps qui passe et au destin des hommes, des dieux et des géants plongés dans un présent rythmé par la sève d'Yggdrasil. Tandis que Bragi caressait les cordes de la harpe d'or du bout de ses doigts tremblants, des fleurs poussaient sur les rives des rivières et des animaux apparaissaient à travers les buissons et les clairières basses. Enfin, un jour, il la rencontra: elle était belle, grande et charmante. C'était Iðunn, la jeune fille qui avait enchanté son cœur et l'avait fait se sentir exposé et fragile comme personne ne l'avait jamais fait auparavant. La déesse du printemps et de la jeunesse rendit son amour au chanteur solitaire et décida de l'accompagner sur la route qui le mènerait à Ásgarðr, à la découverte de ses lointaines racines. La nature et le chant avaient fusionné dans un lien indissoluble.

Il répète avec enthousiasme: « Tu vas rencontrer mon père, le roi de tous les dieux asiatiques. Il bénira notre union et organisera notre mariage ». Iðunn rougit et se tut, courbant ses lèvres pleines en une expression béate, enivrée par l'influence de son premier amour de jeunesse. Elle serra la main de son Bragi et continua à marcher, pas à pas, en direction d'un avenir qu'elle imaginait rose et plein de bonheur. Après avoir passé le Bifrost - le pont aux sept couleurs de l'arc-en-ciel - le couple atteignit les portes de Gladsheim, la demeure privée du géniteur divin.

Odin n'en croit pas ses yeux et, en bon hôte, accueille les nouveaux venus avec des honneurs dignes d'un roi. Il est en effet réellement impressionné par les compétences, la générosité et la sagesse de son nouveau fils. Même Iðunn, admirée pour son charme et sa grâce, n'a pas eu à faire d'efforts pour se faire aimer des divinités féminines et masculines d'Ásgarðr. En effet, elle tenait dans ses mains une corbeille pleine de fruits - selon la tradition, il s'agissait de pommes vertes - qui conféraient la jeunesse éternelle à tous ceux qui avaient le privilège de les croquer. Elle était généreuse en cadeaux, aimable et toujours souriante. Les Asiatiques s'habituèrent rapidement à la sensation de plaisir qui envahissait le corps et l'esprit après une seule dégustation des fruits savoureux d'Iðunn, et commencèrent à faire tout ce qui était en leur pouvoir pour que la jeune fille reste à Ásgarðr pour toujours. Là, ils posséderaient une source de richesse et de beauté sur laquelle aucune créature du monde extérieur ne pourrait mettre la main.

D'autre part, il est bien connu que le bonheur des uns fait l'envie de beaucoup d'autres.

Les géants apprirent le secret des Asiatiques ennemis et commencèrent à trembler pour s'emparer des pommes, concoctant un plan pour enlever la déesse du printemps. J'ai décidé de vous raconter cette histoire dans le prochain chapitre!

Cher lecteur, une chose est sûre: le barde et la jeune fille s'aimaient.

Bragi avait été accueilli à bras ouverts par un père redoutable et admirable. Iðunn avait posé le pied sur la terre des dieux, ses pairs, et avait appris à partager les pouvoirs de la nature avec la race d'Odin vouée aux arts de la guerre. L'apparente antinomie entre nature et technologie cache en réalité un besoin de comprendre la succession des saisons pour se sentir en harmonie avec l'ordre cosmique. En écrivant les pages de ce livre, j'aime à imaginer que l'homme du Nord n'est pas si différent de nous tous, enfants de la technologie ; il est animé par nos mêmes peurs, nos mêmes désirs. La poésie et le chant, même s'ils ont évolué au fil des siècles, restent les pierres angulaires que les êtres humains utilisent pour communiquer leur monde intérieur, ce que les Anglais appellent the *inner world*. Le résultat ? Un mélange d'histoire et de mythologie qui jamais, comme dans le système divin scandinave, ne s'entrelace et ne se fond dans un grand récit. En une grande histoire.

CHAPITRE 7

Loki, la jeune fille et le grand hiver

Loki et Odin se mettent en route. Les pérégrinations du divin géniteur étaient accueillies avec un vif intérêt par le Seigneur de la Malice, qui ne manquait jamais une occasion de s'intéresser de plus près aux pouvoirs secrets du dieu. L'ascension avait été infranchissable et le voyage avait usé le corps et l'âme des deux vagabonds. Au crépuscule, Odin s'allongea au pied d'une montagne avec l'intention d'allumer un feu et de faire rôtir de la viande de bœuf chassée en chemin. Bien que les flammes aient effleuré le repas, celui-ci restait cru et croustillant de sang frais. À leur grande surprise, les deux Asiatiques durent convenir qu'ils étaient entourés d'une rare forme de magie, qui empêchait la chaleur de cuire leur dîner bien mérité. Odin fut le premier à lever le regard à la recherche d'un signe du destin. Il croisa le regard d'un rapace qui, grimaçant sur une branche, prit la parole: « Je vous ai dérangés ? Un somptueux festin vous attend, sans doute ! Ne pensez-vous pas que toute cette nourriture est plus que suffisante pour nourrir deux personnes ? « Laisse-moi partager le dîner et je te laisserai faire cuire ton bœuf », ricana-t-il en déployant ses puissantes ailes. Loki ne se fit pas prier et demanda à l'oiseau mystérieux de se joindre à eux. Avant qu'Odin n'ait pu se rassasier, l'aigle avait déjà survolé la carcasse et en avait dévoré les trois quarts, à la grande surprise des Asiatiques. Le dieu de la tromperie, agacé par les agissements de l'animal magique, saisit une branche pointue dans l'intention de l'éloigner des quelques restes de la carcasse. Mais la bête, enragée et effrayée par la tentative d'agression de Loki, resserra ses griffes sur le rondin de bois et, après avoir battu follement des ailes, s'éleva de plusieurs mètres dans les airs, emportant avec elle le seigneur de la tromperie. Loki, interloqué, et conscient de la triste fin à laquelle il aurait été destiné s'il avait eu la légèreté de se laisser aller, se mit à s'agiter sauvagement, tout en s'agrippant de toutes ses forces à la branche. Odin observait la scène d'un air ridé, sachant que cette bête, inconnue de lui, avait été envoyée par eux avec des ordres bien précis. Ainsi, Loki s'approchait malgré lui des frondaisons d'Yggdrasil, la Terre s'éloignait de plus en plus, et le visage d'Odin était devenu un flou sombre entouré du vert des forêts incultes. L'aigle menaça de lâcher prise.

« Descendez-moi immédiatement ! » cria Loki en secouant les pieds et en regardant les yeux du rapace se rétrécir d'une expression malveillante. « Je ferai tout ce que tu veux, mais descends-moi ! » supplia avec plus d'insistance le Seigneur de la Tromperie, lui qui était un habile manipulateur et qui ne tolérait en aucun cas l'idée de finir tué dans une situation aussi surréaliste. L'oiseau hésita un instant, puis prit la parole et dit sacramentellement: « Iðunn. Amenez-moi Iðunn ! ». Le pacte était contraignant après tout: la vie de Loki en échange de la déesse de la jeunesse et du printemps dont les Asiatiques ne pouvaient plus se passer. D'un autre côté, le dieu du mensonge savait pertinemment qu'Odin serait furieux s'il apprenait son manque de prévoyance. Qu'en y regardant de plus près, l'aigle qui l'avait trompé et subjugué par sa magie était en fait Thiassi, un géant à l'apparence redoutable. Loki acquiesça et retourna à Ásgarðr, l'esprit plein de sombres intentions.

Le lendemain matin, il apparut sur le seuil de la demeure où Iðunn passait ses journées en compagnie de Bragi, et, tentant d'éveiller sa curiosité féminine innée, il lui dit: « Tu dois savoir, ma chère Iðunn, que j'ai rencontré un arbre incroyable. Ses pommes ont l'air bien plus savoureuses et juteuses que les tiennes ! Suis-moi et je te montrerai où le trouver » La déesse ne se méfie pas et, ravie d'être mise au courant de manifestations naturelles qu'elle ignorait encore, suit le Seigneur de la Malice au cœur de la forêt. Soudain, alors que la déesse du printemps et de la jeunesse tournait à gauche et à droite à la recherche de l'arbre miraculeux, un grand oiseau de proie tomba du ciel et la saisit de ses griffes acérées, déchirant sa robe et la soulevant au-delà de la couverture de nuages et de brume d'Ásgarðr. En quelques secondes, la silhouette d'Iðunn n'était plus qu'une tache lointaine emportée avec véhémence vers les montagnes du nord. Il était désormais la propriété des géants. La disparition d'Iðunn découragea les dieux: les Asiatiques se sentirent soudain seuls, fragiles et malheureux, privés qu'ils étaient de la nourriture miraculeuse que seul le nouveau venu était capable de leur procurer. Lorsqu'ils comprirent enfin qu'Iðunn avait été enlevée et que la dernière personne à en avoir entendu parler était Loki lui-même, ils se mirent en alerte et menacèrent de se venger du traître potentiel. Craignant le pire, le Seigneur de la Malice devina qu'il devait tout faire pour se débarrasser de la trahison perpétrée contre Iðunn et sa lignée. C'est pourquoi il se rendit dans la demeure de Freyja et lui demanda de lui prêter la longue cape de plumes qu'il utilisait pour pratiquer sa magie naturelle. Elle accepta volontiers et Loki, après s'être transformé en oiseau de proie, se dirigea à grands coups d'ailes vers les chaînes de montagnes du nord. S'il sauvait Iðunn, il préserverait sa réputation et sa sécurité. Arrivé à destination, il la trouva seule et souffrante. Elle n'était pas habituée au gel du nord et grelottait frénétiquement à l'intérieur d'un nid d'aigle géant. Bien que Thiassi ait tenté par tous les moyens de s'emparer des pommes miraculeuses, la divinité avait refusé de céder et s'était obstinée à résister. Voyant la jeune fille réduite à un état proche du désespoir et de la mort, Loki regretta amèrement ses actes et décida de la ramener à Ásgarðr au prix de sa propre vie. Utilisant le pouvoir du manteau de plumes de Freyja, il la transforma en hirondelle. Enfin, il la tint fermement dans ses puissantes serres, car Iðunn était trop faible pour se mettre à l'abri par ses propres forces. Tous deux, l'aigle et l'hirondelle, s'élevèrent dans le ciel glacial du Nord et, bercés par les courants venteux, se dirigèrent vers Ásgarðr. Soudain, alors que les portes de la demeure divine se matérialisèrent déjà à l'horizon et que Loki crut avoir réussi à tromper le malveillant Thiassi, le géant rattrapa le couple de fugitifs.

Il s'était à nouveau transformé en l'oiseau de proie qui avait menacé de tuer Loki en ce lointain jour d'été, où Odin avait assisté à la scène sans prévoir le pacte macabre sanctionné en altitude. C'est alors que les divinités gardiennes remarquèrent des mouvements suspects et s'empressèrent d'allumer un grand feu de joie, empilant du bois et générant un bûcher aux proportions gigantesques. Le géant du Nord, peu habitué aux températures élevées et incapable d'emprunter le pont arc-en-ciel pour accéder aux portes d'Ásgarðr, fut contraint de ralentir son rapide battement d'ailes; il fut ainsi entouré de fumée et de flammes qui l'asphyxiaient de toutes parts. Thor s'éleva finalement dans le ciel et donna le coup de grâce au redoutable ennemi en utilisant la puissance de son marteau. Iðunn est sauvée. Loki est accueilli et pardonné. Les dieux, quant à eux, réalisèrent qu'ils étaient irrémédiablement subjugués par les fruits d'Iðunn et firent le serment de la garder en sécurité, loin des tromperies ennemies. De plus, pour préserver la mémoire de ce qui s'était passé, ils arrachèrent les yeux de Thiassi des restes de sa carcasse et les placèrent dans la voûte céleste afin qu'ils brillent comme des étoiles jumelles pendant les longues nuits d'hiver. En Occident, nous les appelons Castor et Pollux.

Les jours, les mois et les années passèrent. Un jour, la déesse de la jeunesse tomba des branches d'Yggdrasil et plongea dans les enfers de Hel. Elle se balançait en effet sur les branches de l'arbre cendré-cosmique et, prise d'un vertige soudain, avait basculé dans ce sombre abîme dépourvu de musique et de chant, de nature et d'espoir. Elle tomba pendant des moments qui parurent interminables; il était difficile de déterminer le temps qui s'était écoulé. Lorsqu'Odin s'aperçut de son absence, il comprit, grâce à son œil droit omniscient, la raison de sa disparition. Il convoqua son fils Bragi, époux d'Iðunn, et le fidèle conseiller et messager Heimdall, en possession du cor magique de Mimir. Ce dernier se présente en tenue de combat, protégé par une armure d'un blanc éclatant. Le géniteur des dieux leur donna l'ordre de descendre dans les profondeurs du monde souterrain pour ramener à Ásgarðr la seule divinité qui garantirait l'approvisionnement en fruits miraculeux. De plus, il donna au duo sa propre fourrure de loup blanc pour qu'ils puissent en envelopper le corps torturé d'Iðunn pendant le voyage de retour. Bragi, qui faillit s'évanouir en apprenant le triste sort auquel sa fiancée était condamnée, se prépara à partir. Par contre, la route menant au territoire de Hel était tout sauf facile; après avoir traversé la rivière des âmes mortes, Gjoll[5], les deux Asiatiques durent affronter la géante Modgud, connue aux quatre coins des neuf mondes sous le nom de Guerrière furieuse. Elle était la jeune fille qui gardait le pont de Gjallarbrù ; si seulement Bragi et Heimdall étaient tombés dans les eaux de Gjoll, ils auraient souffert d'une douleur indicible comparée au tranchant de milliers d'épées aiguisées. Mais les deux guerriers étaient habiles et habitués à l'art de la guerre. Ils laissèrent derrière eux les cris de colère de Modgud et marchèrent d'un bon pas dans la forêt de fer, dont les arbres étaient ornés de feuilles et de branches aussi tranchantes que des centaines de poignards chauffés au rouge. Lorsqu'ils se retrouvèrent enfin près de la porte de Hel, entourés d'une obscurité qui devenait plus enveloppante et dense à chaque pas, ils durent faire face au chien de l'enfer - le pendant du Cerbère de Dante - qui les pesait silencieusement, les dents grinçantes et les oreilles au garde-à-vous. Il s'appelait Garm.

Dans la Voluspa, la Prophétie du Voyant, nous lisons:

---

[5] Gjoll est l'une des onze rivières primitives appelées Élivágar, qui prennent naissance dans les profondeurs des sources d'Hvergelmir, dans le territoire glacé du sud de Nifheimr.

MYTHOLOGIE NORDIQUE

« *Fierce latra Garmr devant Gnipahellir: les lacets se briseront et le loup courra. Elle connaît de nombreuses sciences: de loin, j'entrevois le destin des dieux, des puissants dieux de la victoire*»

Selon la légende, il était possible de passer sans encombre devant le gardien de Hel en lui jetant un pain trempé dans le sang de celui qui souhaitait pénétrer dans le monde souterrain. La créature était ainsi apaisée et apprivoisée. Selon d'autres versions du mythe, il aurait suffi de pétrir le fameux gâteau de Hel. Seuls les généreux et les désintéressés pouvaient réussir en ajoutant quelques gouttes de leur propre sang au mélange. Bragi et Heimdall se libèrent rapidement de la bête vorace et s'approchent de la caverne infernale. Ils y trouvèrent Iðunn. La déesse du printemps n'avait plus l'apparence de la charmante jeune fille qui avait uni son chant à celui des oiseaux d'Yggdrasil. Il n'y avait aucune trace, sur ce visage torturé, de l'épouse de Bragi. Son corps était raide comme du marbre, sa peau cireuse et exsangue. Lorsqu'ils la touchèrent, ils s'aperçurent que la déesse dégageait une aura glaciale et impénétrable qui la rendait comme morte. Le messager des Asiatiques sortit aussitôt la couverture de fourrure d'Odin et en enveloppa le corps tendre d'Iðunn. Cependant, elle ne donna aucun signe de réveil de la stupeur macabre dans laquelle elle gisait immobile. Malgré les exhortations du palefrenier qu'elle avait rencontré autrefois dans les bois florissants des neuf mondes, elle était incapable de prononcer un mot. La vie était comme déversée hors d'elle, faisant d'elle le cercueil vide d'une âme perdue, peut-être maudite. Heimdall panique: que faire ? Comment quitter le royaume des enfers avec un corps incapable de les suivre ? C'est alors que Bragi, la voix pleine de souffrance et d'émotion, affirma qu'il était prêt à se tenir aux côtés de son épouse pour la réconforter et la réchauffer avec des mots pleins d'amour passé. Ce n'est qu'ensuite, lorsqu'elle serait capable de faire quelques pas pour se mettre à l'abri, qu'il la ramènerait sur la route d'Ásgarðr, où l'attendait la famille qu'elle avait acquise.

Il est difficile de déterminer combien de nuits les deux amants passèrent dans un silence empreint de nostalgie et de tristesse: la harpe d'or que Bragi tenait toujours sur son épaule droite restait muette et silencieuse pendant des heures, des jours, peut-être des semaines. L'obscurité l'enveloppait lentement, l'arrachant au souvenir des jours heureux passés en compagnie de sa bien-aimée. Elle, en revanche, ne donnait aucun signe de remarquer la présence d'autrui. Immobile, le regard vide, elle attendait un salut que personne ne pouvait lui donner. Enfin, les doigts de Bragi se refroidirent et cessèrent d'effleurer les cordes de l'instrument miraculeux. Les ténèbres enveloppèrent le barde et la jeune fille, laissant un vide infranchissable dans Ásgarðr et les neuf mondes. Pendant ces mois de privation, la nature, animée par le sang d'Yggdrasil, s'ennuya du chant d'Iðunn et commença à exprimer ses profonds regrets: les oiseaux disparurent de la voûte céleste, les fleurs se courbèrent sur leurs tiges - incapables d'élever leurs corolles vers les branches de l'arbre cendré - et les animaux se retirèrent dans les profondeurs boisées, loin des regards indiscrets. Ce n'est que lorsque tous deux osèrent revenir sur la terre que l'ordre cosmique commença à adoucir l'existence des êtres vivants par ses joyeuses manifestations naturelles. Bragi et Iðunn se mirent à scruter l'au-delà de Hel et, sur leur passage, tout fleurit et resplendit d'une chaleur renouvelée.

Le printemps revint.

Cher lecteur, je vous ai déjà raconté comment les versions de la structure mythologique scandinave font l'objet d'interprétations souvent contradictoires. Certains croient en effet que l'emprisonnement d'Iðunn dans le monde souterrain était un présage de la longue chaîne d'événements cataclysmiques connue sous le nom de Ragnarok, la fin du monde. L'absence du barde et de la déesse de la jeunesse représente, en ce sens, l'arrivée du Grand Hiver, la période de sécheresse cosmique et de disharmonie qui subjuguera le cœur des hommes, des dieux et des géants. J'aime à penser que, tout comme les histoires de Cupidon et Psyché racontées dans la fabula Milesia d'Apulée et sculptées dans le marbre par les mains habiles d'Antonio Canova (1787 - 1793), Iðunn et Bragi ont pu eux aussi se libérer des contraintes du froid qui enveloppe tout, annihile l'inspiration créatrice et anéantit les âmes. Nous ne disposons d'aucun élément tangible pour établir le destin des deux amants. Et c'est peut-être mieux ainsi. Il y a une limite mythologique très mince au-delà de laquelle il nous est permis de combler les vides historiques en utilisant le pouvoir de notre imagination. *À vous de choisir !* Libre à vous de croire que la musique et le chant sont capables d'anéantir même le néant qui engloutit tout ce qui est sensible, comme libre à vous de croire que la saison hivernale que nous affrontons tous avec un parapluie sous le bras et le menton enfoncé dans le revers de nos manteaux est en fait la manifestation d'un amour refusé, brisé, dévoré par la mort qui ne laisse pas d'échappatoire. Quoi qu'il en soit, j'espère que vous n'oserez pas oublier l'histoire d'Iðunn et de Bragi, qui oscille entre illusion et désillusion, vérité et légende.

CHAPITRE 8

Les cheveux de sif et le rôle de la magie dans le monde scandinave

Dans le chapitre précédent, nous avons fait connaissance avec les nains, créatures sombres et malveillantes qui, dans la mythologie scandinave, se caractérisent par leur tempérament fourbe et brutal. Dans les pages qui suivent, j'ai décidé de raconter les vicissitudes de deux races - les Asiatiques et les nains - liées par le même destin. En effet, les dons des artisans des enfers ont été confiés aux divinités pour préserver l'équilibre cosmique des neuf mondes et armer une armée de créatures éclairées et supérieures, prêtes à sacrifier leur vie pour enrayer la tournure imprévisible des événements appelée Ragnarok. Je vous laisse le lire sans plus d'hésitation, en espérant que les protagonistes de ces histoires contribueront à éclairer les mystérieux méandres de l'univers nordique.

Thor est l'époux de la charmante Sif. La jeune mariée aux cheveux d'or appartenait à la race asiatique et s'était distinguée par ses qualités typiquement féminines, parvenant à conquérir le cœur de l'intrépide dieu du tonnerre. Ce dernier l'aimait de tout son cœur pour ce mélange savamment dosé d'yeux perçants, de teint diaphane et de beauté à couper le souffle qui colorait ses journées de la blondeur de sa chevelure. La majestueuse chevelure prenait l'ombre d'un champ de blé prêt à être moissonné. Un jour, Loki, le fils fourbe de Laufey, s'approcha de la déesse endormie pour lui couper les cheveux d'un simple geste de la main. Il s'agissait en fait d'une simple farce, si ce n'est que Thor, se rendant compte du mauvais tour qu'il avait joué à sa promise, partit à la recherche du Seigneur de la Malice dans tous les coins d'Ásgarðr avec l'intention de lui briser les os. Il semblait impossible de contenir sa colère. Thor enfila la ceinture de Megingjord pour redoubler la puissance incommensurable que lui avait conférée son père et se dirigea vers la maison de son rival. Trouvant la porte verrouillée, il la détruisit d'un coup de poing bien ciblé. Loki reposait à l'intérieur avec une expression innocente et apparemment désemparée. « Pourquoi as-tu fait ça, Loki ? demanda brusquement Thor en le soulevant par la peau du cou à un demi-mètre du sol ».

Le visage du Seigneur de la tromperie devint imperturbable ; il était en effet un habile menteur et trompait ses interlocuteurs sans jamais se laisser prendre au dépourvu.

« Faire quoi ? », réplique-t-il.

Mais Thor connaissait bien les stratégies de son ennemi, et sans le quitter des yeux, il continua à le menacer. Il céda et admit qu'il était l'auteur de la plaisanterie, retenant de justesse un rire strident. Le dieu du tonnerre et de la foudre, en réponse, le serra si fort qu'il en eut le souffle coupé. Pour sauver sa vie, Loki tenta de contenir la fureur de son homologue et, animé d'une terreur soudaine, promit à Thor de convaincre les nains de tisser une chevelure d'or pour remplacer la chevelure naturelle de son épouse Sif. Cette dernière, une fois volée, ne pouvait en effet être restituée. Le Seigneur des Tromperies partit l'après-midi même et se dirigea vers la forge souterraine des soi-disant fils d'Ivaldi. Saisis d'une profonde inspiration créatrice, ils ont également forgé le navire Skíðblaðnir en l'honneur du dieu Vain Freyr. Loki, émerveillé par l'habileté des plus sages d'entre eux, élabora un plan. C'est ainsi qu'il décida de lancer un défi aux elfes noirs qui travaillaient sans relâche dans leur forge souterraine. Il aurait même parié sa tête qu'Eitri, le frère de Brokkr, ne serait pas capable de créer des objets divins d'une valeur égale ou supérieure à ceux des Ivaldi. En effet, il était certain qu'ils étaient les ouvriers les plus habiles et les seuls à pouvoir gagner les faveurs d'Odin en lui remettant la lance Gungnir.

Le défi fut relevé et les deux nains s'enfoncèrent dans les profondeurs de leur atelier, tous deux escortés par le regard attentif de Loki. Eitri, les mains tremblantes d'émotion, prit une peau de porc et ordonna à son frère de souffler dessus avec un soufflet[6] jusqu'à ce qu'il obtienne la forme désirée. Lorsqu'Eitri quitta la forge pour récupérer les matières premières nécessaires à la fabrication de trésors pour les dieux, une mouche entra dans la pièce et, après s'être posée sur le dos des mains de Brokkr, piqua le nain resté seul. Cependant, habitué aux aléas de son métier, il continua à souffler tout l'air qu'il avait dans le corps jusqu'à ce que son frère revienne enfin avec un sanglier - un cochon mâle - couvert de poils dorés. Eitri déposa à nouveau un tas d'or datant de plusieurs milliers d'années dans le fourneau et demanda à l'autre de continuer à utiliser le soufflet pour alimenter les flammes. Il reviendra dès que possible. Lorsque Eitri disparut de la vue de Brokkr, le même mystérieux insecte se posa sur le cou du malheureux et le piqua une seconde fois. Il ne donna aucun signe de fléchissement et continua à souffler sur le feu comme on le lui avait ordonné. Eitri réapparut dans la fournaise et tira des flammes l'anneau d'or connu aux quatre coins des neuf mondes sous le nom de Draupnir. Pour la troisième fois, il demanda à Brokkr de recommencer à souffler avec plus de véhémence et de ne s'arrêter sous aucun prétexte. Car dans ce cas malheureux, le travail aurait été ruiné et ils auraient

---

[6] Un soufflet est un instrument muni d'une tuyère destiné à alimenter les flammes d'une forge et/ou d'un four par le souffle d'un être vivant.

perdu le pari qu'ils avaient convenu avec le Seigneur des Tromperies. Cependant, la mouche qui continuait d'agacer Brokkr entra à nouveau dans la forge et - malgré la fumée du feu qui devenait plus épaisse et insistante - se posa sur le front du nain pour le piquer plus violemment, enfonçant ses pattes d'insecte dans la chair floride de l'elfe noir. Le sang se mit à jaillir, chaud et abondant, et brouilla la vision de Brokk.

Ce dernier, tentant d'appeler à l'aide, fut contraint de repousser la maudite mouche aussi vite qu'il le pouvait, interrompant pendant quelques secondes le flux d'air émanant du soufflet. Lorsque son frère revint enfin, il affirma que ce qu'ils étaient en train de forger avait été irrémédiablement endommagé par l'accident de son parent, mais il ne se fâcha pas contre lui. Conscient de la situation, il remit les trois objets à Loki et attendit le verdict d'Ásgarðr qui les jugerait dignes, ou non, de la victoire. Les dieux prirent alors place pour sacrer qui était le meilleur parmi les fils d'Ivaldi et les frères Eitri et Brokkr. Trois divinités furent appelées à donner leur avis: les deux Asiatiques, Odin et Thor, et l'otage des Vani, Freyr. De son côté, Loki n'avait pas l'intention de perdre le pari. Il remit d'abord à Odin la lance d'or Gungnir ; l'artefact a le pouvoir d'atteindre n'importe quelle cible. Ensuite, il plaça dans les mains de Thor la perruque blonde qui remplacera les cheveux perdus de Sif, l'épouse du dieu de la foudre, victime de la farce macabre qui l'avait poussé sur les terres des nains. Les cheveux auraient parfaitement adhéré à la peau du crâne rasé, apportant joie et beauté au visage décharné et quelque peu grisonnant de la divinité féminine par excellence.

Un sourire revint sur les lèvres de Sif. Enfin, le Seigneur des Tromperies remit le navire Skíðblaðnir à Freyr. Dès qu'il aurait envie de naviguer sur la mer des neuf mondes, un vent magique se lèverait des terres lointaines et le porterait à destination par n'importe quel temps, favorable ou défavorable. Dans le même temps, les planches du bateau se repliaient sur elles-mêmes pour être rangées dans les poches et le sac de cuir du dieu naturel. Les trois dieux furent très impressionnés par l'habileté des fils d'Ivaldi et félicitèrent Loki de leur avoir accordé une si grande sagesse. Enfin, ce fut le tour des deux elfes des ténèbres. Brokkr et Eitri s'approchèrent en tremblant et rendirent hommage au père des dieux Asi avec l'anneau d'or Draupnir; au dixième jour de chaque cycle miraculeux, huit autres joyaux de même valeur seraient générés à partir de l'artefact en question.

Freyr reçut le sanglier. Le sanglier aux poils d'or - qui, selon la tradition scandinave, s'appelle Gullinbursti - était en effet capable de courir plus vite que n'importe quel autre animal ayant jamais existé dans l'ensemble du cosmos soutenu par le frêne d'Yggdrasil. Le porc était destiné à tirer le char rapide de Freyr pour transporter le dieu jusqu'à sa destination, sur terre comme en pleine mer, de jour comme au cœur de la nuit. Aucune obscurité n'était assez profonde pour résister aux poils dorés de l'animal miraculeux qui illuminait tout. Thor reçoit enfin le marteau, le miraculeux Mjöllnir. Ses qualités font l'envie des dieux présents: le seigneur du tonnerre peut pulvériser n'importe quel ennemi d'un coup puissant. L'arme ne se brisera jamais et ne le trahira jamais. Et comme si cela ne suffisait pas, aucun combat ne pouvait arracher le marteau magique des mains de son maître; même s'il tombait dans les profondeurs des eaux ou s'élevait parmi les nuages et les étoiles des cieux - où l'aigle du cendro-cosmique veille constamment sur les affaires des créatures vivantes - le Mjöllnir reviendrait docilement entre les doigts de son possesseur, prêt à fracasser un nouvel ennemi. Enfin, Thor pourrait le rétrécir à sa guise pour le dissimuler à la vue de ses adversaires et le porterait ainsi toujours sur lui ; il ne serait alors plus exposé aux dangers des neuf mondes et, en particulier, aux tromperies des géants. Selon la tradition nordique, le Mjöllnir présentait cependant un défaut de construction qui n'avait pas échappé à l'œil vigilant du guerrier. Le manche était trop court pour les doigts forts et puissants de Thor. Mais il n'en tint pas compte et l'attira à lui, remerciant les nains pour leurs efforts.

Après une brève évaluation, les trois dieux convinrent que le marteau du dieu de la foudre méritait la victoire. Il s'agissait non seulement d'une arme utile pour défendre Ásgarðr contre le danger des géants, mais aussi d'un artefact fidèle à son maître. Il améliorerait sans aucun doute ses compétences en matière de guerre. C'est ainsi qu'Eitri et Brokkr furent jugés dignes de la victoire et parvinrent à gagner la faveur des dieux d'Ásgarðr, bien que le savoir-faire des fils d'Ivaldi ait étonné les trois juges. Ils se rendirent donc auprès de Loki pour obtenir la tête du Seigneur des Tromperies, qui s'était montré si ignorant qu'il les avait mis à l'épreuve.

« Essayez de m'attraper ! » cria le dieu en réponse, commençant à courir en direction d'un endroit sûr. Il allait repousser les deux elfes noirs et ne plus jamais remettre les pieds dans leur monde misérable de forges et de feux pérennes. Loki utilisa donc les chaussures ailées qui lui permettaient de traverser le pont arc-en-ciel Bifrost et la voûte céleste d'Yggdrasil sans avoir besoin d'être tiré par des chars et des attelages aériens. Mais Eitri s'empresse d'adresser ses prières au dieu de la foudre, en racontant la nature du pari. Thor, de nouveau en colère contre son parent à cause de l'attitude mesquine et manipulatrice avec laquelle il croyait se débarrasser des nains, le captura et l'amena devant Brokkr et Eitri. Le premier prépara sa hache aiguisée pour trancher la tête du dieu d'un seul coup, mais alors que la lame grésillait déjà sur la chair fraîche de Loki, le second interrompit l'exécution avec un sourire narquois et malveillant.

« Ecoutez, vous deux... D'après ce que j'ai compris, je parie ma tête et non mon cou. Vous conviendrez avec moi qu'il y a une différence, non ? » apostropha le duo d'elfes noirs. Eitri posa sa main sur l'arme de son frère, lui ordonnant d'arrêter l'exécution. Puis le nain le plus malin s'empressa de récupérer un couteau de chasse, avec l'intention de creuser de profonds sillons dans les lèvres du Seigneur des Tromperies. Il lui coudrait la bouche. De cette façon, sa langue rusée et désinhibée ne blesserait plus aucune créature sensible d'Ásgarðr et de ses environs, laissant Loki sans l'arme la plus mortelle parmi celles qu'il possède: la faculté de parler. Néanmoins, le dieu déchira les points de suture du duo à l'aide de son propre pouvoir magique et, sans jeter un regard aux frères qui avaient triomphé malgré le piège de la mouche, s'engagea sur le chemin qui le ramènerait à sa demeure.

Cher lecteur, s'il est une pensée qui exerce sur moi une attraction à laquelle je ne peux me soustraire, c'est que le dualisme de Loki continue d'alimenter chez tout connaisseur de la mythologie nordique une fascination viscérale et irrationnelle. Le marteau de Thor, le navire de Freyr, la chevelure de Sif - plus belle que ce que la nature lui avait accordé à l'origine - sont le résultat d'un pari que le Seigneur de la Malice a d'abord fait en faveur *des Asiatiques*, cette même lignée qu'il trahira le jour du Jugement dernier, le Ragnarok. Je ne sais pas ce qu'il en est pour vous, mais je crois qu'au-delà des goûts et des dégoûts personnels (légitimes), il faut affirmer que Loki joue un rôle central dans la définition de l'ordre cosmique. Chaque événement apparemment destructeur engendré par le dieu de la manipulation se transforme, après une longue série de vicissitudes, en un bien-être cosmologique renouvelé. Ce dernier n'est pas seulement accueilli avec joie par les Asiatiques et les Vains, mais il est - tout compte fait - un meilleur état que le précédent car, en un sens, il est plus complet. Le Seigneur de la tromperie a osé troquer sa tête contre trois cadeaux potentiellement miraculeux pour sa lignée. Thor en est sorti plus puissant, Odin plus riche, Freyr plus rapide. On se demande pourquoi, une fois de plus, Loki prouve - avant tout à lui-même - que les apparences dont il s'entoure ne sont que de minces fils tissés par les doigts sveltes des Nornes. Il est souvent considéré comme l'initiateur du Ragnarok, le « Judas » des Asiatiques. Pourtant, quel que soit notre attachement aux histoires de dieux, de nains, de géants et de créatures magiques et fascinantes, nous devons toujours nous rappeler que le Ragnarok établit le point de non-retour à partir duquel nous pourrons fonder une ère meilleure, où les espèces régneront dans la justice et le respect des valeurs cosmiques. En d'autres termes, si nous essayons un seul instant de regarder au-delà des apparences légitimes, nous nous rendons compte que Loki - en perpétrant l'ultime trahison contre sa lignée - ne fera qu'accentuer la destruction d'un monde à la dérive en vue d'un meilleur départ que le précédent. Et pour accomplir un acte aussi ardu au prix de sa vie, *cher lecteur,* je crois qu'il faut du courage.

CHAPITRE 9

Les murs sont surélevés

Dans les chapitres précédents, j'ai souligné à plusieurs reprises comment la dichotomie entre *le bien et le mal est* exprimée, dans la mythologie nordique, par l'opposition entre les géants d'une part, et les dieux d'autre part. Les premiers représentent des créatures sombres dont il faut se méfier. Leur tentative de renverser un ordre cosmique dont ils ont été écartés - il suffit de penser au meurtre d'Ymir à l'origine de l'ordre cosmologique des neuf mondes - ne fait qu'attiser la haine millénaire qui anime le cœur des deux races. Dans ce chapitre, je voudrais attirer votre attention sur certains événements qui peuvent être définis, en quelque sorte, comme le point de départ du Ragnarok *ante litteram*. Au moment où les relations entre les Asiatiques et les habitants de Jötunheimr commencent à s'exacerber, l'urgence de défendre le microcosme d'Ásgarðr de façon concrète et tangible prend le dessus. Les événements relatés dans les pages qui suivent visent à résumer brièvement un aspect trop souvent oublié de la mythologie scandinave : le rôle du genre humain, favori d'Odin.

Lors du conflit sanglant entre les Asiatiques et les Vans, le mur qui protégeait la demeure d'Ásgarðr fut terriblement endommagé par les affrontements terrestres et célestes. C'est pourquoi les divinités se sont réunies en assemblée pour voter en faveur d'un nouveau projet architectural : une clôture haute et encore plus solide que la précédente, qui permettrait de tenir à distance la menace des géants de Jötunheimr. Le contrat a été attribué à un forgeron doté de nombreuses qualités d'ingénieur et de bonnes idées créatives. En retour, il demanda le soleil et la lune en cadeau. Odin accepta à condition que la créature, issue de la race des géants, ait achevé l'enceinte elle-même - sans demander l'aide de forgerons, de nains ou de dieux - et qu'elle ait réussi à ériger la protection d'Ásgarðr avant le premier jour de l'été. Dans le cas contraire, il aurait perdu les récompenses convenues. Le géant accepta et se mit au travail à un rythme soutenu, sans prononcer un mot. Seul Loki s'approcha de lui d'un pas rapide et d'un regard perspicace pour lui présenter son destrier Svaðilfœri.

Le Seigneur de la Tromperie ne s'en servait guère, préférant parcourir les terres des neuf mondes grâce au pouvoir des cordonniers rapides. Odin accepta et veilla à ce que le forgeron dispose de tous les outils nécessaires pour achever l'ambitieux projet dans les délais impartis, fixés à la dernière nuit du printemps. La créature travailla d'arrache-pied : pendant la journée, elle construisit la clôture et, au crépuscule, elle se procura les pierres dont elle aurait besoin le lendemain matin, grâce au dos puissant de son cheval Svaðilfœri. Cependant, les Asiatiques furent étonnés non pas tant par les qualités de constructeur du géant que par la force de son animal. Certains dieux commencèrent à craindre le pire et mirent en doute les compétences du forgeron: « Ne penses-tu pas que les prouesses de ce géant sont dues au cheval de Loki, et non aux prouesses de ses bras ? » demandèrent certains. D'autres murmurent : « Le pacte peut-il encore être qualifié de valide ? », se serrant la tête de peur que le scepticisme ne parvienne aux oreilles d'Odin. Quelques jours après son achèvement, la clôture d'Ásgarðr avait presque contourné le palais du géniteur des dieux, atteignant les portes. C'est alors que les Asi se réunirent en assemblée avec l'intention de concocter une tromperie contre le géant forgeron. Car il n'était pas acceptable que le cosmos soit privé du soleil et de la lune. La sale besogne - comme on peut l'imaginer - fut confiée au Seigneur de la tromperie. Menacé par un bataillon de dieux courroucés, Loki, craignant d'être mis en pièces, décida de mettre un terme à la rapidité avec laquelle le forgeron continuait d'accomplir la tâche qui lui avait été confiée. A la faveur des ténèbres, alors que le géant utilise le destrier Svaðilfœri pour soulever de lourds blocs de pierre, Loki se transforme en pouliche et sort des recoins de la forêt pour attirer l'attention du vieux cheval par un hennissement séduisant.

À la vue de l'animal, Svaðilfœri se dégagea de l'emprise du maître d'œuvre et courut après l'apparition de Loki-mutato. Le géant fut contraint d'arrêter son propre travail et tenta de courir après son cheval afin d'achever l'édification de la clôture. Mais les deux animaux étaient bien plus puissants et galopèrent ensemble toute la nuit, interrompant le projet architectural du forgeron. Le lendemain matin, lorsque le maître comprit que son mur ne serait pas prêt à temps, il devint furieux et révéla sa nature de géant aux dieux. Les Asiatiques courent se mettre à l'abri et invoquent Thor qui, en brandissant le marteau que lui ont donné les nains, le Mjöllnir, fracasse le crâne de l'ennemi en mille morceaux et l'envoie à Nifhhel. À la même époque, le lien entre la pouliche-Loki et Svaðilfœri est tel que, quelques mois plus tard, naît le célèbre Sleipnir. Ce dernier est la propriété du géniteur des dieux et est le meilleur animal du monde des hommes et d'Ásgarðr.

CHAPITRE 10

Le vol de mjöllnir, le marteau de Thor

Cher lecteur, Mjöllnir est l'arme que Thor utilise pour protéger Ásgarðr des attaques des géants. Elle défend également la fertilité et la fécondité des neuf mondes contre les forces destructrices qui s'infiltrent dans les profondeurs d'Yggderasil. Il n'est donc pas étonnant que les créatures maléfiques que nous avons connues dans les chapitres précédents décident de faire front commun pour s'emparer de l'arme de son propriétaire légitime. Dans ce chapitre, nous allons donc passer en revue la longue série d'événements qui vont mettre en difficulté non seulement Thor et les Asiatiques, mais aussi la déesse des Vani, Freyja.

Lors d'une nuit lointaine, Thor se fait dérober son Mjöllnir alors qu'il se repose dans la demeure d'Ásgarðr. C'est le géant Þrymr qui est responsable de ce méfait. Le lendemain matin, le dieu de la foudre fut pris de découragement et, rongé par l'inquiétude, décida de s'adresser à la seule divinité capable de l'aider: le Seigneur de la Malice. Loki accepta volontiers la mission de sauvetage et, sans perdre de temps, demanda à être reçu par Freyja.

« Remettez-nous votre déguisement de plumes », affirme le dieu, expliquant le grave risque dans lequel serait tombé Ásgarðr si Thor n'avait pas réussi à mettre la main sur sa précieuse arme.

« Je serais heureuse de te le remettre, même s'il était en or ou en argent, Loki », affirma la déesse sans hésiter, en s'arrangeant pour que le couple Asi l'aide.

Le Seigneur de la Tromperie se prépara avec beaucoup de zèle et, en quelques minutes, s'envola haut dans le ciel - au-dessus de l'enceinte inachevée d'Ásgarðr - vers les lointaines et redoutables terres de Jötunheimr. Sans s'en apercevoir, il vit le responsable du vol - le girateur Þrymr - assis sur un monticule. Il s'occupait de la crinière de ses chevaux et tentait de tenir à distance un chien furieux en lui mettant un collier en or massif. Conscient de l'appréhension et de la peur que le vol de Mjöllnir avait engendrées dans le cœur de ses rivaux, la créature sombre ne fut pas surprise d'apercevoir du coin de l'œil la silhouette emplumée de Loki. Il décida, sans plus attendre, de s'adresser à lui : « Je suis très curieux de savoir pourquoi le Seigneur de la Tromperie a choisi de quitter Ásgarðr pour venir jusqu'ici, à Jötunheimr, le pays des géants ! S'est-il passé quelque chose d'important ? »

Loki fut étonné par l'effronterie de son interlocuteur et s'approcha de quelques pas, hésitant.

« Des ennuis pour les dieux et les nains, mais il faut que tu saches - n'est-il pas vrai que c'est toi qui as caché le marteau du dieu de la foudre ? »

« Perspicace, Loki !
répliqua le géant. Oui, je ne te cacherai pas que c'est moi qui ai mis la main sur Mjöllnir. Je l'ai caché dans les profondeurs de la terre, et personne ne le retrouvera à moins que... »

« Au moins quoi ? demanda le seigneur de la tromperie avec impatience ».

« À moins que vous ne preniez Freyja, une invitée dans le royaume d'Ásgarðr, comme épouse. C'est une demande raisonnable comparée à l'immense pouvoir du marteau de Thor. N'est-ce pas ? »ricana l'autre.

Loki ne lui répondit pas. Lorsque Þrymr leva les yeux à la recherche du dieu à plumes, celui-ci avait déjà pris son envol en direction du Bifrost et de la haute clôture d'Ásgarðr. Il fallait agir avec promptitude et perspicacité. Loki atterrit donc aux pieds de Thor qui, entre-temps, avait attendu des nouvelles avec beaucoup d'appréhension.

« Alors, Loki ? Parle ! As-tu de bonnes nouvelles à me donner ? » » s'écrie Thor, animé d'un fort découragement. Loki secoua la tête et, après avoir fait asseoir le dieu de la foudre, l'informa brièvement du résultat de sa mission. Les deux hommes se dirigèrent ensuite vers Freyja, qui les attendait à bras ouverts pour leur racheter la fameuse cape à plumes. Mais lorsque le Seigneur de la Malice eut l'audace de lui expliquer la grave situation dans laquelle Thor s'était mis en proposant de devenir l'épouse du géant, elle entra dans une colère noire. La rage de la jeune fille fut telle qu'elle ébranla les fondations de tout Ásgarðr, mettant les autres dieux au garde-à-vous. Même le précieux bijou Brisingamen, l'artefact qui lui avait valu d'être séparée d'Odin, s'envola de sa poitrine.

« Loki ! Comment oses-tu ? Crois-tu vraiment que je sois en manque de mâles au point d'accepter une telle invitation ? Je n'irai pas avec toi au pays des géants, si c'est ce que tu demandes ! » répliqua-t-il férocement, jetant un regard irrité aux deux Asiatiques. Ceux-ci avaient reculé de quelques pas et attendaient que la colère de la divinité s'apaise un peu. C'est alors que Thor décida d'intervenir personnellement: il convoqua les dieux d'Ásgarðr pour leur demander conseil. Le murmure feutré et inquiet des Asiatiques fut, au bout de quelques minutes, interrompu par la voix de Heimdallr, le messager des dieux dont la poitrine était ornée de la corne de Mimir. Il prit la parole d'une voix retentissante et attira l'attention de tous. « Mes chers, dit-il, je crois que la meilleure solution est la suivante: nous allons habiller Thor avec la tunique de mariage, le coiffer et le rendre reconnaissable en lui donnant le Brisingamen de Freyja. Enfin, nous simulerons ses seins avec deux pierres puissantes et ferons en sorte qu'une robe de femme recouvre ses genoux d'homme. N'est-ce pas un tour de force ingénieux? demanda Heimdallr, animé par l'enthousiasme qu'il percevait dans les regards et les grognements de l'assistance.

« Les autres divinités me traiteraient d'inverti et je compromettrais ma réputation auprès des Asiatiques. Tu veux te moquer de moi ? Je ne me déguiserai pas en mariée ! »

Heimdallr n'osa pas répliquer. Il craignait de contrarier la divinité de la foudre et de s'attirer ses foudres. Comme souvent, c'est Loki qui prend son courage à deux mains. Il haussa les épaules et, d'un ton neutre, exposa sa version des faits : « Si nous ne récupérons pas ton marteau, Thor, des géants habiteront les terres d'Ásgarðr ».

Et Thor a dû capituler. Le dieu du tonnerre a été paré de colifichets féminins et d'un thalamus de mariage qui le couvrait jusqu'au-dessous des genoux. Ses cheveux ont été coiffés et peignés de façon experte, tandis que le Brisingamen a été placé sur sa poitrine bombée pour simuler des seins. Une fois la transformation achevée, Loki s'approcha à pas feutrés et lui confirma qu'elle serait sa servante et qu'elle l'accompagnerait, dès que possible, sur les terres des géants. Les deux Asiatiques s'en allèrent.

Le char de Thor était tiré par les deux chèvres, qui avançaient si vite qu'elles brisèrent les montagnes et embrasèrent la Terre. Lorsque Þrymr vit la diligence, il se prépara à accueillir sa future épouse. En outre, il ordonna à ses proches d'installer des bancs pour recevoir Freyja, fille de Njörðr, et sa servante. Le futur époux était en effet très riche, car il possédait non seulement un abondant bétail dont il pouvait tirer d'immenses faveurs, mais aussi des bijoux et des pierreries de grande valeur. « Seule toi, Freyja, manque à ma collection », se répétait-il plus à lui-même qu'aux géants qui l'escortaient. La cérémonie se déroula rapidement et la soirée fut réservée au joyeux banquet. Les festivités dureraient jusqu'à l'aube suivante et ne seraient interrompues que par la première nuit d'amour, qui sanctionnerait l'union des nouveaux mariés. Or, Thor-Freyja a très faim et ne manque pas de dévorer, à lui seul, un bœuf entier et huit saumons. Ces derniers étaient de délicates bouchées qui, selon la tradition scandinave, n'étaient destinées qu'aux femmes. Le géant se méfia et demanda à la servante s'il était d'usage, à Ásgarðr, que la mariée festoie copieusement. Loki, sous les traits d'une jeune et fringante servante, s'empressa de répondre que Freyja n'avait pas touché à la nourriture depuis plus de huit jours en raison de l'émotion qui la tenait sur le qui-vive, nuit et jour.

Son impatience d'épouser Þrymr l'avait en effet empêchée de prendre ses repas régulièrement. Le géant sembla se laisser convaincre, mais recula de peur lorsqu'il se pencha sur le visage de sa bien-aimée pour sceller leur union conjugale par le premier baiser. Les yeux de Freyja parurent à Þrymr si ardents et cruels qu'ils le terrifièrent et le firent trembler d'effroi. Le géant exigea une explication de la servante.

« Pourquoi le regard de Freyja est-il si hostile ? Les flammes du monde souterrain semblent darder dans ses yeux », proteste le géant.

« Allons, n'exagère pas ! » rétorque Loki, dont les talents de manipulateur se distinguent par leur perspicacité et leur naturel. Il aurait été impossible de discerner la vérité du mensonge dans les lèvres du Seigneur de la tromperie.

« Je t'ai déjà dit qu'il n'avait pas dormi pendant huit longues nuits. Oh, comme il voulait t'épouser... Chère, bien-aimée Freyja... tu vas nous manquer ! » répondit la servante, masquant un sourire moqueur derrière les fausses larmes qui jaillissaient de ses yeux enfoncés dans le sol. Avant que le géant ne puisse s'adresser à sa promise, la sœur de Þrymr fit irruption dans la salle de banquet pour demander un cadeau de mariage. Elle s'adressa gracieusement à la divinité : « Freyja, l'épouse tant attendue de Jötunheimr, nous sommes heureux de te compter parmi nous. Il est temps maintenant de te dépouiller de tes anneaux et de me donner tes richesses ! C'est mon frère qui te vêtira d'or, après avoir célébré votre union. » Le marié géant semble se réveiller d'une longue stupeur et s'écrie aussitôt d'une voix forte: « Qu'il en soit ainsi ! Apporte le marteau de Thor pour accomplir le pacte conclu avec les Asiatiques et consacrer la mariée. Placez le Mjöllnir sur son ventre et célébrez l'union tant attendue! » déclara-t-il, entouré des applaudissements de la foule des géants. Pourtant, aucun n'ose s'approcher de la prétendue Freyja. Dès que Thor perçut l'aura de son Mjöllnir surplombant la salle de banquet, il se jeta férocement sur le géant qui le possédait et, après l'avoir magistralement saisi, se libéra de son déguisement pour porter un coup mortel à Þrymr. Il le réduisit en miettes, ainsi que tous les badauds, sous le regard attentif de Loki. Celui-ci n'intervient pas. Après tout, la force et la colère de Thor étaient telles qu'il pouvait tenir à distance un fleuve de géants voraces sans autre intervention divine. Seule la sœur de Þrymr fut épargnée et ne reçut pas de bijoux précieux, mais seulement un coup de marteau retentissant. Enfin, le fils d'Odin retourna à Ásgarðr (bien peigné) avec le précieux Mjöllnir, laissant derrière lui une traînée de sang.

CHAPITRE 11

Le chaudron et le voyage de thor vers le géant hymir

Le conte suivant met en lumière la polyvalence de la mythologie scandinave: non seulement il contient le récit aventureux de la lutte entre Thor et le serpent de Midgard - l'un des monstres cosmiques maintenus en vie par la sève du frêne universel - mais il permet également une analyse approfondie du caractère du dieu de la foudre, centre névralgique du panthéon nordique. Une fois de plus, je vous propose de combler les lacunes historiques en faisant appel à votre imagination. Cette dernière est l'outil que nous, contemporains, pouvons utiliser pour vivre sur notre propre peau, des millénaires plus tard, les vicissitudes de personnages surnaturels qui sont, en même temps, liés à la logique émotionnelle humaine. Il est temps de nous familiariser avec Thor et sa capacité à dispenser la vie et la mort grâce au pouvoir de Mjöllnir. *Bonne lecture !*

La légende raconte que les dieux utilisaient leurs talents de guerriers pour chasser le gibier. Avant de le faire cuire autour du feu, ils décidèrent de se procurer une boisson qui les revigorerait et les préparerait au somptueux festin à venir. Or, dans toutes les directions, ils ne sont entourés que d'eau. Ils décidèrent alors de consulter les rameaux sacrifiés et découvrirent qu'un certain Ægir, géant des terres de Jötunheimr, possédait les formules de distillation pour produire n'importe quelle denrée alimentaire (et plus encore !). Il fut décidé que Thor se rendrait chez l'ennemi pour recevoir en cadeau une potion magique. La soif des Asiatiques augmenta démesurément et aucun d'entre eux n'eut la force d'entreprendre le voyage. Le dieu du tonnerre partit à bonne allure et atteignit la source où Ægir passait ses journées. Il le trouva dodu et heureux comme un enfant.

« Toi, Ægir ! Je m'adresse à toi avec précision. Je veux que tu prépares la meilleure boisson possible pour accompagner le banquet divin. C'est un ordre ! » grogne Thor.

Ægir s'étonne de l'arrogance et de la suffisance du dieu. Il s'arrangea alors pour que Thor lui fournisse un chaudron suffisamment grand pour distiller un breuvage miraculeux et, dissimulant son irritation aux yeux des autres, il retourna à ses propres affaires. Le dieu de la foudre fut impressionné par la détermination du géant et, croyant qu'il résoudrait le problème séculaire de sa lignée, partit à la recherche de ce qu'on lui avait commandé. C'est alors que Týr, divinité de la guerre, l'aborde. Ce dernier est l'équivalent scandinave du dieu latin Mars, en plus impétueux et immature.

« Thor, écoute ce que j'ai à te dire ! A l'est des onze fleuves Elivàgar, au bord de la voûte céleste, habite mon père. C'est le géant Hymir, dont tu as peut-être entendu parler »

Thor acquiesce.
« Vous devez savoir qu'il possède un vaisseau d'environ un mille de profondeur. Il suffira amplement à nous abreuver tous et à apporter à Ásgarðr le cadeau que nous a promis Ægir. Te sens-tu prêt à partir aujourd'hui ? »

Le dieu de la foudre accepte et, pour la deuxième fois en quelques heures, il franchit la haute muraille d'Ásgarðr pour se mettre en route. Son endurance était en effet supérieure à celle des Asiatiques ; par conséquent, Thor était le seul sur lequel on pouvait compter en temps de crise et de sécheresse. Týr l'accompagnait également, de peur que son parent ne reconnaisse pas dans la divinité de la foudre un visage amical et l'attaque. Pour la première fois de son existence, le dieu guerrier jouait le rôle de pacificateur et retournait à Ásgarðr en vainqueur.

« Penses-tu que nous pourrions vraiment obtenir le chaudron de ton père, Týr » demanda Thor

« Bien sûr, tant que nous sommes capables d'agir intelligemment », rétorqua le parent de sang.

Ils s'éloignèrent tous deux des portes d'Ásgarðr et s'approchèrent d'une ferme humaine qui se trouvait à mi-chemin de la route. À l'intérieur, vivait un fermier qui se faisait appeler Egill. Thor décida de laisser les deux chèvres du char avec lui, de peur qu'elles n'éveillent les soupçons, et elles étaient trop fatiguées pour continuer leur voyage. Finalement, il se rendit chez le géant, escorté à vue par Týr. Lorsque le dieu du feu s'approcha de la grotte, une femme - que Thor reconnut comme la grand-mère de Týr - en sortit, l'air effrayant et agressif. La raison ? Elle était dotée non pas d'une, mais de neuf cents têtes de femmes. Une deuxième femme, la mère de Týr, s'approche également des deux Asiatiques. Elle offre immédiatement à son fils un calice de bière fraîche. Les deux dieux furent ensuite introduits dans la maison, bien que les deux femmes aient mis en garde Týr et Thor contre l'attitude du géant. « Oh, mon fils, il s'est souvent montré hostile à l'égard d'invités inattendus. Venez vous cacher, je veillerai à ce qu'il ne vous voie pas, complice de la faveur des ténèbres ». Le jour approchait du coucher du soleil et le crépuscule marquait la fin de la partie de chasse. Hymir revint à pas lourds et le visage couvert de glace figée, car la saison était froide et les bois hostiles.

La mariée, mère du dieu de la guerre, court vers son époux pour l'aider à se déshabiller. « Hymir, mon chéri ! Ne fais pas la tête. Ton fils est venu de loin pour te rendre visite. Tu devrais te réjouir de cette belle surprise ! Regarde-le, il est au fond de la pièce... derrière le pilier ! » croassa la voix féminine. Les yeux du géant brillèrent si fort qu'ils brisèrent le pilier, qui se sépara en deux.

La puissance d'Hymir dépassait celle de tous ses parents. Tout le monde le craignait dans le pays de Jötunheimr (et au-delà). En effet, le plafond déchiré provoqua la chute de huit chaudrons de tailles différentes. Ces derniers s'écrasèrent désastreusement sur la tête des deux Asiatiques, qui en profitèrent pour se dévoiler. Hymir jette alors son dévolu sur Thor, réputé pour être le plus redoutable exterminateur de géants des neuf mondes. Sa présence dans la maison n'augurait rien de bon et Hymir se devait de rester sur ses gardes. Néanmoins, afin de ne pas transgresser les règles communes de l'hospitalité, il demanda que la table soit dressée pour les deux Asiatiques, afin qu'ils puissent reposer leurs membres fatigués par un long voyage. Thor se distingue, une fois de plus, par ses qualités de dévoreur compulsif et mange, lui seul, deux bœufs. Hymir ne manqua pas de lui faire remarquer qu'ainsi, il n'aurait pas de provisions pour les prochains jours. « Demain, tu m'accompagneras à la chasse et à la pêche. C'est ainsi que cela se passe ! » Il passa la nuit.

À l'aube, Thor se réveille avec l'intention de donner un coup de main au propriétaire. Mais celui-ci le réprimande en déclarant ce qui suit : « Je pars en mer. Es-tu vraiment sûr de pouvoir supporter les basses températures ? Tu ne survivras peut-être pas aux blizzards ! Le dieu de la foudre lui répondit que non seulement il était prêt à s'éloigner du rivage, mais qu'en plus il pensait pouvoir tenir plus longtemps qu'Hymir. Thor, en effet, bouillonnait de rage et avait envie de frapper le géant de son marteau. Mais il se retient par respect pour son compagnon et parce qu'il convoite le chaudron qu'il doit livrer à Ægir. La barque avançait rapidement sur les eaux de l'océan, et les coups de rame d'Hymir étaient puissants et impressionnants. Le dieu du tonnerre l'observa un moment, à l'écart. Lorsque le géant proposa enfin d'arrêter le bateau, Thor lui demanda de continuer à avancer en mer, car le vent lui était favorable et il ne souffrait pas du gel.

Cependant, Hymir était réticent : le serpent de mer Miðgarðr habitait ces mêmes courants. Il ne pouvait pas savoir, le géant, que la divinité était prête à combattre le serpent pour s'approprier sa force et libérer Ásgarðr d'un danger potentiellement mortel. C'est ainsi que les choses se passèrent. Alors que le géant pêchait deux puissantes baleines, Thor attira l'attention du monstre marin avec une tête de bœuf attachée à une canne à pêche en guise d'appât. Miðgarðr mordit à l'hameçon et remonta à la surface, terrifiant Hymir. Le monstre était redoutable: sa longue queue fouettait l'air, générant de puissants ouragans, et son regard injecté de sang se posait sur le visage de Thor, avec l'intention de tuer l'imprudent fauteur de troubles. De la bouche du monstre, des crachats de sang et de venin menaçaient de liquéfier le navire et les deux pêcheurs imprudents. Au moment où Thor serra férocement ses doigts autour du manche du marteau pour tuer son ennemi, Hymir se jeta sur le fil de pêche et le sectionne avec le couteau qu'il porte toujours sur lui. Le monstre marin s'enfonça dans les profondeurs de l'océan et personne n'en entendit plus parler. Il existe deux versions du mythe. Selon la première, Thor aurait jeté l'arme dans les abysses pour décapiter Miðgarðr d'un coup bien ciblé; selon la seconde, Miðgarðr serait au contraire toujours en vie. La créature vivra jusqu'au jour du Jugement dernier, le Ragnarok, et ce n'est qu'à ce moment-là qu'elle se vengera de l'attaque qu'elle a subie dans sa demeure océanique. Une seule chose est sûre: Thor se tourna vers le géant, tremblant de rage. Il le frappa à mains nues et le précipita dans la mer. Finalement, les deux hommes récupérèrent les rames du bateau et revinrent sur la terre ferme, se toisant l'un l'autre avec des regards remplis de haine. Lorsque Týr demanda quel avait été le résultat de la chasse, Hymir nia avec conviction que Thor était doté d'une force surnaturelle. En fait, il était de mauvaise humeur.

« Tu me prouveras que j'ai tort si tu parviens à détruire mon calice, Thor », l'apostropha Hymir d'un geste de la tête. Le dieu de la foudre, en réponse, saisit l'artefact et le lance férocement contre le pilier de la maison. La coupe reste intacte, à la grande surprise de Thor. La mère de Týr, profitant de la distraction de son mari, chuchote alors à l'oreille de la divinité ce qu'elle aurait dû faire: « la coupe ne se brisera que si elle est jetée contre la tête de mon mari » Le dieu d'Ásgarðr se leva et, après avoir rassemblé toute la puissance que la nature lui avait accordée, lança la coupe sur la tête d'Hymir. Sous ses yeux incrédules, ce dernier n'eut même pas une égratignure, tandis que l'objet se brisa en mille morceaux.

« Oh, comme c'est triste ! C'est bien le gobelet que j'utilisais pour boire ma bière... », affirme-t-il en fronçant les sourcils de manière enfantine sur son visage contrit. « Bien. Vous êtes venu chercher mon chaudron et je suis prêt à vous en faire cadeau, mais à une condition: vous devez prouver que vous pouvez le sortir de chez moi. L'artefact magique était d'une taille gigantesque. Týr s'en approcha d'un pas incertain et, bien que rouge de fatigue, il ne put le soulever que de quelques millimètres. Thor, lui, le posa sans tarder sur ses épaules et se dirigea d'un pas vif vers la porte. C'est alors, alors que les contours de la demeure d'Hymir s'estompaient dans le lointain, que les deux Asi se retournèrent, interpellés par un bruit de pas et de cliquetis. Derrière eux, le père de Týr courait en direction des deux divinités, brandissant une longue épée tranchante. Cette infâme trahison parentale était escortée par une horde de géants maléfiques qui hurlaient des paroles de mort en direction des dieux. Thor ne broncha pas. Il posa le chaudron magique sur le sol, brandit le puissant marteau Mjöllnir et fracassa les têtes des créatures démoniaques dont il était l'adversaire impitoyable. Enfin, il plaça le chaudron durement gagné sur ses épaules et se dirigea vers Ásgarðr, où il fut accueilli par des acclamations de jubilation. Depuis ce jour lointain, Ægir distille sa délicieuse bière et l'offre aux dieux. Chaque année. Chaque hiver.

CHAPITRE 12

La mort du jeune baldr

Cher lecteur, les vicissitudes de Thor ne sont pas les seules à mériter d'être racontées. Il existe en effet une divinité tout aussi mystérieuse et fascinante: *Baldr le Bon est la* victime innocente d'un événement qui, dans le système mythologique scandinave bigarré, est considéré comme le plus douloureux et le plus pénible. J'ai choisi de vous raconter la célèbre histoire du dieu de la lumière en m'appuyant sur tous les détails que j'ai pu trouver au cours de mes études préliminaires. Les sources de première et de seconde main sont en effet les outils que nous pouvons encore utiliser aujourd'hui pour rendre hommage à un personnage qui a l'incroyable. La mort de Baldr prend non seulement des contours chrétiens facilement reconnaissables - il suffit de penser au sacrifice du dieu qui permet d'accéder à un ordre supérieur, comparable à l'immolation du Christ - mais elle se déroule aussi selon un itinéraire canonique: l'initiation, le conflit cosmique entre le mal et le bien, et la mort de la divinité (comme bouc émissaire). Je ne veux pas entrer dans les détails: nous aurons le temps et la possibilité de tirer des conclusions à la fin du chapitre. Pour l'instant, il suffit de dire que la fin de Baldr est un élément essentiel de la mythologie nordique. Les événements qui s'ensuivent ont inspiré non seulement des romans (souvent éducatifs), des films et des productions multimédias en général, mais ont également contribué à renforcer l'imagerie chrétienne tardive qui est parvenue jusqu'à nous.

Par une lointaine journée d'hiver, Baldr le Bon fut accueilli par des créatures terribles et effrayantes qui annonçaient la venue de grands dangers. Le jeune homme se tourna rapidement vers la communauté d'Asi, qui se montra très inquiète. Après tout, Baldr était aimé sans scrupules: son visage était rose et brillant comme les rayons du soleil, et sa beauté éclairait tous ceux qui croisaient son chemin dans les rues d'Ásgarðr. Comme si cela ne suffisait pas, le second fils d'Odin était tenu en haute estime dans le royaume de son père; Baldr se distinguait par sa sagesse et son esprit d'initiative, son tempérament et son impartialité. Plus d'une fois, il s'est avéré être le digne bras droit de Týr, le dieu de la guerre qui servait de juge dans les conseils divins.

Il vivait également à Breidablik: sa maison était réputée pour sa musique, ses chants et sa joie. Il partageait le lit conjugal avec son épouse Nanna et, contrairement à la promiscuité de leur père et de leurs frères, Baldr le Bon lui était toujours resté fidèle. La discorde n'a jamais plané dans la maison du dieu; même le fils du couple, Forsete, suivit les traces de ses parents et commença à être apprécié parmi les Asiatiques pour ses talents de conseiller impartial. Rien ne semblait perturber la vie de Baldr le Bon. Cependant, alors que la nuit tombait sur ses yeux et qu'un sommeil réparateur le berçait dans l'illusion de voyages lointains, des créatures obscures revinrent le visiter, encore et encore. Les événements du Ragnarok prenaient forme dans son esprit, des loups voraces détruisaient les clôtures d'Ásgarðr et enfonçaient leurs crocs acérés dans la chair des dieux, et la mort - une mort incolore et sans fin - l'arrachait à la vie et le forçait à errer, la nuit, à la recherche du calme. De plus, les visions de Baldr annonçaient des scénarios effrayants dans lesquels ses propres frères se battaient les uns contre les autres, arrachant des membres et les dévorant devant leurs enfants orphelins. Lorsque Baldr eut l'audace de raconter aux Asiatiques le contenu de ses visions, Odin décida d'intervenir lui-même. Il ne pouvait pas permettre que la paix de son deuxième fils soit troublée par des événements aussi mystérieux. Le géniteur des dieux revêtit sa cape et son chapeau de vagabond - comme il avait coutume de le faire lorsque l'ordre cosmique des neuf mondes venait d'être établi - et partit à vive allure pour Nifhel, la terre maléfique du nord. Son objectif ? Interroger la voyant et faire la lumière sur les mystérieux cauchemars de Baldr le Bon. Après avoir sellé Sleipnir, son cheval à huit pattes, il se précipita vers le monde souterrain. Soudain, des ténèbres du royaume le plus bas d'Yggdrasil, surgit un chien à la tête et au poitrail ensanglantés. Il aboya voracement en direction du père des dieux, mais le laissa passer. Odin atteignit alors la porte orientale près de laquelle vivait la voyante. Le dieu descendit de son rapide destrier et, s'approchant d'un pas assuré, commença à réciter les rites magiques qui la sortiraient de sa torpeur mortelle. Elle se redressa sur ses genoux et prit la parole, jetant un regard glacé sur son visage: « Qui perturbe mon sommeil ? Je suis enterrée ici depuis des temps immémoriaux. La pluie et la neige sont tombées sur moi, jusqu'à la mort. Qui êtes-vous ? Je ne t'ai jamais vu », demanda-t-elle à Odin.

« Un vagabond », rétorque le dieu, jugeant plus sage de dissimuler son identité. « Je veux savoir s'il y a des nouvelles au pays de Hel. Près de la porte du monde souterrain se trouvaient des bancs sur lesquels les esprits arrivants étaient déposés avant d'être transférés dans les froides profondeurs de Hel ».

« Nous préparons de l'hydromel pour un dieu. Les Asiatiques sont en grande détresse. Baldr est en route vers nous. Là-bas, ils connaîtront des moments de désespoir indicibles, mais ici, il y aura beaucoup de joie. J'ai parlé conformément à l'accord, maintenant je suis forcé de me taire ! »

Odin est désemparé. Il se tourna vers la voyante avec une insistance renouvelée et lui demanda qui tuerait son deuxième fils bien-aimé. Elle répondit, hésitante : « Höðr arrachera la vie de la poitrine de Baldr ». Le géniteur des dieux est troublé et, avant que l'âme de son interlocutrice ne sombre à nouveau dans les profondeurs de Hel, il la presse de parler : « Je veux savoir qui vengera la mort de Baldr ».

La voix féminine interrompt le silence.

« Vàli, fils d'Odin, n'aura qu'une nuit à vivre. Il se battra pour venger Baldr sans se peigner ni se laver. Lui seul enverra le tueur de Baldr en Hel. Maintenant, je dois me taire ! »

Pour la dernière fois, Odin demanda quelles âmes féminines pleureraient la mort de Baldr, mais la voyante posa son regard mystique sur le visage du Vagabond et reconnut sa ressemblance.

« Tu m'as menti ! Tu es Odin, le dieu qui s'est sacrifié à lui-même. Retourne à Ásgarðr, tu n'es pas le bienvenu ici. Mais sois fier, car aucun homme ne viendra me voir avant que Loki, le Seigneur des Tromperies, ne soit libéré de ses chaînes et que le jour du crépuscule des dieux n'arrive. »

Odin se fit escorter par Sleipnir et retourna au royaume des Asiatiques pour rapporter ce qu'il avait appris. Pour la première fois depuis longtemps, il était non seulement troublé par ce qui avait été prédit, mais aussi en proie à une grande appréhension. La mort future de Baldr le Bon l'avait plongé dans un état de détresse et d'anxiété sans précédent. Les dieux d'Ásgarðr avaient pressenti qu'un grave malheur allait frapper leur lignée et, pour cette raison, ils avaient cherché à protéger Baldr dans l'espoir que le destin des Nornes prenne une autre tournure.

Frigg - la mère du dieu exposé à un grave danger - fit le serment de la consanguinité : personne n'aurait blessé le jeune homme. Les métaux, le feu, l'eau et tous les vents, même les oiseaux et les serpents venimeux, les animaux et les bêtes de toutes formes et de toutes tailles, firent le vœu inviolable. Le monde d'Yggdrasil défendrait le garçon pour tenter d'empêcher l'accomplissement de son redoutable destin. Cependant, les Asiatiques commencèrent à s'amuser de la manière la plus cruelle: ils prirent donc l'habitude de jeter des rochers et des objets de toutes sortes sur le corps de Baldr: rien ne pouvait lui faire de mal, et le courage du dieu qui s'exposait au lynchage public était digne d'un grand honneur. Lorsque Loki se rendit compte que rien ne pouvait blesser le jeune homme, il tenta de manipuler le serment à son avantage. Il se déguisa en femme et se présenta devant la mère de Baldr ; sous le déguisement, il demanda à Frigg si elle était au courant de ce que les Asiatiques faisaient subir au jeune dieu. Loki révéla à son interlocutrice que tous les dieux se plaisaient à lancer des armes sur son fils sans qu'il ne subisse la moindre égratignure. Frigg confirme : « Les choses du monde ont juré devant moi ! Rien ne peut nuire à mon fils, ni les objets, ni les animaux » Le Seigneur des Tromperies, complice du déguisement, demanda: « toutes les créatures d'Yggdrasil ont-elles prêté serment ? ». Et Frigg de rétorquer : « seul un plant poussant à l'ouest du Valhalla n'a pas sanctionné le pacte. Il semblait trop petit et trop jeune pour le faire jurer ! Il ne représente pas un grand danger... ». Aussitôt, Loki disparaît et revient sur ses pas. Il tomba sur le gui mentionné par Frigg et l'emporta avec lui à l'assemblée des Asiatiques où Baldr devait être employé comme cible vivante, sous les rires des dieux. Höðr était également présent. Loki s'approcha de lui et lui demanda pourquoi il n'osait pas lancer des objets sur Baldr. L'autre répondit que non seulement il n'avait pas d'arme, mais qu'il ne trouvait nulle part le jeune dieu du soleil. Tout le monde l'entourait avec force clameurs et il était difficile de l'approcher.

« Il n'est pas bon de faire marche arrière. C'est une tradition et en tant que telle, elle doit être respectée. Prends ce gui et rejoins les autres... tu t'amuseras aussi. »

Höðr exécuta. Lorsque Loki lui désigna le second fils d'Odin, Höðr lança de toutes ses forces le brin de gui qu'il avait cueilli à l'ouest; celui-ci vola comme un dard et se planta dans le cœur du jeune homme, qui s'écroula sur le sol. Baldr était mort des mains de Höðr, comme l'avait prophétisé le devin. Lorsque les Asiatiques réalisèrent ce qui s'était passé sous leurs yeux, ils se turent de chagrin et de culpabilité. Qui avait été responsable d'un tel méfait ? Et surtout, pourquoi le serment n'avait-il pas immunisé Baldr contre le gui ? Personne ne parla, mais des torrents de larmes jaillirent des yeux douloureux et terrifiés de ses proches. Odin était plus affligé que tous les autres; lui seul avait deviné que la mort de son fils sonnerait le glas de la race asiatique. Pendant ce temps, Frigg était arrivée sur les lieux du crime. Affolée par ce qui s'était passé malgré tous ses efforts, elle demanda si quelqu'un parmi les personnes présentes irait au fond de Hel pour exiger que Baldr revienne vivant sur les terres d'Ásgarðr. Hermóðr, frère de Baldr et fils d'Odin, se proposa. Surnommé le Puissant, il était le messager habile et lascif des divinités. Pendant ce temps, les Asiatiques rendaient les honneurs funèbres au jeune dieu. Le corps fut transporté en mer, sur le navire Hringhorni, et, après bien des péripéties, le bûcher nécessaire à la crémation du corps fut préparé. Lorsque Nanna fut informée de la mort prématurée de son mari, elle ne put supporter une si grande douleur et, après avoir perdu connaissance, mourut sur le coup. Elle fut donc habillée pour la cérémonie et placée sur le bûcher funéraire. Thor s'approcha du cadavre de son frère et, retenant difficilement ses larmes, consacra le bûcher avec le marteau Mjöllnir; de nombreux dieux assistèrent à la cérémonie: Odin et Frigg, les Valkyries, Freyr et Freyja, mais aussi des géants du Nord partis de Jötunheimr pour lui rendre hommage. Le géniteur des dieux jetta dans le bûcher funéraire l'anneau qui lui a été offert par les nains Brokkr et Eitri, le Draupnir, et le fit porter par

Baldr dans les profondeurs de Hel. Enfin, tous les objets du défunt furent également incendiés, y compris le destrier finement harnaché de noir. Il escortera son maître dans son voyage vers les profondeurs du monde souterrain.

Pendant ce temps, Hermóðr s'était laissé guider par la sagesse de Sleipnir et avait chevauché pendant neuf longs jours à la recherche de son frère mort. Mais les vallées de Hel étaient enveloppées d'une obscurité qui l'empêchait de discerner les formes qui l'entouraient. Tout était hostile dans le royaume inférieur des morts. Finalement, Hermóðr atteignit la rivière Gjöll. A l'entrée se tenait l'âme d'une jeune fille.

« D'où viens-tu, étranger ? Quelle est ta lignée ? Vous n'avez pas l'air d'être mort », affirma-t-il en faisant un pas en direction du messager.

« Je cherche Baldr, mon frère. L'avez-vous peut-être vu passer par ici ? »

La femme répondit que oui, le jeune dieu de la joie avait emprunté le chemin du pont de Gjallarbù vers le nord. Hermóðr descendit de la selle de Sleipnir et décida de continuer à pied dans l'espoir de ne pas être remarqué par les gardiens des enfers. Arrivé à destination, il rencontra Baldr et passa la première nuit avec lui dans le froid royaume des morts. Le lendemain matin, il demanda à Hel que son frère soit libre de retourner à Ásgarðr, car la souffrance des Asiatiques et la colère d'Odin étaient indicibles. Hel exigea que l'amour pour le nouveau-né soit prouvé d'une manière très curieuse: si toutes les créatures du monde - plantes, animaux, hommes, géants, nains, elfes et dieux - pleuraient la disparition du garçon, alors il le laisserait libre de quitter son royaume. Si un seul être vivant refusait de pleurer la disparition de Baldr, il resterait son prisonnier. Informé de la demande de Hel, Odin ordonna aux messagers d'Ásgarðr d'informer les créatures vivantes de ce qu'il convenait de faire. Chaque entité versa de chaudes larmes sur la mort injuste de Baldr, mais alors que les dieux préparaient déjà le banquet pour accueillir leur parent parmi les vivants, l'inévitable se produisit. Les messagers rencontrèrent une géante qui vivait dans les profondeurs d'une grotte sombre. Elle n'était pas connue dans les environs, mais elle se présenta sous le nom de Þökk. On lui demanda de pleurer la mort de Baldr et - comme on peut facilement l'imaginer - elle répondit :

« *Þökk pleurera des larmes sèches aux funérailles de Baldr, ni vivant ni mort je n'ai profité du fils de l'homme, gardez Hel ce qu'il a* »

La géante était en fait Loki qui, s'étant transformé en un être redoutable, avait malicieusement fait en sorte que le dieu du soleil devienne la victime de Hel et de son royaume. Le Seigneur de la tromperie fut donc considéré comme l'instigateur du meurtre et, avec la faveur des ténèbres, il fut pourchassé. Entre-temps, Loki s'était réfugié au sommet des Moments et avait construit une masure avec des portes sur quatre côtés. Il surveillait ainsi les quatre points cardinaux et avait tout le temps de se cacher.

Pendant la journée, il se transformait en saumon et remontait les courants d'une petite rivière, sachant qu'il passerait inaperçu. Enfin, pendant son temps libre, il tissait un épais filet de lin pour attraper sa nourriture, assis près de l'âtre. Un jour, le Seigneur des Tromperies sentit que la menace était proche. Les Asiatiques le traquaient sans relâche et parcouraient les plaines soutenues par la sève d'Yggdrasil à pas lourds et dans le bruit des armes. Il jeta son filet dans le feu et disparut en se transformant en poisson. Lorsque le bataillon de dieux se heurta à la maison de Loki, celui-ci décida que le plus sage du groupe, Kvasir, entrerait en premier. L'ingéniosité de Loki n'est pas à sous-estimer. Il comprit immédiatement que le filet était la preuve de la présence du dieu filou et proposa à ses compagnons d'en construire un de plus grandes dimensions. L'engin fut construit et jeté dans la cascade de

Frannonagar, dans laquelle se trouvait Loki, transformé en saumon. Ce dernier dut capituler : soit il se jetait dans les profondeurs de la mer, courant un danger mortel, soit il sautait par-dessus le filet des Asiatiques et se retrouvait entre les mains de Thor. Le dieu de la foudre l'attrapa et le tient par la queue, tandis que le seigneur de la tromperie tenta de s'échapper. C'est la raison pour laquelle le corps du saumon est effilé près de la queue.

Loki avait été capturé, malgré ses talents de manipulateur. Il fut donc conduit dans une grotte en compagnie de ses deux fils, Narfi et Vali. Ce dernier, transformé en loup, fut contraint de mutiler son frère. Le Seigneur des Tromperies fut au contraire ligoté avec les tripes de Narfi. Au-dessus de sa tête est placé un serpent, de la bouche duquel est distillé un poison extrêmement puissant. Sigyn, l'épouse du marié, défend la vie de ce dernier en remplissant un seau du sérum mortel. Lorsque le seau est rempli de poison, elle est obligée de s'éloigner quelques secondes, de sorte que le poison atteint le visage de Loki. Pour tenter de se défendre contre le liquide venimeux, il agite ses bras et ses jambes avec une telle force qu'il provoque des tremblements de terre. Le Seigneur de la Malice sera ainsi victime de son meurtre diabolique jusqu'au jour du grand Ragnarok, où il se vengera des souffrances qui lui ont été infligées.

CHAPITRE 13

Le moulin, l'abondance et le fils d'Odin

Les fils d'Odin sont dispersés aux quatre coins des neuf mondes. Parmi eux, Skjöldr vit dans les terres du Danemark. Il est à l'origine de la lignée qui porte son nom: Skjöldrungar. Les souverains gouvernent leur État et veillent à ce que la paix règne sur les territoires qu'ils commandent. Le fils de Skjöldr est Friðleifr, qui a engendré Fròði. Ce dernier est au centre de quelques légendes intéressantes. Il aurait été un roi redoutable et puissant, contemporain de l'empereur latin Auguste. Il aurait régné avec habileté et droiture, amenant le peuple danois à l'apogée de sa splendeur. *Cher lecteur*, l'histoire que je veux vous raconter dans ce chapitre est différente des précédentes. Elle met en lumière des générations d'hommes trop souvent oubliés, rendant hommage à un mythe dont les traces se sont perdues depuis longtemps. À l'époque de Fròði, la paix régnait sur les terres danoises. Les gens ne craignaient pas d'être volés ou assassinés, violés ou contraints à de longues périodes de famine. L'abondance permettait à chacun de vivre une vie riche et joyeuse. La terre était luxuriante et les saisons semblaient se plier docilement à la volonté du souverain. Dans le même temps, un moulin très particulier était exploité au Danemark. Ses meules étaient si encombrantes qu'aucun être humain ne pouvait, à lui seul, les déplacer de quelques millimètres. Le moulin de Grotti avait été livré à Fròði par un certain

Hengikjöptr. Le roi, d'abord hésitant, l'avait accepté volontiers lorsqu'il s'était rendu compte que l'engin était capable de moudre tout ce qu'il lui demandait, le tout à la vitesse de la lumière. En conséquence, le souverain avait acheté deux esclaves suédoises - Fenja et Menja étaient leurs noms - et avait décrété que les dernières arrivées devaient produire la paix, la prospérité et l'or en abondance.

Ils n'avaient pas cessé: depuis ce jour lointain, ils n'avaient fait que travailler à Grotti pour satisfaire les désirs de leur maître. Il arriva enfin que Fròði visita le moulin pour vérifier que l'ardeur au travail des esclaves était telle qu'il était le plus riche de tout Yggdrasil. Les deux esclaves réprimandèrent le roi et lui révélèrent leur vraie nature : « Tu n'as fait preuve ni de discernement ni de bonté à notre égard, Fròði, lorsque tu nous as amenés ici pour moudre tes richesses. Ne t'es-tu pas demandé pourquoi nous sommes si infatigables ? Nous sommes issus d'une lignée de géants forts, d'Idi et d'Aurnir, et depuis notre enfance, nous soulevons et déplaçons des montagnes. Le travail ne nous fait pas peur, notre force est le reflet des origines que nous partageons. Fenja et moi sommes inséparables » Et Menja se prépara à nouveau à raconter l'histoire qui l'avait menée des profondeurs de Jötunheimr à l'esclavage danois. Alors que le roi commença à reculer de peur, conscient de l'inconstance des géants, l'esclave chanta une prophétie de malheur. La fin de la lignée de Fròði allait bientôt arriver. Le Danemark serait couvert de sang frais et les Grotti retirés à la race humaine, trop avide de pouvoir. Entre-temps, Menja et Fenja avaient commencé à former une armée de puissants combattants. Elles déployèrent tant d'efforts que les piliers du moulin, revêtus de fer forgé, cédèrent sous l'effet de la force des deux géantes. Dans la nuit, alors que Fròði se croyait en sécurité dans les salles richement ornées de son royaume, un bataillon militaire mené par Mysingr débarqua sur les rives du nord. Ces derniers coupèrent la tête du roi et pillèrent un immense butin. Le territoire de Fròði tomba dans le chaos et le désespoir, et tout le peuple demanda la vie sauve. Mais le nouveau souverain était trop occupé à soulever le lourd moulin pour le mettre sur son navire pour se soucier des êtres humains. Avec lui, il voulait racheter Frenja et Menja de l'esclavage. Il leur ordonna de produire une grande quantité de sel - une denrée très précieuse à l'époque augustéenne (27-14 après J.-C.) - mais le poids du moulin fit craquer le bois du navire et le fit sombrer dans les profondeurs de la mer. Une chose curieuse s'est produite: tandis que les soldats de Mysingr luttaient en vain pour survivre et que les richesses du Fròði d'alors étaient aspirées dans les profondeurs de l'océan, la puissance des eaux était telle qu'elle mettait en mouvement, encore et encore, les lourdes meules du moulin de Grotti. En effet, le moulin magique se trouve au fond des océans et continue à produire du sel en grande quantité. Cela explique pourquoi, selon la légende, la mer et les océans sont salés.

J'ai voulu vous raconter l'histoire du moulin de Grotti pour souligner combien le système mythologique scandinave était promoteur de valeurs « humaines » Non seulement il expliquait de façon imagée les manifestations de la nature - je vous rappelle en effet que la population scandinave était énormément liée aux fluctuations des terres arides du Nord - mais il permettait de sanctionner un horizon de comportements « vertueux » que tout le monde devait poursuivre. Le souverain qui s'enrichit aux dépens de deux esclaves est destiné à avoir la tête tranchée. Le successeur à qui il ne suffit pas d'hériter (par la force) de richesses supérieures à celles de tout un peuple rival, est voué à périr au fond des océans. Ces aspects sont, à mon avis, très intéressants. Trop souvent, nous sommes amenés à croire que le mythe - avec ses événements violents et apparemment irrationnels - a une fonction exclusivement ludique. Il n'en est rien. Le système mythologique nordique, avec son riche panthéon de divinités émotionnelles et manipulatrices, est capable de fournir un modèle comportemental semblable à celui que l'on peut trouver dans la religion chrétienne ou dans la valeur cathartique de la tragédie grecque. Il est en effet le fruit d'une explication inventée par des hommes pour des hommes et, en tant que tel, il mérite toute notre attention.

CHAPITRE 14

Le crépuscule des dieux

Cher lecteur, tu as entendu jusqu'à présent les événements d'un passé lointain. Je veux maintenant te parler des événements du futur proche, d'un futur qui nous concerne tous, hommes de l'Est et de l'Ouest, du Nord et du Sud. Je veux vous parler des événements de Ragnarok, des jours sombres où la Terre tremblera et où le frêne d'Yggdrasil sera en grand danger. Les dieux s'uniront et aucune race ne craindra de déposer les armes. La destruction de l'ordre cosmique se produira à la suite d'une longue série d'événements secrets et indicibles, dont les « hommes du Nord » avaient une peur respectueuse. Le temps est venu d'entrer dans la peau de celui qui prévoit l'avenir, le voyant, et d'exprimer avec une clarté suprême les informations tirées non seulement du savoir absolu d'Odin et de son œil unique, mais aussi de la trahison d'un dieu relégué au sommet de nulle part. Loki, Thor et Odin s'uniront dans le dernier triangle narratif du panthéon nordique pour donner un sens ultime à la fin des choses. Écoutez mes paroles, et vous saurez quel destin les Nornes tissent pour nous en ce moment précis.

Le Ragnarok commencera en effet par un long hiver. Pas un hiver ordinaire comme ceux auxquels nous sommes habitués depuis le jour zéro, résultat des manifestations canoniques de la nature. Il s'agira plutôt de

MYTHOLOGIE NORDIQUE

Fimbulvetr, dont l'étymologie renvoie à l'expression « hiver suprêmement puissant » De sombres nuages couvriront la voûte céleste et la neige tombera en tourbillonnant dans tous les coins des neuf mondes, dissimulant à la vue tous les êtres sensibles, les animaux et les arbres. Les vents qui s'élèveront des quatre coins du cosmos seront plus violents et plus piquants que ceux auxquels nous sommes habitués, tandis que le gel nous obligera à nous réfugier dans nos habitations, serrés les uns contre les autres de peur de geler. Le soleil ? Il disparaîtra de la voûte céleste et nous laissera seuls, désorientés et incertains du sort que l'avenir nous réserve.

Par trois fois, Fimbulvetr reviendra et empêchera l'arrivée de l'été ou du printemps. Pour la deuxième fois, trois autres saisons hivernales plongeront les hommes dans la famine. Des races autrefois pacifiques commenceront à se battre pour dominer le peu de nourriture restante, et de grandes et viles guerres se dérouleront partout. Seul le sang des morts donnera de la couleur à la grisaille d'un monde à la dérive, dépourvu de toute conformation ancienne. C'est alors que, conformément aux terribles rêves du bouc émissaire divin Baldr, les frères se battront et s'entretueront de leurs propres mains. Il n'y aura plus de liens parentaux et familiaux pour défendre les hommes du meurtre, du viol et de l'adultère. Lorsque le peuple sera réduit à la famine, aspirant à un espoir pour risquer l'obscurité, le loup Skoll viendra.

Celui-ci mangera le soleil, jetant les hommes dans la terreur. Enfin, une seconde fée nommée Hati arrivera, qui avalera la lune. Le jour et la nuit seront remplacés par une obscurité dense et enveloppante. Personne ne reconnaîtra son voisin, son frère, son compagnon, son époux. Enfin, même les étoiles brillantes, serties dans la voûte céleste, s'éteindront. La Terre subira de profondes secousses et Jötunheimr, la région des géants, se fera également remarquer. Bien qu'il s'agisse de créatures sombres et sans scrupules, ils devront s'arranger pour survivre à Winterfell, qui recouvre tout de son manteau laiteux. Les personnes encore en vie après les guerres se mettront en route pour atteindre les profondeurs de Hel. Au même moment, l'aigle qui habite les frondes de l'arbre cendré-cosmique d'Yggdrasil émettra de longs cris d'alarme. Il commencera à fondre sur la Terre et sur tous les coins des neuf mondes pour picorer les cadavres et s'en nourrir, sous les yeux horrifiés des peuples dépouillés de toute richesse. Les montagnes s'effondreront, et ce qui avait été le cadavre d'Ymir - le géant massacré par Odin et ses frères, géniteurs des Asiatiques - sera réduit en cendres. Même les plantes seront déracinées des profondeurs de la terre et les racines se transformeront en longs serpentins mortels. Le démembrement du frêne suscitera une grande inquiétude: toutes les créatures monstrueuses seront enfin libres de s'élancer, tête la première, sur la terre ferme. Elles n'auront plus à se cacher sous terre par crainte du marteau de Thor et de la lance d'Odin.

Ainsi, les hommes feront la terrible connaissance de Fenrir - un loup d'une force surnaturelle et d'une cruauté incommensurable qui avancera la gueule grande ouverte, désireux de mettre en pièces tous ceux qui croiseront son chemin - et du monstre marin Miðgarðr, frère de Fenrir, que Thor avait osé combattre en présence du père de *Týr*, le géant Hymir. Miðgarðr sera directement responsable de l'inondation progressive de la Terre; les océans déborderont et finiront par dévaster toutes les constructions humaines, résultat de la misérable technologie développée par les descendants d'Odin. Miðgarðr répandra un redoutable poison sur la nature des choses et le monde entier sera inévitablement contaminé. Comme si cela ne suffisait pas, le chien de l'enfer Garmr, assoiffé de sang et rendu furieux par sa longue captivité, sera lui aussi libre de vagabonder. La fée s'éloignera du pont du Gnipahelir et laissera le royaume des morts sans surveillance. Dans un tel désordre cosmologique, le ciel se confondra avec la ligne d'horizon et l'univers entier se comprimera de plus en plus, jusqu'à ce que ses bords soient écrasés en une ligne droite sans fin ni commencement. Soudain, Surtr, le gardien de la terre de Muspell, arrivera à son tour, accompagné d'un groupe de géants lourdement armés. Ils seront entourés de flammes et lèveront leurs épées, brillantes comme la lumière du soleil. Ils traverseront le pont arc-en-ciel de Bifrost et ne craindront pas de brûler leurs membres et la plante de leurs pieds. En effet, le ciel sera réduit à une froide couverture neigeuse et les flammes des étoiles ne seront plus qu'un souvenir pour quelques élus. Sous les pattes du puissant cheval de Surtr, le Bifrost se brisera en millions d'éclats imperceptibles. C'est alors que les créatures obscures des neuf mondes se rassembleront sur la plaine de Vígríðr, dont la largeur s'étend sur une centaine de miles au nord, au sud, à l'est et à l'ouest. Les Asi survoleront les hautes murailles d'Ásgarðr et se prépareront à la bataille finale. Ils seront escortés par les Vani, les dieux de la nature.

La liste des ennemis sera remplie de mammouths et d'animaux redoutables: il y aura non seulement Fenrir et le frère du loup, Miðgarðr, mais aussi le Seigneur des Tromperies avec des chaussures ailées aux pieds. Il sera escorté par Hrymr, le plus cruel et le plus puissant de la race des géants. Derrière eux, des milliers de fils de Jötunheimr brandiront des haches et lanceront des imprécations vers le ciel. Ils chargeront les dieux avec de lourdes haussières et des flèches enflammées, prêts à renverser l'ordre cosmique qu'Odin a eu l'effronterie d'établir par la force et la trahison. Les esprits et les hommes de main de Hel, la déesse des enfers, escorteront également les géants des glaces. En effet, les forces ennemies évolueront sur un champ de bataille qui lui est favorable: aucune force naturelle ne se pliera à la volonté des Vani, aucun stratagème guerrier ne permettra aux Asiatiques de remporter la victoire. Hors des murs d'Ásgarðr, la progéniture d'Odin se sentira perdue et commencera à vaciller. Thor lèvera alors son marteau pour attirer l'attention de sa race, l'invitant à frapper avec force et cohésion militaire. C'est alors que le messager Heimdallr soufflera avec fougue dans la corne arrachée à Mimir, le Gjaliarhorn. Les dieux des neuf mondes seront réveillés par l'appel à la guerre et se réuniront en conseil pour déterminer ce qu'il convient de faire. Le géniteur des Asi, avec la faveur des ténèbres, revêtira une dernière fois les habits d'un vagabond et se rendra à la fontaine de la sagesse, où la tête de l'oncle Mimir gît sans défense. Il demandera conseil aux lèvres les plus sages de l'univers et reviendra à Ásgarðr pour transmettre ce qu'il a prédit: « Yggdrasil est destiné à changer terriblement, et tout cela provoquera la peur, le chagrin et l'effroi dans le ciel et sur la terre » Le père des dieux se lancera dans la bataille avec courage et persévérance.

Il s'opposera courageusement au loup Fenrir, mais le bouclier, le casque recouvert d'or et la puissante lance Grungnir, celle-là même qu'il s'était enfoncée dans le flanc en se suspendant aux branches de l'arbre cendré-cosmique en échange de la sagesse runique, ne lui serviront à rien. La créature monstrueuse le dévorera d'un seul coup, et sera la fin d'Odin. Mourant vaillamment au combat, il encouragera son fils Víðarr. Celui-ci avancera sans tarder et réussira à écraser le museau du monstre vorace sous son talon droit. Enfin, il serrera la mâchoire du loup avec son bras et osera briser ses dents acérées, encore ruisselantes du sang de son père. Alors seulement, après l'avoir réduit à l'impuissance, il lui enfoncera son épée dans le cœur et l'abandonnera, agonisant, sur le champ de bataille. Thor, quant à lui, assistera à la mort d'Odin sans avoir la possibilité de venir en aide à son parent. Il se battra en effet avec le serpent de mer Miðgarðr. L'affrontement corporel consacrera la victoire du dieu de la foudre, qui parviendra à décapiter son ennemi d'un coup de marteau forgé par les nains. Selon la légende, il fera neuf pas au-delà du corps du serpent avant de s'effondrer, sans vie, sous l'effet du poison mortel que le monstre des profondeurs avait craché sur son visage et ses membres. Freyr, le plus sage des Vani qui a longtemps vécu sur les terres d'Ásgarðr, tenta d'arrêter l'approche de Surtr. La violence du combat mettra les deux adversaires à l'épreuve. Finalement, le dieu tombera aux mains de l'ennemi; il avait remis sa propre épée à Skìrnir et s'était retrouvé sans arme. Sa mort suscitera l'appréhension de tous les dieux présents, qui ne manqueront pas de lui rendre un hommage silencieux au cours de la bataille. Dans le même temps, le dieu de la guerre Týr tentera de s'interposer entre sa propre lignée et les pas agités de Garmr, le chien de Hel, qui avait brisé les solides chaînes de métal qui le liaient près de la porte de Niflheimr, le pays des brumes. L'affrontement sera si violent et brutal que tous deux mourront, étouffés par leur propre sang. Bête et divinité seront destinées à une même et terrible fin.

La plaine de Vígríðr se transformera soudain en une étendue de chagrin méconnaissable. Les cris désespérés des femmes et des enfants se mêleront aux hurlements de douleur des pères tombés au combat, et aucun dieu ne pourra s'opposer au crépuscule d'Asi et de Vani. La mort d'Odin plongera tout le monde dans le désespoir et laissera penser que les prophéties nocturnes de Baldr étaient en fait le miroir d'un réel et terrible danger. Loki partira lui aussi au combat, victorieux et triomphant dans les rangs de la légion ennemie. Il se heurtera au messager Heimdallr et, après une longue et sanglante attaque entre parents, il perdra la vie après l'avoir arrachée de la poitrine du dieu rival. Lorsque les deux factions seront sur le point de se rendre, épuisées, à la force destructrice du Ragnarok, Surtr aura l'audace d'incendier les dernières forêts des neuf mondes et la Terre entière brûlera dans un feu de joie de douleur et de souffrance. Tout sera condamné à périr. Selon la légende, seuls quelques lieux seront épargnés: les demeures des morts, qui accueilleront d'un côté les bons et de l'autre les traîtres et les méchants. Le lieu le plus fécond s'appellera Gimlé et sera situé dans la voûte céleste sans lumière. En particulier, à l'intérieur de la demeure *post-mortem* se trouvera une grande salle où l'on boira du vin, le Brimir. Dans la lignée des précédentes terres bienveillantes, on trouvera également Sindri et Ókólnir. En revanche, les méchants seront déployés de l'autre côté: Náströnd sera un lieu misérable et malheureux.

La structure aura l'apparence d'une hutte rudimentaire recouverte d'écailles de serpent, dont la puanteur empêchera de respirer l'air frais d'une nature mutilée. En revanche, la tête des serpents sera tournée à l'intérieur de la demeure et sera forcée de déverser des litres et des litres de poison sur les habitants de ce pays lointain. Les méchants recevront ainsi le châtiment qu'ils méritent et seront appelés à côtoyer en permanence des assassins de toutes sortes, y compris des hommes. Les pires âmes habiteront plutôt à Hvergelmir. Tous attendront à l'endroit prévu, au moins jusqu'à ce que le feu allumé par Surtr cesse de brûler.

L'univers tout entier connaîtra alors un nouveau départ éclatant. Non seulement le vert des prairies et le bleu du ciel commenceront à renaître de la grisaille nacrée du Ragnarok, mais de vastes champs seront ensemencés. Ils prendront la place de la vaste plaine de Vígríðr où Asi et Vani avaient perdu la vie. Certains dieux auront le courage de revenir sur Terre, conscients du cruel destin qui les avait épargnés pour un temps meilleur. Les enfants qui avaient assisté à la mort de leurs parents se rassembleront dans les cendres d'Ásgarðr et décideront de ce qu'il faut faire. Il y aura les deux fils d'Odin, Vidarr et Vali, mais aussi Modi et Magni, les descendants de Thor. Ils serreront entre leurs doigts le marteau de leur père, conscients que bien d'autres dangers devront être affrontés sous la bannière de la justice et de l'impartialité. Les deux dieux des landes de Hel ne seront pas non plus absents: Baldr et Höðr. Ils siègeront en compagnie de leurs descendants pour raconter les événements de Ragnarok, rappelant l'avènement des créatures mortelles, Fenrir et Miðgarðr, et la trahison de leur parent Loki.

MYTHOLOGIE NORDIQUE

En se promenant dans les prairies fleuries, ils trouveront les tablettes d'or qui ont appartenu à l'ancêtre des Asiatiques et décideront de fonder un royaume basé sur la sagesse, l'hospitalité, l'abondance et la modération. *Cher lecteur*, si tu te demandes quel sort sera réservé à la race humaine, ne crains rien. Un homme et une femme trouveront en effet un foyer dans les forêts de Hoddmímir, épargnées par le feu de Surtr. Avant de donner naissance à une nouvelle génération, ils se nourriront de la rosée des plantes pour se maintenir en vie. Enfin, Lífþrasir et Líf - ce sont leurs noms - oseront repeupler un monde à la dérive, en y laissant une trace tangible: la renaissance. Le soleil brillera à nouveau et tout proliférera comme avant le Ragnarok. Ce n'est qu'à ce moment-là que Baldr, le plus brillant et le plus joyeux des dieux, lèvera son regard vers la voûte céleste et sourira. Son sourire fera fondre les ténèbres et annoncera le début d'une ère lumineuse. L'âge d'or que les « hommes du Nord » ont laissé en cadeau aux générations futures, nous apprenant que la vie n'est pas si différente d'un rayon de soleil après le crépuscule.

ANNEXE

Les dieux et les figures mythologiques

Les personnages que nous avons rencontrés dans les pages précédentes sont nombreux et tous dignes de notre attention. Ils se distinguent par des tempéraments et des pouvoirs différents, par des attitudes et des rôles différents les uns des autres. J'ai pensé résumer brièvement ci-dessous les caractéristiques des créatures de la mythologie nordique, afin de vous donner quelques pistes de réflexion pour continuer à plonger dans le très intéressant macrocosme scandinave. J'espère que ce voyage à la découverte des peuples du Nord aura été le point de départ pour éclairer le panthéon divin le plus complexe et le plus varié de l'histoire européenne. Ce dernier représente le point de départ pour aborder, progressivement, une culture que nous, Occidentaux, ignorons malheureusement totalement, alors qu'elle est une source d'inspiration pour des films et des romans, des morceaux de musique et des œuvres artistiques de toutes sortes. Selon William Somerset Maugham, écrivain et dramaturge du 20e siècle, « la tendance au mythe est innée dans la race humaine. C'est la protestation romantique contre la banalité de la vie quotidienne » C'est exactement ce que j'espère vous avoir arraché, au moins pour quelques instants, à la grisaille de la réalité, en vous divertissant et en vous passionnant avec des histoires qui ont quelque chose d'incroyable. Si j'ai réussi, je vous demande de me laisser un commentaire, pour me dire si vous avez aimé le livre.

Gabriel Lavene

GLOSSAIRE DE LA MYTHOLOGIE GRECQUE

Achille: héros grec de la guerre de Troie

Aphrodite: déesse de l'amour et de la beauté

Apollon: dieu de la musique, des arts médicaux, de la science, de l'intelligence et de la prophétie

Apollonios de Rhodes: Poète grec

Arès: dieu des aspects les plus violents de la guerre et de la soif de sang.

Arge: Cyclope fils d'Uranus et de Gaea

Aristote: philosophe et scientifique grec

Artémis: déesse de la chasse, des animaux sauvages, de la forêt et du tir à l'arc

Athéna: déesse de la sagesse, des arts et de la stratégie dans la bataille

Atlas: titan supportant la terre

Bellérophon: le héros qui a tué la Chimère

Brontès: Cyclope fils d'Uranus et de Gaea

Cerbère: l'un des monstres gardant l'entrée du monde souterrain, sous la forme d'un chien à trois têtes.

Chimère: monstre formé à partir de parties du corps de différents animaux.

Chiron: centaure, mentor d'Achille

Clymène: océanide, nymphe des mers et fille des titans Océan et Théthis

Cronus: divinité préolympique issue de Gaia et d'Uranus

Danaé: mère de Persée et fille du roi Argos

Déméter: déesse de l'agriculture et des saisons, fille de Cronos et de Rhéa

Deucalion: fils de Prométhée

Dionysos: dieu de la vigne et du vin, de l'ivresse et de la libération des sens

Eione: soleil, fils d'Hypérion et de Théia

GLOSSAIRE DE LA MYTHOLOGIE GRECQUE

Eos: l'aube, fils d'Hypérion et de Théia

Epiméthée: titan, représentation de la témérité et créateur des premiers hommes

Erebus: personnification des ténèbres

Estia: fille de Cronos et de Rhéa, déesse vierge de la maison et du foyer

Furies: personnifications féminines de la vengeance

Gaïa: divinité primordiale, personnification de la Terre

Gorgone: monstre féminin au regard terrifiant.

Hadès: dieu des ombres et des morts, fils de Cronos et de Rhéa

Hécatonchires: les enfants d'Uranus et de Gaia aux cent mains

Hector: frère de Pâris et héritier du trône de Troie

Hélène de Troie: reine de Sparte et épouse de Ménélas

Héphaïstos: dieu du feu, des forges et de l'ingénierie

Héra: fille de Cronos et de Rhéa, déesse du mariage, de la fertilité et de l'accouchement, épouse de Zeus.

Héraclès/Hercule: demi-dieu, sauveur de Prométhée

Hermès: messager des dieux

Hésiode: poète grec

Homère: poète grec, auteur de l'Iliade et de l'Odyssée

Hydre: reptile venimeux géant

Hypérion: titan qui a créé les aurores, le soleil et la lune

Io: fille d'Inachus, roi du fleuve et roi d'Argos. Maîtresse de Zeus et mère d'Epaphus.

Japet: titan père de Prométhée, géniteur de l'humanité

Jason: chef de l'expédition des Argonautes

Khaos : l'une des quatre puissances principales de la Théogonie

Médée: petite-fille de la magicienne Circé, également dotée de pouvoirs magiques

Méduse: gorgone, fille des dieux de la mer Forco et Ceto.

Mégara: épouse d'Héraclès et fille du roi Créon

Meliai: nymphes nourries par Zeus

GLOSSAIRE DE LA MYTHOLOGIE GRECQUE

Ménélas: époux d'Hélène de Troie, roi de Sparte

Métis: fille d'Océan et de Thétis, personnification de la sagesse, de la raison et de l'intelligence.

Minotaure: être monstrueux ayant le corps d'un humain et la tête d'un taureau.

Nyx: personnification de la nuit

Océan: titan qui a généré toutes les eaux du monde avec Téthys, sa sœur.

Pan: divinité non olympique ayant l'apparence d'un satyre, liée aux forêts, au pastoralisme et à la nature.

Pandore: créature féminine, modelée par Héphaïstos

Paris: Prince de Troie, amant d'Hélène

Pégase: cheval ailé

Pélée: fils d'Aeacus, roi de l'île d'Égine

Persée: demi-dieu, fils de Zeus et petit-fils du roi Argos. Considéré comme le plus grand tueur de monstres de l'histoire.

Perséphone: épouse d'Hadès, déesse mineure des enfers et reine des enfers. Fille de Zeus et de Déméter

Pindare: poète grec, l'un des plus grands représentants du lyrisme choral.

Polidette: Roi de l'île de Seriphus

Pontus: personnification de la mer

Poséidon: fils de Cronos et de Rhéa, dieu de la mer, des tremblements de terre et des raz-de-marée.

Prométhée: titan, créateur des premiers hommes, représentation du bon sens et de la réflexion avant l'action

Pyrrha: épouse de Deucalion

Rhéa: fille titane d'Uranus et de Gaea

Satyre: esprit de la forêt, souvent représenté avec le corps d'un homme et les jambes et les cornes d'un bouc ou les oreilles et la queue d'un cheval.

Séléné: lune, fille d'Hypérion et de Théia

Socrate: philosophe grec

Sterope: cyclope fils d'Uranus et de Gaea

GLOSSAIRE DE LA MYTHOLOGIE GRECQUE

Tartare: personnification du monde souterrain

Théia: fille titanesque d'Uranus et de Gaea, appelée « Grande Mère ».

Thésée: roi d'Athènes

Thétis: Néréide, nymphe des mers, fille de Nérée et de Doris

Typhon: fils cadet de Gaea et de Tartare

Uranus: dieu du ciel étoilé

Zeus: fils de Rhéa et de Cronos, dieu du ciel et maître des phénomènes météorologiques, en particulier du tonnerre.

GLOSSAIRE MYTHOLOGIE ÉGYPTIENNE

Akh : composante de la nature humaine représentant la lumière

Amasis : pharaon et futur époux de « la fille aux pantoufles rouges ».

Amenemhat Ier : pharaon de la 12e dynastie

Ammit : monstre femelle, dévoreur de cœurs

Amon: dieu d'origine ancienne, caractéristique de la région de Thèbes. Associé au soleil

Amon-Ra : fusion d'Amon et de Râ, dieux du soleil.

Amuneshi : souverain de Qedem

Ankh : Croix ansée symbole de la vie

Anpu : le frère de Bata dans la légende des deux frères

Anubis : dieu du monde des morts

Apopi : dieu du chaos

Atum : première divinité et créateur de tous les dieux

Atun : créateur absolu de tous les dieux

Ba : composante de la nature humaine représentant la personnalité, le caractère et les choix de l'individu

Bastet : déesse du bonheur

Bata : le frère d'Anpu dans la légende des deux frères

Bentresc : Princesse de Bakhtan

Champs d'Aaru et d'Hotep : Lieu où les âmes des morts trouvent la vie éternelle

Charxos : marchand de « la fille aux pantoufles rose-rouge ».

Djet : terme désignant tout ce qui n'est plus vivant.

Duat: le monde des morts

Esope : l'ami/esclave de l'histoire « la fille aux pantoufles rouges ».

GLOSSAIRE MYTHOLOGIE ÉGYPTIENNE

Fête d'Opet : événement sacré dédié à Amon

Geb : dieu représentant la terre

Griffon : créature monstrueuse gardienne des trésors et dévoreuse d'humains.

Ha-kau : mots magiques utilisés dans les offrandes votives aux divinités

Hathor : déesse du soleil avec une tête de vache et un corps de femme

Heka : Dieu de la magie

Hekau : principe selon lequel les humains peuvent entrer en contact émotionnel les uns avec les autres

Het et Hanhet : couple Ogdoade symbolisant la dimension spatiale

Horus : d'abord dieu de la victoire et du courage, puis dieu du soleil

Hut-ka : pièce principale du tombeau

Isis : mère d'Horus et déesse de la nature et de la maternité

Jb : cœur

Ka : force représentant les énergies vitales de l'individu

Khat : mot représentant le corps physique

Khonsou : dieu de la lune

Le sceptre était : symbole de pouvoir

Maat-neferu-Ra : reine de la 19e dynastie

Ménès : Pharaon de la 1ère dynastie

Mout : femme d'Amon et mère de Khonsou

Neheh : terme décrivant l'alternance du jour et de la nuit

Neith : déesse de la guerre et de la chasse

Nephthys : déesse protectrice des momies

Noisette : déesse représentant le ciel

Nonne et Nanhet : le couple Ogdoade symbolise la création

Osiris : dieu des morts et de l'immortalité

Ptah : dieu patron de la ville de Memphis

Râ : père du pharaon et dieu du soleil

Ren : terme décrivant la personnalité de l'individu

GLOSSAIRE MYTHOLOGIE ÉGYPTIENNE

Seker (ou Sokar) : dieu des ténèbres et des nécropoles de Memphis et de Saqqarah, représenté sous la forme d'une momie à tête de faucon.

Seth : dieu de la violence et de la douleur

Sheut : composante sombre de l'âme humaine

Shu : personnification de l'air

Sinuhe : homme de cour qui devint plus tard un exilé dans l'histoire « Sinuhe, l'exilé le plus célèbre de l'Égypte ancienne ».

Sphinx : protecteur des morts

Tefnut : déesse lionne de l'humidité et de la pluie

Thot : au début dieu de la lune et plus tard dieu du temps et de la vérité

Thout-ank-Ammon : pharaon égyptien de la XVIIIe dynastie

Ushabites : signifiant « ceux qui répondent », ils sont des statues dans les biens funéraires.

Usherat : bateau pour naviguer sur le Nil

GLOSSAIRE MYTHOLOGIE JAPONAISE

Akugyo : Yokai en forme de poisson géant

Ama-no-Uzme : l'esprit de l'aube

Amaterasu-ō-mi-Kami : divinité du soleil

Amatsu Kami : La voûte céleste

Amenominakano Kami : Dieu invisible du Paradis Central

Amikiri : Démon dont le but est de percer les moustiquaires.

Awano Shima : deuxième fils de Kami

Bake-yujira : Démon ayant l'apparence d'un squelette de baleine.

Bakou : Monstre d'origine chinoise composé de l'union de plusieurs parties d'animaux

Benzaiten : Kami protecteur de la musique, des arts, de la sagesse, de ce qui coule, du temps, des mots, des étoiles, de la beauté et de la connaissance.

Bishamonten (également appelé Vaisravana) : Kami protecteur des guerriers, de la sagesse et du culte.

Boroboroton : Yokai qui, le jour, est un simple futon, mais qui, la nuit, prend vie et tente d'étrangler les humains.

Buko : divinité protectrice de la montagne

Cho no yurei : Yokai de personnes décédées ayant une forme animale

Daikoku : Kami protecteur de la prospérité, des cinq céréales, de la cuisine, du bonheur, de la richesse, de la famille et de l'obscurité.

Ebisu (également appelé Hiruko) : Kami protecteur des pêcheurs, des marchands, de la chance, de la bonne fortune et de la santé des enfants et des nourrissons. Également appelé Dieu rieur

Ebisu Saburo : Homme du peuple Aiunu qui a sauvé Ebisu

Ebsu : Kami protecteur des pêcheurs

GLOSSAIRE MYTHOLOGIE JAPONAISE

Fūjin : divinité du vent

Fukurokuju : Kami protecteur du bonheur et de la richesse

Futakuchi-onna : yokai humanoïde

Gashadokuro : Yokai en forme de squelette

Goryo : Esprits des aristocrates morts par meurtre

Gotaimen : Yokai ayant la forme d'une tête humaine.

Gozury : Dragon à cinq têtes

Hachiman : Kami protecteur des guerriers samouraïs, de la guerre et du pays tout entier.

Hannya : Démon représentant les femmes dévorées par la jalousie. Version féminine de l'Oni.

Han'yo : Fils de Yokai et d'hommes

Hara-Yamatsumi : Kami des montagnes

Ha-Yamatsumi : Kami des montagnes

Henge : Tous les Yokai sont des animaux

Hikobosh : Réincarnation de l'étoile Altaïr

Hinokagatsuchi : deuxième prénom de Kagutsuchi

Hiruko : Kami protecteur du soleil

Hiruko : Premier Kami, l'enfant faible

Hotei : Kami protecteur du bonheur, de la joie et des enfants

Ikiryo : âme des êtres humains vivants lorsqu'ils quittent le corps.

Inari : Kami protectrice du riz, de la fertilité, de l'agriculture, de l'industrie et des renards.

Izanagino Mikoto et Izanamino Mikoto : Couple divin : Ying et Yang. Parents de la plupart des Kami

Jatai : des tissus qui jouent un rôle mystique

Jingu : Impératrice

Juroujin : Kami de la longévité et protecteur de la vie

Kagutsuchi : divinité du feu

Kaguya : Princesse du 10e siècle

Kami : Diverses divinités shintoïstes

GLOSSAIRE MYTHOLOGIE JAPONAISE

Kamimusubi : Père de Sukuna - hikona

Kamumimusubino Kami : divinité de la création

Kappa (également appelé Kawataro ou Kawako) : Monstre habitant les masses d'eau.

Kasa-Obake : Parapluie, qui se transforme en un être unijambiste.

Ki no kami : kami en forme d'arbre

Kirin : Yokai animal

Kitsune : Yokai en forme de renard

Kodama : Esprits habitant les arbres et les forêts

Konohananosakuya-hime : Kami protecteur du mont Fujisan

Kuminotokotacino Mikoto : Dieux solitaires de la création : les cinq éléments

Kunisatsucino Mikoto : Dieux solitaires de la création : l'eau

Kura-Yamatsumi : Kami des montagnes

Kusunoki Masashige : symbole de loyauté des samouraïs

Masaka-Yamatsumi : Kami des montagnes

Minamoto no Tametomo : Samouraï habile au tir à l'arc

Minamoto no Yorimitsu (également appelé Minamoto no Raiko) : Samouraï

Minamoto no Yoshitsune : Samouraï descendant des Tengu

Miyamoto Musashi : un samouraï habile au sabre

Myoken : divinité du crépuscule ou de l'étoile polaire

Nagasaki no suiko : Monstre: tigre de mer

Ninigi : Neveu d'Amaterasu

Oda Nobunaga : Samouraï du groupe des trois unificateurs

Odo-Yamatsumi : Kami des montagnes

Ohijinino Mikoto et Suhijinino Mikoto : Couple Divin : Feu

Ohotonojino Mikoto et Onotonobeno Mikoto : Couple divin : Métal

Ohoyamato Akitsushima : La plus grande des îles japonaises

Ojizousama : Statues représentant les esprits des enfants morts

GLOSSAIRE MYTHOLOGIE JAPONAISE

Ōkuninushi : Kami protecteur de l'identité nationale, des affaires, de la médecine et de l'agriculture

Oku-Yamatsumi : Kami des montagnes

Omodaruno Mikoto et Kashikoneno Mikoto : Couple divin : Bois

Oni : Démon

Onryo : Esprits des maris morts et trahis ou des compagnons de vie.

Orihime : Réincarnation de l'étoile Vega

Otohime (également appelée Toyotama-hime) : Kami du son. Fille de Ryujin

Ōyamatsumi : Kami protecteur des marins et des soldats ; gouverneur des montagnes

Preta : esprits qui se sont réincarnés dans des êtres ayant vécu dans des conditions inférieures à celles des hommes et des animaux.

Raijin : divinité du tonnerre et de la foudre

Rokurokubi : Yokai à l'apparence féminine

Ryujin : Kami protecteur des masses d'eau et des mers, des marées, des poissons et de toutes les créatures marines.

Saigo Takamori : le dernier des samouraïs à avoir vécu

Sakamoto Ryoma : un samouraï à l'esprit romantique

Sanada Yukimura : Le plus courageux des samouraïs

Sarasvati : Kami protecteur des rivières et des eaux courantes

Sarutahiko Okami : Kami protecteur des terriens en général, de la discipline, de la force, de l'Akido et de la pureté de l'âme.

Seidamyojin : yokai en forme de singe

Shigi-Yamatsumi : Kami des montagnes

Sukuna - hikona : Kami protecteur de l'agriculture, de la connaissance, de la magie, de la guérison, du saké et des onsen.

Susanoo : Kami des tempêtes, des mers et des ouragans

Suwa : épouse de Kami Buko

Taira no Masakado : Samurai

Taizan Fukun : Kami protecteur du Mont T'ai

Takamimusubono Kami : divinité de la création

GLOSSAIRE MYTHOLOGIE JAPONAISE

Takemikazuchi : Kami qui contrôle et génère le tonnerre, protège les épées et la lutte.

Tamase (également appelé Hitodama) : feu gras symbolisant les âmes des morts.

Teke-teke : jeune fille victime d'intimidation, protagoniste de la « légende de la fille du train ».

Tengu : Démon de nature bienveillante habitant les montagnes.

Tenjin : divinité protectrice des études, de l'intelligence, de la connaissance, de la curiosité, des universitaires et de tous les étudiants.

Tentei : Dieu du ciel

Tokugawa Ieyasu : Samouraï du groupe des trois unificateurs

To-Yamatsumi : Kami des montagnes

Toyokumununo Mikoto : Dieux solitaires de la création : Terre

Toyotama-hime : Fille du Kami Ryujin

Tsuchigumo : Yokai araignée de terre

Tsukumogami : Yokai en forme d'objet

Tsukuyomi-no-mikoto : divinité de la lune

Ubume : les esprits des femmes mortes pendant la grossesse

Ugajin : Kami de la nourriture

Uke - mochi : Déesse qui possède de la nourriture

Uke-Mochi : divinités de la nourriture

Yamauba : démon habitant les montagnes

Yokai : esprits surnaturels, êtres effrayants et parfois maléfiques

Yomi : Le monde souterrain

Yoyotomi Hideyoshi : Samouraï du groupe des trois unificateurs

Yuki Onna : Yokai de forme féminine

Yurei : Fantômes et créatures invisibles

GLOSSAIRE MYTHOLOGIE NORDIQUE

Ask et Embla : premiers êtres humains modelés par Odin à partir de deux morceaux de bois trouvés sur les rives d'une rivière. Également connus sous le nom de frêne et d'orme.

Baldr : Le deuxième fils d'Odin se distingue par son tempérament bienveillant et charismatique. Il est souvent mentionné dans l'Edda en prose comme le bras droit de Tyr, le dieu de la guerre et de la justice. Il est tué par un brin de tromperie de Loki. Après être devenu le porte-parole de la prophétie relative au crépuscule des dieux, le Ragnarok, il est arraché aux terres de Hel et revient régner sur le nouvel ordre cosmique.

Bragi: dieu de la poésie et chantre d'Ásgarðr, il est le fils d'Odin et de la géante Gunnlond, chargé de garder l'hydromel distillé par les nains. Il est l'époux d'Iðunn et passe de longues nuits avec elle dans le royaume de Hel, sans pouvoir jouer de sa harpe d'or. Il est très aimé des Asiatiques.

Farbuti: le géant de feu est le géniteur de Loki. Il est décrit comme étant possédé et manipulateur, à l'instar de son fils.

Fenrir: la créature monstrueuse, fille du Seigneur des Tromperies, sera responsable de la mort d'Odin lors du Jour du Jugement, le Ragnarok. Bien que les dieux tentent de l'emprisonner par tous les moyens, le loup parviendra à s'échapper plus d'une fois et mourra finalement sous la lance du fils d'Odin, Víðarr.

Forseti: il est le fils unique de Balder et de Nanna. Il prendra la place de son père dans la gestion du monde à venir et se distinguera par son intelligence et son équité.

Frey: le fils du dieu de la mer Njord est le seul frère de Freyja. Il est envoyé à Ásgarðr à la suite de la bataille entre Asi et Vani, la lignée dont il est originaire. Sa figure, comme celle de sa sœur, est liée à la fertilité et à l'abondance agricole. Pour cette raison, il est très cher à l'imaginaire collectif des peuples nordiques.

Freyja: divinité féminine par excellence, elle doit sa renommée à sa beauté proverbiale. Sœur de Frey, elle possède une cape ornée de plumes de faucon et chevauche un char conduit par deux énormes félins au pelage doux et soigné. Elle possède également le Brisingamen, l'artefact que les nains lui ont donné en échange de nuits d'amour. Elle est également associée à l'irrationalité de la guerre, à la colère et à l'arrogance.

Frigga: épouse d'Odin et mère de Baldr, c'est elle qui rachètera le serment des créatures vivantes de protéger son fils, en vain.

Gunnlod: la géante des terres de Jötunheimr est la fille de Suttung, celui qui avait racheté l'hydromel et l'avait caché dans les profondeurs de la terre. De son union avec Odin, elle donne naissance à son fils unique, Bragi.

Heimdall: Le dieu d'Ásgarðr a été créé par le déferlement des vagues de la mer et est l'héritier du cor de Mimir, le Gjallarhorn. Il en soufflera pour informer les dieux de l'arrivée du Ragnarok. Il sera tué par Loki.

Hel: la reine incontestée des enfers est la fille de Loki et d'Angrboda, une farouche géante des ténèbres.

Honir: après la guerre entre Asi et Vani, il a été remis par Odin à la faction rivale, dans le but de se moquer de ses ennemis. Mais il ne répond pas aux attentes. Lorsque les Vani se rendent compte qu'ils ont été dupés, ils décapitent son compagnon Mimir.

Iðunn (Iduna): c'est la divinité de la jeunesse, de la beauté et du printemps. Elle est accueillie à bras ouverts par les Asiatiques en raison du panier rempli de pommes magiques qu'elle porte toujours sur elle. Elle tombe dans le piège de Loki et se retrouve en grand danger. Elle est également la fidèle épouse de Bragi.

Laufey: la géante mère de Loki.

Lífþrasir et Lif : les progéniteurs de la race humaine après le Ragnarok.

GLOSSAIRE MYTHOLOGIE NORDIQUE

Loki: Le Seigneur des Tromperies est le fils de la géante Laufey et le père de plusieurs fils. Capable de changer d'apparence à volonté, il représente l'anti-divinité d'Ásgarðr et incarne la figure du traître. Dans tous les cas, la figure de Loki est polyvalente et permet, plus d'une fois, de rétablir un ordre cosmique par l'opposition de la lumière et des ténèbres, du bien et du mal.

Mimir: c'est l'homme le plus sage de tout le cosmos, soutenu par le frêne magique d'Yggdrasil. Il est d'abord envoyé au pays des Vani et, après avoir été décapité, ramené à la source de la sagesse. Il possède la corne héritée de Heimdall, le Gjallarhorn.

Nanna: épouse de Baldr et mère de Forseti.

Narfi: fils de Loki et de Sigyn. Il fut tué par son frère Vali, qui se transforma en loup, et ses entrailles furent utilisées pour emprisonner son père, responsable de la mort de Baldr.

Odin: Il est le géniteur des Asiatiques. Père de Thor, Bragi, Balder et Víðarr, il est tué au cours du Ragnarok en combattant Fenrir. Il est souvent représenté comme un vagabond mystérieux et solitaire. Obsédé par la sagesse et le savoir, il connaît les runes et est le créateur de la race humaine.

Sif: c'est la fiancée de Thor, célèbre pour ses longs cheveux blonds.

Sigyn: épouse de Loki, mère de Vali et Narfi. Elle est chargée de vider la cuve remplie de poison après l'emprisonnement de l'époux.

Sleipnir: le cheval à huit pattes est né de l'union entre Loki - transformé en pouliche - et Svaðilfœri, le cheval du Seigneur de la Malice. Il est le fidèle destrier d'Odin et l'animal le plus rapide des neuf mondes.

Thiassi: c'est le géant de Jötunheimr qui a enlevé Iðunn.

Thor: dieu de la foudre et de la bataille. Il est connu pour être le détenteur du marteau Mjöllnir avec lequel il défend la forteresse d'Ásgarðr contre l'avancée des géants des glaces.

Tyr: dieu de la guerre et de la justice, fils du géant Hymir.

Vali: fils de Loki et de la déesse Sigyn, il tue son frère Narfi après s'être transformé en loup vorace.

GLOSSAIRE MYTHOLOGIE NORDIQUE

Víðarr: Fils d'Odin et de la géante Gridr. Il venge la mort de son père en tuant Fenrir.

Ymir: le géant primitif né d'un mélange entre le gel de Nifelheim et les jets ardents de Muspelheilm. Il est tué par Odin et transformé en macrocosme nordique.

Printed in France by Amazon
Brétigny-sur-Orge, FR